吕世伦法学论丛

第十八卷

西方法律
思想史论

The History of
Western Legal Thoughts

吕世伦　主编

黑龙江美术出版社

Heilongjiang Fine Arts Publishing House

http://www.hljmscbs.com

图书在版编目（CIP）数据

西方法律思想史论 / 吕世伦主编 . —— 哈尔滨：黑龙江
美术出版社，2018.4
（吕世伦法学论丛；第十八卷）
ISBN 978-7-5593-2765-9

Ⅰ.①西… Ⅱ.①吕… Ⅲ.①法律—思想史—研究—西
方国家 Ⅳ.① D909.5

中国版本图书馆 CIP 数据核字 (2018) 第 082769 号

西方法律思想史论

The History of Western Legal Thoughts

主　　编 / 吕世伦
出 品 人 / 金海滨
责任编辑 / 赵立明　王宏超
编辑电话 / （0451）84270530
出版发行 / 黑龙江美术出版社
地　　址 / 哈尔滨市道里区安定街 225 号
邮政编码 / 150016
发行电话 / （0451）84270514
网　　址 / www.hljmscbs.com
经　　销 / 全国新华书店
制　　版 / 黑龙江美术出版社
印　　刷 / 杭州杭新印务有限公司
开　　本 / 710mm×1000mm　1/16
印　　张 / 19.25
版　　次 / 2018 年 4 月第 1 版
印　　次 / 2018 年 5 月第 1 次印刷
书　　号 / ISBN 978-7-5593-2765-9
定　　价 / 126.00 元

本书如发现印装质量问题，请直接与印刷厂联系调换。

探索理论法学之路

（总序）

《吕世伦法学论丛》出版了，此亦垂暮之年的一件快事。值此之际，几十年求法问道的点点滴滴，学术历程中的风风雨雨，不免时常浮现脑海，思之有欣慰也有嘘唏。当年如何与法学结缘而迈入法学的门槛，在浩瀚的法学领域中如何倾情于理论法学，理论法学的教学与研究中所经历的诸般坎坷与艰辛，对自己平生言说作文的敝帚自珍之情，如此等等，都时常萦绕心间。借这套书出版的契机，整理一下思绪，回首自己的学术人生，清贫守道，笔砚消磨，个中冷暖甘苦，或可絮叨一二，喟然叹曰："著书撰文求法意，一蓑烟雨任平生。"

一、"我是中国人"的觉醒

我的法学之梦是在一种极为特殊情况下形成的。本人出生丁甲午战争后被日本军国主义侵占的大连地区。少年时期读过不到两年的私塾，先是接受童蒙类的教育，继而背诵《论语》《唐诗三百首》等。稍长便开始翻看一些信手拈来的古典小说如包公、彭公、施公"三案"书，当代文学小说，"四大才子书"等。尽管很多地方似懂非懂，但读书兴趣愈发深厚，颇有贪婪的劲头。彼时追求的是知识，与政治无关。进小学不久，太平洋战争爆发，学校里不准孩子讲中国话，只许讲日语（叫"国语常用"），否则便会遭受处罚；每周除了上几堂日语会话之外，其余时间便是军训，种地，四处捡废铁、骨头和采野菜，支援"大东亚圣战"。社会上传播的声音，一方面是因不堪忍受横征暴敛、苦工奴役、饥寒交迫、恐怖虐杀而引起的怒吼，另一方面是关内尤其是隔海相望的山东不断流进八路军率领群众抗日壮举之类所引起的欢呼。大连地区迅速变成一座即将爆发的反日火山。我们中间，也与日俱增地盛传鬼子兵必败的消息，背地里玩着诅咒日本的各种游戏。对我来说，这是头脑中第一次萌发反抗外敌压迫的观念。

1945 年 8 月 15 日，我的心灵受到从未有过的巨大震撼，因而这一天成为我永生难忘的日子。那天，我亲眼看到的历史性场景是：上午，日本宪兵、警察及汉奸们还在耀武扬威，横行霸道，民众敢怒不敢言地躲避着他们；而正午 12 点，收音机特别是街心的高音喇叭突然播出"裕仁天皇"宣布日本无条件投降的颤抖声音。顷刻间，人们蜂拥而出，塞满街巷，议论着、欢呼着，脸上挂着喜悦、激动的泪花。大连 42 年被殖民地化和民众被"亡国奴"化的耻辱,一洗而净。大约半个小时之后,鼎沸的人群中响起一片"报仇的时候到了""抓狗腿子去"的喊叫声,瞬间大家三五成群地分散奔跑而去。我们几个小朋友也兴冲冲地尾随大人们四处颠簸,眼瞅着一些又一些"狗腿子""巡捕"从各个角落被揪出来示众和推打;一些更胆大的人则手持棍棒,冲进此前唯恐躲避不及的"大衙门"(警察署)和"小衙门"(派出所)拍桌子、缴枪,而这些往日肆无忌惮的豺狼们,则个个瑟瑟发抖,交出武器,蹲在屋角,乞求给一条活命。

"八一五"这天上、下午之间的巨大反差和陡然引爆的空前的中华民族大觉醒,对我有着决定性的影响,就是使我确切知道了自己是一个中国人。追想起来,几世代大连人的命运,是那样难以表达的不幸。从我懂事的时候起,总听到老人们念叨:"这世道,大清国不回来就没个好!"这是由于他们所经历的是大连被沙皇俄国和日本占领,不知道有个"中华民国",也不知道有个大人物孙中山,而一直没有忘记自己生下来就是"大清国"的子民。

行文至此,我不禁忆起1944年冬天遇上的一件事:一天下午,金州城东街一个墙角处,有位衣衫褴褛、踏着露出大脚趾的鞋子的醉汉坐在地上晒太阳。不一会儿,迎面走来个腰挂短刀的日本警察,用大皮靴狠狠地踢他,问"你是什么人?"汉子被惊醒,连忙回答:"我是中国人。"那警察更凶恶地继续踢他,说:"我要踢的就是中国人!"汉子赶快改口说:"我是满洲国人(指伪满人)。"警察也说不对。汉子显得不知如何应答,便冒出一句:"我是日本人。"警察轻蔑地反问:"你够格吗?!"还告诫:"记住,你是洲人。"(当时日本把大连地区叫做其所属的"关东洲")"洲人",这个怪诞的称呼,包含多少令人心酸苦楚的蕴意。其时,我脑际里随即浮现一种强烈的感受:做一个中国人,做一个有尊严的中国人是多么艰难,又多么值得珍惜啊!

二、马克思主义的启迪

日本投降之后,大连地区一天之间变成无人管理的"无政府"状态。此时,出现了大多数人以前未曾说过、处于秘密状态的共产党与国民党两股力量的争夺战。街墙上贴满红红绿绿的条幅,红色的歌颂共产党、毛主席、八路军,绿色的歌颂国民党、"蒋总裁"、"中央军"。有识者解释,这叫"标语"。1945年8月22日,在居民的欢迎下,苏联红军进驻大连,社会秩序有了个支撑点。但苏军却并不怎么管事,其欠佳的纪律又造成新的秩序问题。当时,更醒目的现象是,猛烈的意识形态争夺战展开了。一方面,莫斯科国家外文出版局中文版的马列书籍大量输入,而且大都是漂亮的道林纸的精装本,堆满街道,几乎不要用钱购买。其中,我印象最深的有《马克思恩格斯选集》《列宁文选》(上、下集)、斯大林的《列宁主义问题》、《联共(布)党史简明教程》及《1936年苏联宪法》(又称"斯大林宪法")等,还有不少马克思主义经典著作的单行本。继而是刚刚闭幕的中共"七大"文献,如毛泽东的《论联合政府》、刘少奇的《论党》、朱德的《论解放区战场》。另一方面,国民党则以"正统"自居,兜售蒋介石的《中国之命运》和一个日本人写的《伟大的蒋介石》等几本书。当时,我面对这些令人眼花缭乱的各类书籍,感到非常好奇,尽力收集,而且勤奋阅读,细心琢磨。不用说,许多东西看不懂,但慢慢也大概知道什么叫马克思主义、列宁主义、社会主义与共产主义;而毛泽东的著作通俗易懂,讲的又是中国的事,读之更觉亲切。当然,作为一种先进的博大精深的意识形态体系,不会那么容易就能把握,遑论尚处在幼稚时期的人。但我确信它是真理,内心里希望追随它。由于这个缘故,便自觉地按照中共党组织的号召行事。当时主要围绕三个主题进行宣传活动:第一,拥护党组织领导的"人民政府";第二,中苏友谊,向苏联"老大哥"学习;第三,解放战争的胜利。我还曾参加过金洲皮革厂"职工会"的成立工作,在城墙上刷大标语,在北城郊"山神庙"的外墙壁上办黑板报。1947年进入中学之后,担任校学生会学习部部长与校通讯组组长,组织各年级喜欢写作与思想进步的同学,以消息报导、文艺小品或散文等形式,给大连地区各报刊撰稿,宣传党的政策。自己先后在《旅大人民日报》《民主青年》杂志及苏军司令部机关刊物《实话报》(即《真理报》的另一种中文译名)和《友谊》杂志等发表数十篇文章。

这一时期,由于读马列书籍引发了对理论的兴趣,我逐渐尝试写点小型评论,如对"生产力要素"的讨论、评维辛斯基联大演讲"原子弹已不再是美国专有的",等等。使我无法忘记的是,从那时起,我已开始申请加入仍没公开的中共党组织,但因为出身家庭非工人、贫下中农而未遂愿,只能于1948年春加入"东北青年联合会"。就读高中期间,作为校党支部培养的"积极分子",我担任"党的宣传员",每周六下午到低年级各班讲解政治时事。我继续利用课余时间为报刊撰稿,获得过优秀作品奖。临近毕业,按照组织分配,经过简单的培训,我成为大连中学的一个教师。我讲授的是政治课,主要内容包括介绍毛主席和列宁、斯大林著作里的一些政治观点以及中国人民政治协商会议《共同纲领》。在《共同纲领》的备课与授课中,我认真比照那本一直保留着的《1936年苏联宪法》,这是平生第一次关注到法律问题,并对它产生了兴趣。后来还翻阅过新中国成立初期为数很少的几个立法文件。从此,我对政治理论方面的爱好逐渐同法学理论融汇起来,自此终身行走于这条专业道路。

三、正式迈入法学之门

1953—1957年,我在中国人民大学法律系读本科。因为学法律是当初报考的第一志愿,所以学起来很带劲。客观上,这四年恰逢国家处于完成国民经济恢复,转向全面进入社会主义经济建设的新阶段,因而猛烈的政治运动较少,大学生们能安稳地学习专业。通过一批青年老师的热心教学,学生系统掌握到苏联专家传授的苏维埃法学理论;有的老师还尽量做到联系当时中国法律的实际。除了课堂教学以外,还有较长时间到法院、检察院、律师所实习,来应用所学的东西。此间,令学生们获益匪浅的马列主义基础(《联共(布)党史》)、中共党史、哲学、政治经济学这"四大理论"课,对确立与强化未来一代法学家和法律实务家的马克思主义世界观与方法论起到重要作用。确实,离开这种世界观与方法论,很难称之为社会主义国家的法学。我热衷于理论法学的学习与研究,与此有重要联系。

本科毕业后留校任教,我选择了法理专业。十分遗憾的是,恰好从1957年起,政治运动浪潮一个又一个地滚滚而来。反右派,高举"三面红旗"(总路线、大跃进、人民公社),反右倾机会主义,"四清",社教,直至十年之久的"无产阶级文化大革命"。显而易见,这么一来,留给教师们教学与科研和学生们课业学习的时间,几乎化为乌有了。即令断断续续上一些课,皆是重复政策性的内容而且每门课彼此相差不多,即"党的领导"与"群众路线";对立面便是批判"右派"观点。这种情况同1958年中央北戴河会议有很大关系。当时,中央一位领导人说:"什么是法?党的政策就是法,党的会议就是法,《人民日报》社论就是法。法律不能解决实际问题,不能治党、治军,但党的政策就能解决问题。"另一位领导人补充说:"我们就是要人治,不是什么法治。"接着,各层级的领导干部便迅速传达和贯彻首长讲话的精神。我们教师正是以这种"人治"思想为指导,国家的宪法和为数不多的几部立法也被淡化了。

1958年开展了"大跃进"运动,法学研究也跟着"大跃进"。法理方面,撰写《论人民民主专政和人民民主法制是社会主义国家的锐利武器》(出版前,作为兼职党总支学术秘书,我建议改为《论人民民主专政和人民民主法制》);刑法方面,撰写《中华人民共和国刑法是无产阶级专政的重要工具》;刑事诉讼法方面,撰写《中华人民共和国司法是人民民主专政的锐利武器》。其中都突出"专政",而社会主义法制如何保障和发扬社会主义民主则没有得到应有的研究与阐发。至于民法和民事诉讼法,因对私有制与私有权利的恐惧,没有出版教科书,也很长时间不开课。司法中的"重刑轻民",在学校中亦有明显的反映。事实证明,用政策替代法律、以"无法无天"的群众政治运动当作治国基本方略、讲专政不讲或少讲民主、重权力轻权利、重刑事法轻民事法,把法律程序说成是"刁难群众"等,皆同人治思想密不可分。

此外,当年还曾出现过的一种情况是,反右派之后,为配合批判资产阶级观点,还搞了一段时间的"教学大检查"。即发动每个学生仔细翻看课堂笔记,查找"错误"观点,然后写大字报贴在学生宿舍楼侧的墙壁上公示。例如,一些大字报认为"人情""爱情"这类字眼是"不健康"的,把自由、平等、人权、人性等词说成是资产阶级或右倾的,甚至个别大字报上说"人民"的提法也"缺乏阶级性"。在这种出口即错、动辄受咎的情况下,教师便难于登讲台;要讲,只能念中央文件和首长讲话。至于撰写文章,更令人不安:多一事莫若少一事,与其挨批判不如落个清闲自在。在国际间法学信息交流方面,新中国成立之后,来自国外的图书资料已基本上见不到,但毕竟尚有苏联的东西可谈。比如,我们能订阅到《苏维埃司法》等杂志。1959年中苏交恶,读俄文资料的机会也失去了。之后,除需要批判右派言论、右倾机会主义、资产阶级法律思想之外,当然还需要批判苏联修正主义,法学的政治螺丝拧得更紧了。简言之,随着政治运动不断升级,尤其是十年"文革"的暴风骤雨,"知识无用"论、"资产阶级知识分子统治学校"论,以及"四人帮"倡导学生反对教师、"交白卷"等,不一而足。

我之所以回忆这些,不光是表明此二十余年间自己成长的客观环境与条件,更重要的是要总结在这样的环境与条件下自己的法学思维受到哪些影响。从积极方面说,它确实不断地强化我对党的领导、社会主义道路的信念。从消极方面说,主要是"极左"思想的影响。这些在我的讲课和撰写的文章中,都不乏明显的表现。

毛主席从来强调学习马列,在"运动"中尤其如此。学马列很投合我的喜好。在长期坚持翻读马克思主义经典著作的基础上,又加上系统的"四大理论"和国家与法权理论等课程的培养,我在法律系讲坛所授第一课便是"马列法学著作选读",对象包括本科生和研究生班。这些法学著作有:毛泽东《新民主主义论》《论人民民主专政》,马克思、恩格斯《共产党宣言》《法兰西内战》,列宁《国家与革命》等。可以说,我备课认真,讲课严谨。如,为了讲《国家与革命》,除广泛查阅国内资料之外,还看过苏联和日本出版的相关书刊,一般都做笔记或摘要。日本共青团(左派)机关报《青年战士》登载的长篇论文《〈国家与革命〉研究》,我甚至全部译出。凑巧的是,"文革"中人民大学解散,我被分配到北京医学院宣传组,仍然负责学院和各附属医院领导干部(也包括"工宣队""军宣队"负责人)学习马列著作的讲授工作。虽然这个讲授说不清有几多效果,但我本人是负责任的,积累下一大堆资料和手稿。

在法律科学研究方面,我深知一个理论法学教师欠缺扎实的学术功底是难以胜任的。这就需要以多读书、勤思考为依托,并训练撰写论文。1958年,我作为法律系科研秘书,不仅要定期向最高人民法院和司法部报告系内学术动态,还在《法学研究》杂志上发表相关的通讯报道。在1959—1961年三年经济困难期间,党组织要求师生尽量多休息,"保证身体热量",因而"运动"也暂时中止。

新中国成立后,党中央一直强调批判资产阶级法律观。因此,平时我经常考虑,要批判就必须弄清其对象究竟是个什么情形,否则就会陷于尴尬的境地。鉴于此种想法,我便集中力量阅读或复读西方法学名著以及法律思想史类的图书,觉得心得不少,制作了许多卡片,对西方法律思想史滋生了浓厚的兴趣。1963年4月,我在《人民日报》理论版发表《为帝国主义服务的自然法学》,继而在该报内部刊物发表《美国实在主义法学批判》。可以想见,在当时对发表文章存在恐惧心理的法学界,载于中央机关报上的这篇文章不免产生一些震动。自不待言,在那种"极左"大潮下,作者亦备受影响,从两篇文章的题目上就看得出来。翌年,我又在《人民日报》国际版上发表了一篇关于美国儿童状况的政治短评。"文革"前夕给《光明日报》撰写《读列宁〈国家与革命〉》论文,打过两次清样,报社方面也收到人民大学党委宣传部"同意发表"的回复。但是,"文革"凶潮突然袭来,报社编辑部也被"造反",那篇论文亦不知所踪。此前,我还曾与孙国华教授合作,在《前线》杂志上发表《国家与革命》讲座文章。1958年,《苏维埃司法》杂志刊载《美国人谈美国司法制度》论文,我读完后便顺手翻译出来,并在1959年春《政法译丛》上发表。同年,从苏联归来的朋友送给我一本《苏维埃刑法中的判刑(函授教程)》小册子,以为颇有新意,便翻译出来交人民大学出版社打印。在日文资料方面,除前面提到的研究列宁《国家与革命》的论文外,还翻译过《现代法学批判》一书;该书重点是对西方和日本新兴起的"计量法学"的社会法学思潮的系统评论,国内尚没有介绍过。

四、后半生的理论法学探索

终于熬过漫长的十年"文革",国人无不欢欣。1978年,十一届三中全会提出"改革开放"新政策,使社会主义中国社会、经济、文化和科学焕发勃勃生机,亦为法治建设和法学繁荣创造空前有利的条件。邓小平深刻总结新中国成立以来成功的经验与失误的教训,提出始终以经济建设为中心,实行民主的制度化、法律化,大力建设社会主义法制,提出"有法可依,有法必依,执法必严,违法必究"十六字方针;提出近期需要培养一大批法官、检察官、律师。这就为中国社会主义法学的发展开拓了坦途。我的法学生涯由此而发生巨大的转折与提升。党中央倡导解放思想与实事求是的精神,使我倍加注重独立思考,走学术创新之路,理论思维与方法亦有颇大改变。与此相应,教学与科研的热情与进取心更加高昂。

我开出的课程,先后有:本科的西方法律思想史和全校法学概论,硕士生的法理学、现代西方法哲学、黑格尔法哲学、马列法学原著选读,连续多年为法学院和全校博士生进行法学专题讲座。此外,应邀为中国政法大学前五届研究生和西北政法大学(当时称"西北政法学院")开讲"现代西方法理学"课程;为浙江大学分出来的杭州大学和安徽大学本科讲授西方法律思想史;为国内数十所高校及日本一桥大学、关东学院大学、山梨学院大学、立命馆大学等做过法学专题演讲。在吉隆坡,同马来西亚下议院副议长和前财长进行中国法学问题的交流。

近四十年来,在报刊发表法学论文300余篇。与授课情况相一致,科学研究的主题集中于三个方向,即:理论法学[①]、西方法律思想史与现代西方法哲学、马克思主义法律思想史。

(一)发表的主要论文

(1)理论法学的论文。第一,法的一般理论,其中除纯粹法理学[②]之外,还有法哲学、法社会学、法经济学、法政治学、法伦理学、法文化学、法人类学、法美学等边缘性诸

---

① 理论法学包括法的一般理论和法史学两大部分。但是,法史学内容广泛,涉及古今中外,故应把它从理论法学中分别开来,独成体系。

② 纯粹法理学指专门研究法律概念与规范的学科,也有西方学者称之为"法教义学"。

学科。在法学的这些学科领域中，发表的论文多寡不一，有的学科极少涉及。第二，在研写论文的过程中，每每重视紧密联系中国特色社会主义理论与国家建设，尤其法治建设的论文。其内容包括普法评论，党的政策与法，社会主义民主与法治，人治与法治（大辩论），法治与德治，人权问题，当代中国社会性质（社会主义社会还是契约社会），社会主义市场经济的法律精神，依法治国基本方略，根本法·市民法·公民法·社会法，以人为本的法体系，从法视角研究市民社会的思维进路，和谐社会与法，法治思维与法治方式，社会主义政治的制度化、规范化、程序化，法学的基本范畴（权利与权力、权利与义务、职权与职责），社会主义司法制度，廉政建设，国家主义与自由主义法律观评析，公平与正义，中国先贤治国理政的智慧等。

（2）有关西方法律思想史与西方法学家的论文。第一，对西方法学思潮研究的论文，涉及自然法学、人文主义法学、分析实证主义法学、社会学法学、历史法学、存在主义法学、行为主义法学、经济分析法学、功利法学、德国古典法哲学、新康德主义法学、新黑格尔主义法学、符号学法学、美国现实主义法学、斯堪的纳维亚现实主义法学、后现代法学、女权主义法学、种族批判法学等。第二，对西方著名法学家的研究论文，包括托马斯·阿奎那、孟德斯鸠、卢梭、斯密、休谟、康德、黑格尔、费希特、彼得拉任斯基、杜尔克姆、赫克、马里旦、德沃金、拉德布鲁赫、布莱克等。第三，对西方政治法律制度的评论，包括政党政治、三权分立、选举制度、司法制度及现代西方主要政治思潮。

（3）马克思主义法律思想史和马克思主义经典著作的研究论文。第一，马克思、恩格斯法律思想研究，其中包括：马克思、恩格斯法律思想史教学大纲，马克思、恩格斯法律思想的历史轨迹，马克思主义与卢梭，马克思主义法哲学论纲，《黑格尔法哲学批判》中的法律思想，《德意志意识形态》中的法律思想，《共产党宣言》中的法律思想，《资本论》及其创作中的法律思想，《路易·波拿巴的雾月十八日》中的法律思想，《反杜林论》中的法律思想，《家庭、私有制与国家的起源》中的法律思想，恩格斯晚年历史唯物主义通信中的法律思想。第二，列宁法律思想研究，其中包括：列宁法律思想史的历史分期，列宁社会主义法制建设理论与实践，《国家与革命》中的法律思想，列宁民主法治思想。第三，毛泽东、邓小平法律思想研究，其中包括：毛泽东民主、法制思想研究，毛泽东湖南农民运动时期的法律思想，邓小平中国特色社会主义法律理论解读，邓小平民主法制思想解读，邓小平民主法治思想的形成与发展。

（二）出版的法学著作

自人大复校以来，出版法学专著40余部，其中不含主编的"西方法学流派与思潮研究"丛书（23册）、"西方著名法哲学家"丛书（已出20册）。

（1）理论法学著作。包括：《法理的积淀与变迁》《法理念探索》《理论法学经纬》《社会、国家与法的当代中国语境》《当代法的精神》《法学读本》《以人为本与社会主义法治》（司法部法学理论重点项目）、《法的真善美——法美学初探》（国家社科基金项目）《法哲学论》（教育部人文基金项目）等。

（2）马克思主义法律思想史著作。包括:《马克思恩格斯法律思想史》(初版与二版,国家第一批博士点项目)、《列宁法律思想史》(国家社科基金项目)、《毛泽东邓小平法律思想史》、《马列法学原著选读教程》等。

（3）西方法律思想史著作。包括:《西方政治法律思想史》(教程)、《西方政治法律思想史增订版》(上、下)、《西方法律思潮源流论》(初版与二版)、《西方法律思想史论》、《黑格尔法律思想研究》、《现代西方法学流派》(上、下)、《当代西方理论法学研究》等。

（三）论著的意义与创新

尽管我在学术上执拗地努力,并出版了若干本著作和发表了一批论文,但表达的多属平庸之言。然而近几年来,经常有人尤其学生,非让我谈"学术成就"。每逢这种情况,我总是闻而生畏,设法回避,但有时又不允许我闭口不说。在这里,就把我考虑过的和别人概括的看法略示如下,就算是对自身的一点安慰吧。

（1）马克思主义法律思想史"三部曲",是国内率先出版的著作①。该书的策划、研写和出版的过程,长达 30 余年之久。作者们埋头于马克思主义经典作家们浩瀚的书海中,竭尽全力进行探索才得以成书;每出一本著作皆需耗时数年。其中《马克思恩格斯法律思想史》(一版)在市场上销售告罄之后,又忙于出修订版(二版),也很快售完。直至近几年,仍陆续有人向出版社或主编索取该书。可以看出,它是备受欢迎的。当然,"三部曲"的主要意义并非在于其出版早的时间性,而在于能够帮助读者特别是从事法学研究的读者系统地了解马克思主义经典作家们有关法学的基本观点与其发展的历史脉络,并以之作为思考法律现象和问题的指导思想。平素间,亦可作为阅读或查阅马克思主义法学经典著作的得力的工具书。

（2）我在研究西方法律思想史的历程中,一个新的起点便是与谷春德教授一起编写的《西方政治法律思想史(上、下)》的教程。这是高等学校恢复招生之后面世的国内第一部西方政治法律思想史教程,因而产生了广泛的影响力。此后,我主持编写了关于西方法律思想源流、现代西方法学流派、现代西方理论法学和两套"丛书",以及与此相应的一批论文。这些著作与论文,有些属于论述性的,有些属于评介性的。对于读者来说,或者用于教材,或者作为理论观点的参考,或者当成资料,都有一定的意义。

在这些著作中,需要专门说一下《黑格尔法律思想研究》,它开创了国内研究黑格尔法哲学之先河。我国黑格尔研究泰斗贺麟先生在《光明日报》上发表的书评里写道,该书"熔哲学与法学于一炉,可以说填补了黑格尔研究的一个空白"。

（3）《法的真善美——法美学初探》,是我用三年时间同博士生邓少岭探讨国内外均涉足颇少的问题,遑论法美学学科。此间,我们发表多篇相关的学术论文,并在这个

---

① 喜见 2014 年 11 月公丕祥、龚廷泰二位教授主编的《马克思主义法律思想通史》四卷本已出版,该书比我们的"三部曲"更为详尽与深刻。

基础上凝结成一部专著。它获得学界的赞许，还获得司法部的奖励。

（4）《法哲学论》。参与写作者有文正邦教授及张钢成、李瑞强、吕景胜、曹茂君等博士，亦系国内头一部系统阐发法哲学的作品。全书分为本体论、法价值论和法学方法论三部分，有青年学者对此研究分类持不同意见，这是令我高兴的好事。从总体上说，该书自成一体，有独立见解，而且引用率较高。

（5）论著中的主要创新观点。

第一，关于民主、法治问题。在法治与人治的大辩论中，我与合作者发表《论"人治"与"法治"》一文，力主法治，并有说服力地解释了"人治论"和"人治法治综合论"的偏颇。《人民日报》以"不给人治留有地盘"为题，转载了论文中的基本观点。在民主问题的讨论中，我率先提出政体意义上的民主和国体意义上的民主的区别，指出前者属于形式民主或程序民主，后者属于实质民主或实体民主，该观点得到普遍的认同。

第二，从法的视角阐发社会主义社会与市民社会的关系。我在《市场经济条件下的社会是怎样的社会》《"从身份到契约"的法学思考》《市民法·公民法·社会法》《"以人为本"的法体系》①等论文中指出：在现今的我国社会，社会主义属性是本体性的，而市民社会是从属性的；社会主义社会是"有契约的社会"，而非等同于西方19世纪的"市民社会"或"契约社会"。

第三，批判国家主义与自由主义的法律观。我认为，马克思主义法律观是通过批判这两种法律观，或者说通过这两条战线的斗争而形成的。沿着这样的思考，对西方的政党政治、三权分立、选举制度进行批判性研究的同时，也对国家主义进行系统的探索，揭示了国家主义法律观的几个基本特征，即"重国家、轻社会，重权力、轻权利，重人治、轻法治，重集权、轻分权，重集体、轻个体，重实体、轻程序"。无疑，这种理论探索对我国民主与法治建设是有重要意义的。

第四，人权观点。从20世纪90年代初我国正式宣布"人权保障"伊始，便流行"主权是人权的前提和基础"的命题，而且把它当作不容争辩的真理。我在仔细考察马克思、恩格斯和列宁的人权思想之后，辩证地分析该命题。在《人权研究的新进展》论文中，我指出：从国家主权对国内人权的管辖、反对西方国家人权话语霸权和保护国家主权的独立性而言，这个命题是可取的。不过，从权力（主权）与权利（人权）二者基本关系方面来说，这个命题则是不正确的、不可取的。因为，在民主国家尤其社会主义国家奉行"人民主权"论，权力（主权）来自权利主体的人民并且是以服务人民权利为目的的，即通常所说的"人民当家作主"。所以，权利应当是权力的前提和基础。文中所讲的结论和基本论据均出自马克思主义经典作家的指教，是经过历史实践验证过的真理。这种论述尽管引起一阵"风波"，但最终还是被广泛地默认，以至于很少有人再提

---

① 后三篇论文系与任岳鹏博士合写。

起那个命题了。后来,我又发表《权利与权力关系研究》①一文,进一步强化前述观点,具有很强的说服力与启发性。

于今,我已是 80 岁的老迈之人。回顾过往时日,自知碌碌无功,但却没有枉费宝贵的光阴。时至今日,倍感欣慰者有二:一是,目睹一茬又一茬学士、硕士、博士学成离开,并各有所长、各有作为,在各个岗位上为中华民族伟大复兴的梦想而奉献力量。二是,眼下幸运地逢到一个机会,将自己一生在理论法学方面的重要论著(其中许多得益于合作者的启发与帮助)予以系统整理和付梓。这是对个人学术经历的一个回顾,也希望可以得到更多的批评和指教。

在此选集的策划出版过程中,史彤彪、吕景胜、冯玉军、李瑞强、任岳鹏等多位教授与博士以及北京仁人德赛律师事务所负责人李法宝律师,对拙作的出版事宜先后予以大力的支持和帮助。拙作的出版资助款来自一直关心我的学生和学友以及南京师范大学法学院、南京审计学院法学院。我的 2000 级学生王佩芬为拙作出版的各项繁杂工作,陆续付出一年有余的心力和辛苦。这里,对于前列的相关人士与单位,一并表示深深的感谢,并铭记于怀。

吕世伦
2018 年 5 月

---

① 与宋光明博士合写。

第十八卷出版说明

本书的主要特点不是对西方法律思想发展的述说,而是围绕西方法律思想史的一些相关问题进行评论,即突出学术研究性质。其中包括关于西方法律思想史的研究对象和学科性质,法学方法论,中西法律思想文化比较,国外与国内法律思想史学术动态及其前景瞻望。

本书原由商务印书馆出版于 2006 年 11 月。本次编集,在原版的基础上稍有订正,其他一仍其旧。

编　者
2018 年 5 月

目录 CONTENTS

第三编　西方法律思想家的法学方法论

第四编　中国和西方法律思想文化比较

第五编　西方法律思想史学科的产生和发展

第六编　21 世纪西方法律思想史研究展望

第一编

西方法律思想史的对象论

西方法律思想史作为理论法学和法史学的重要分支学科，它通过评介和借鉴西方法学中的历史遗产，对理论法学和法史学的发展起着不可忽视的重要促进作用。学习西方法律思想史不能不首先明确其研究对象、范围、学科性质等重要问题。

第一章　西方法律思想史的
研究对象和学科性质

　　西方法律思想史是以西方(包括西欧和北美)国家法律思想发展变化过程及其规律为研究对象。它所要研究的对象包括西方历史上各种法律思想、观点、理论、学说的产生、发展和沿革的历史特点与演变规律。所以其范围非常广泛,从古希腊到西方近现代,内容十分丰富,涉及不同历史时期、不同代表人物、不同学派的法律思想和观点。

　　西方法律思想史在研究对象上有以下几个特点:

　　第一,西方法律思想的产生和发展,固然同西方国家法律的产生和发展紧密相连,因为法律的制定和实施为法律思想的形成和演变提供了必要的条件,但法律思想史又不同于法律史。法律思想或观念,即人们对法律的观点和理论,乃是法律文化的内在方面;而法律制度或技术,包括法律规范及其实施的组织机构、程序和方法,则是法律文化的外在方面,它们是法律思想或观念的外化形态。因此,法律思想或观念同法律制度或技术相比,是法律文化中更为根本、更为重要的领域和层面。事实上,任何社会的法律制度都是在一定的法律思想指导下制定和实施的,所以法律观念的变更往往引起法律制度的发展变化,并影响其实现程度和效益。可见,在继承和发展法律文化遗产中,研究法律观念的发展变化过程及其规律性无疑有着更为重要的意义。西方法律思想史正是专门研究西方法律观念的发展变化过程的一门法史学分支学科。

　　第二,西方法律思想史是法律观念发达史、发展史、进化史,而不是人物或著作罗列及其演绎史。它着重揭示西方法律观念的形成、演变过程及其规律性。西方法律思想史当然离不开人物派别及其著述,历史上的法律观念是通过各个时期法学家的著作中的各种理论和观点表现出来的,所以研究西方法律思想史,不能不研究这些法学家和法学流派产生的历史背景、生平和著作等。但是,研究这些并不是目的,而只是寻找其法律观念的手段。所以,我们的注意力应放在法律观念及其演变上,而把这些法学家、流派及其著作只作为法律观念的体现者或载体,把政治历史环境视为其产生的土壤,从其中透析出法律观念及其演变过程和规律性。因此,西方法律思想史是一门理论性很强的学科,实际上是理论法学不可缺少的部分或环节,是史论结合的重要内容。

　　第三,西方法律思想史所指的"法律思想"其内涵和外延也有特定的含义或限定,主要是指西方国家历史上思想家、法学家们关于法律的一些基本的思想、观点、理论、学说,大体上又可概分为对法律的内在方面(法律自身的各种属性、要素及其各部分之间的关系)和外在方面(法律与相关的其他社会要素和条件的关系)这两类理论的分析。它不是包罗万象地指所有法律思想,如除某些重要的部门法的基本观念或理论外,不可能具体地涉及各种部门法思想及其操作原则和技术要求。所以西方法律思想史的内容,确切地说,基本上是沿着西方理论法学史的理论范围来取舍和运作。明确这一点,便于我们更准确地认识和把握西方法律思想史所具有的理论法学以及法史学的属性、特征和界域。

综上所述,可见西方法律思想史既是法史学的一个分支,又是理论法学的一个分科;或者说,它是介于理论法学和法史学之间并兼具二者特性的一门综合性、边缘性学科。有的学者则认为它是法理学和法律史学之间的一种中间学科;还有人认为它是西方法学中的一门重要的分支学科。但不管怎样称谓,它在学科性质上的显著特点就是其所具有的综合性、边缘性学科的性质。

第二章　西方法律思想史的范围以及 与其邻近学科之间的关系

第一节　西方法律思想史同西方政治思想史的关系

西方法律思想史同西方政治思想史有着非常密切的关系,乃至前些年我国许多法律院校开设的"西方政治法律思想史"即把二者作为同一门课程。因为法律同政治本来就有着非常紧密的联系。亚里士多德说过,人是天生的政治动物。[①] 法律与政治都是体现人类活动社会化程度及性质的重要范畴,广义的政治结构就包括法律制度在内。从历史唯物主义所揭示的社会结构来看,社会政治上层建筑就包括法律制度和设施、机构等;而且人们的政治思想、观点同法律思想、观点也是紧密联系在一起,有时是很难区分开的。正是基于强调它们之间的这种统一性和共同性,所以列宁说:"法律是一种政治措施,是一种政策。"[②]法律与政治的关系具体在社会主义国家主要表现为社会主义法同共产党政策的关系。所以法既直接受政治的制约,法的内容中首先包括了政治的要求,政治的发展变化直接导致法的发展变化,法必须为政治服务,同时法又确认和调整政治关系,直接影响政治,并促进政治的发展。

然而,法律同政治又是有所区别的。马克思主义认为,政治是经济的集中表现,政治的实质是指阶级之间的关系,政治的中心问题是国家政权问题,政权活动是政治的根本内容,国家权力的合理配置和运行是政治生活所围绕的轴心。而法律则是社会主体(在阶级对立社会中指统治阶级)意志和利益的集中表现,法律关系乃是人们之间的权利、义务关系,其实质即一定的权、责、利关系,这些也即是法的基本内容和法律生活所围绕的轴心。所以法是社会关系的调整器和人们间利益的调配器,特别是"法律的基本作用之一乃是约束和限制权力,而不论这种权力是私人权力还是政府权力"[③]。因此以法制(约)权(力),以权利制约权力,同时使权力之间相互制衡,乃是法治社会的基本要求和特征。

[①] 参见亚里士多德:《政治学》,吴寿彭译,商务印书馆 1981 年版,第 7 页。

[②] 《列宁全集》第 23 卷,人民出版社 1958 年版,第 40—41 页。

[③] 〔美〕博登海默:《法理学——法律哲学与法律方法》,邓正来译,中国政法大学出版社 1999 年版,第 358 页。

由此可见，西方法律思想史与西方政治思想史（或政治学说史）又各有其相对独立的研究对象和领域——后者乃是关于西方政治思想和学说的历史——而不能彼此混同和取代。正因为如此，20世纪80年代中期以后，我国陆续出版了"西方法律思想史"方面的教材和著述，将以往合在一起的政治思想史这部分删掉或排开，专门研究、阐述西方法律思想史，从而使独立的、系统的、科学的西方法律思想史学科最终得以确立，这是完全必要也是十分必然的。

第二节　西方法律思想史同西方哲学史的关系

哲学是法学的理论基础，法学是哲学在特定领域的体现，"所有法学理论无不包含哲学的要素——人的宇宙观的反映"①。由于历史上每一个有影响的法学家、法学流派和学说都是在一定的哲学世界观的思想基础上产生、形成的，而且历史上许多著名的哲学家、思想家往往也有其法学方面的建树，所以哲学和法学的亲缘关系本身就有历史传统。哲学以对思维存在、精神与物质关系基本原理的研究和阐释，对法学和法律实践提供世界观和方法论的指导，法学以对法律现象的各种表现和知识的研究阐述，具体体现哲学原理并作为哲学概括的事实和材料。二者是普遍性和特殊性、共性和特性的关系。要深刻理解法学原理，就需要上升到哲学世界观的高度，法学上的问题如果追根溯源，穷根究底，就必然归结到哲学问题；当然哲学要是脱离开了包括法学在内的各种具体科学及其实践领域，也将成为空洞、虚幻、玄奇莫测、不可捉摸的。所以法学必须要以哲学为指导，哲学也必然要以法学等具体科学为依托。但是哲学指导法学却不能代替法学，哲学依托于法学而法学也不可以替代哲学，它们都有各自特定的研究对象和领域。

西方法律思想史同西方哲学史无疑也关系密切。西方哲学史上的许多哲学家，包括从古希腊的柏拉图开始，经过亚里士多德、西塞罗、阿奎那、洛克，到康德、黑格尔等，他们既是著名的哲学家，又是法律思想的大家，是二者相结合的法哲学家。因此西方法律思想史同西方哲学史有着毋庸置疑的内在联系，哲学始终是这些思想家们孜孜以求的理论根基；而且历史上兴衰的许多法学学说和流派均有各自学术渊源及依据。特别是近现代一些法学流派甚至同近现代一些哲学流派相对应，如实证主义、西方马克思主义等，更直接显示出法学同哲学的密切联系。但是，西方法律思想史与西方哲学史毕竟也有各自特定的研究对象和领域。西方哲学史是以西方哲学思想的发展变化过程及其规律为研究对象的，它与法律思想史相比，其对象更普遍，范围更宽泛；而法律思想史则较为具体和专门，所以二者也不能混同和替代。

---

① 〔英〕W. 富雷德曼：《法律理论》，英国伦敦斯蒂文森公司1960年版，第3—4页。

第三节　西方法律思想史同西方法哲学的关系

法哲学是从哲学的角度和用哲学的方法来研究法的理论和实践问题的一种综合学科。它既是应用哲学(或部门哲学)的一个门类,又是理论法学的一个分科,因而也还带有边缘学科和交叉学科的性质。关于法哲学的概念、对象和性质,历来在国内外都颇多歧义,至今仍在争论,但基本上可概括为"法哲学独立论"与"法哲学即法理学论"这两大系列观点之间的分歧和争论。前者的代表性观点如意大利法学家德尔·韦基奥认为:"法律哲学是哲学的一部分,或准确地说,是实践哲学的一部分。对法律的普遍意义的研究构成法律哲学的对象,然而也应注意,对法律也可以就其特殊性来研究,在这种情况下,就成了法律科学或狭义的法学对象。"①所以认为法哲学与法学各有其独立的研究对象和领域。后者的代表性观点如《不列颠百科全书》称:"法律哲学就是系统阐述法律的概念和理论,以帮助理解法律的性质、法律权力的根源及其在社会中的作用。在英语国家里,jurisprudence(法理学)一词常被用做法律哲学的同义词,并且总是用以概括法学领域的分支学科。"②即认为法哲学也就是法理学(法的基本理论或一般原理,我国以往叫法学基础理论),或是法理学的一个组成部分,而并不具有独立的意义。

由于受前苏联的影响,新中国成立后直到20世纪80年代以前,我国法学界对法哲学是持贬意和否定的态度,认为它是资产阶级唯心主义的东西。直到80年代初出版的一本有影响的《法学词典》中还坚持认为,法哲学是"剥削阶级法学家用唯心主义哲学的方法抽象地研究法的一般问题的思想学说"③。随着改革开放和思想解放运动以及法学发展春天的到来,法哲学这个法学研究的禁区才被打破了。在一些有智识的法学家的积极倡导和努力下,我国的法哲学研究也日益取得了可喜的进展和可贵的成果。对法哲学的概念、对象和性质的分歧与争论,大体上也相应地存在着与国外法学界相同的那两种不同的意见和理解。值得注意的是,有的学者经过认真研究后认为,法哲学是以法学世界观(人们观察法、思考法所持有的一些最根本观点和总的看法)及方法论(运用一定的法学世界观来研究和处理法的理论和实践问题而形成的一些最根本的方法和原则)为研究对象,是关于法学世界观及方法论之理论化、系统化的学问,并着力论证了法哲学之独立存在的价值和意义,促进了法哲学的研究和发展。

法哲学在人类法律文化史上时间悠久、源远流长,法哲学的思想传统在西方国家

---

① 〔意〕德尔·韦基奥:《法律哲学》第1页,转引自沈宗灵:《现代西方法理学》,北京大学出版社1992年版,第10页。

② 《不列颠百科全书》(1977年第15版)第10卷,第714页,转引自沈宗灵:《现代西方法理学》,第5页。

③ 《法学词典》,上海辞书出版社1980年版,第462页。

甚为丰厚，它们存在、活跃于从古代到近现代以来诸多哲学家、政治学家、法学家的思想和著作之中。正如美国哈佛大学法学教授弗里德里克所指出："任何法哲学都是一定哲学理论的一部分，因为它提供了各种建立在一般法基础上的哲学思考。这种思考要么直接来源于现有的哲学观点，要么或许倾向于这种哲学观点。哲学家的思考是第一种类型，法学家则是第二种类型，这就是法哲学史的特点。"①由于在相当长的时期里，人们的哲学思想、政治思想、法学思想都是结合、交汇在一起的，只是到近代后期才逐渐分化开来，这就既为孕育西方法哲学提供了肥沃的土壤，又使它曾受到宗教神学的严重桎梏。而法学真正成为独立的学科并自身又分化出理论法学、应用法学等之后，现代西方法哲学在新的格局下更有了长足的发展和繁荣局面。这些都厘定了西方法律思想史同西方法哲学史的亲缘关系，使二者在内容上有许多相互交叉和渗透之处，从而使我们可以从西方法律思想史演变历程中来窥视西方法哲学的演化轨迹和脉络。反之亦然，即西方法哲学史中也包含有许多西方法律思想史的内容。当然，两者也并不能完全等同，而是各有其侧重点。

第四节　西方法律思想史同法理学的关系

法理学，我国以往又叫法学基础理论，即关于法的基本理论或一般原理，是从新中国成立初的"国家和法的理论"（模仿前苏联的"国家和法的理论"）演变而来的，即去掉了国家学说（归属于政治学中），专门研究和阐述法的基本理论或一般原理。20 世纪 80 年代称作法学基础理论，90 年代以来才逐渐改称为法理学，并概括了部门法学发展以及我国社会主义法制建设经验的许多新内容；但它同西方国家那种与法哲学有同义性的法理学仍有所区别，即主要还是实证法的理论。这就如意大利法学家德尔·韦基奥所说的"对法律也可以就其特殊性来研究，在这种情况下，就成了法律科学或狭义的法学对象"，而与以"对法律的普遍意义的研究"为对象的法哲学有所不同。

法理学或法学基础理论在我国法学体系中居于特殊重要的地位，是极为重要的一门理论法学学科。我国的理论法学从广义上说就是以法理学或法学基础理论为中心，再包括哲学、法社会学以及法律思想史（特别是西方法律思想史）等在内所组成的一个学科群。所以，西方法律思想史同法理学都属于理论法学中的重要学科或分支，它们之间有着非常密切的关系。法理学或法学基础理论根据部门法学及其实践领域和其他分支学科提供的历史与现实的材料进行归纳及概括，从理论上揭示法的本质、作用、特点、规律和运行机理等，并形成科学的概念、原理、原则，以指导部门法学和其他分支学科。所以法理学离不开法学特别是法律思想史，否则，法学概念、原理、原则就成了无源之水，因此"论"要靠"史"提供其材料的源流；法律思想史也离不开法理学，否则就

---

① 转引自张乃根：《西方法哲学史纲》"导论"，中国政法大学出版社 1993 年版，第 1 页。

难以对历史上的思想材料进行科学的取舍评估,因此"史"要靠"论"来作指导。研究西方法律思想史必须以马克思主义法学理论或法理学思想为指导,研究法理学也必须以丰富的、具体的、生动的法律发展史及其思想演变的历史事实为依据,从而做到史、论结合,以史促论,以论带史,这是繁荣法学研究不可缺少的一个重要方法论原则。西方法律思想史虽然名义上属于法史学课程,但实际上属于理论法学的范畴,因此,科学的西方法律思想史更应该做到史论结合,并突出其理论性(分析和评论),而不应是史料的罗列和陈述。

第五节　西方法律思想史同外国法制史的关系

西方法律思想史同外国法制史的关系在前面已有所论述,这里再作一具体说明。

一方面,西方法律思想史同外国法制史的确存在着固有的联系,因为研究历史上不同代表人物的法律思想和各种学派的观点,需要联系不同历史时期不同类型的法律制度,思想同制度割裂不开;但是另一方面,西方法律思想史又不能等同于外国法制史,二者之间研究的对象、范围及其任务都不相同。它们是两门各自独立的不同的学科。外国法制史学科侧重研究和阐述历史上不同类型法律制度的建立、发展及其更替的原由和过程,以及它们的实施情况和司法机关活动的特点及其规律;而与侧重研究和阐述法律思想的演变历程的西方法律思想史学科相区别,或各有其分工和特定的领域,所以思想和制度又不能混同。同时外国法制史学科的研究范围,是除中国以外的世界各国法律制度发展的具体过程及其规律;而西方法律思想史学科则是研究西方(包括西欧和北美)国家的法律思想发展过程及其规律。当然,西方法律思想史的范围及其内容也要扩展和增新。目前,我国的西方法律思想史教学和研究甚为活跃,研究的历史时期从二次大战以前延续到了二次大战以后,被研究的人物也从近现代扩展到了当代。尤其是近些年对马克思、恩格斯和列宁等科学社会主义法律思想的研究成果,填补了我国西方法律思想史教学和研究的空白,进一步推动了本学科的发展。

第六节　西方法律思想史同西方伦理思想史的关系

由于西方法律思想史中长期贯穿着自然法的思想和观点,并贯穿着法律与正义、法律与道德的紧密关系,所以它同西方伦理思想史也是相联系的。自然法的思想和理论,不仅在古代产生了罗马民法,在近代成为资产阶级革命的思想旗帜,而且"自然法哲学家显然为建构现代西方文明的法律大厦奠定了基石"①。在西方哲学家看来,自然

---

① 〔美〕博登海默:《法理学——法律哲学与法律方法》,邓正来译,中国政法大学出版社1999年版,第63页。

法就代表着正义,所以,它高于实在法,实在法只能适应自然法并直接受自然法的检验。而法律代表正义是西方法治主义的思想基础,把正义与实在法律秩序等同又必然导致法律至上主义。正因为如此,法律与道德密不可分,法律正义就是基于道德正义。所以,亚里士多德和康德都把法学作为其伦理学研究的一个重要部分,黑格尔则认为道德是人们内心的法,并把市民社会和国家都视为伦理实体。

当然,法律与道德既有联系又有区别,不能混同。否则,如果陷入中国古代儒家伦理法那样的泛道德主义,或者德主刑辅,甚至以道德来淹没和替代法律,或者以三纲五常杀人,使道德刑法化,都是与现代法治的精神悖谬的。而且,正义也不是法律的所有价值和要义,自然法也不能代替所有的法学思想和流派。这些都需要具体对待和分析。

第七节　西方法律思想史同西方法律文化史的关系

法律文化是指与法律有关的各种活动的创造成果的沉淀,具体指人们从事法律活动所积累起来的各种有价值的法律思想及有关法律的制定、适用与遵守的经验、智慧、技术、成果之总汇。如果作细分,它包括一般文化结构的三大层次:外层——器物层次,即法律机构和设施;中层——制度层次,即诸种法律制度以及法律规范体系;内层——心理和价值观念层次,即法律意识、法律心理、法制观念和理论学说等。有的学者又把外层和中层相并合为法律文化的物质表现方面,而与内层即法律文化的精神表现方面相对应。西方法律文化史与中国传统法律文化史颇显其各自不同的特点,从而引出对中西法律文化进行比较研究,以便于我们为建设社会主义法治国家作取舍和借鉴。而西方法律文化史的内容,具体包括对西方历史上各种法律事件的出现和演变,各种法律制度和原则的兴衰,关于法律的名词、概念、术语、法学人物、学派、理论、学说等的形成和发展,以及在法律文化发展中与其经济、政治、文化及其他社会现象的关系等的阐述。所以,西方法律文化史的外延大于并包含西方法律思想史的外延,从这种意义上说,它们是种和属的关系。换言之,西方法律思想史是西方法律文化史中的精华或核心部分,即关于法律文化中的内层部分的发展和演变史。

第八节　西方法律思想史同西方法学史的关系

法学史是以研究和阐述法学的历史发展线索及其演变规律为宗旨的,是介于法学学和法史学之间的一门新兴的综合学科和边缘学科。它要考察历史上人们是如何认识和利用法学发展的客观规律的,包括历代人们的法学观念、法学方法、法学体系、法学教育和法学研究力量的基本状况;法学繁荣的一般条件;法学在法制建设和社会发展中的地位和作用等,因此是属于更较专门、更较深一层的法律文化研究,所以这方面的成果还不多,目前国内还仅有何勤华教授所著《西方法学史》(中国政法大学出版社 1996年6月出版)一本专著问世。作者在该书"序"中写到:"西方法学史代表了世界法学发展史的主流,为人类带来了丰富的知识遗产。现代法学的基本原则、制度、内容以及用语,可以说无一例外都是西方法学发展各个阶段的产物。因此,对西方法学史进行全面系统的研究,无疑具有巨大的理论和实践价值。"这段论述确有商讨的余地,但亦不乏合理之处。西方法学史不能不包含或渗透有西方法律思想史、法哲学史乃至法律文化史的内容,但各自的侧重点以及研究和阐述的角度却不同,它们之间既是互补的,又是不能相互替代的,各有自己发展和发挥其特定智慧的相对独立的领域。

第九节　西方法律思想史与西方社会、经济发展的关系

马克思指出:"法律应该以社会为基础。法律应该是社会共同的,由一定物质生产方式所产生的利益和需要的表现。"①马克思主义认为,法根源于物质的生活关系即经济关系,法归根到底是受社会经济生活条件所制约和决定。西方社会之所以蕴涵着法治的传统和根基,是因为植根于西方国家经济、社会发展的固有历程使人们的权利意识、权利观念较为早熟和浓烈。这固然与西方强调个人的经济功能及私有财产神圣分不开,而又与西方社会重视自由、平等、人权等人类文明成果有关(不论其真实性如何)。特别是近代以来,西方社会受市场经济主宰,"商品是天生的平等派",市场经济是民主和法治的深厚根基和不竭动力。当然,市场经济也有过分强调个人物质利益的负面影响;而且西方社会的市场经济也经历了由初级阶段(原始积累),发展时期(突出自由竞争,强调个人权利本位)到比较成熟的高级阶段即现代市场经济(加入国家干预经济,同时也强调团体本位和重视社会利益)之历史发展过程。这些都对西方法律思想的发展演进产生了深刻的影响,推动了西方法律的改良运动和法学研究的深化及发展。

---

① 《马克思恩格斯全集》第6卷,人民出版社1961年版,第291—292页。

第三章　西方法律思想史的地位和作用

恩格斯说:"每一时代的理论思维,从而我们时代的理论思维,都是一种历史的产物,在不同的时代具有非常不同的形式,并因而具有非常不同的内容。因此,关于思维的科学,和其他任何科学一样,是一种历史的科学,关于人的思维的历史发展的科学。"①西方哲学家有一句名言:"哲学就是哲学史。"在一定意义上,我们也可以说:"法学就是法学史或法律思想史。"一个真正的法学家,他必须同以往的法律文化不断进行对话,才能不断吸取先驱者的思想养料和正反两方面的教益,有效而得当地推进法律文明的发展和更新。而"创新的力量是和回忆与了解过去的能力成正比的"。对法律思想史无所知悉或缺少素养,是很难有真正的、恰如其分的法学建树和创新的,甚至会走弯路,做无用功,重蹈前人的覆辙。如同恩格斯揭示的一样:由于"对哲学史的不熟悉","在哲学中几百年前就已经提出了的,早已在哲学上被废弃了的命题,常常在研究理论的自然科学家那里作为全新的智慧出现,而且在一个时候甚至成为时髦的东西"②。因为现今的思想是对过去思想的重演,只不过是在另一层次、另一场合的重演而已。所以不了解过去就不可能真正地懂得其现在;不具备西方法律思想的知识和素养,既不可能正确地理解和掌握现代西方法学及其知识和观念(这为建立现代法治社会所不可缺少),也不可能深刻地领会和掌握马克思主义法学思想和理论(正是西方法律思想史中包含着马克思主义法学的主要思想渊源),更不可能通过分析、批判和借鉴,吸取西方法律文化中之精华,为我们依法治国、建设社会主义法治国家服务。西方法律思想的发展历程和演化轨迹,包含着人类法律文明发展的许多普遍经验和智慧,同时也有不少值得警戒的教训,这些都需要我们以科学的态度来认真识别和取舍,使之为我所用,以大有益于社会主义民主和法制建设。所以,西方法律思想史的研究和学习,恰似我们掌握了打开西方法律文化宝库的一把钥匙,以便于损益中西、权衡古今、取舍利弊,促进法学研究、法学教育和法制实践,其意义无疑是深远的。从科学发展的方法论的角度讲,正如恩格斯所指出:"原则不是研究的出发点,而是它的最终结果;这些原则不是被应用于自然界和人类历史,而是从它们中抽象出来的;不是自然界和人类去适应原则,而是原则只有在适合于自然界和历史的情况下才是正确的。"③任何科学的理论、学说、原理、原则,都来源于对该对象领域的历史和现实过程的科学抽

---

① 《马克思恩格斯选集》第 3 卷,人民出版社 1972 年版,第 465 页。
② 同上书,第 466 页。
③ 同上书,第 74 页。

象和概括(得出规律性的东西)。没有对法律思想发展史及法律观念发达史的深切理解,是不可能迸发出有真知灼见的法律理论、学说的思想火花的,而缺乏厚重历史感的法律理论和学说也不可能攀升到时代精神的前沿。研究和学习西方法律思想史还有另一特殊重要意义,即它可以帮助我们提高理论思维的能力。亦如恩格斯所说:"一个民族想要站在科学的最高峰,就一刻也不能没有理论思维。"而理论思维的培养和锻炼,"除了学习以往的哲学,直到现在还没有别的手段"①。那么提高法学理论思维的有效途径,也得要靠学习法哲学史和法律思想史。西方法哲学史和法律思想史就充斥着以往思想家、法学家们对法律的理性思考和逻辑思维,这对于培养、锻炼和提高我们的理论思维能力、综合分析能力和鉴别能力,训练正确的思维方式,增强智力等,都是颇有帮助的。

---

① 《马克思恩格斯选集》第 3 卷,人民出版社 1972 年版,第 467、465 页。

第二编

西方法律思想史概论

第四章　古代西方法律思想

古希腊罗马既是西方文化的起点和发祥地,又是西方文化第一个蓬勃发展和至今仍为人们惊异和称赞的时期。像整个西方文化一样,西方法律思想也渊源于奴隶制的古希腊罗马时期,这是西方法律思想的萌芽和产生时期。在这一时期,法律思想经历了从"百家争鸣"到逐渐统一、从创立理论到实际运用的过程,许多思想家特别是著名的哲学家都对法律问题发表了自己的看法,这些不同的看法是后来的各种理论的胚胎,从而奠定了西方法律思想的基础。

古代西方的法律思想家及其学派主要有:古希腊的苏格拉底(Socrates,约公元前469—公元前399)、柏拉图(Platon,约公元前427—公元前347)、亚里士多德(Aristoteles,公元前384—公元前322)和斯多葛学派(创始人为芝诺,Zeno of Cyprus,公元前336—公元前270);古罗马的西塞罗(Cicero,公元前106—公元前43)、塞涅卡(Seneca,约公元前4—公元65)和罗马五大法学家(盖尤斯,Gaius,117—180;保罗,Paulus,121—180;乌尔庇安,Ulpianrs,170—228;帕比尼安,Papinionus,212年以前;莫德斯蒂努斯,Modestinus,250年前后)。他们的法律思想可以概括为三个方面,即法的正义理论、自然法理论、法治理论。

第一节　法的正义理论

随着奴隶制经济和政治进一步的发展,人类的认识超越了恐惧地盲目服从统治秩序的阶段,于是就产生了古代正义观念。古希腊的正义观念萌发于公元前10世纪左右的荷马时代,哲学家阿那克西曼德第一次把正义观念上升到哲学高度加以论述,其后的赫拉克利特开始涉及法律与正义的关系,政治改革家梭伦奠定了在古希腊占统治地位的正义观念。真正把正义作为伦理道德问题来研究,并将正义与法律联系在一起进行探讨的,是公元前5世纪中叶产生的知识分子阶层——智者(Sophistos)。苏格拉底的正义观后来被柏拉图、亚里士多德进一步发挥,成为西方最基本的正义观念。柏拉图是古希腊第一个对正义问题以及正义与法律关系论述较多、较系统的思想家,亚里士多德则是对这一问题论述得最详尽、最深刻的思想家,且对后世也有重大影响。古罗马的西塞罗继承并发展了斯多葛学派关于法律和正义都基于自然、根源于理性的思想,把法律和正义统一起来,罗马法学家正是从这一点上来认识法律的。

一、正义的含义及本质

对于什么是正义,古代学者说法不一,概括起来,基本上有四种情况:

(一)正义是一种客观必然性

希腊哲学家阿那克西曼德(约公元前610—公元前546)认为:"万物所由而生的东西,万物消灭后复归于它,这是命运规定了的,因为万物按照时间的秩序,为它们彼此间的不正义而互相修补。"①"不能逾越永恒固定的界限",阿那克西曼德以哲学的语言表达了当时希腊人的普遍观念,是一种最深刻的希腊信仰。这种观念强调,一切事物都自有其必然,在宇宙中占有特定的地位和活动范围,不可逾越,否则就会有一种至高无上的力量——正义予以纠正。显然,在这里正义观念尚处于朦胧之中,还不是一个伦理范畴,而是一种范围无限的超自然、超社会的神秘东西,是一种客观必然性,一种"命运""定数"之类的东西。

之后的赫拉克利特(约公元前540—公元前480)发展了这一正义观念。他认为火是宇宙的本源,世界上的万物都按照一定的规律(他称为"逻各斯"、必然性或命运)运动、燃烧着,"火产生一切,一切复归于火。一切都服从命运","命运就是必然性",其"本质就是那贯穿宇宙实体的'逻各斯'"②。各物之不义,由火束惩罚,"一切变成火,火烧上来执行审判和处罚"③。这就是说,正义还是一种客观必然性。但与阿那克西曼德不同的是,赫拉克利特说正义是靠斗争实现的,而不是消极服从;"正义就是斗争"④。

毕达哥拉斯(约公元前580—公元前500)也认为,一切都服从命运,命运是宇宙秩序之源,但由于他把数说成是世界的本源,把数的和谐说成是宇宙的秩序,因而把正义看成是"同次相等的数",即"$2^2 = 4$"。在他看来,公正就是维持现状,就是事物的永远自身统一。

(二)正义是不偏不倚和公正无私

持此说法的是雅典政治改革家梭伦(约公元前638—公元前559)。他不再把正义理解为必然性,而是理解为不偏不倚和公正无私,理解为对社会各阶层利益的一视同仁地保护和对贪欲的控制。梭伦在一首诗中这样写道:"我所给予人民的适可而止,他们的荣誉不减损,也不加多;即使那些有势有财之人,也一样,我不使他们遭受不当的

---

① 转引自〔英〕罗素:《西方哲学史》上卷,何兆武等译,商务印书馆1976年版,第52页。
② 北京大学哲学系编译:《古希腊罗马哲学》,商务印书馆1961年版,第15、17、25页。
③ 同上。
④ 同上书,第26页。

损失;我拿着一只大盾,保护两方,不让任何一方不公正地占据优势。"①由此看来,梭伦已奠定了后来在古希腊占统治地位的正义观念,即人人各得其所,不要越位非分。

(三) 正义是强者的利益

智者斯拉西马库和加里克里斯否认正义的客观基础,干脆说正义完全基于一种利益。斯拉西马库认为,所谓公正和法律"不外是强者的利益而已"。他在与苏格拉底辩论时说:"各种形式的政府,都为了自己的各种利益,而制成民主的,或贵族的,或僭主的法律。制成后便宣布凡对他们有利的,对于被统治者都是公正;凡是破坏这原则的人,都作为犯法与不公正的人而加以惩罚。先生,因此我说凡国家都拿当权的政府的利益作为公正的原则。由于每一政府必具有权力,所以唯一正确的结论是,强者的利益,在任何地方都是公正的。"②加里克里斯则认为,是弱者因为自己不如人,所以提出公平的要求,企图使强者不超过自己,而这恰恰有悖于真正的正义。这是因为,"自然的本身,却相反:优者比劣者多获得一些,乃是公正的,强者比弱者多得些,也是公正的。在许多情形下,无论是人或动物,或所有城都与所有种族,自然的暗示的都是:公正是在于优者统治劣者,优者比劣者占有更多"③。说得明确些,真正的正义是弱肉强食,恃强凌弱,是优治劣,是有多大的能力就有多大的权力。

这种强权即公理的正义观,在晚期雅典的著名政治家伯里克利(约公元前495年—公元前429年)那里也有反映。他公开声称:"金钱就是雅典的力量。"因为有了金钱就可以有强大的舰队和步兵,就可以称霸四方。在其执政期间,曾发动了对弥罗的战争,也发生了派去劝降的雅典使节和弥罗人之间一场关于正义问题的辩论。使者说,大家都知道,"正义的标准是以同等的强迫力量为基础的;同时也知道,强者能够做他们有权力做的一切,弱者只能接受他们必须接受的一切"④。在一次有雅典使者参加的斯巴达公民大会上,雅典使者再一次宣扬这一观点,强调公正、中庸、是非等道德观念都不过是掩盖利益的一些字眼,强者统治弱者,"弱者应当屈服于强者,这是一个普遍的法则"⑤。由此看来,正义是强者的利益这种观点在当时是很有市场的。

(四) 正义是最高的道德

古希腊哲学的集大成者亚里士多德把正义与道德联系起来,说正义或公平是一种"道德情态"⑥。在他看来,道德是一种在行为中造成正确选择的习惯,并且这种选择乃是一种合理的欲望。道德情态指这种正确选择不仅是一种内心的道德意识和内心的

---

① 转引自〔古希腊〕亚里士多德:《雅典政制》,日知、力野译,商务印书馆1999年版,第14页。
② 周辅成编:《西方伦理学名著选辑》上卷,商务印书馆1964年版,第27—28页。
③ 同上书,第29页。
④ 〔古希腊〕修昔底德:《伯罗奔尼撒战争史》,谢德风译,商务印书馆1978年版,第414页。
⑤ 同上书,第55页。
⑥ 〔古希腊〕亚里士多德:《亚里士多德伦理学》,向达译,商务印书馆1933年版,第110页。

道德修养,而且表现在行动中能正确地处理与他人的关系。所以,"公平包含对他人关系,故总增益他人",因而,"公平以利人造福社会为特征"。"故用公平一字之时,辄有为群造福或保持其福源之义。"①因此,正义不是一般的道德,而是一种最高的道德。"如此,则公平之为全德,虽非绝对之义,然与他事相较,固可如是也。是故常谓公平为至德,晨曦明星,不足以比其荣,俗谚所谓'公平为自德之总'者是也。"②亚里士多德认为,正义以中道为原则,以平等为基本含义。

对于正义的来源,基本上有两种说法:一是来自于上帝,二是源于人的本性或理性。早期智者普罗塔哥拉持第一种说法,他说人是上帝创造的,但初期人间没有道义,致使互相伤害,达到濒于灭亡的境地;上帝为了拯救人类,于是派神使来到人间,"带来尊敬和正义作为治理城市的原则,友谊与和好的纽带"③。而且制定了法律惩罚那些不义者。持第二种说法的有伊壁鸠鲁、柏拉图、亚里士多德、斯多葛派和古罗马的西塞罗。按照伊壁鸠鲁的说法,正义只存在于人们的相互交往中,只是这种交往中所订立的互不相害的契约:"自然的公正,乃是引导人们避免彼此伤亡和受害以及互助互利的约定。""公正没有独立的存在,而是由相互约定而来,在任何地点,任何时间,只要有一个防范彼此伤害的相互约定,公正就成立了。"正因为如此,正义为人类所专有。柏拉图认为理性是正义的基础,一个人以理性来指导自己的行动就是正义的人,一个国家由有理性者即哲学家来管理就是正义的国家。亚里士多德则说人具有二重性,人的灵魂中包含理性和非理性两个方面,理性使人有智慧、能知善恶、有正义性;人的理性能使人发现正义原则,并找到能贯彻正义原则的组织形式即国家。一句话,正义源于人的本性。西塞罗继承了斯多葛派。关于法律和正义都基于自然,根于理性的思想,也说"自然是正义的本源","正义是自然固有的性质"④。他解释道:"如果正义不是存在于自然之中,而且那种建立在功利基础上的形式能被极端的功利本身所推翻的话,随之正义就根本不存在。如果不把自然看做是正义的基础,那将意味着人类社会所依赖的美德的毁灭。因此,哪里还会有慷慨、热爱祖国、忠诚、助人为乐,以及对他人善意的感恩的余地呢?因为这些美德是来源于热爱自己同胞的天然性,而且这就是正义的基础。"⑤正因为正义根源于自然和人的本性,因而也必然是人所追求的目标。"正义和一切荣誉的事情,它们本身就是人们追求的目的。一切善良的人们的确都热爱公平本身和正义本身……因此,正义本身必须是追求和修养的目的。如果这是正义的真谛的

---

① 〔古希腊〕亚里士多德:《亚里士多德伦理学》,向达译,商务印书馆1933年版,第97—98页。
② 同上书,第97页。
③ 北京大学哲学系编译:《古希腊罗马哲学》,商务印书馆1961年版,第137页。
④ 法学教材编辑部西方法律思想史编写组:《西方法律思想史资料选编》,北京大学出版社1983年版,第68页。
⑤ 同上书,第71—72页。

话,也就是公平的真谛。"①

二、正义的分类

总的说来,古希腊、罗马思想家对正义作出三种划分:

(一)内心(个人)正义和外部(城邦)正义

这是古希腊著名唯物主义哲学家德谟克利特(公元前460—公元前370)对正义所作的划分。内心(个人)正义即良心的安宁,他说:"正义的力量在于判断的坚决和无畏,反之,不义的结果则是对不幸的恐惧。"②也就是说,正义是个人以符合自然必然性方式而生活,从而求得灵魂的安宁。在这里,德谟克利特开始把正义作为纯粹道德范畴来论述,表明当时社会上不公正现象比比皆是,无力改变现状,便开始转向内心去祈求正义的消极态度。外部(城邦)正义就是在城邦生活中的正义,也就是要维护城邦制度,其主要内容是尽义务,"正义要人尽自己的义务,反之,不义则要人不尽自己的义务而背弃自己的义务"③。

(二)道德正义和法律正义

这是柏拉图对正义所作的划分。他把道德正义解释成个人和国家的最高美德,社会行为的普遍道德标准。"正义是智慧与善,不正义是愚昧和恶。"④"正义是心灵的德性,不正义是心灵的邪恶。"⑤当个人的三种品质(欲望、激情、理智)在个体协调运行秩序井然时,个人就成了正义之人。哲学家之所以能成为理想国的统治者就在于他是正义者,能判明正义是什么和如何在国家中实现正义。柏拉图从理念论出发,坚信依智慧划分社会等级的道德正义性,强调法律所确认的权力和特权的不平等并非不正义,统治者拥有权力,在于他们是全社会最有智慧的成员,因此,法律上的这种权力分配恰恰是道德正义的体现。对于这一点,他在晚年的著作中说得很明确:"不要把法律普遍地看成和平、或战争、或德性,它是现存政府的利益力量和保存,是表明什么是公正的天然定义的最好办法。"⑥柏拉图把法律正义解释为一种秩序,就是"用自己的东西干自己的事情"⑦。统治者审理法律案件的目的是为了每一个人都不拿别人的东西,也不

① 法学教材编辑部西方法律思想史编写组:《西方法律思想史资料选编》,北京大学出版社1983年版,第72页。
② 北京大学哲学系编译:《古希腊罗马哲学》,商务印书馆1961年版,第117页。
③ 同上书,第120页。
④ 〔古希腊〕柏拉图:《理想国》,郭斌和、张竹明译,商务印书馆1986年版,第36页。
⑤ 同上书,第42页。
⑥ 法学教材编辑部西方法律思想史编写组:《西方法律思想史资料选编》,北京大学出版社1983年版,第23页。
⑦ 〔古希腊〕柏拉图:《理想国》,郭斌和、张竹明译,商务印书馆1986年版,第155页。

让别人占有自己的东西,即使是那些不讲道德正义的城邦,当它们用不正义的手段去征服、奴役其他城邦和维护自己的势力时,其内部也要依靠法律正义来避免内讧和保证行动的一致性。柏拉图认为,法律正义就是社会各阶层各守其位,各谋其政,不非分越位。他说:"正义就是注意自己的事而不要干涉别人的事",就是"每个人必须在国家里面执行一种最适合于他们天性的职务"①。因而"当商人、辅助者和监护者这三个阶级在国家里面各做各的事而不互相干扰的时候,便是有了正义,从而也就使一个国家成为正义的国家了"②。所以,法律正义对统治者来说,就是严格按照各人和各阶层的天性分配其工作,惩办不轨分子,以维护社会的正常秩序;对被统治者来说,就是安分守己,严守社会分工,俯首帖耳地服从统治者的统治。

(三)普遍的正义和特殊的正义

这是亚里士多德对正义所作的划分。普遍的正义又称原始的正义、抽象的正义、一般的正义、广义的正义和绝对的正义,指正义的根本和全体,这种正义以公共利益为依归,它不仅要符合城邦的法律,而且要符合社会上公认的一切道德标准。特殊正义称政治正义、法律正义,即通过法律规范指导人类在社会生活中的行为,规定个人在团体中应尽的义务。这种正义对一般人的要求是同一的,即命令其实现最高的道德。亚里士多德着重对特殊的正义进行论述。

特殊的正义又分为分配正义和矫正正义两种。分配正义指国家或上级在分配财物、职务和论功行赏时所坚持的正义。他认为此时应坚持比值相等或合比例的原则,即根据各人的贡献决定奖赏和安排职务。因此,这种正义实际上是以社会的政治和经济的不平等为前提的。矫正正义是对私人交往中不正义行为的纠正,而这种不正义行为的产生从被害者一方来说又有主动的(多发生于民事交往)和被动的(属于刑事犯罪)两种。亚里士多德认为,矫正正义的目的,在于恢复公平,矫正不公行为,从而使失者复得。纠正正义的准绳,是纯形式上的平等,其适用范围是民法契约、赔偿损失、惩罚等方面的问题。

三、正义与法律的关系

在古希腊和罗马时期,凡论及法律与正义二者的思想家,基本上都认为法律和正义根源于人的本性或理性,因而二者在本质上是同一的、相通的。更明确地说,正义是法律的基础,法律是实现正义的手段。在这里,主要以苏格拉底、柏拉图、亚里士多德和西塞罗的表述予以说明。

苏格拉底认为,无论是不成文的神的法律还是成文的人的法律都考虑到正义,正

① 北京大学哲学系编译:《古希腊罗马哲学》,商务印书馆1961年版,第229页。
② 同上书,第230页。

义性不只是立法的标准,而且是立法的共同本质。当智者希比亚追问有关正义的学说是什么时,苏格拉底回答道:"我认为,不愿行不义的事就足以证明其为正义。不过,如果你认为这还不够,那么,看看下面所说的是不是会使你更满意些:我说守法就是正义。"①祖国和法律比父母还高尚、还珍贵,公民无条件地忠于城邦及其法律,是苏格拉底全部政治法律思想的观点和目标的出发点。在他看来,公民同意成为一个国家的成员,就等于和城邦订约并虔诚地尊重城邦的秩序和法律。任何一个雅典人达到成年后,如果他不喜欢雅典的城邦制度,都可以根据法律毫无阻碍地携带自己的全部财产离开本国,爱到什么地方就到什么地方去。因此,留在某个国家并成为其一员的公民,就是在事实上表明他同意执行国家及其机关的一切命令。于是,国家公民只有这样的选择:或是坚定地以某种合法的、非暴力的方式防止国家法律机关和公职人员可能作出不正义的决定和措施,或是执行这些决定和措施。他在谈到公民对国家的义务时写道:"应该或者是说服它,或者是执行它的命令,而一旦国家作出了判决,就必须忍受难以忍受的一切,无论是鞭打或带上镣铐,还是送往战场去经历流血和死亡;这一切所以应该执行,是因为正义就在其中。不应该退缩、回避或放弃自己在队伍中的岗位。无论是在战争中,还是法庭上,处处都应执行国家和祖国的命令,或者是竭力对它进行说服和解释,这就是正义之举。而以强力对待母亲或父亲,尤其是以强力对待祖国,那就是不敬神的。"苏格拉底始终忠于城邦的法律和"不以不义对不义"的原则,拒绝朋友们为他做越狱的准备,并在规定的行刑时刻喝下了放有毒芹(毒人参)粉末的毒酒。他以其一生和悲剧性的死亡生动地证实了希腊人关于尊重法律是其固有的使他们区别于一切"野蛮人"的传统观念。

柏拉图认为,正义是国家的原则,"我们在建立我们的国家的时候,曾经规定下一条普遍的原则。我想这条原则或者这一类原则,就是正义"。在以正义为原则的国家中,在找不到有理性的统治者和很少找到有理性的臣民的情况下,由于人们不能以理性指导和约束自己的行为,就必须以法律作为贯彻正义原则的手段,因为真正的法律正是有理性的人依据正义原则制定出来的并以国家强力为后盾的行为准则。

在亚里士多德那里,法律与正义的关系是形式和内容的关系,法律是正义原则的具体化,是人们根据正义原则制定出来的行为准则。他说:"城邦以正义为基础。由正义衍生的礼法,可凭此判断(人间的)是非曲直。"②那么,正义为什么又必须体现为法律呢? 亚里士多德认为能指导人们行为的客观标准,而法律正是立法者所树立的客观标准。所以他说:"要使事物合乎正义(公平),须有毫无偏私的权衡,法律恰恰正是这样一个中道的权衡。"③正因为这样,他认为正义特别是政治正义,就是以法律规定的正义,又叫法律正义。法律的目的就是实现正义,即"法律的实际意义却应该是促成全邦

① 〔古希腊〕色诺芬:《回忆苏格拉底》,吴永泉译,商务印书馆1984年版,第164页。
② 〔古希腊〕亚里士多德:《政治学》,吴寿彭译,商务印书馆1981年版,第9页。
③ 同上书,第148页。

人民都能进行正义和善德的(永久)制度"①。也正是在此意义上,亚里士多德提出正义不仅包含着公平,而且包含着合法。"仿此,则正者(1)合法(2)公正之谓,而(1)不合法者(2)又不公正,是乃不正也。"②"不正涵有二义,不合法与不公正是也。正而合法,即为公正。"③值得指出的是,亚里士多德在强调法律与正义内在联系的同时,也注意到二者的区别,指出法律作为特殊的正义明显不同于普遍的正义:"法律之公平与原始之公平,盖有别也。"④也就是说法律所体现的正义只是正义的一种,而不是正义的全部。在他看来,普遍的正义包含很广,法律只是其中的一种。所以,法律与正义具有部分与全体、低级与高级、形式和内容的差别。

西塞罗认为,法律是正义的体现和衡量标准,因而需要在法律中寻找正义,用他的话说就是:"正义的起源就会在法中找到,因为法是一种自然的权力,是理智的人的精神和理性,是衡量正义与非正义的标准。"⑤因此,正义和法律是互相依赖和互相包容的。当然,这里的法律主要指自然法,至于人定法,不能说都合正义,要具体分析。他批评说,那种认为一切"民族的风俗和法律"都符合正义精神的观点是"最愚蠢的看法"。他反问道:"难道连僭主颁布的法律也是正确的吗?如果众所周知的三十人团想在雅典颁布一套法律,或者雅典人全都为这些僭主们的法律拍手称赞的话,难道承认这些法权是正当的吗?""依照我的观点,不应当再把这种法律认为是正当的。因为正义只有一个,它约束整个人类社会,并且是建立在一个应用于支配和禁止的正当的理性的法的基础之上的。"⑥也就是说,只有自然法与正义相一致,人定法并不都具有这种性质,有些人定法甚至还与正义相对立。后来的罗马法学家像西塞罗一样把法律与正义看成是同一个事物的两个方面,甚至对实在法也提出了如此要求。而查士丁尼正是基于这一观念和要求去编纂流芳百世的《国法大全》的,他在谕令中称此法典为"罗马正义之圣堂",并把研究法律的青年称为"正义的卫星"⑦。

第二节　自然法理论

古希腊时期的法律思想,主要有两条线索——正义与法律的关系问题、自然法与人为法(法律)的关系问题,二者混杂在一起,形成以自然法为主线的独特发展史,古罗马的法律思想实际上是古希腊法律思想的继续,其直接的思想渊源是斯多葛派的自然

---

① 〔古希腊〕亚里士多德:《政治学》,吴寿彭译,商务印书馆1981年版,第138页。
② 〔古希腊〕亚里士多德:《亚里士多德伦理学》,向达译,商务印书馆1933年版,第96页。
③ 同上书,第100页。
④ 同上书,第119页。
⑤ 法学教材编辑部西方法律思想史编写组:《西方法律思想史资料选编》,北京大学出版社1983年版,第64页。
⑥ 同上书,第71页。
⑦ 〔意〕斯奇巴尼选编:《正义和法》,黄风译,中国政法大学出版社1992年版,第23页。

法思想。古罗马的法律思想在总体上仍属于早期自然法思想,只是把古希腊的自然法观念运用于罗马的实际,使自然法理论更加通俗化了,在许多基本观念上也与古典(近代)自然法思想接近。总的来说,古希腊、罗马时期的自然法理论虽不如近代那样系统、全面,但在三个方面与古典自然法相通:在本质和特点方面,已经认识到自然法是理性法,自然法普遍永恒;在与人定法的关系方面,明确提出自然法高于人定法,人定法符合自然法时才是真正的法律;在对待现存的奴役制度方面,强调自然法要求人人平等。

一、自然法的本质和特点

希腊城邦国家不是借助外部力量而是由内部自然形成的,希腊人根据这种现象的直接观察和祖传的见解,便形成一种根深蒂固的观念——国家就像山川湖海一样,纯属大自然的现象,因而就应当从大自然的延长线上去把握它。在当时的政治法律思想家那里,随时可以听到所谓"与自然相一致地生活"之类的说法。但是,他们在谈论自然法时,并没有明确地与理性联系起来。希比亚是智者中第一个根据自然法学说把自然和法律对立起来的人,也只是将自然(事物的本性、自然的规律)看成是真正的自然法。安提丰(约公元前400年)把自然法等同于自然规律。① 至于自然法的特点,他们几乎没有涉及。

到了古罗马时期,西塞罗较系统地论述了自然法的本质及特点。在《法律篇》中,他将自然法与理性结合在一起:"自然法并不是人心制造出来的东西,并不是各个民族制定出来的一种任意的规定,而是那个支配宇宙的永恒理性的印记……这是亘古不易之法,而不是仅仅存在于写下来的那一霎间的法。它的来源与圣灵一样古老:因为真实、原始、首要的法无非就是伟大的天神用来支配一切的理性。"②在《国家篇》中,他又提到自然法的本质即理性,并指出自然法的特点是永恒的,适用于一切国家、民族和一切时代:"事实上有一种真正的法律——即正确的理性——与自然相适,它适用于所有的人并且是不变而永恒的。通过它的命令,这一法律号召人们履行自己的义务;通过它的禁令,它使人们不去做不正当的事情。它的命令和禁止永远在影响着善良的人们,但是对坏人却不起作用。用人类的立法来抵消这一法律的做法在道义上绝不是正当的,限制这一法律的作用在任何时候都是不能容许的,而要想完全消灭它则是不可能……它不会在罗马立一项规则,而在雅典另立一项规则,也不会今天是一种规则而明天又是另一种规则。有的将是一种法律,永恒不变的法律,任何时候任何民族都必须遵守的法律,而且看来人类也只有一个共同的主人和统治者,这就是上帝,他是这

---

① 参见〔苏〕涅尔谢湘茨:《古希腊政治学说》,蔡拓译,商务印书馆1991年版,第104—105页。
② 转引自北京大学哲学系:《18世纪法国哲学》,商务印书馆1979年版,第427页。

一法律的起草人、解释者和监护人。"①应该承认,西塞罗所阐述的自然法观念,表达了西方自然法思想的基本含义,近代时期的格劳秀斯、霍布斯、洛克等人关于自然法的本质及特点的认识,显然继承了西塞罗的主张。

二、自然法与人定法的关系

如果说古代自然法思想在自然法概念、本质问题上观念仍很朦胧的话,那么,对于自然法与人定法的关系问题却是非常明白,而且与古典自然法几乎完全一致的。古希腊、罗马的思想家在谈论这一话题时,主要有两种意见:或者认为自然法与人定法对立(希比亚);或者认为自然法高于人定法,只有符合自然法的法律才是正义的(安提丰、斯多葛派、西塞罗、塞内卡等)。

古希腊的希比亚把"各国都同样实行的"不成文法理解为自然法,真正的自然法与错误的、人造的世俗法律(人定法)对立。他曾对与之交谈的希腊人、各城邦的公民说:"在座诸君! 根据自然而不是根据法律,我认为你们是同族、亲戚和同胞:因为根据自然,同胞是相互亲近的,而法律则统治人们,强迫许多人反对自然。"②按照他的看法,自然法(人根据自然要求自由规定的法律)就是正义,而强迫人们遵守约定和人为的要求的成文法律,则是与正义对立的。之所以反对成文法,是由于这种法具有制约性、易变性、流动性、暂时性,总以经常变换的立法者的酌定为转移。他认为这一切表明,人所采用的法是不严肃的,也是毫无必要的。"既然制定这些法律的人们自身就常常废弃或修改法律,人们又怎能把这些法律或把遵守这些法律看得具有真正的重要性呢?"③

智者安提丰并没有把自然法与人定法看成是"有你无我"的不可共存关系,但明确地主张"自然规律"(自然法)高于"城邦法"。他虽认为正义要求公民不违背他们所在国家的法律,但同时又指出:"很多(法令和被法律承认的)正义,都与(人的)本性抵触。"即便是有益的法律规定,也是控制人的本性的枷锁;而自然的指示给人带来自由。此外,他还指出,内心里违背国家的法律不会留下后患,但违背自然法(规律)必然造成灾难。"因为法律的规定是任意的(人为的),而自然的指示则是必然的。此外,法律的规定是人们约定的结果,并非产生于自身(自然的产物);而自然的指示则与生俱来(源于自身),并非人们之间约定的产物。"④在"论志同道合"一文中,安提丰在指出人的孤独生活的缺陷和共同生活的优点时,批评人们之间的利己主义的意见分歧,主张人们之间一致和"志同道合",这里面就包括城邦的秩序与法律问题。在他看来,按照"自然

---

① 转引自〔美〕萨拜因:《政治学说史》上册,商务印书馆1986年版,第204—205页。

② 〔古希腊〕柏拉图:"普罗塔哥拉篇",转引自涅尔谢湘茨:《古希腊政治学说》,蔡拓译,商务印书馆1991年版,第104页。

③ 〔古希腊〕色诺芬:《回忆苏格拉底》,吴永泉译,商务印书馆1984年版,第165页。

④ 转引自涅尔谢湘茨:《古希腊政治学说》,蔡拓译,商务印书馆1991年版,第105页。

规律"教育人和抑制人们的利己主义意向,对于实现"志同道合"具有重要意义。

根据斯多葛派的伦理观点,人的本性是整个自然和宇宙的一部分,由此产生出基本伦理要求:按照自然生活,即按照理性、宇宙的自然法(或公共法)生活,过诚实的、道德高尚的生活。因此,自然规律是普遍的、通行的正义的体现。在斯多葛派的学说中,无论对人们的政治集团(国家),还是对人们所实行的法律来说,这种正义都起着规范和准则的作用。

西塞罗认为只有符合正当的理性即自然法的法律才是正义的,自然法是人定法的基础和衡量其好坏的标准:"如果正义不是存在于自然之中,而且那种建立在功利基础上的形式能被极端的功利本身所推翻的话,随之正义就根本不存在了。如果不把自然看做是正义的基础,那将意味着人类社会所依赖的美德的毁灭……实际上只有根据自然而无其他标准,我们才能够辨认好的法律和坏的法律之间的区别。"①在西塞罗那里,人定法是自然法的表现和适用,离开自然法的人定法,虽然形式上是法,实质上却不是法。真正的法律必然符合"理性"和"正义"的自然原则。人定法是自然法的精密化,只有符合自然法的人定法,才算做真正的法律,否则只不过是一帮匪徒的规则而已。制定人定法,不论是人民还是君主,都必须依据自然法,否则没有法的性质。

在塞内卡的自然法论述中,宇宙是一个具有自己的自然法的自然国家,本质上是必然的、神圣的"命运的法则"起着一种自然法的作用,人类的一切制度包括国家和法律,都服从于这种自然法。同时,在这里自然法本身既是自然的事实(世界组织的秩序和事件的因果关系),又是理性的绝对命令。作为自然秩序的事实和规则的理性,也体现于作为世界整体的一部分的人类共同体之中。

三、自然法与奴隶制度

对于现存的奴隶制度,柏拉图和亚里士多德都认为是合乎自然的,因而也就合乎正义。柏拉图提出,根据自然,优者胜于劣者、强者高于弱者是正义的,他在一生中都坚持奴隶只不过是活的会说话的工具,奴隶主对奴隶只能下命令,杀死奴隶唯一的后果只是要进行一次净化,即奴隶的血玷污了奴隶主的手,要洗净。学生亚里士多德与老师在这一点上一脉相承,把奴隶说成是有生命的工具,在工具中占优先地位,奴隶与自由民之分既然是根据法律上的认可,当然也就符合自然之理,奴隶不算是人而只是奴隶主的一份私有财产。

但在古希腊和罗马却有不少思想家及学派反对奴隶制,把这一奴役制度的存在看成是人类的一种丑恶,值得注意的是他们都是以自然法思想作为批判的武器的。在柏

---

① 法学教材编辑部西方法律思想史编写组:《西方法律思想史资料选编》,北京大学出版社 1983 年版,第 71—72 页。

拉图、亚里士多德之前的有智者吕科弗隆、阿尔基达,之后的有斯多葛派、西塞罗和塞内卡。他们不分时代和民族,不约而同地向奴隶制度发起了冲击,并且高呼人生而平等甚至法律平等的口号,形成了古代法律思想史上一道美丽而动人的风景线。

先看智者的。吕科弗隆认为人们的"个人权利"是不可转让的自然权利,为了保证这项权利,人们才缔结了建立国家共同体的契约。人生来平等(和他们的"个人权利"平等的观念),就是这个契约理论的基础。他否认人天生不平等,认为高贵的出身只是一个"空名"①。年轻一代的智者阿尔基达马(公元前4世纪前半叶),发展一切人(既包括自由民,也包括奴隶)都平等的思想,这主要体现在下面的名言中:"神创造的人全是自由的,而自然也不让任何人成为奴隶。"②

再来看斯多葛派。根据这一学派的自然法观点,作为社会生活和社会政治制度的奴隶制是不合理的,因为它与公共法和人的世界公民资格相抵触。自由和受奴役是人的道德和精神的特征,而不是人的社会政治地位和法律地位。他们提出,只有摆脱万物和肉体束缚的人,一心关注灵魂的善的人,才是真正自由的人。这样的人是伟大而高尚的,任何力量都无法压制和剥夺他的自由,即使他被锁链锁住、被投进监狱,甚至被杀头,他还是自由的。因此,在现实生活中处于奴隶地位的人,心灵仍然可以自由,因为任何强者只能奴役人的身体,无法奴役人的灵魂。所以,奴隶不是那些社会地位处于奴隶地位的人,而是那些受外物统治的人,这些人一心追求财富和荣誉,一味沉湎于肉体的享乐,只有这些人是真正的奴隶,即使他们身居高位、拥有权势。曾经作为罗马奴隶的著名的斯多葛哲学家埃皮提特(约60—140)这样说:"他登上了他希望的最高职位,他们使他成为元老……他同样依然是奴隶,只是出席元老会议的奴隶。他的锁链是美丽的,金光闪闪,但依然还是剥夺他的自由的锁链。"③

西塞罗从自然法理论出发,进一步得出人类自然平等的结论,即任何人都有区别于禽兽的共同人性,人与人之间在自然法面前,都以共同的理性为基础。他说,共享法律的人们是同一国家的成员,不论其国别、种族和社会地位,都是"与上帝共同享有理性"的公民,即使是奴隶也不例外。尽管人们之间具有不同的知识和财产,然而他们却具有共同"理性"和"相同的心理状态",以及判断善恶的一致标准。人之所以为人,就在于他们共同具有发达的智力,拥有进行推理、判断直至取得结论的本能。所以,人的定义应当适用于所有人。人类相似之处,不论在什么情况下都有极明显的表现,人们常见的现象到处都有,比如用同一方式刺激人们的感官而在心灵上的感觉都是一样的,当人们在表达思想感情时所用的语言也是相同的,所不同的只是在辞藻上有所选择罢了。总之,在西塞罗看来,任何人都有趋向美德的理性,都具有人类一分子的尊严。在自然法面前,人们彼此要互相尊重各自人格,尊重"人的友谊及其与同胞联合"

---

① 参见〔苏〕涅尔谢湘茨:《古希腊政治学说》,蔡拓译,商务印书馆1991年版,第110—111页。
② 同上书,第111页。
③ 转引自章海山:《西方伦理思想史》,辽宁人民出版社1984年版,第139页。

的自然美德。西塞罗从人类自然平等理论出发,进而提出"奴隶解放"的主张,认为奴隶也是国家的一分子,要把奴隶当人看待,还主张应平等地对待被征服地区各民族的人,他们应该享有罗马公民权。显而易见,人的自然平等只是理性平等,还不是说在罗马社会现实中的地位平等,然而从古希腊不把奴隶看成人到认为奴隶也有理性、所有人在理性上是平等的,这是人类政治法律思想上的一次飞跃,具有划时代意义。西塞罗的思想为罗马后期的解放奴隶提供了理论依据。

在古代思想家中,罗马思想家塞内卡(约公元前4—公元65)最彻底地表达了一切人的精神自由都不依其社会地位为转移的思想。在他看来,只有人的肉体的、感情的部分,而不是人的精神的、理性的部分才能成为奴役的对象。"谁要以为奴役会及于整个人身那就错了,因为人的最好部分是不会被奴役的。只有肉体才会服从并且属于主人,而精神则是完全自主的。"①正是基于此,塞内卡认为,奴隶也是人,其自然本性与其他人一样,他也有其他一切人所具有的精神品质。奴隶的买卖只涉及肉体,而不涉及其自由的精神,精神不属于商品交易之列。从伦理的意义上讲,奴隶制是缺乏根据的。他捍卫奴隶作为人的尊严,并号召人们把奴隶看做精神平等的对象,以人道主义对待他们。与此同时,塞内卡还从"一切人都平等"推出任何人都是"受奴役的伙伴"的结论,因为他们都被命运所主宰。他说:"请大家指给我看看,有谁不在这一方面或那一方面受奴役!你看,这个人是淫欲的奴隶,那个人是贪婪的奴隶,另一个是热衷功名的奴隶……再没有比自愿受奴役更可耻的了。"②

古希腊、罗马思想家关于人的精神自由和人们普遍平等等观点,在早期基督教的代表人物那里得到了激进反对派和宗教改革派的新的响应,并对中世纪和近代欧洲的政治、法律观点发生了巨大影响。

第三节　法治理论

在西方,"法治"观念源远流长,系统的法治理论也有悠久的历史。历史上的法治观念始于梭伦变法,至亚里士多德时代已经理论化,柏拉图的人治思想被学生的"法治应当优于一人之治"的思考所否定。古罗马的法学家、思想家同样主张"以法为据",他们除制定了完备的法律,尤其是反映发达的简单商品生产关系的私法之外,在法治理论上也颇有建树。古希腊、罗马的法治思想对西方法律文化产生了深远的影响,近代资产阶级法治理论很大程度上就是以古代法治思想传统为基础而形成和发展起来的。

---

① 转引自〔苏〕涅尔谢湘茨:《古希腊政治学说》,蔡拓译,商务印书馆1991年版,第221页。
② 同上。

一、法治优于人治

在治国问题上,古代西方存在着两种不同的理论,这就是柏拉图的"人治论"(哲学王统治)和亚里士多德的"法治论"。

柏拉图是西方历史上最著名的思想家,他在生命的大部分时间对法律治理社会持否定态度,而竭力主张贤人统治。这主要是受苏格拉底"美德即知识"的思想影响。根据苏格拉底的说法,知识在政治法律领域则表现为他的这样一句政治伦理格言:"进行统治的应是有知识的人。"①由此,柏拉图便认为统治与被统治的关系就是有知与无知之争,有知战胜了无知就是有德,无知压倒有知便为无德。国家乃是由人类组织而成,国家及政治如何,完全取决于人的品性。哲学王有非凡的才能,有超越法律的能力,国王的主张都是合理的主张,人民都会服从,不需要法律来强制。另外,柏拉图也看到了法律的缺陷——刚性、刻板和固定,法律有很强的原则性,不能适用于每个特殊的事例,无法适应迅速变化的情况,用法律条文束缚治理国家的哲学家国王的手脚是愚蠢的,就好像强迫一个有经验的医生从医学教科书的处方中去抄袭药方一样。他讥讽立法家们是可怜虫,他们"不停地制定和修改法律,总希望找到一个办法来杜绝商业上的以及……其他方面的弊端,他们不明白,他们这样做其实等于在砍九头蛇的脑袋"②。于是,结论便很明显了:在一个理想的国家中,最佳的方法并不是给予法律以最高权威而是给予明晓统治艺术、具有才智的人们最高权威,哲学王通过知识进行统治比法律统治具有很大的优越性。但是,柏拉图在晚年又意识到自己的"理想国"不可能实现,遂于《法律篇》中制定了一个所谓"第二等完善的国家"的方案,开始承认法律在城邦政治生活中的作用,明确提出了以法治国的方案,作为未来理想国的预选方案之一。他说,法律是智慧的标准、理想的结晶和全部道德之体现,人的生活需要由法律来引导,因为人心始终存在着两种矛盾思想——避苦求乐、好坏、善与恶的斗争。它们像两种拉力似的,拉着人们向两个相反方向发展。这些复杂的拉力,如同许多条绳子拉着人们走,而其中领头的绳子是用金子做的,既柔软又文雅,它就是国家公共的法律。人们只有紧紧抓住这条绳子,才能抗拒其他绳子的拉力,只有国家法律规定善恶是非界限,人们才能循法而达到快乐的境地。这就是有名的"金质的法律纽带"说。

柏拉图之后,其学生亚里士多德在认真思考"由最好的一人或最好的法律统治,哪一方面较为有利"这个问题之后,明确主张"法治优于一人之治"③。并对法治的内容及其作用作了较为系统的论述。他说:"法治应当包含两重意义:已成立的法律获得普

---

① 转引自〔苏〕涅尔谢湘茨:《古希腊政治学说》,蔡拓译,商务印书馆1991年版,第118页。

② 〔古希腊〕柏拉图:《理想国》,郭斌和、张竹明译,商务印书馆1986年版,第143页。

③ 〔古希腊〕亚里士多德:《政治学》,吴寿彭译,商务印书馆1981年版,第167—168页。

遍的服从,而大家所服从的法律又应该本身是制订得良好的法律。"①法治之所以优于人治,主要原因有三方面:①法治代表理性的统治,而人治则难免使政治混入兽性的因素,因为即使是最好的贤人也不能消除兽欲、热忱和私人情感,这就往往在执政时引起偏见和腐败,而"法律恰恰正是免除一切情欲影响的神祇和理智的体现"②。②法律是经过众人审慎考虑制定的,众人的智慧优于个人或少数人的智慧,众人的判断总要比任何个人的判断要好些。"单独一人就容易因愤懑或其他任何相似的感情而失去平衡,终致损伤了他的判断力;但全体人民总不会同时发怒,同时错断。"在许多事情上,群众比任何一人可能作较好的裁断,许多人必须举办的宴会可以胜过一人独办的酒席。如同"物多者比较不易腐败,大洋水多则不朽,小池水少则易朽;多数群众也比少数人不易腐败"③。③法治内含着平等、正义、自由、善德等社会价值,推行法治也就是在促进这些社会价值。正如他说:"法律不应该被看做和自由相对的奴役,法律毋宁是拯救。"④

二、加强法治的各项措施

古代思想家深知,为了使法治不成为一句空话,还必须采取一些相应的措施,主要有:

（一）重视立法工作

第一,详细研究国家情况,柏拉图提出立法必须具备三个条件:①立法者为之立法的国家应该是自由的;②这个国家应该是统一的;③这个国家的人民对法律应该具有理解力。他在《法律篇》中还强调指出:"制定违反地理条件的法律,也是不可以的。"⑤亚里士多德认为,所制定的法律必须反映中产阶级的利益,要注意研究国家情况,包括国境大小、居民人数以及与邻邦、外国的关系,此外还要注意财产的数量和军备的实际需要。

第二,要考虑对公民特别是青少年加强教育。毕达哥拉斯派主张,关心各种年龄的人是统治者的重要任务,这种关心首先表现在对儿童和青年进行适当的培养和教育,使他们习惯国家的惯例和法律,以便在成年时能够以适当的方式从事社会的和国家的工作。⑥ 柏拉图更直截了当地提出必须为教育立法,要保护社会秩序的稳定,立法家就必须对文学艺术教育和体育加以限制,尤其"不让体育和音乐翻新,违反了固有的

---

① 〔古希腊〕亚里士多德:《政治学》,吴寿彭译,商务印书馆1981年版,第199页。
② 同上书,第169页。
③ 同上书,第163—164页。
④ 同上书,第276页。
⑤ 〔苏〕涅尔谢湘茨:《古希腊政治学说》,蔡拓译,商务印书馆1991年版,第149页。
⑥ 同上书,第34—35页。

秩序",除非国家大法有所变动,否则音乐风貌不能改变;儿童从小就"必须参加符合法律精神的正当游戏",只有这样才能健康成长,成为品行端正的守法公民,"一旦国家发生什么变革,他们就会起而恢复固有的秩序"①。

在这方面,亚里士多德有很充分的考虑。他认为,人生入德有"三端":天赋、习惯和理性。三者和谐才是善的生活。理想城邦中的公民应首先具有热忱和理智的天赋,其余两端的培养可完全寄予立法家所订立的教育法规。亚里士多德继承了柏拉图关于教育立法的思想,指出法律可以使公民通过习惯性的训练接受理性的启示,培养才德。立法家最关心的事业是对少年进行教育。由于 7 岁以下的儿童对所见的一切都易接受,因此,一方面应使他们避免与奴隶接触,以免产生恶言染上恶习,另一方面"立法家的首要责任应当在全邦杜绝一切秽亵的语言"②。凡不顾禁令而有恶言、恶行的人必须受到惩罚,犯禁者不足 21 岁,给以体罚和斥责;已成年者则科以罚金。立法家应该杜绝那些秽亵的图画展览和戏剧表演,在青年未完全进入社会活动之前,禁止他们听俚歌和观看滑稽的戏剧。同时提倡尚武教育,其目的在于防御和统治,立法家对"所订立的军事法制,务必以求取闲暇与和平为战争的终极目的"③。

第三,法律必须变革,但变革要慎重。柏拉图较注重法律的恒久性,而亚里士多德则强调法律具有稳定性与灵活性。他认为,法律一成不变是行不通的,原始社会留下的许多习俗(指习惯法)必须废改,而且随后制定的成文法律也不能始终如一,如果一定要以守旧安常为贵,未免荒唐。但同时他也看到:"人们倘使习惯于轻率的变革,这不是社会的幸福,要是变革所得的利益不大,则法和政府方面所包含的一些缺点还是姑且让它沿袭的好;一经更张,法律和政府的威信总要一度降落,这样,变革所得的一些利益也许不足以抵偿更张所受的损失……变革一项法律大不同于变革一门技艺。"④"变革实在是一件应当慎重考虑的大事……法律所以能见成效,全靠民众的服从,而遵守法律的习性须经长期的培养,如果轻易地对这种或那种法制常常作这样或那样的废改,民众守法的习性必然消减。"⑤

(二)必须加强执法

在柏拉图看来,"立法工作是很重要的事情,可是,如果在一个秩序良好的国家安置一个不称职的官吏去执行那些制定得很好的法律,那么这些法律的价值便被掠夺了,并使得荒谬的事情大大增多,而且最严重的政治破坏和恶行也会从中滋长"⑥。为

---

① 〔古希腊〕柏拉图:《理想国》,郭斌和、张竹明译,商务印书馆 1986 年版,第 139—140 页。
② 〔古希腊〕亚里士多德:《政治学》,吴寿彭译,商务印书馆 1981 年版,第 403 页。
③ 同上书,第 392 页。
④ 同上书,第 81 页。
⑤ 同上书,第 81 页。
⑥ 〔古希腊〕柏拉图:《法律篇》,转引自何勤华:《西方法学史》,中国政法大学出版社 1996 年版,第 18 页。

此,他主张选举好各种官吏,如护法官、将军、政务会、宗教事务官员、管理员、教育督导员、法官等。亚里士多德认为,执政者应凭城邦的法律办事,凡是法律有明确详细规定的,都必须严格执行;凡是法律不周详的地方或者没有明确规定的,执法者要根据法律的原来精神,公正地处理和裁决。"法律应在任何方面受到尊重而保持无上的权威,执政人员和公民团体只应在法律(通则)所不及的'个别'事例上有所抉择,两者都不该侵犯法律。"①

(三)完善司法

早在柏拉图、亚里士多德之前,就有希腊学者对司法作了很有价值的分析。其中,毕达哥拉斯派的希波达姆关于审判制度的论述更有意义。例如,他主张建立一个单一的最高法院,由它再审诉讼当事人认为下级法院所作的判决不正确的一切案件。这样的上诉法院在当时希腊审判程序中尚不存在。希波达姆认为,这个最高法院的成员应从长老中选举产生。再如,他还提议改变原告、被告在法庭上的陈述程序,因为当时的判决办法具有明显的缺陷:法官不是完全同意原告的陈述而作有罪判决,就是完全否决原告的指控而判决被告人无罪。当时的做法是:几名法官用向陶罐里投放石子的方式进行宣判,投入主张判决有罪的陶罐中的石子多于宣判无罪的陶罐中的石子,即作有罪判决,反之亦然。所以,法官不能对控告的事实逐条表示意见,换句话说,法官是完全按照原被告的自述作非彼即此或非此即彼的硬性选择,即使他们认为真理另有所在也得如此。因此,希波达姆建议,在判决时不采取对公诉(或自诉)的控告以投石表示赞成或反对的方式,而应采用其他方法。他设计了这样的判决办法:如果法官无条件地同意控告,则应在自己的小木牌(取代石子的新措施)上写上"有罪";如果法官无条件地主张无罪,则在小木牌上什么也不写;如果他既不完全同意有罪,又不完全同意无罪,而得出其他结论(认为部分有罪或部分无罪),那他就必须对自己的这个结论作出严密的论证。可见希波达姆关于改革判决办法的建议的基本精神在于:使法官的作用扩大和充分发挥,赋予法官在解决争讼时以更大的自主性和摆脱诉讼双方的影响。②

柏拉图认为全体国家公民都应当参与司法的执行工作。除了各种仲裁法庭和民事法庭外,还有地方法庭和特别法庭,特别法庭由政府的各种官员中选出来的任期1年的特别法官组成。这些法官要经过资格审查。柏拉图主张法官应当主动,认为不敢发表意见的法官只是低劣的审判人员。③ 法院的审判活动应该公正,监狱对犯人的改造工作应重在对其灵魂的拯救。

亚里士多德指出,在共和政体下有八类法庭,分别具有不同的职能:①审查执政人员的工作和账目;②裁断违反城邦公共利益的普通案件;③审判违反宪法的案件;④处

① 〔古希腊〕亚里士多德:《政治学》,吴寿彭译,商务印书馆1981年版,第192页。

② 以上见〔苏〕涅尔谢湘茨:《古希腊政治学说》,蔡拓译,商务印书馆1991年版,第39页。

③ 而德谟克利特关于诉讼的程序和道德的一句名言恰好相反:"法官指控被告时必须寡言。"见〔苏〕涅尔谢湘茨:《古希腊政治学说》,蔡拓译,商务印书馆1991年版,第80页。

理民事、刑事争执(包括行政人员或私人控诉的讼案);⑤解决私人间契约纠纷;⑥审理杀人案件;⑦裁断外侨案件;⑧裁断诉讼标的在一定数量范围内的私人之间的契约纠纷。在这些法庭中,最重要的是涉及政治性质案件的法庭,如果法官在审理过程中裁断失当,便容易引起社会内讧和政治骚乱。

(四)强调社会成员守法

法律制定后,应当为全社会成员(包括统治者)所普遍遵守,这是古代思想家反复论述的一个问题。在他们看来,这是法治思想中的应有之义。古希腊的"七贤"中就有奇仑、毕大各用格言表达了对法律的敬重:"服从法律","服从你为自己制定的法律"①。毕达哥拉斯派认为服从法律是最高的善,而法律本身("好的法律")则是最大的价值;德谟克利特则说:"法律力求帮助人们过好生活,但只有当公民们自身希望生活得幸福时才能达到;因为对于服从法律的人来说,法律只是他们自身美德的证明。"②

柏拉图发挥了苏格拉底的守法思想,给予守法行为高度评价。他指出,对于有意志的公民来讲,法律的统治并不具有强迫性,而是体现了国家的善良愿望。如果法律能完全导致至善或至少是能部分地达到这样的目的,这些法律我们都应该执行。公民应该为自己对法律的服从而感到骄傲。应该树立法律的权威,以克服极端的自由和专制。如果一个国家的法律处于从属地位而没有权威,那么这个国家必将覆灭;如果一个国家的法律居于官吏之上并为他们所服从,那么这个国家便是合理的。因此,官吏不仅是法律的执行官,也是法律的仆人,他们必须遵守法律。国家必须对它所任命的官员制定一些法律,限制他们滥用权力,并且应该特别重视对法律监护官的选择。

亚里士多德发展了柏拉图的守法思想,进一步指出:"邦国虽有良法,要是人民不能全都遵循,仍然不能实现法治。"③"法律所以能见成效,全靠民众的服从。"④但民众的守法精神不能全部仰赖于自发形成,而"须经长期的培养"。为此,他要求国家在这方面付出巨大努力,尤其不能有碍于民众守法精神的举措。这一守法理论,应该说是十分深刻的。

西塞罗在阐明法律和执政官的关系时认为,正确而合法的行使政治权力,才是真正的人民的共同权力。行使此权力的执政官,依靠法律办事,所以执政官是法律的产物。他在《论法律》一书中说:"一个执政官的职责是依照法律对人民进行统治,并给予正当的和有益的指导。因为法律统治执政官,所以执政官统治人民,并且我们真正可以说,执政官乃是会说话的法律,而法律乃是不会说话的执政官。"⑤

---

① 〔苏〕涅尔谢湘茨:《古希腊政治学说》,蔡拓译,商务印书馆1991年版,第20页。
② 同上书,第77页。
③ 〔古希腊〕亚里士多德:《政治学》,吴寿彭译,商务印书馆1981年版,第199页。
④ 同上书,第81页。
⑤ 转引自法学教材编辑部西方法律思想史编写组:《西方法律思想史资料选编》,北京大学出版社1983年版,第79页。

（五）进行法律解释

亚里士多德认为,对于法律所没有周详的地方,让执法者根据情况予以解释并应用一切条例,按照法律的精神公正地加以处理和裁决。他还主张设置若干职官(如法官)在法律没有完善规定的事例上作出自己的判决,以补充法律条文中不够完备的部分。这一思想为后来的注释法学和判例法的兴起奠定了理论基础。

西塞罗继承了古希腊修辞学中的解释传统,并发展到一个新阶段,建立起三方面的法律解释理论:

(1)直接的、严格的字面解释。即仔细地分析文字的结构,将字面含义解释清楚以便案件得到公正解决。西塞罗举出罗马著名的柯瑞阿斯诉考波阿斯遗嘱继承案来说明这种解释方法。案情大致如下:一个人的遗嘱上说,他死后将其全部遗产留给其遗腹子,但如果这个孩子到 14 岁死亡的话,则将这些财产作为赠品过渡到柯瑞阿斯手里。事实是遗腹子没有出生。所以在立遗嘱人死亡 10 个月后,柯瑞阿斯根据市民法的规定(遗嘱继承)向当局申诉他的财产权,当即遭到立遗嘱人第二顺序法定继承人考波阿斯的反对。西塞罗指出这是由法律文件所引起的自愿参与者案件,涉及法律解释问题。裁判官马库斯·斯凯渥拉直接按遗嘱字面词的含义作了严格的解释:"除非有一个孩子出生了,而且在达到青年期以前时死亡了,否则柯瑞阿斯继承遗产的企图是永远不能实现的。"西塞罗称赞这种解释的充分正确性,认为字面解释对于人民是非常重要的。因而他坚持这种直接解释并把它放在首位,说这种解释方法更多地适用于对原始文件发生争议的情况。

(2)解释中的"衡平原则"的适用。法律规定的是一种一般规则,在以后的案件中虽然规则是正确的,但由于其绝对性存在缺陷及不足而不能解决案件时,就由立法者或裁判官用宣告的形式,说明现实的情况来解决案件,这就是所说的"衡平"。拉丁格言道:"衡平是借助普遍的理性以纠正法律中那些特殊规定的不足。"西塞罗参照修辞学在解释法律适用"衡平"时,提出了明确的标准,即在对法律的规定或原始法律文件、起草者的立法思想不能接受,或怀疑其是否为本意时,首先要进行直接的文字解释,这是最权威的。可是为了维护法律的权威性和效力,必须弄清法律起草者的立法意图和目的,只凭字面解释不够时,则必须适用衡平。适用的规则是:举出案例论证同类案件适用该法律时并非依据直接的字面解释,适用的是立法含义的解释。

(3)法律冲突的解决,指两个或两个以上更多的法律彼此矛盾冲突时如何解释和适用。西塞罗认为这种情况的解释总的来说是创制一种新的规则,以便解决案件,但并非是任意的创制,必须考虑下列条件:①将冲突的法律进行比较,选出对处理案件最重要和最有价值的法律;②选择法律时还要看哪个法律是最近颁布的,一般来说最近颁布的是最重要的;③要考虑两个或更多的法律在处刑方面的轻重,并慎重考虑被告人的情况和利益,然后再进行选择,并按法律的字面含义进行直接解释;④如果两个法律的意思对立,要么给予其中之一一种不同的含义,从而使两个法律看起来并不矛盾,要么采取对立的解释而抛弃另一种;⑤还要特别注意哪些是成文法,一般而言与不成文法相比,成文法是重要的,如果选择了成文法就必须考虑其正确的字面含义。

西塞罗首创的解释理论,是人类法律思想发展中的一个阶段,对以后罗马法的解释和近现代法学理论研究有一定的影响。

第五章 中世纪西方神学主义法律思想

476 年西罗马帝国的覆灭,标志着欧洲从奴隶制社会向封建社会的转变。

中世纪的欧洲是历史上最黑暗的时期,其最大特点就是基督教(居支配地位的是天主教)的举足轻重的支配地位,在文化思想领域尤其突出。如同恩格斯所说,欧洲"中世纪是从粗野的原始状态发展而来的,它把古代文明、古代哲学、政治和法一扫而光,以便一切从头开始,它从没落了的古代世界承受下来的唯一事物就是基督教和一些残破不全而且失掉文明的城市。其结果正如一切原始发展阶段中的情形一样,僧侣们获得了知识教育的垄断地位。因而教育本身也渗透了神学的性质。政治和法律都掌握在僧侣手中,也和其他一切科学一样,成了神学的分支,一切照神学中通行的原则来处理。教会的教条同时就是政治的信条,圣经词句在各法庭中都有法律效力,甚至在法学家已经形成一种阶层的时候,法学还处于神学控制之下。神学在知识活动的整个领域中的这种无上权威是教会在当时封建制度里万流归宗的地位的必然结果"①。

中世纪法律思想中占主导地位的学派倾向仍然是自然法,但它已经从古代希腊和罗马人的自然主义自然法转为神学主义的自然法。

第一节 奥古斯丁

虽然奥古斯丁是出生和活跃于罗马奴隶制帝国末期的人物,但是鉴于这个国家面临的分崩离析、行将破灭的局面,奥古斯丁已经丧失了对它的热情,而寄希望于基督教教会对世界的统治。事实上,奥古斯丁的理论主要充当了中世纪封建统治者,特别是罗马教皇的武器。因此,比较地说,更有理由把奥古斯丁的理论作为中世纪封建阶级的理论来研究。

奥略里·奥古斯丁(354—430),出生于罗马帝国在北非的领地纽米迪亚的达戈斯特,父亲是异教徒,母亲是基督教徒。先后在罗马、米兰等地教授过修辞学。他开始曾信奉过莫尼教,后来发现该教的唯心主义不够彻底,便转而追求新柏拉图主义。38 岁时在米兰接受正统基督教的洗礼。388 年离开意大利返回北非,当了希波的僧正。最后,在汪达尔人入侵非洲,包围希波的期间,奥古斯丁死去。奥古斯丁的主要著作是其耗费 13 年的精力撰写、于 426 年脱稿的《神国论》。该书是神学政治法律思想的第一

---

① 《马克思恩格斯全集》第 7 卷,人民出版社 1959 年版,第 400 页。

部著作。

奥古斯丁政治法律思想的根底是对于神的绝对信仰。神是永恒真理或理念的最终体现者。神是万物之源,是最高的实在、最高的善、最高的爱、最高的美。神一开始就不能借助人的认识或理性来完全捕捉。所以,奥古斯丁开导人们"为信仰而认识吧","首先信仰,尔后才能认识"。乍一看来,神似乎是完全超脱于人的,但是并非如此;奥古斯丁所塑造的神是具有强烈的反动阶级的倾向性。

奥古斯丁公然地宣传人和人之间不平等的正当性。他装模作样地说,本来按照神的原定计划一切人都应当是凡世社会的平等成员,只是由于人的"原罪"而使这个计划受挫。从而,唯有得到神的恩宠的人才能充当社会合格的成员。那些不受神恩宠的人是不能取得同等地位的。据此,奥古斯丁明确地宣布,奴隶和一切下贱的人的存在都是神规定的。他们只有坚持禁欲、安贫乐道、俯首听命于统治者才能消除自己的原罪,逐步地获得神的恩宠,以便死后进入"极乐世界",或者保障来生做一个合格的社会成员。

奥古斯丁的神学政治法律思想体系的主题,是论述"神国"和"俗国"的对立。"神国"是仰赖神的恩慈结合起来的共同体;"俗国"是由被神放逐的罪人集合而成的共同体。"神国"的形象化就是基督教教会的统治和基督教化的王国;"俗国"的形象化就是由不服从神的使者建立的,诸如异教国家或不信神的国家。"神国"是"千年王国",它高于"俗国"。明确些说,在奥古斯丁的脑海中,罗马帝国尽管还嫌不理想、不完全,但大体上可以算做移到世俗的神国,或者说是神国化了的世俗国家。在奥古斯丁看来,基督教国家的统治者是神在世俗的代表者,但不具有永恒不变性,特别是不具有绝对性。真正的、模式的神国即永恒不变的、绝对的天国,应当是基督教教会的直接统治。当他喋喋不休地宣扬教会之外没有正义、和平、秩序和福利的时候,恰恰就是要使教会能够绝对地、永远地凌驾于一切现实中存在的国家之上。

奥古斯丁的"神国论"作为中世纪发端的理论,独占地统治着基督教的思想阵地达若干个世纪。在某种意义上可以说,神圣罗马帝国就是以"神国"论为基础的。凭借这套理论,基督教思想得到猛烈的扩展,教会的各种行政手段大大发达起来,其活动达到惊人的程度。自然,劳动人民的灾难也就越来越加深了。

在这里有必要专门提及的是,奥古斯丁关于"神国"和"俗国"这两个概念的差异,也被当做精神权力和世俗权力的关系问题引起了长期的、激烈的论争。由于在单一的基督教国家里,教会和国家是分别作为统治精神权力和世俗权力的机能而存在的,因此在一般情况下肯定这种状态的权力分割论占主导地位。还在494年盖拉西教皇(492—496年)发表的著名的"两剑论",就持有这种见解。但在后来的实践中,随着教权和俗权力量对比的变化,双方又会即刻做出有利于自己的解释,力图压倒对方。在教俗两种权力的角斗过程中,出现过一个值得注目的现象。那就是,教皇格里哥利七世(1073—1085年在位)为了实现废除皇帝的野心,曾不惜利用人民群众对于世俗权力的憎恶,声言:"皇帝的权威是有条件的,从而其服从者的义务并非是绝对的。"正是这一观点被同世纪的另外一个人即劳汀巴哈的马内哥德(约 1030—1085)所发挥,提出君主与人民的契约论。按照这一理论,君主这个官职是以实现正义的契约为根据的。君主为正义而统治,人民理所当然地要向他宣誓效忠。相反,如果君主违反正义,他就变成僭主,人民就谈不到效忠的问题了。进入 12 世纪,索斯巴里的约翰(1115—1180)在其《政治家论》一书中,为了实现教皇的优位,主张君主和人民要共同遵守法律。凡抑压教会,拒绝服从永恒法的就是"夺剑"的僭主,可以流放他甚至杀死他。这种"反暴君论",对于后来的激进的反革命(教皇主义)派和激进的革命(人民)派,都产生了重大的影响。

第二节 阿奎那

欧洲形势到了 13 世纪前后有了进一步的发展。教皇权力在英诺森三世时期已达到顶点,此后是一个渐次下落的趋势。促成这种趋势的因素有两个方面:一是正统基督教的反对派力量的增长,尤其是革命力量的增长。恩格斯指出,在当时的条件下,"一般针对封建制度发出的一切攻击必然首先就是对教会的攻击,而一切革命的社会政治理论大体上必然同时就是神学异端"。并指出,这些异端有三部分,即:法国和瑞士的韦尔登派;法国和意大利的阿尔比派、阿尔诺德派等;英国的约翰·博尔,皮卡尔第地方的匈牙利传教士等。二是随着生产力的发展,不仅自治城市壮大起来,各国世俗权力的实力也在迅速地膨胀,日渐超越教会权力。在新的形势下,古旧的奥古斯丁的理论已经不再需要了。教会的精神权力要继续保持对世俗权力的优越地位,就不能停留在盲目的孤高上面,也不能简单地把地上国家当做罪恶的国家。为了保护封建阶级的整体利益,共同镇压劳动人民和革命派,它必须要面对现实,显示出灵活和妥协来,托马斯·阿奎那主义便是这种历史条件的产物。

托马斯·阿奎那(1225—1274),出生于那不勒斯地方亚库依附近的一个贵族之家。这个在学生时代曾有"哑牛"之称的人,后来进入那不勒斯和巴黎的大学研究哲学,接着当过巴黎、波罗尼亚、罗马、那不勒斯等地的大学教授。还在巴黎大学做研究生的时候,他就发表演讲主张用亚里士多德的观点作为理解基督教信仰的真正合理的根据;同当时的正统派神学相比,有所"创见"。不久,他发表了《亚里士多德〈政治学〉诠释》,系统地表明了其理论的渊源。1270—1272 年他写出了《论君主政治》。他的主要著作《神学大全》,是临终前用将近十年的时间创作的。就这样,托马斯在基督教的神学史上取了桂冠,是继奥古斯丁之后最大的、最高的权威。

托马斯所生活的世纪是意大利早期文艺复兴运动高潮的前夜。中世纪的欧洲在经历了七百余年的闭塞、愚昧、暗哑、黑暗的漫长岁月,于今总算开始了一点学术的活动。基督教的多米尼各派和法兰西斯派的修道僧们,把各大学作为知识活动中心,从事各种学科,特别是哲学和神学的系统研究。辉煌的、古典的希腊罗马文化自然而然地成为借鉴,在这方面也确实有所成就。例如,一些法律学校发现了有关罗马法的一些正确的资料和知识;《政治家论》作者索斯巴里德约翰研究并力图以西塞罗为媒介去探讨亚里士多德;1260年威廉首次不经过阿拉伯文而直接根据希腊文原著译出亚里士多德的《政治学》。于是,古典希腊罗马文化,尤其亚里士多德的思想,发生着与日俱增的影响。当然,这种影响因人而异;站在不同的立场上就会得出不同的结论。多米尼各派的托马斯之所以要在这方面争先锋、抢旗帜,完全是为了替封建统治阶级服务。

托马斯主义基本上是借助亚里士多德主义构成的。确切些说,对亚里士多德的进步方面加以曲解,对其错误、糟粕加以发挥,然后巧妙地将它们糅进中世纪的思维中来。托马斯作为经院哲学的大师,极力地盗用亚里士多德的逻辑学进行神学的诡辩。至于他作为神学政治法律思想的大师,差不多可以说片刻也离不开亚里士多德。

按原始基督教的根本精神,人在神的面前是平等的。这种精神顺理成章地应当归结为民主政治才对头。但是,托马斯却一味朝相反的倾向上去认识。他说,整个宇宙,从顶点的神起到最低的存在物,构成一种地位的阶梯。在人类社会中,犹如精神统治肉体一样,绝对需要有统治的部分。就是说,社会是神有目的地安排的组织,使令较高级的东西统治较低级的东西,较低级的东西服从较高级的东西。不过,为了安抚被统治者,托马斯又说这种统治是附有条件的,即:统治者能为全体公共的善着想,能给一切人带来幸福,能使各阶梯或等级的人循规蹈矩。这是统治的道德目的和统治者的义务。明白些说,奴隶主统治,奴隶服从,封建主统治,农奴服从,就是共同的善、幸福、道德和秩序。托马斯的不平等的等级论,主要来源于两个方面:一是根据奥古斯丁以原罪为理由使奴隶制正当化的谬论而引导出来的;一是根据亚里士多德的较高的总是支配较低的公式引导出来的。所不同的是,亚里士多德把奴隶制理解为自然的制度,而托马斯则把它解释为神意。

在国家的起源和目的的问题上,托马斯同亚里士多德有相似之处。亚里士多德认为它是从家庭中自然地生长、发展起来的,一开始就是最善良的。政治统治的目的在于保障善良的生活。亚里士多德的立论有两个特点:社会和国家不是被当做观念的,而是自然的;社会和国家是被一体看待的,因为一切都包括在城邦的政治生活之中了。虽然,在托马斯那里以创造国家为前提和归宿,而且把社会和国家(政治社会)分离开来,但是在具体论述方面却没有离开亚里士多德的思路。例如,他说:"人天然是个社会的和政治的动物,注定比其他一切动物要过更多的合群生活。"①还说,社会就是各阶层一面实行其固有的机能一面为完成善良的生活而互相服务的人类集团。

在国家政体问题上,托马斯与亚里士多德的一个突出的共同点是都认为专制政治是最坏的统治形式。但这仅仅是表面现象。实际上,他们对于究竟什么叫专制政治的

————————————

① 〔意〕阿奎那:《阿奎那政治著作选》,马清槐译,商务印书馆1963年版,第44页。

解释上有根本的区别。托马斯归根结底是以世俗权力对教会权力的态度作标准的。当他说必须以法律来限制政治权威的时候，不外是指由教权来限制政权，控制政权。托马斯甚至还部分地接受了"反暴君论"。他说，对暴君的正当反抗是全体人民的公共义务。不过在这个问题上，托马斯是非常谨慎的：一是声称原则上反对叛乱，因为叛乱原本是罪过的；二是强调反暴君的行动的危害必须要小于暴君的危害。那么什么是最好的统治形式呢？他的答案同亚里士多德不同。托马斯认为，只有君主制是最好的。他不否认非专制的其余形式可以是合法的，但均不足取。托马斯宣扬，君主权力就其实质而言是来源于神的；只要在不违背神意和教权的情况下，君主就是国家，就是人民。君主制的优越性在于它符合一个最高的神统治整个宇宙的模式。从以上的分析中可以看出，同奥古斯丁的理论相比，特别是同教皇格里高利与英诺森的理论相比，托马斯多少已经把世俗权力的地位提高了。其目的无非是适应新形势，以维护封建的教俗统治阶级的共同利益。

在法律问题上，托马斯从神的绝对性出发，把亚里士多德关于法律普遍意义的思想、老斯多葛学派的自然法学说，以及罗马法学家的法律分类和有关民事关系方面的一些论述等掺混一起，穿凿附会，凑成一个繁琐而杂乱的神学法律理论体系。

托马斯说，整个宇宙是由神、理性和政治权威这三重秩序组成的。因此，他相应地对法律作了四类划分：一为永恒法。这是由永恒的、不变的神所直接规定的，是神用以统治宇宙的规范。它是一切其他类别法律的根据。二为自然法。它反映着神和人的关系，是永恒法对于人类世界的具体适用而形成的规范。所以称之为自然法，是因为人类世界就是神创造的自然世界的一部分，并且还表现着人类思维和活动的共同规律（自然规律），例如基本的道德原则等。三为人定法，亦即国家制定的法律。它是国家的统治者，直接遵照自然法的精神，适应各具体场合（时间、地域、人口的情况）而制定的。这样的人定法就是人的理性的准则。在人定法问题的论述中，托马斯除了讲到许多犯罪和惩罚之外，还大量抄袭了罗马法有关所有权和民事流转的规定，以确保封建统治的经济基础。这也不妨视为托马斯神学法律理论的一大特点。四为神祇法，亦即《圣经》。本来，在托马斯的法律体系中已无孔不入地体现了神意，为什么还要加进一个神祇法呢？他的答复是，神祇法可以补充人定法的不足和纠正人定法的错误。不难看出，托马斯作为一个顽固的教权主义者，总是念念不忘对俗权的监督与控制。所谓神祇法，无非是为牢固地守护教权而设下的最后一道警戒线而已。

最后，必须指出，阿奎那因受到文艺复兴的影响，在其法律思想中也融入一些人文主义的色彩。主要表现在他承认自然法有三大要素：第一，自然法要保全人的生命，即人的生存权。第二，自然法要维护人的各种本能的要求，如吃、穿、住、行及性欲等等。第三，自然法要维护社会秩序。这说明，在其自然法理论中，人开始有了自己的独立地位，因而，它不同于古代自然主义自然法，也不同于奥古斯丁"原罪"论的自然法，具有一定的进步性。

第三节　中世纪末期法律思想的发展趋势

从 14 世纪开始,中世纪步入末期。14 世纪的政治形势,有两个醒目的特点,即:首先是对基督教教皇超越地位的要求的批判大大加强,俗权对教权的反噬大大加强。本世纪伊始,法国国王腓力四世便给教皇以沉重的打击;从 1308 年起整整七十个年头,使教皇陷入"阿维农之囚"。在英国,由威克里夫发难的反教会运动和国会对抗教会的一系列决议,同法国发生的事情是相呼应的。德国的俗权也不时地跃跃欲试。诸如此类的情况都说明,教权的力量在急转直下地跌落。其次,以英国国会的建立和法国三级会议的召开为标志,欧洲各君主国家中的封建等级代表制度正在日益发展起来。在这样的历史背景之下兴起的政治法律思想潮流,必然同以前的时期有很大的不同。如果说前世纪的思想家们几乎是一致袒护教权的,那么这一世纪强有力的思想家们则大多是以世俗的君主政治的辩护人的姿态出现的。托马斯·阿奎那紧紧地缠住亚里士多德,这一世纪的思想家则具有更直接的亚里士多德色彩。

马西利(1270—1342),意大利帕多瓦人,巴黎大学出身,据说曾担任该校校长。1324 年,由于受到神圣罗马帝国皇帝路德维希四世和阿维农教皇廷纷争的刺激,执笔写出《和平的拥护者》一书,并于 1326 年发行。该书站在意大利各城市国家的立场上,贯穿着强烈的亚里士多德主义。就是说,马西利与托马斯不同,不单单停留在注译和借用亚里士多德《政治学》的水平上,而是系统地依据这本巨著的精神来作出自己独立性的创见。

马西利继承了亚里士多德关于国家的起源和目的的学说。他认为,国家是在父权制的基础上发生的。国家包含着世俗的、宗教的各种内容,是实现人类生活的各种机能的"活生生的存在"。它的健康状态及和平状态,正是由这各种机能相互均衡作用的规律造成的。其目的在于寻找善良的生活。为了强调精神应当由国家而不是由教会来调整,马西利特地指出精神的东西也要以世俗为基调。国家机体中出现不均衡或争斗,是由不同机能间的干扰造成的。马西利的观点是:精神生活也必须由国家(俗权)来管辖,教会没有插足的余地。如果由教会充当精神生活的管辖者,那就要破坏国家机体的统一,从而也就破坏了和平。这种观点的实质就是断然反抗教会的特权,否定教皇超越世俗的地位。

在马西利激进的政治法律思想中,还包含有比较明显的"人民主权"的观点。这和亚里士多德的民主政治的倾向也是分不开的。按照马西利的说法,国家的主权属于人民,任何统治者最终都要受人民的制约,对自己的行为负责。法律是由人民制定的,反映全体人民的意志。既然所有权威是人民赋予的,那么包括教皇在内的任何人就都不能授予法律,也不能超脱法律。尽管马西利所谓"人民主权"中的人民指的是有身份地位的封建剥削阶级,但是它仍不失为进步的主张。

在国家政体问题上,马西利很别致地倡导选举的而非世袭的君主制度。他认为这样易于防止君主的专制,不至于使人民主权的权威遭到破坏。

当时的北意大利,以帕多瓦为首的许多城市已获得自治权力,但仍未完全摆脱罗马教会主权的统治。在这种情况下,马西利便主张组织起来的地方基督徒代表会议的主权性。于是,马西利又成为要求教会领导机构立宪化的会议派运动理论的先驱者。

但丁(1265—1321),意大利佛罗伦萨人。因为上层之间派阀的对立,他逃出了这个城市共和国。但丁在其长期生活的环境中,对于教皇派和皇帝派的争斗有大量的了解,这些同其政治法律思想的形成有密切的联系。恩格斯在《共产党宣言》1893 年意大利版序言中指出,但丁是封建的中世纪终结和现代资本主义纪元开端的一个标志性的大人物。这一点从但丁的政治法律思想中可以获得有力的证明。

但丁的基本政治主张是用皇帝主义来代替教皇主义。他极度厌恶欧洲各国,特别是意大利的长期分裂和纷争,盼望和平和秩序。他认为混乱的根源来自教皇的野心。所以,尽管他没有放弃盖拉西的两剑论,但却放弃了依靠教皇权威建立和平与秩序的期望。但丁明确地表示,只有普遍的、统一的帝国和皇帝总揽权力才能有永久的和平。

但丁的理论没有离开亚里士多德主义的框子。他说,统治总是需要的,只是这个统治的主体由城邦国家变成欧洲大帝国的皇帝罢了。那么,这样的大帝国又用什么东西来造成和平与秩序呢? 但丁回答说要用正义和法律。

但丁的思想具有明显的过渡性和局限性。无疑,用皇帝主义代替腐朽的教皇主义是一种进步的主张。可是它毕竟还赶不上时代的步伐。因为,在当时已慢慢兴起的民族国家和民族意识面前,皇帝主义的大帝国是一个陈旧的、根本无法实现的幻影。这又是但丁思想的保守的因素。

比埃尔·杜波伊斯(1250—1312),法国人,巴黎大学毕业。他和但丁是同时代的,又有着共同的批判教皇主义的观点,但是,由于他们二人生活在不同的具体环境里,在政治观点上也存在巨大的差别。

当意大利的进步思想家依然沉迷于皇帝主义的时候,法国的思想家们大多已热衷于提倡民族主义了。但丁是一个狭窄的城市国家的成员,而杜波伊斯则是一个正在蓬勃兴起的民族工国的成员。我们上面已经说过,当时的法国是反击教权的急先锋。杜波伊斯从大学一毕业便成为宫廷的辩护人,并受着由其地位而形成的利害关系的制约。杜波伊斯写了许多小册子,提倡以法兰西为主导的欧洲各主权国家的联合。与此同时,他还强调对阻碍欧洲和平的宗教实行彻底的改革。杜波伊斯坚决支持腓力四世同教皇卜尼伐斯八世作斗争,以确保法兰西国家的独立。他声称,国家是基于固有权力的、独立的地位之上,而教会仅仅是国家的"年俸的领受者"而已。为什么还让国家对教会实行供给呢? 原来,虽然杜波伊斯攻击了教皇制度的许多弊病,结局还是认为教皇和君主各有不同的机能。这种妥协应当被看做是早期(14 世纪初)民族主义者的一个弱点。

第六章　文艺复兴时代西方法律思想

自 12 世纪起,随着生产力的发展,欧洲封建制度已处于开始解体时代。特别是由于民族国家的逐渐萌发和成长,神权的主导地位一步步地被世俗权力所取代。专制的君主为了对抗天主教会和地方封建贵族的势力,不得不同日益崛起的市民阶级相联合。这一切巨大的变化在意识形态领域的集中表现便是"文艺复兴"运动。这是一场真正的思想解放的伟大浪潮。

文艺复兴运动的主题,可以说是建立在最早的资产阶级人性论和人道主义基础上的人文主义。如果说欧洲的古代的"实在"是自然,中世纪的"实在"是神的话,那么自文艺复兴开始的近代资产阶级的"实在"则是人。文艺复兴运动的英勇旗手们努力地去"挖掘""发现"或"重视"人,正是反映了新兴资产阶级的利益。因为,在封建主义生产关系的束缚、基督教国家一整套制度的重压,以及信仰、幻想和偏见的愚弄之下,个人(尤其是被压迫阶级的人)已被埋葬和吞没了。资产阶级的人们作为人而没有人权,作为商品货币关系的代表者没有交换流通方面的自由,作为大量财产的聚集者却被要求到天国而不能在现今的尘世中进行享受,作为科学技术的掌握者却遭到野蛮的摧残,如此等等。这样一来,人性、人权、自由、个性解放等,自然而然地成为人文主义的重要内容。它们借助于文学作品、诗歌、绘画、雕刻、建筑等手段获得了广泛而深刻的表现。与此同时,哲学和各自然科学部门也迅速地发展。教会和中世纪遗留下来的一切腐朽的东西,则受到无情的攻击和批判。文艺复兴运动唤来资本主义的黎明,对于人类历史发展起到了巨大的革命性的作用。

所谓"文艺复兴",不过是借助复兴古代希腊、罗马的文化,而对当时的欧洲社会实行全面的革新。早期的政治法律思想家马基雅维里和布丹的出现,喀尔文和路德的宗教改革,新教派的"反暴君"论,波伦亚学派的复兴罗马法,以及莫尔和康帕内拉的空想社会主义等,实际上都是文艺复兴运动的产物,或者可以说是受到文艺复兴运动的巨大影响。

第一节　马基雅维里

在政治法律思想史上,第一次比较系统、完整地表述资产阶级国家观和法律观的,是伟大的文艺复兴运动的摇篮——意大利出生的尼科罗·马基雅维里。

马基雅维里(1469—1527),意大利佛罗伦萨共和国人。非贵族家庭的身份,长期成为他出入官场的障碍。只是从 1494 年才踏上进身之阶,当上了共和国的官吏并一再升迁,曾被派往一些国家充当外交使节。在尖锐复杂的国内政治生活和国际关系的漩涡中,有力地激发了他具有鲜明的时代性的政治法律思想。马基雅维里的主要著作是《君主论》和名为《对迪特·李维最初十部著作的研究》的罗马史论著。这两本书,大约都在 1513 年写就,并以各种书写本流行着。《君主论》于 1532 年正式在罗马印刷,20 年后被列入禁书目录册。但是,它却仍旧被翻译成拉丁语而广泛地散布于欧洲。两本书在考察国家发生和灭亡的原因,以及政治家为保持国家的长久存在而需要采取的手段等问题的论述上是一致的,但在政体问题上的主张却迥然不同。马基雅维里没有写完的最后一本书是《佛罗伦萨史》(1532 年出版)。

马基雅维里政治法律思想的特征之一,在于其现实的和经验的色彩。作为一个政治活动家和外交家,他积累了丰富的实践经验;同时作为一个历史研究者,他又占有大量的历史材料。他正是以此为立论的根据。除了某种唯物主义的成分之外,从马基雅维里的理论中还可以看出某种辩证的成分。例如,他认为,一种政治制度其自身都包含有导致崩溃的萌芽;尽管看起来它生长着、发展着,但还是一时的东西。所以,要有新的成长,就不可避免地要有破坏。的确,这种理论观点和方法论,可以看做是以波利比为中介、接受了亚里士多德的影响。不过,归根结底,是以当时新兴资产阶级的需要作为动力的。概而言之,马基雅维里在其政治法律思想体系中,比较彻底地把奥古斯丁以来的神学唯心论以及托马斯·阿奎那以来的猖獗的神学形而上学,驱赶出去了。

马基雅维里是统一的中央集权的民族国家的坚决倡导者。16 世纪初,即正当马基雅维里努力于著述的时候,绝对君主制在法国、西班牙业已告成,不久英国也循例而行。但是,最早开展文艺复兴运动的意大利,由于贸易中心转到大西洋沿岸造成经济发展的迟缓,因而政治上仍处于四分五裂的状态。在那里存在五个国家,即南部的那不勒斯王国、北部的米兰公国、东北部的贵族政体的威尼斯共和国、中部的佛罗伦萨共和国和教皇管辖地。马基雅维里对于这种严重妨害资本主义经济发展的一片混乱局面感到极端的愤慨。他清楚地看到了造成这种局面的直接的政治原因,并据此指出意大利统一的道路。首先,马基雅维里认为意大利软弱无力的主要原因应当归咎于教皇制。因此,他要求建立一个摆脱神权干预、纯粹俗权统治的意大利国家。本来,教皇已经丧失统一意大利的能力,但仍然凭借自己的有利地位破坏世俗的力量来统一意大利。教皇为了保持控制各小国的权力,无耻地挑动它们互相争斗,甚至还频繁地引诱法国、西班牙和德国侵略意大利。所以,马基雅维里猛烈攻击教皇和教会是不无理由的。其次,马基雅维里认为意大利软弱无力的另外一个主要原因是各小国腐败的贵族统治者们的自私自利。因此,他要求建立一个清除贵族势力的意大利。确实,马基雅维里在这方面的体验也是颇为深刻的。例如,他目睹那不勒斯国王斐迪南为首的一小撮人的飞扬跋扈;接触过米兰贵族头子们罗得威科·莫罗之流的自私自利和荒淫糜烂,等等。更无须说,在佛罗伦萨,马基雅维里不仅直接领受过而且直接与其斗争过的美第奇家族的反动统治了。不论从哪个角度上说,马基雅维里关于统一意大利的主张,都是积极的和具有进步意义的。

马基雅维里在构思其国家政体理论的过程中,内心是充满矛盾的。他在《对迪特·李维最初十部著作的研究》中,激昂慷慨地歌颂共和制,而在《君主论》中则狂热地鼓吹君主制。另外,从他的整个生涯来看,大体上是前期共和制的倾向比较明显,而后期君主制的倾向比较明显。其实,在马基雅维里那里,这种前后和彼此矛盾的现象还是存在着内部逻辑联系的。其前提是:一个国家究竟采取什么统治形式,要从实现其目的的实效出发。不承认有超时代、超民族的所谓普遍的和最上等的统治形式。在马基雅维里的心目中,鼎盛时期的罗马共和国才是国家统治形式的楷模。他认为,这个国家包含着市民和统治者双方的德性;市民能互相协调一致,统治者能牺牲自我而为公共福利和国家目的去献身服务。从而,形成了政治上、军事上的惊人业绩和经济的繁荣。这一点与其说发古之幽思,莫如说憧憬一个强大的资本主义的意大利及其主导下的资本主义的新世界。

无论如何,深深崇拜古罗马共和国和在佛罗伦萨长期受到共和制度熏陶的马基雅维里,是把共和国作为最终理想的。他论证说,真正自由、公平的法律和健康的宗教,只能存在于共和制度之下。他还具体地列举共和制有比较多的政治灵活性,比较容易废止少数人的特权以实现人民的自由,比较能够保障私有财产的安定等各项好处。他从未否定把共和政治作为唯一可能的统治形式的那种社会条件的存在,问题只在于时间罢了。

马基雅维里对于君主制的提倡甚至达到狂热程度,正是以其时其地的具体社会条件为根据的。也就是说,要实现理想的共和国,必须创造一定的条件。他觉得这种共和国的统治组织,在瑞士和德意志诸邦等地或许有实现的可能,但是在意大利是断无可能的。原因是,共和政治一定要以人民的德性和秩序作前提,而意大利恰好是市民德性颓废、秩序紊乱的典型。在这样的国家,唯一的出路就是首先建立绝对君主制。通过强有力的君主来克服分裂,激发人民的德性,恢复社会的秩序,繁荣经济,使国家强大。按他的说法,在这种社会大变动的时期中,是根本谈不到什么立宪主义或共和主义的。至于将来如何由绝对君主制向理想的共和国过渡,他并未作出像样的回答。马基雅维里关于国家政体的理论,特别是关于君主制论述中,既包含反对封建割据势力的方面,又包含有害怕人民群众的方面,这是资产阶级秉性的写照。

马基雅维里政治法律思想体系中影响极为强烈的一点,是建立在人性恶理论基础上的统治权术论。这也就是被后人称之"马基雅维里主义"的那套货色。

马基雅维里如同历史上一些剥削阶级的代言人一样,力图把自己阶级的丑恶本性说成是人类的共同本性。他认为,人的共同本性就是无时不受无穷欲望的驱使。他们不论是在权力方面、物质利益方面及其他一切方面,总是要确保既有的,更要攫取未有的,从而,人性又必然富有侵略性。自私自利、你争我夺、尔虞我诈、阴谋诡计等等都是由此而产生出来的。虽然,马基雅维里尽情地以污言秽语来亵渎人类,但毕竟还是以"人"而不是以神为中心的,这是文艺复兴思潮的一种反映。

马基雅维里的连篇累牍和滔滔不绝的统治权术论,尤其君主权术论,正是从他的人性论出发并以此为根据的。一般来说,古代奴隶主阶级的政治法律思想以伦理道德作为准则;中世纪封建主阶级的政治法律思想以神作为准则。但是,马基雅维里的政治法律思想却以方便、功效作为准则。凡对达到政治目的有用的就是正当的。国家权力不为道德和宗教服务,道德和宗教倒是为国家权力服务的。国家权力也不以道德和宗教作根据。只要对统治有利,道德或不道德、基督教或异教均可采取。道德和宗教问题,对于统治仅仅具有中性的意义。马基雅维里分别谈到了国家的权和术两个方面:第一,权力问题。任何一种权力都追求着更大的权力。国家就是对内部的敌人和邻近诸国不休止地希求权力。其统治者只有足够强大的时候,才可以防止无政府状态,建立秩序。因而,国家的目的归结起来就是统治,就是独揽权力。那么,国家权力的支柱是什么?是军队。在《佛罗伦萨史》中,马基雅维里明确提倡建立常备的国民军;并强烈地渴求意大利能够降临一位君主,组织、指挥这样一支军队,以便有力地保卫国家、统一国家,消除教皇的权力。第二,统治权术问题。马基雅维里认为,要实现长久的、强有力的统治,还必须深入体会行使权力的技术。于是便在这方面进行了精心的论述。古希腊的悲剧诗人幼里披底斯在《弗尼莎女性》中,借着一个角色的口说:"不管怎样,如果需要干不正当的事,那么为了治世,干了就是好的。"马基雅维里继承了这种精神,大肆宣扬:在政治成功的背后是伪善和诡计。他赤裸裸地倡导,君主"应该效法狐狸与狮子。因为狮子不能够防止自己落入陷阱,而狐狸不能抵抗豺狼,因此一位君主,必须是狐狸,以便认出那些陷阱;同时又是狮子,以便使豺狼恐惧"。再必要时,应当利用残忍性,说,单纯的残忍性,只是在非必要的场合下才应受到非难,如此而已。在政治上,无须过问什么叫正当,什么叫不正当,只应过问什么是有效的,什么是有害的。通常,在马基雅维里那里,对善良、道德、宗教之类,唯有在影响到政治成功的范围内才加以留心。例如,他说欺骗也成了君主"第一等的政治上必须的事"。这表明,为贯彻统治者的政治目的,反道德的行径不仅不能否定,而且需要予以赞颂。虽然马基雅维里并不忽略恐怖和尤信也是一种危险的手段,但却坚信在选择平常手段不能奏效时,它们就是最上的手段。他还认为,理想的君主是在受到被统治者喜爱的同时,又使他们感到恐惧。当然,实现这种理想是困难的。假如必然在被恐惧和被喜爱二者之中择其一的话,那么被恐惧比被喜爱要好。其理由是,君主是处于公的地位,被统治者处于私的地位,彼此的道德往往不一致;所以,让私服从公应当是凭借强制(被恐惧),而不应当是迁就(被喜爱)。从马基雅维里这些率直无讳的言论中不难看出,资产阶级从它呱呱坠地之日起就是一个强权的、阴险的和不择手段的阶级。

马基雅维里的《君主论》问世以后,尽管遭到教会方面以及某些世俗界上层统治人物的责骂,但它实实在在地充当了专制君主们恭恭敬敬捧读的教科书。1572年圣·巴托罗缪之夜的大屠杀,就不妨看做是马基雅维里主义的一次最初的试验。后来,资产阶级专政亦无逊色。在帝国主义时代,马基雅维里主义是法西斯主义的一个重要组成部分。

第二节　布丹

让·布丹(1530—1596)出生于法国的安吉尔。大学毕业后,留校当过一段法学讲师。此后,他便一边当开业律师,一边埋头著述。他博得当时的君主亨利三世的恩宠,1576年出任宫廷辩护官,还当选过全国三级代表会议的议员。布丹几乎可以说是一个不懂休息和娱乐的人,一生都孜孜不倦地致力于学习和研究,知识甚为渊博。他精通多种语言,如希伯来语、希腊语、德语、意大利语;除法学之外,还插手占星术、天文学、地理学、物理学、医学的研究,对于旧约圣经和柏拉图哲学的探讨方面也很精进。布丹的著作宏篇巨帙,但表明其主要业绩的是《简明历史认识方法》和《国家论六卷》。这两本书都是研究西方政治法律思想史的重要文献,下边分别加以考察。

《简明历史认识方法》,1566年出版。该书研究历史的解释和意义方面的问题,作者似乎意图建立关于宇宙的综合哲学。它向我们提供了分析布丹政治法律思想体系的理论基础和方法论的根据。具体说,布丹的政治法律思想包含下列几个基础理论观点:

第一,布丹肯定国家与法律中的道德要素。他认为,统治一定要有道德目的作条件。自然法有使正义诸命令具体化的机能,所以根据自然法的统治才是合理的。同时,国家的福利一定要植根于现实的人的活动之中,而不是植根于幻想的神的世界之中。

第二,布丹认为,应当历史地、比较地研究法律。他说,研究历史对于说明法律的起源和性质是必需的,因为,每个时期的各国家的法律,必定是自然的、不完全的表现。从而,只有通过对各国法律体系的起源和发展进行比较的考察,才能发现真正的法律。在这方面,布丹算是历史法学和比较法学的先驱者。

第三,布丹在宣扬人类意志决定历史发展的同时,又强调地理环境对政治的重大影响。他比亚里士多德更为彻底地认为,气候、山脉、水流、雨量、土壤、风情等同政治统治有紧密的因果性,甚至提出"物理环境是政治制度的母胎"这种机械论的教义。

《国家论六卷》是著名的、篇幅巨大的国家、法律问题专著,1576年出版。十年后,作者亲自把它译成拉丁文,作为补增版发行。在这里,布丹的研究集中到对政治现象作出科学的阐述。当然,究竟科学到何种程度,这还是有待研究的问题。

布丹关于国家和法律起源的观点,同亚里士多德有明显的联系。布丹的国家论首先是从"家庭"概念出发的。他认为,唯有家庭才是最自然的共同体和最早的社会单位。经过适当规制的家庭是国家的真正原型。它的家长权,近似于国家的主权。国家就是从家庭形成的。此外,诸如行会、公司、行政区、公共团体等集团也是起源于家庭。

它们同国家的区别在于承担特定的一小部分职能,因而不能拥有主权。许多家庭为了共同防卫和相互追求利益,便建立村落,形成城市,组织种种团体;最后依靠主权的权威把它们统合起来,就出现了国家。在国家起源的原因问题上,布丹坚持暴力论与契约论的混合观点。他承认力量和征服是通常的国家起源的原因,即使如此仍然是需要经过认证的。如果仅靠优越的力量,那形成的是强盗团体,而不是国家。他说,起初是物理的力量、暴力、野心、贪欲、复仇等感情使人们彼此武装起来;后来,家庭集团为了摆脱这种不能令人满意的状态,并为了相互防卫和利益而结合起来,共同承认一个主权的权力即国家。于是与正当性相结合的主权理论就这样被提出来了。

主权理论是布丹独立作出的、对政治法律思想史的重要贡献。固然,主权概念的线索可以溯及到罗马法。不过,布丹是在政治法律理论上赋予它明确定义并使之具体化的最早的思想家。无疑,促使布丹构思主权理论的直接动因,是当时法国的社会和国家的状况。换句话说,布丹认为法国的混乱主要应归咎于政治权威的低能,所以必须百倍地强调绝对性,以便恢复和进一步强化君主制的中央集权国家。

什么是主权?按照布丹的说法,主权就是不受法律约束的最高权力。主权者,既不受自己或其前任者创制的法律的约束,也不受被统治者的法律实践的约束。即便这些法律和习惯有健全的理性的根据,总归还要由主权者的自由意志来左右。这样,主权就有两个方面:从一个国家内部观察,一切权力都是主权的派生物,它们不能等于更不能超过主权;从与其他国家的关系方面观察,主权也是完全不受拘束的权力。主权,除神法、自然法的制约之外,不归属任何别的世俗权威。此外,主权还有不可转让性、永久性、不可分割性。

主权包括哪些内容呢?大体上可分为八类权力:第一,立法权。就是说,法律不外是主权者表示自己意志的命令。官吏行使的行政命令权仅仅是立法权的派生物。一切服从者都不能参与立法权。因而,在布丹那里,议会只是依靠自己的道德权威来讨论问题,并非自然地拥有政治权力。它要由主权者合法地召集,而且集会的场所、时间等等均决定于主权者。第二,宣布战争、缔结媾和条约的权力。第三,官吏任命权。主权者凭借其最高权力,可以委任较高级的官吏来任命下级的官吏。鉴于主权者没有可能亲自行使全部大大小小的国家权力,所以要委托官吏行使自己的部分权力,但在总体上、原则上统治全体国家官吏。第四,最高裁判权。主权者是国内最高的裁判官。最高裁判权不可转让。第五,赦免权。它是最高裁判权的一部分。第六,提出有关忠节、服从的权力。服从者有效忠、服从主权者的义务,没有主权者的同意绝对不能解除这种义务。第七,货币铸造和度量衡的选定权。货币铸造直接归属于立法权。这一权力原则上也是不能转让的。货币上的犯罪被视为侵犯主权者的权力。第八,课税权。赋税的征收权,属于主权者。然而,根据私有财产不可侵犯原则,作了这样的提法,即:在人民的赞同之下,应当允许主权者行使合法的课税权。没有人民的赞同,不能扩大课税权。从自然法的观点上看,滥施课税就是对私有财产的背反行为。人民在课税方面的自由是一种最先得到的特权。

主权者怎样处理宗教信仰呢？客观上站在天主教派立场的布丹，可能的话，倾向于排除异端是自然的事情。然而，他注意到喀尔文新教派势力的逐渐壮大，认为超过一定限度地镇压异端会导致国家的分裂。经过深思熟虑之后，布丹认定世俗国家应当对异端者实行宽容，比较起来这个办法对维护国家主权有好处，因而是适宜的。

什么人应当成为主权者，或者说国家应当采取什么政体呢？布丹承认，主权的主体（主权者）有全体人民、人民的一部分、单独一人三种情况，它们分别产生了民主政治、贵族政治、君主政治。但是坚决否认波利比的混合政体论，原因是不可能把最高权力分割为三个或两个主体，分割开来就不成其为最高权力。至于布丹，他强烈主张世袭君主行使绝对权力，排斥任何针对君主的人民特权或议会特权。他说，政治社会的目的在于秩序，而这种秩序唯有在限定一人制定权威的法律的情况下始为可能。非君主的特权，只是人民的政治不稳和政体变革的产物。布丹进一步分析道，君主制也可以有三种情况：一是君主专制（实际是专横）。君主像家长统治奴隶般地统治其臣民。二是正当的王朝君主制。它原本是以神法和自然法作根据的，人民是积极地服从。三是僭主制。这是在侵犯自然法的情况下，由君主恣意役使人民的统治方式。只有第二种君主制是最好的。

那么，所谓绝对的、不受限制的主权是否也会碰到什么界限呢？对于这个问题，布丹感到了尴尬，陷入了窘境。由于他所代表的资产阶级利益的驱使，不能不对主权论进行某些自相矛盾的、脆弱无力的限制解释。他说，主权要归属神法和自然法，而"自由的不可侵犯性"和"私有财产的不可侵犯性"是神法、自然法固有的。于是结论便不言自明了。尤其是对私有财产，布丹的执拗非常强烈。他说，私有财产是家庭的属性之一，而家庭也属于私的领域。反之，公共财产是属于国家的，即公的领域。二者是彻底分离的，国家不能干涉私有财产。就是公共财产，君主也不能转让它。十分清楚，资产阶级在政治上可以而且一定要同封建阶级的最高统治者君主实行联盟或妥协，但在关系本阶级生死存亡的财产权利方面是丝毫不肯让步的。布丹的理论生动地表明了这一点。他笔下的所谓"自由"，当然也不是普通老百姓的自由，而是资产阶级的自由，尤其是资产阶级在商品货币关系上的自由。

布丹的主权论，不仅有力地捍卫了15、16世纪新兴的民族主权国家和作为新兴资产阶级同封建阶级中央当权派联盟的绝对君主制，而且直接给近代资产阶级的政治法律思想奠定了基础。

第三节 宗教改革运动中的法律思想

从总的情况看来，在改革派的潮流中存在着两种社会力量：一是温和派，其代表者是路德和喀尔文。该派代表中产阶级（市民阶级）、下层贵族和部分世俗诸侯的利益。

他们的基本纲领是,在不改变现存的根本制度的条件下,取得世俗权力对教会权力的优势地位,包括取消罗马教皇的特权,没收其财产(主要是土地),建立世俗权力控制下的独立的和廉洁的教会。二是激进派,其主要代表者是托马斯·闵采尔。该派代表广大贫苦农民和城市平民的利益。其基本纲领是力求改变现存的黑暗的压迫、剥削制度,部分人乃至于想实现没有阶级的新制度。很明显,这两大改革派的社会阶级基础是截然对立的,从而它们之间的斗争也必然具有你死我活的性质。

宗教改革运动肇端于德国,路德是发难者。马丁·路德(1483—1546)出生于萨克森,父亲是此地铜矿工人,后来在经济上日渐充裕,接近小康。当时的德国正值城市勃兴时期,所以,路德的父母期待自己的儿子将来能够成为一个得以进出法律界的人物。但是,路德本人却别有倾心。结果,在16世纪伊始,他便以奥古斯丁主义者的身份同教会保持紧密的关系,未几成为威登堡大学的神学教授。路德神学主张的出发点是信仰优于理想的奥古斯丁观念。后来,由于教皇的腐败不堪,利用出售"赎罪符"等露骨手段进行敲诈勒索,盘剥搜刮,激起社会的普遍不满和反抗。人民群众的斗争引起路德对教皇行径的怀疑。他开始研究教会史,其结论是:罗马教皇和僧正(神甫)的要求,没有正当的历史根据。于是便转而从马西利、威廉等人的著作中寻找对己有利的论述,开始向教皇权力的教义发动进攻。1517年10月,路德在天主教萨克森选帝侯居城的附属教会威登堡教堂的大门上,张贴了95条宗教改革纲领,点燃了宗教改革运动的烈火。如同恩格斯所说的那样,"整个德意志民族都投入运动了"。路德的改革主张最初倾向主要是宗教思想领域,尤其是伦理方面的要求。随着这场运动的扩展,急遽地加强了其政治色彩。路德在萨克森侯的直接庇护和支持之下,反教皇的态度越来越坚决,他不仅把希伯来文的《圣经》译成德语广为散播,而且还写出"反对反基督者的敕令""致德意志民族的基督教贵族书""一个基督教徒的自由"等申讨教皇的檄文。但是,当各阶级力量的对立达到了相当尖锐程度的时候,路德的真实面目便暴露出来。他鲜明地站在诸侯、贵族和市民阶级的立场上,发表了"论世俗当局以及人们对世俗当局应当服从到什么程度"等文章,调门为之一变,从呼吁主动的改革转换为呼吁被动的服从。在"和平"旗帜的掩饰下,阻止和破坏运动的发展,以至于不惜公然主张把革命群众投入血泊之中,从而成为革命群众的凶恶敌人。路德的这种政治立场,充分表现了德国诸侯贵族的反动性和自私的本质,充分表现了市民阶级的先天动摇性和投机心理。

从政治法律思想史上来分析,马丁·路德观点的意义主要有以下两个方面:

第一,维护宗教信仰上的自由权利和平等权利。路德向教会迷信提出的挑战,是从思想和信仰自由的观点出发的。他认为信仰是一个人所固有的神圣权利。它是自由的良心,不能由任何外因来强迫。为了洗涤自己的原罪,人人都可以凭借内心的笃诚而直接感觉和蒙受上帝的恩慈,不需要用教会做桥梁和用神甫做牵线。路德淋漓尽致地揭露和斥责教皇使们借口"行善"以贪婪地聚财敛物的欺诈和无稽谰言。他说,这种不能容忍的干扰、玷污人们崇敬上帝的灵魂的行为是反基督的罪行。

信仰的自由不能离开信仰的平等权利。在路德看来,这种平等权利是伦理性的,就是说对它的侵犯是极大的反道德行为。以此为根据,他强烈地攻击罗马教皇森严阶梯式的不平等统治权,说这套既存的权力是不正当的。路德宣布,人们要在灵魂上得救,绝不能靠教会的传统、教会的法律和教皇的敕令,一定要靠圣经和自己的判断来达到。而教阶制恰恰是同人的这种基本权利背道而驰,因而是必须废除的。

实际上,马丁·路德的思想和信仰的自由平等权利的主张几近于一场骗局,根本谈不到什么彻底性。当所谓路德主义派得势以后,对于不同信仰者的镇压,比之于中世纪对于"异端"的镇压并无逊色。

第二,确认世俗权力对于教权的绝对优越地位。路德认为,国家权力和教会有发生论上的差别,即:国家是直接由神的命令发生的,是神借以向世人传递自己命令的形式,属于公的领域;而教会则是基于各个信仰上帝的私人的结合发生的,很大程度上属于私的领域。从这个前提出发,路德实际上引申出三个结论:其一,既然有发生上的差别,那么国家和教会之间应当互相分离;其二,既然双方都以上帝为归宿,那么基督教国家同教会没有对立,它不应当损害教会的利益;其三,既然国家是上帝在地上的代表,那么一切基督教会应当服从国家的安排,根据国家利益开展活动,每个教徒对国家都有"被动的服从义务"。

前面已经指出,路德派的新宗教是以诸侯贵族的力量为依托,并且为其服务的,因此,路德就不能不全力以赴地充当维护德国世俗的诸侯贵族的现存统治秩序的看门犬。于是,"被动的服从义务"问题便成了路德主义的核心。他进一步说道,不管政府做出什么不正当的事情,人们都不得反抗。不服从政府,比杀人、盗窃和不正直更为罪过。路德1523年炮制的"俗权权限论"一文,更系统地对确立君主权力的运动进行理论上的论述。

欧洲宗教改革运动的另一个中心战场是瑞士。16世纪初,瑞士是神圣罗马帝国辖下的一个邦联式的小国。这个国家的工商业很发达,许多城市享有充分的城市自治权。日渐强大的资产阶级(市民阶级)和广大群众,对于天主教会和世俗封建势力早已表示深深的憎恶。因此,宗教改革运动自然而然地成为一个契机。瑞士宗教改革运动的领袖人物是慈温利和喀尔文两人。慈温利差不多与德国的路德同时实行发难,从1518—1531年战死前的十余年中,他取得了很大的进展。慈温利的事业,由喀尔文继续下来了。

约翰·喀尔文(1509—1564),出生于法国皮卡尔迪的一个市民阶级家庭。他在经院学派的老巢巴黎大学就读时,因宣扬路德的新教思想而被驱赶出来,到了瑞士的日内瓦。不久,他就把日内瓦变成瑞士宗教改革运动的中心地。喀尔文不仅领导着宗教改革事宜,而且,作为日内瓦政府的领袖,还直接实践其政治法律思想。

喀尔文的政治法律思想同马丁·路德的政治法律思想在阶级倾向性上大体是一

致的,许多观点和具体主张也颇为雷同。但是由于瑞士和德国情况的差异,使喀尔文的思想不免带有更鲜明、更强烈的资产阶级色调。如同恩格斯指出的那样,对比之下,"喀尔文的信条适合当时资产阶级中最勇敢的人的要求"。这一点,不论从喀尔文《基督教纲要》(1539)及后来的著作还是从他的实践中都可以看得很清楚。

首先,喀尔文为资本主义的自由竞争寻找理论根据。喀尔文宣扬人的命运早被上帝在前世确定下来的宿命论,说什么哪个富、哪个穷是其本身所不能主宰的。这无非就是人们在自发的经济规律面前无能为力的反映。他还认为,不择手段地争取发财致富是合乎伦理道德的,是上帝使由之。此外,喀尔文还进一步赤裸裸地按照自由竞争的后果来划分人:凡优胜者就被宣布为上帝的选民,失败者(穷人)被宣布为上帝厌恶的人。他的这些观点真是资产阶级灵魂的活生生的写照。

其次,在国家与教会的关系问题上,喀尔文的主张是:两者是机能全然不同的社会。按照他的说法,国家的机能在于使其成员相互调和,确保共同的和平,维护秩序和私有财产;教会则自由地认定教义和道德的固有标准(其实就是资产阶级的固有标准),其活动只限定于精神领域。不过,从喀尔文领导的日内瓦政府的实际情况来看,很大程度上是政教合一的。应该说,这在宗教国家里是难以完全避免的。

再次,喀尔文关于对国家权力的服从和反抗问题的观点是很值得注意的。他与路德一样,宣布服从国家是基督徒的宗教义务,任何个人都没有反抗国家的权力。然而,所不同的是,喀尔文专门提到,在特殊的场合下有反抗君主的权力。即所谓当君主行使的法律反对了上帝命令的时候,允许无视君主的意志。理由是,这种反抗权是从上帝那儿派生出来的。他返回头来又补充说,这种反抗权不属于各个私人,而属于"人民的天然领导者"。不管喀尔文怎样吞吞吐吐,他还是给其后继者要求保留反抗政府的权力提供了某些根据。

最后,喀尔文提倡的国家政体虽然有些含糊不清,但事实上是一种资产阶级的贵族主义共和制。这一点已为前面讲到的所谓只有人民的天然领导者才拥有的反抗政府权力的观点,特别是他的日内瓦政权的实践所证明了。

喀尔文派的宗教改革运动以日内瓦为中心,普及到欧洲各国。在法国,形成胡格诺派;在苏格兰,经约翰·诺克斯(1505—1572)的移置,形成长老派;在英格兰,形成清教徒派;在荷兰,则形成广泛的反抗西班牙统治的民族战斗联盟。最重要的是,所有这些国家里的喀尔文派运动都远远超出喀尔文本身的教义,被涂上更深厚的资产阶级民主、自由色彩,其主要原因是这些国家的统治者残酷的迫害新教。这种激进的趋向表现在:一是强调反抗统治者,特别是反抗专制君主的自由权,要求民主政治。例如,在荷兰和法国,喀尔文主义就充当了向专制君主作斗争的有力武器;英国人也把喀尔文主义作为反对绝对君主制、拥护自由的手段灵活地使用着。尤其需要提到的是,约翰·诺克斯已摒弃了喀尔文消极服从的思想而把反抗权说成是宗教徒的义务,奠定了后来"反暴君派"的理论基础。二是实行教会组织的民主化。在喀尔文主义普及的地区,教会机关建立起牧师选举制和对教徒的责任制。特别是苏格兰的喀尔文主义,深刻体现了资产阶级的代议制原理。其教会会议远比仍未摆脱封建构成的苏格兰议会,更具有国民代表机关的意义。三是强烈反对马丁·路德和慈温利把教会归属国家的理论,主张彻底实现喀尔文政教完全分立的理论。他们坚决排斥国家执行宗教的机能,排斥世俗统治者干预宗教和信仰问题。

欧洲宗教改革运动中的激进派和革命派,同路德、喀尔文的温和派和改良派之间,有反对腐朽的旧教制度、反对封建主义的某些共同性;但是由于它们一个是代表剥削阶级(主要是市民阶级和部分世俗贵族)利益的,一个是代表广大劳动人民利益的,所以,在运动深入到一定程度,特别是威胁到私有制或剥削制度存在的时候,两大派别的矛盾便会明朗起来、尖锐起来,最终采取对抗的方式来解决。普遍的结果是以劳动人民的失败作收场,这是由当时的历史条件决定的。这一点,闵采尔等人领导的德国激进派和革命派的运动是一个典型的例证。关于这方面的问题,恩格斯在《德国农民战争》这一光辉著作中有过详尽的论述。

第四节　新教派的"反暴君"论

在最初发生于英国的新教主义潮流中,就酿成了反君主专制的政治法律思想。但是,相对而论,英国的君主权力比较稳定,又有国会制度作为缓冲,所以反君主权力的思潮不如法国那样激烈和发达。

我们上面已经提到,英国反君主权力较早的代表者是苏格兰喀尔文主义派约翰·诺克斯。1557年,当他还居住在欧洲大陆的时候,就开始攻击玛丽女王对苏格兰的统治。此后,他系统地宣扬所谓对君主的集体反抗理论。

继诺克斯而起的是苏格兰的盖尔基·布卡南(1506—1582)。他在《论统治苏格兰人的君权》一书中强调,只有采用完善立宪的办法才能保持人民反抗统治者的权力,可以随时地迫使统治者下台。但他并没具体说明是怎样的立宪办法。在布卡南的反抗论里还包含着鲜明的契约理论。布卡南显然是把封建主义的契约观念列为前提并加以发挥的。他认为,如同封建领主和农奴之间具有相互的权利、义务关系一样,君主和人民之间也存在着默示的契约。这种默示契约或一致意见,通过君主的宣誓仪式来表示。契约当事人一方君主假若用某些办法破坏契约的时候,另一方的当事人的人民就能够让君主退位或者杀死他。布卡南说,与团体规模的反抗一样,个人的反抗也是正当的。这点可看做是超出诺克斯的激进性。

法国的情况与英国相比复杂得多。在16世纪后半期的法国,随着喀尔文派新教徒(胡格诺派)势力的扩大,新教徒同旧教徒的对立激化了。为强化自己,王朝权力还利用了双方的抗争,以至于引起了大规模的政治混乱和武力冲突。从1562—1598年,连续发生了九次宗教战争即"胡格诺战争"。圣·巴托罗缪事件(对新教徒的大屠杀)

正是发生在这一时期的。在宗教战争的过程中,西班牙实行援助旧教徒的干涉,英国则袒护新教徒。结果,由波庞家的亨利四世登台收拾了混乱局面,以 1598 年的南特敕令承认新教的独立地位。新教徒的悲惨遭遇及其力量的不断增长,决定了他们反君主专制的理论必然是极其发达而激烈的。在政治法律思想史上有重要影响的所谓"反暴君论"的理论体系,应当说是由法国胡格诺派的理论家们完成的。

巴黎大学罗马法教授法兰西斯科·浩特曼(1524—1590),在 1573 年以圣·巴托罗缪事件为背景出版了第一部系统的反暴君论著作《法兰克—高卢》。该书的主要特征是力图从政治制度史上寻找根据,证明法国应当存在的是有限君主制,而绝非绝对君主制。按浩特曼的说法,法国最初的君主制是立足于日耳曼地方的选举君主制的,君主权力一直是受到约束的。即使在王位的世袭继承制成为一种政治习惯的情况下,背后也潜在着人民的默然同意。浩特曼发挥中世纪的立宪理论,认为人民的同意是正当的政治权力的基础,必须从人民的代表者及其创制的法律之中引申出君主的权威。法国的君主应当经过选举而获得地位,其权力要受到代表法兰西整体的三级会议的限制。

莫耐(1549—1623),于 1579 年用布鲁塔的假名字出版了《论拥护对抗专制君主的自由》一书,影响很大。这本书同浩特曼《法兰克—高卢》相比,其主要特征是系统地从契约论出发论述对君主的反抗权问题。莫耐说,君主权力是建立在他同人民之间签订的契约的基础上的。确切些说,有两种契约:一种是人和神之间的契约,即君主和人民为维护真正的宗教而结成的契约。这种契约的作用只限于约定(实际上是假定)神是保护双方的,所以当君主和人民有任何一方违背契约时,神就会予以制裁。可以认为,这种契约仅仅起着衬托的意义。另一种契约,是人民和君主之间的统治契约。这种契约是莫耐著作中的核心问题。莫耐追随亚里士多德,说人民存废君主时依据的准则是能否增进人民的最高的善。君主的官职其基本意义在于为公共服务。在统治契约中体现的人民主权是:首先,人民有立法权,君主仅仅是单纯行使隶属于立法权的行政权。君主必须服从法律,就像奴隶必须侍奉主人一样。其次,人民有选举和废除君主的权力,包括君主的即位和继承的最高决定权。这是人民的原始权力,也是人民主权的主要内容。最后,人民通过合法的监督官来召集集会(等级会议),决定战争与和平、租税、货币制度、君主职务的设置等重大问题。这些也是人民的神圣而不可抗拒的权力。莫耐还把专制的君主分为两种:一种叫"称号上的僭主",即篡夺法律而宣布自己拥有主权的君主,他破坏了人民的自由和财产;另一种叫"行政上的僭主",即称号虽合法,但行为违反契约,这样他就破坏了统治契约,为防止此两种情形的出现,就要全面地加强人民监督作用。

在日内瓦的喀尔文的继承者、法国人狄奥多·贝查(1519—1605),进一步发挥了莫耐的两种契约论,他在"论执政官对臣民的权力"一文中,得出了人民有权用武力对待暴君的结论。

从上述情况可以看出,新教派代表人物的共同点是:以契约论和人民主权为根据,论证反抗暴君权力的合理性。但是,作为这种共同点的另一面,即是他们都鄙视或敌视广大劳动人民。反暴君派词典里的"人民",统统是指等级在上的阶层。所谓人民主权,仅仅是少数剥削阶级,特别是上层胡格诺教徒的最高决定权罢了。更值得注意的是,由于反暴君派的社会阶级成分的复杂性,所以绝不能过高地估计其历史作用。当然,这丝毫也不抹杀这些理论在后来资产阶级革命时期被当做有力武器的事实。

第五节　波伦亚法学派

意大利的波伦亚大学是西方最早的一所大学。中世纪后半期著名的注释法学派,就是在这里兴起的。它代表正在成长的世俗市民阶层为发展商品经济而急切需要有统一的法律遵循的愿望。波伦亚法学派的主要功绩在于,把被遗忘数世纪之久的罗马法重新复兴起来,而且进行大量的、系统的以注释为中心的研究工作。它是意大利文艺复兴运动的重要组成部分。

波伦亚注释法学派历经从 11—15 世纪近 500 年时间,习惯上将其发展划分为前期和后期两个阶段。

前期注释法学派,指 11—13 世纪初的一批法学家。它是以波伦亚法学派的创始人伊纳留士(约 1055—1125)及其一群门徒为先导的。伊纳留士等人对罗马法进行整理、编纂和注释。最后,在 13 世纪,阿库索士(约 1182—1260)汇集伊纳留士等人的成果,把这些注释汇编成《通用注释》这一巨著。

后期注释法学派,指 13 世纪后半期至 15 世纪的一批法学家。后期注释法学派区别于前期注释法学派的地方,主要是他们开始从单纯地对罗马法规范的注释转向了理论研究方面,力图概括和抽引出法律的一般原理、原则,探索法律规范的结构,并发掘一批典型的案例。这种做法不仅有利于法律规范的应用,推动判例法的发展,而且从法律史或法学史的角度上看,更为重要的在于它表现出分析法学的早期形态。

后期注释法学派的核心人物是巴托罗(Bartolo Bonacuvsi da Sassofrrato 即 Bartolu,1314—1357)。巴托罗除上述方面的贡献以外,还是一位杰出的反封建主义的战士。在《暴君论》一书中,他运用自己的法律理论来抨击黑暗的政治制度和国家制度。该书指出:第一,从法理上说,正在蓬勃兴起的民族国家和城市是神圣罗马帝国的法律所不能触及的,这些政治实体完全可以不受干预地独立进行立法并执行这些法律。第二,君主必须有法律上的根据,而且还要做法律上应当做的事情。但是,作为一个暴君,恰恰违背了这一点。有两种暴君:一种是篡窃的暴君,其君主地位本来就是非法的,即没有法律根据的,所以人人可以得而诛之;另一种是祸国殃民的暴君,其掌权是合法的,但由于他不行法律上应该做的事情,所以人民就有理由以法律为武器来反对他。一切暴君发布的命令均无任何法律效力,对他们,人民没有服从或效忠的义务,却有反抗的权力。第三,国家政体的优劣是相对的。一般地说,大国宜于君主政体,中国宜于贵族政体,小国宜于民主政体。各国的法律也要分别地与其国家的政体相适应。第四,法律可分类为神命法、自然法、帝国法、各国的市民法。第五,从尽可能良好地保护公众福祉方面来说,任何一个为此目的而结合的政治派别都是合法的,即政党政治是可行的。不难看出,巴托罗的法律理论对于死板的注释法学的重大突破不仅具有创新之意,而且更具有明显的革命色彩。

第七章 近代至 20 世纪上半期西方法律思想

第一节 17—18 世纪的启蒙法律思想

波澜壮阔的欧洲和北美的资产阶级革命浪潮,是以古典自然法学为理论先导的。自然法是西方世界最古老的、从未中断过的法律理论。古代自然法为自然主义自然法,认为国家(城邦)和法律属于自然现象,人们必须绝对地顺从。其代表人物主要有希腊的柏拉图、亚里士多德和罗马的西塞罗。中世纪自然法为神学主义自然法,认为自然法是神的永恒法在人类社会中的体现,是连接神法与人定法的桥梁。其主要代表人物是圣·奥古斯丁和圣·托马斯·阿奎那。17—18 世纪古典自然法则为理性主义自然法,认为法律的本源既非自然亦非神,而是人自身的本性。其主要代表者是一大批后来被称之为启蒙思想家的大人物。如,荷兰的格劳秀斯(Grotius,1583—1645 年),斯宾诺莎(Spinoza,1632—1677);英国的霍布斯(Hobbes,1588—1679 年),洛克(Locke,1632—1707);法国的伏尔泰(Voltaire,1697—1778),孟德斯鸠(Montesquieu,1689—1775),卢梭(Rousseau,1712—1778);美国的汉密尔顿(Hamiltan,1757—1804),杰弗逊(Jefferson,1743—1826),潘恩(Paine,1737—1809);德国的普芬道夫(Pufendorf,1632—1694),沃尔夫(Wolff,1679—1754);意大利的贝卡利亚(Beccaria,1738—1794);等等。

古典自然法学一开始就区别于中世纪的神学主义自然法,把矛头指向天主教的精神统治和封建专制统治。它是沿着 11—15 世纪文艺复兴运动及其诸潮流如科学、艺术复兴、罗马法复兴、宗教改革,乃至早期空想社会主义所提供的进步思想轨道前进的。其基本主张概括为如下几个方面。

一、自然状态论

在古典自然法学那里,自然状态论和自然法这个基调有着不可分割的联系。因为,自然状态论是自然法学说的重要支撑。古典自然法学家们从人类的原始社会即自然状态下不存在法律(人定法)这样一个客观事实出发,力图证明在没有法律的社会中,由自然法在支配人们的行动,社会得以维持。至于说人类的自然状态究竟是怎样一种状态,其答案则因人而异。但是,大体上有三种类型。

1. 霍布斯型

他认为,由于人的本性是自私的,每个人都力图把自己的自由实现到最大限度,而且大家都平等地具有这种能力,所以就自然导致"人与人是狼的关系",即普遍的战争状态。每个人都有竞争、猜疑和荣誉的心理,它驱使每个人为自己的利益、安全和地位而侵略他人。既然人类居住在这种没有共同权力的自然状态中,就不能不经常发生敌对的战争。在那里,根本谈不上土地的开辟,航业的发展和应用,文学艺术的繁荣等。人的生命短促,生活贫穷,相互关系凶残,无公道可言。

2. 洛克型

他认为自然状态本来是完好的,但危险越来越大;或者说在普遍的和平状态中,战争状态的个别性因素会扩大。洛克说:"人类原来所处的自然状态,那是一种完备无缺的自由状态,他们在自然法的范围内,按照他们认为合适的办法,决定他们的行动和处理他们的财产和人身,而无需得到任何人的许可或听命于任何人的意志。"①自然状态的缺陷有三点:其一,缺少一种确定的、明文规定了的、众所周知的判断是非的标准和裁判一切纠纷的尺度。虽然存在着自然法,但有些人由于私利而加以曲解。简言之,缺少人定法(法律)。其二,缺乏一个有权依照既定法律来裁判一切争执的知名的和公正的裁判者即法官。其三,缺少共同的权力来支持正确的判决,使之获得应有的执行。自然状态的这三大缺陷,使人们对财产的享有不会感到十分安全和稳妥,因而那里就不是长期的共同生活的理想之所。

3. 卢梭型

在卢梭看来,自然状态是人类的"黄金时代"。他认为,在自然状态下,每个人都是平等的、独立的、自由的。人和人之间只有年龄、健康、体力的差别,而从来没有什么天生的奴隶和天生的主人,没有什么服从和被服从、奴役和被奴役的情况。在那里,人类具有一种高尚的道德,团结、友爱和同情。人类那时也不存在善或恶的观念,无所谓权利或义务,互相都是一样的。后来,"由于人类能力的发展和人类智慧的进步,不平等才获得了它的力量并成长起来;由于私有制和法律的建立,不平等终于变得根深蒂固因而成为合法的了。"②卢梭把私有制,首先是土地私有制的出现,以及法律对它的肯定看成是不平等产生的真正原因,是自然状态瓦解的标志。

二、国家契约论

既然自然状态最终都要因其自身缺点的发展和扩大而走到尽头,那么它迟早总要由新的人类共同体(或叫社会状态、政治状态、公民状态即国家)所代替。在自然状态

---

① 〔英〕洛克:《政府论》(下篇),叶启芳、瞿菊农译,商务印书馆1964年版,第5页。
② 〔法〕卢梭:《论人类不平等的起源和基础》,李常山译,法律出版社1958年版,第149页。

的末期，人类面对着种种不幸和危险的局面，经自然理性的启发，便不约而同地一起寻找新的出路。那就是通过订立契约来建立国家。在启蒙思想家们中间，相应前述三种典型的自然状态论，便有三种典型的国家契约论。

1. 大资产阶级专制主义政体的契约论

按照霍布斯的观点，自然状态下的人们摆脱普遍战争状态的唯一办法就是相互订立契约建立公共权力。驾驭这种权力的主权者通常是一个人，有时也可能是由一些人组成的议会。霍布斯说，契约所创造的是一种统一的人为的人格，也就是把全体人融成一个人格。"这一人格是大家人人相互订立信约而形成的，其方式就好像是人人都向第一个其他的人说:我承认这个人或这个集体，并放弃我管理自己的权利，把它授予这个人或这个集体，但条件是你也把自己的权利拿出来授予他，并以同样的方式承认他的一切行为。这一点办到之后，像这样统一在一个人格之中的一群人就称为国家，在拉丁文中称为城邦。这就是伟大的利维坦(Leviathan)①的诞生——用更尊敬的方式来说，这就是活的上帝的诞生。"②霍布斯强调，订契约的当事人是后来构成国家的全体成员，而主权者仅仅是由契约授予的权力的接受者。因此，这种授权一旦完成，主权者就成为永恒的社会统治者;除主权者自己外，任何人都无权提出取消授权和解除契约。背约问题只对臣民存在，对主权者是不存在的。其次，臣民订约时所让渡给主权者的差不多是自己全部的自然权利，而为自己保留的仅仅是管理自己身体的权利，如享受空气、水、往来运动等最低生存的权利。这样一来，契约所构成的必然是专制主义绝对权力，主权者操有对臣民的生杀予夺的全权。霍布斯说，主权者除了自己是上帝的臣民而必然遵守自然规律之外，对所有的事情都不缺乏权力。他不论在什么口实之下所做的事，没有一件对臣民来说可以正式称之为无信义或侵害的;即使他处死臣民，仍然可以说双方都没有做对不起对方的事。他还说，法律不过是一条锁链，一端拴在主权者的嘴唇上，另一端拴在臣民的耳朵上。自由都是属于主权者的，臣民没有自由;臣民只能在法律规定的限度内自由活动。霍布斯的契约论，反映了资产阶级力量还相对弱小、不能完全摆脱封建势力束缚的状况。虽然霍布斯的理论是不革命的，但却有进步的性质。他反对神权的唯物主义世界观，主权来自于民授及政体可以变更等说法，即具有明显的资产阶级色彩。所以，霍布斯主张的专制主义是为资产阶级服务，而不是为封建阶级服务的。

2. 中产阶级君主立宪政体的契约论

根据洛克的描述，人们为了避免自然状态中的缺陷，特别是日益增长着的战争状态的危险，以保护自己的财产以及社会的安全、幸福和繁荣，便互相协议，自愿放弃一部分自然权利，而把它交由专门的人按照社会一致同意或授权的代表一致同意的规定

① 基督教《圣经》中所讲的一种力大无比的海中野兽。
② 〔英〕霍布斯:《利维坦》，黎思复、黎廷弼译，商务印书馆1985年版，第131—132页。

来行使。"这就是立法和行政权力的原始权利和这两者之所以产生的缘由,政府和社会本身的起源也在于此。"①这就表明,国家(洛克把它与"政府"当成同义语)是基于臣民的同意而建立,以个人的认可为基础。与霍布斯不同,洛克的契约论中包括两种契约,一是臣民相互之间为表达建立国家的共同意向的协议;一是全体臣民同政府或执法者达成的组建权力机关的协议,这属于一种委托性的协议。所以,国家的主权者是全体臣民,而政府或执法者仅是契约关系主体的一方,并非凌驾臣民之上的第三者。它只能在臣民授权的范围内,根据全体社会成员的共同意志行使其权力。其次,臣民订立国家契约时,所放弃的权利主要是个人充当执行自然法的法官的权利,至于每人的自然权利从来没有放弃过,而且也不可能放弃。政府的任务恰恰就是要捍卫人们的自然权利,使之不遭破坏,特别是,"最高权力,未经本人同意,不能取去任何人的财产的任何部分。"②倘若政府违反契约,侵犯臣民自然权利,那么臣民就有更换它的权利。最后,既然国家契约以每人的意愿为基础,那么它只能对缔约的参加者有约束力,而那些不愿意加入契约的人,他们之间仍旧处于自然状态之中,国家的管辖权对他们是不起作用的。洛克的契约论是替英国 1688 年"光荣革命"所确立下来的君主立宪制度进行论证的。从政治上看,洛克的观点是适应英国一般资产者利益的自由主义,但君主立宪制本身就包含着英国资产阶级和新旧贵族之间的妥协。

3. 小资产阶级激进的民主共和政体的契约论

卢梭是把其社会(或国家)契约论和人类不平等的起源与发展的学说联系在一起的。他认为,随着私有制的出现,产生富人与穷人的划分,是人类不平等发展的第一阶段。在这个阶段,人与人之间发生争夺和残杀,威胁到每个人的生存。于是人们便要求订立社会契约,通过它把每个人组织在一起,形成"公意"及其物质附属物。卢梭说:"要寻求一种组合的形式,使它能够以全部共同力量来防御和保护每个参加者的人身和财富;而通过这一组合,每一个与全体相联合的人实际上只是服从本人自己,并且仍然像以往一样的自由。这就是社会契约提供解决方法的根本问题。"③这种契约是个人与全体(社会)订立的。卢梭把这种契约的内容归结为,每个参加者都无例外地将自己的一切权利转交给集体。这样做的好处在于,从集体那里,每个人都可以随时取回自己所转交出去的同等的、等量的权利,获得其失去的全部等价物,而且还可以得到比自己保存自己权利更大、更安全的保存力量。这种借助契约而成立的共同体便是国家。尽管人们创立国家的动意是良好的,但国家一建立便与人们初始的愿望相悖。因为,统治者与被统治者的出现,就会在已有的社会地位不平等的基础上又造成政治地位的不平等,统治者总是用法律来维护其特权和利益。所以,国家是人类不平等发展第二阶段的主要标志。到了暴君和暴政的出现,人类不平等也就达于第三阶段。"这里是

---

① 〔英〕洛克:《政府论》(下篇),叶启芳、瞿菊农译,商务印书馆 1964 年版,第 78 页。
② 同上书,第 86 页。
③ 〔法〕卢梭:《社会契约论》,何兆武译,商务印书馆 1980 年版,第 23 页。

不平等的极限,是封闭的一个圆圈的终点","直到新的变革使政府完全瓦解,或者使它再接近于合法的制度为止。"①卢梭把国家建立在"公意"的基础上,这无疑是一种集权制,但是它却是高度民主条件下的集权。所以,卢梭的学说兼有霍布斯与洛克两种国家契约论的成分,但同时又有别于二者。这一点,许多学者往往没有弄清楚,因而有人把卢梭法律思想归于集权主义、国家主义,也有归于完全自由主义的,这些看法都是片面的。

三、天赋人权论

天赋人权又称自然权利,指每个人与生俱来的共同的基本权利,这就像理性一样。霍布斯是较早地倡导天赋人权论的思想家之一。他说,上帝造人造得很均衡,使每个人的体力、智力都差不多,而且实现和保卫自己权利的能力也差不多。在自然状态下,每个人的自然权利是无限的。这种权利"就是每一个人按照自己所愿意的方式运用自己的力量保护自己的天性——也就是保全自己的生命——的自由。因此,这种自由就是用他自己的判断和理性认为最适合的手段去做任何事情的自由"②。自然权利的基本内容无非就是生命和生命的安全。至于说到自由,那么它仅仅是自然状态下的事情。与此不同,斯宾诺莎则坚持说,不论在自然状态或者政治状态下,天赋人权的基本内容永远是自由。"自由比任何事物都珍贵。"③人们在订立国家契约时,只是出让一部分权利,当权者如果把人的天赋权利尽皆剥夺,那就是暴政。在斯宾诺莎的眼中,自由、理性、法律是三位一体的。他说:"每个人只要是为理性所引导,他当然是自由的……所以,一个人越听从理智的指使——换言之,他越自由,他越始终遵守他的国家的法律,服从他所属的统治者的命令。"④最基本的天赋人权、最基本的自由是信仰和思想的自由权利。能否保障人民的此种权利,成为检测政府好坏的标准。在洛克的著作中,始终是把自然权利与自然法结合一起论述的。他说,由于人的自然权利的存在才需要自然法,如果自然权利不受尊重,自然法也就无从谈起。自然权利包括财产、生命、平等和自由的权利。他强调"人应该尽量地保卫自己"和"保卫人类",而"保卫自己"则是前提。天赋人权论的最重要的宣扬者是卢梭。卢梭认为,自由、平等、追求幸福是每个人生而俱有的天赋权利。他在《社会契约论》中的第一句话就是:"人是生而自由的,但却无往不在枷锁之中。"⑤以此作为推翻封建制度的根据和构思新社会制度的根据。卢梭确信人类所建立的一切政治制度和法律制度都是为了保障人的天赋权

---

① 〔法〕卢梭:《论人类不平等的起源和基础》,李常山译,法律出版社1958年版,第145页。
② 〔英〕霍布斯:《利维坦》,黎思复、黎廷弼译,商务印书馆1985年版,第94页。
③ 〔荷兰〕斯宾诺莎:《神学政治论》,温锡增译,商务印书馆1963年版,第12页。
④ 同上书,第218页。
⑤ 〔法〕卢梭:《社会契约论》,何兆武译,商务印书馆1980年版,第8页。

利,如果它们同天赋权利背道而驰,人们可以废除它们,甚至可以通过暴力手段推翻它们。人民对于暴政的反抗权也是从天赋人权中自然引申出来的。与洛克的羞羞答答不同,卢梭关于反抗权的思想是非常鲜明的。卢梭对于自由问题的观点,也如对于平等问题的观点一样,充满生动的辩证法。他认为,个人意志符合公意的时候才有自由,而法律是公意的运用,所以服从法律才有自由。他说:"根本就不存在没有法律的自由,也不存在任何人是高于法律之上的。一个自由的人民,服从但不受奴役;有首领但没有主人;服从法律但仅仅是服从法律。"①当一个人有违背法律的行为时,就要强迫他去遵守法律;这也就是强迫他自由。启蒙思想家们的天赋人权论,特别是卢梭的天赋人权论,在 1776 年美国《独立宣言》这篇被马克思称为人类历史上第一个"人权宣言"中,以及在 1789 年法国《关于人权和公民权宣言》中都得到明文记载。美国《独立宣言》把美国的独立要求说成是,"在世纪列国之中取得那'自然法则'和'自然神明'所规定给他们的独立与平等的地位时,就有一种真诚的尊重人类公意的心理"。这个文件宣布:"我们认为这些真理是不言而喻的:人人生而平等,他们都从他们的'造物主'那边被赋予了某些不可转让的权利,其中包括生命权、自由权和追求幸福的权利。为了保障这些权利,所以才在人们中间成立政府。而政府的正当权力则系得自被统治者的同意。如果遇有任何一种形式的政府变成损害这些目的的,那么,人民就有权力来改革它或废除它,建立新的政府。"法国《人权宣言》则进一步发挥了上述文件的精神,写道,"在权利方面,人们生来是而且始终是自由平等的";"任何政治结合的目的都在保存人的自然的和不可动摇的权利。这些权利就是自由、财产、安全和反抗压迫。"此外,宣言中还规定,"自由就是指有权从事一切无害于他人的行为。因此,各人的自然权利的行使,只以保证社会上其他成员能享有同样权利为限制";"法律是公共意志的表现";"在法律面前,所有的公民都是平等的";"自由传达思想和意见是人类最宝贵的权利之一";"人权的保障需要有武装力量";"财产是神圣不可侵犯的权利"。这两个《宣言》有关天赋人权的规定,成为后世一切资产阶级民主国家立法的定式。

四、分权论

西方的分权和制约平衡的思想由来已久。古希腊的亚里士多德在其《政治学》一书就说到国家权力分为议事(立法)、行政和司法三种;他还认为,这三权之间应当有相互制约平衡关系,以防止一种权力的专行。作为罗马第一位法律思想家的波利比在《历史》一书中则断言,罗马共和国的生命力在于它在不自觉中采取了"混合政体"及各种国家权力的制衡制度。但近代意义的分权论仍然是 17—18 世纪自由主义派启蒙思想家们的创造。英国的洛克的《政府论》(下篇)第一次提出分权学说。洛克说一个国

---

① 〔法〕卢梭:《社会契约论》,何兆武译,商务印书馆 1980 年版,第 51 页。

家有立法权、行政权和对外权三种权力。立法权为制定和公布法律的权力;行政权为执行法律的权力,包括司法权;对外权包括战争与和平、联合与联盟以及同国外的人士和组织打交道的权力,包括宣战、媾和、签约等。这三种权力应当由特定的机关分别掌握,否则就会产生流弊。特别是立法与执法两种权力交由一个机关执掌,它既立法又执法,便会发生只顾自己利益、攫取权力的现象。按照洛克的观点,立法权是最高权力,由民选的议会行使;行政权由国王来行使但要根据议会的决定;对外权也由国王行使,它同行政权是分不开的。由此可知,洛克三权论中所包含的分权论,仅仅是两权分立论。在洛克学说的基础上,法国孟德斯鸠完成了三权分立的学说。其特点在于,它把分权与公民的自由问题紧密地联系一起,孟德斯鸠主张,国家的三种权力即立法权、行政权、司法权应互相独立,由不同的国家机关来行使,而不应由同一个机关或同一个人来行使。他说:"当立法权和行政权集中在一个或同一个机关之手,自由便不复存在了;因为人们将要害怕这个国王或议会制定暴虐的法律,并暴虐地执行这些法律。""如果司法权不同立法权和行政权分立,自由也就不存在了。如果司法权同立法权合而为一,则将对公民的生命和自由施行专断的权力,因为法官就是立法者。如果司法同行政权合而为一,法官便将握有压迫者的力量。""如果同一个或是由重要人物、贵族或平民组成的同一个机关行使这三种权力,即制定法律权、执行公共决议权和裁判私人犯罪或争讼权,则一切便都完了。"①根据这些道理,孟德斯鸠为资产阶级政治制度设计了一套系统的方案,对后世的资产阶级国家影响巨大。美国独立战争时期联邦党的领袖、有"美国宪法之父"之称的汉密尔顿,是行动中的孟德斯鸠主义者。他把整套孟德斯鸠的学说运用到美国 1787 年宪法中去。汉密尔顿坚持三权分立论,但又认为这种分立不是绝对的。他主张三种权力相互间的局部混合不但并非不当,而且对于相互制约平衡还是有帮助的。汉密尔顿提出三权分立和相互制衡的方案,主要是:①立法机关(议会)有权制定法律,但是它不能行使行政权和司法权,尽管它可以任命法官和弹劾行政官员。②总统和政府掌握全部行政权,但是它不能制定法律和管理司法工作,尽管它可以有条件地否决立法机关制定的每条法律,可以任命法官。③法官的职务是司法,但它不能行使行政权和立法权,尽管它是行政系统的分支,尽管立法机关在制定法律的时候需要同它商量。这种分权和制衡的目的,在于"防止把某些权力逐渐集中于同一部门",在于"给予各部门的主管人抵制其他部门侵犯的必要法定手段和个人的主动"②。他坚信这是防止和纠正违反宪法情况的最切实可靠的办法。贯穿着汉密尔顿三权分立和制衡精神的美国宪法,是第一部完整的资产阶级民主共和国宪法,其意义是可想而知的。

---

① 〔法〕孟德斯鸠:《论法的精神》(上),张雁深译,商务印书馆 1961 年版,第 156 页。
② 〔美〕汉密尔顿等:《联邦党人文集》,程逢如等译,商务印书馆 1980 年版,第 264 页。

五、人民主权论

国家主权究竟应属于君主或由少数人组成的机关,还是应属于人民,这是启蒙思想家中国家主义派和自由主义派之间重要的分野。可以说,人民主权论是17—18世纪革命思想最集中的并且是最高的表现。这一思想也首先发端于洛克。他说,人民通过契约形式,把立法权、行政权和对外权委托给一定国家机关或人员,要按照人民共同批准的法律来行使。人民作为契约的订立人,当然是要支配法律的。洛克的人民主权思想更突出地表现在他关于立法权的论述中。立法权是国家的最高权力,所有其他权力都受制于立法权。而立法机关必须经人民选举或选派出来的人员组成,所以立法权是一种来自人民委托的权力,随时以取得人民的普遍信赖为依据。为了避免使立法机关一旦成立就蜕化变质成为人民的压迫者,洛克提出,不论何时,立法机关制定的法律都要以社会的同意为条件。若缺少这个条件,任何决议和命令都不能具有法律的效力和强制性。洛克还提出,人民的福利是最高的法律。这种"福利",无非就是他所说的平等、自由、生存、财产等天赋人权所包含的东西。他宣布,如果社会的全体或大多数人觉得法律并不是为自己福利而制定的,人民将可以随时为自己建立一个新的立法机关;同样,如果他们发现政府部门不执行反映人民福利的法律,也得随时为自己建立一个新的政府。人民行使这种权力的最终手段就是举行起义。很显然,洛克的这些论述中也包含人民反抗权的思想。反抗权,是人民主权论的题中应有之义。人民主权论的最高成就者是卢梭,其《社会契约论》像一条红线一样地贯穿着人民主权思想。卢梭认为人民主权就是公意的具体体现,就是直接来自社会契约并集中体现契约精神的国家最高、最大、最原始的权力。他的逻辑是,既然社会契约由人民自己所订立,并须全体人民参加和同意,那么由此产生的主权理所当然地要属于全体人民,全体人民才是国家的主权者。不仅如此,卢梭还系统地论述了人民主权的特点:①至高无上性。就是人民主权是绝对的、神圣不可侵犯的,它不受制于任何法律;反之,它的行为就是法律。一国之内,没有任何权力同人民主权相平行,更没有任何权力凌驾它之上。②不可转让性。"主权既然不外是公意的运用,所以就永远不能转让;并且主权者既然只不过是一个集体的生命,所以只能由他自己来代表自己;权力可以转移,但是意志却不可转移。"①③不可分割性。主权是不可转让的同一理由,主权也不可分割。"因为意志要么是公意,要么不是;它要么是人民共同的意志,要么就只是一部分人的。在前一种情形下,这种意志一经宣示就成为一种主权行为,并且构成法律。在第二种情形下,它便只是一种个别意志或者是一种行政的行为,至多也不过是一道命令而已。"②根据这一点,

---

① 〔法〕卢梭:《社会契约论》,何兆武译,商务印书馆1980年版,第35页。
② 同上书,第36—37页。

卢梭不仅反对君主主权论,也反对洛克、孟德斯鸠等人的分权论。④不能代表性。卢梭认为,人民主权只能借助直接民主形式来表现和行使,而不可采取代表制。因为,代表们的意志顶多是一种团体的意志,而不是公意。所以他说,如果一个民族推举出代表来立法,那么这个民族就不再是自由的了,不再是主权者了。这时,国家主权便属于一小撮代表者,而不是人民了。⑤不能具有个别的指向性。主权意味着作为整体或公意的人民即主权者对于个别或众意的人民即臣民的关系;这种关系对一切人是一视同仁的,而不能有个别的指向或目标。主权一旦有个别的指向或目标,它便不再是公意因而不再是人民主权了。根据这个道理,卢梭也不能赞成立法者同时行使行政权。他主张行政权(政府)应是立法权绝对控制和领导下的具体执法机关的事。⑥永久无误性。人民主权体现公意,它总是公正的、以公共利益为依归,不可能发生错误。卢梭这一观点,实际上是从民主的集中原则出发所作的假定,并不是认为人民整体真的可以完全不会犯错误。这仅仅是说,即使公意是错的,每个人也要把它当做正确的,而加以服从。美国的杰斐逊在其起草的《独立宣言》中,明确地贯彻了卢梭的人民主权思想。他说,我认为构成一个社会或国家的人民是那个国家中一切权力的源泉;他们可以自由地通过他们认为适当的代表,处理他们所共同关心的事情;他们可以随时个别地撤换这些代表,或在形式上或在职能上改变代表的组织。人民主权的观点,后来也普遍为资产阶级国家的民主宪法所采纳。

六、法制(治)论

与封建的专制主义的人治不同,除霍布斯等个别人外,大多数启蒙思想家都倡导法治即所谓"法的统治",反对人治。斯宾诺莎认为,法律是理性的产物,因此理性也要求和指导人们维护法律。他说:"人的天性是,如果没有一种共同遵守的法制,人是不能生活的。"①对于那些违反理性、破坏法律的人,则要给予严厉的惩罚。法制的核心是法律面前人人平等原则。斯宾诺莎说:"执行法律的人必须不顾及到一些个人,而是把所有的人都看做平等,对每个人的权利都一样地加以护卫,不嫉羡富者,也不蔑视穷者。"②与斯宾诺莎同年出生的洛克,其法制思想更为系统,择其要者:①国家必须以正式的法律来统治。这种法律是以法定手段(程序)制定和公布出来,并被普遍接受的,坚决反对用临时性的命令和未定的决议进行统治。②要执行已公布的法律。不执行法律的政府是专横的政府。如果掌握最高执行权的人玩忽和放弃职责,致使已经制定的法律无从执行,这就是无政府状态,意味着政府的实际解体。③法律面前人人平等。"每一个个人和其他最微贱的人都平等地受制于那些他自己作为立法机关的一部分所

---

① 〔荷兰〕斯宾诺莎:《神学政治论》,温锡增译,商务印书馆 1963 年版,第 265 页。
② 同上书,第 95—96 页。

制定的法律。"①对于高居显位的人和执法者,在守法方面应有更高的要求。④法制不排斥个别场合的执法灵活性。由于立法者不能预见并用法律规范社会中的一切事情,因此法律执行者对于那些法律无规定的情况,要依据自然法精神自由地裁处,直到有关的成文法加以规定为止。卢梭的"法治国"的思想是驰名的,其基本政治理想就是建立一个具有完备法治的共和国。卢梭重视法治远胜于重视政体形式。他说,凡是实行法治的国家,无论其政体形式如何,都可以叫做共和国。"国家构成的基本要素不是官员而是法律。"法治共和国的特点在于:①法律只能是公意,即作为合作公民的行为和意志。它只能由人民来创制。②人人都必然服从法律。这就是服从自己的意志。③法律平等就是"任何人都不能自以为居于法律之上"。17—18世纪启蒙思想家的法律思想即古典自然法学是欧洲、北美资产阶级革命的号角和旗帜,也为新兴的资产阶级国家政权和法律制度提供理论基础。

第二节　19世纪法律思想

19世纪的西方法律思潮也必然不同于17—18世纪的古典自然法学,可是它们之间具有密切的批判继承关系。19世纪的法律制度以新的法律思潮为理论基础,但从总体上看,这种法律制度大体又是17—18世纪理论的实证化,或者叫做具体化、条文化、规范化。打比方说,17—18世纪古典自然法学的理论之花,结出了19世纪法律制度之果。

一、19世纪英国的法律思想

在资本相互间的激烈角逐中,其显而易见的目标就是金钱或者功利。英国作为率先进入资本主义社会的国家,自然成了最早的功利主义的王国。这种意识形态在法学领域的反映,便是功利主义法律思想的勃兴。马克思和恩格斯在《德意志意识形态》一书中指出,霍布斯和洛克是近代功利主义的始祖。他们说:"把所有多式多样的人类的相互关系都归结为唯一的功利关系,看起来是很愚蠢的。这种看起来是形而上学的抽象之所以产生,是因为现代资产阶级社会中,一切关系实际上仅仅服从于一种抽象的金钱盘剥关系,在第一次和第二次英国革命时期,即在资产阶级取得政权的最初的两次斗争中,在霍布斯和洛克那里出现了这种理论。"②同样,霍布斯和洛克的功利主义法律思想的因素,也是从资产阶级利益出发并为其服务的。不过,功利主义法学作为一种体系,还是很久以后由边沁及其弟子们完成的。边沁的《道德和立法原理引论》

① 〔英〕洛克:《政府论》(下篇),叶启芳、瞿菊农译,商务印书馆1964年版,第59页。
② 《马克思恩格斯全集》第3卷,人民出版社1960年版,第479页。

(1789)一书,是功利主义法学的第一部代表作。他在那里写道:"自然把人类置于两个至上的主人——苦与乐的统治之下。只有它们两个才能够指出我们应该做些什么,以及决定我们将要怎样做。"政治、法律和道德都以功利为原则。边沁解释说:"所谓功利,意即指一种外物给当事者求福避祸的那种特性,由于这种特性,该外物就趋于产生福泽、利益、快乐、善或幸福,或者防止对利益攸关之当事者的祸患、痛苦、恶或不幸。假如这里的当事者是泛指整个社会,那么幸福就是社会的幸福;假如是具体指某一个人,那么幸福就是那个人的幸福。"人对任何一种行为表示赞成不赞成,均以它是增加还是减少自己的幸福而定。国家的法律和制度的好坏标准也只有一个,那就是看是否能够增进"最大多数人的最大幸福"。如果一项法律对于人们来说其苦多于乐,就是不利的、有害的法律。法律本身并不能左右人,能左右人的是法律所可能带来的功利,为了达到趋乐避苦、趋利避害的目的,边沁提出四种制裁方法:一是自然的制裁(如疾病),二是政治的制裁(如司法判决),三是道德的制裁(如舆论),四是宗教的制裁。边沁根本否认国家契约论。他认为,国家的产生是在社会出现治者与被治者划分的条件下,人们感到"服从统治比不服从更有益处"的心理造成的。就是说,若没有国家,人们就没有安全,没有家庭生活和财产,甚至不能从事任何劳动,即不能实现功利,所以,功利是国家发生与存在的最终根据,功利原则是国家活动的唯一原则。边沁颂扬民主政体,反对专制政体,认为民主政体最利于实现私利和公利的结合,为最大多数人谋最大的乐。边沁也承认人民的反抗权,但他说这种权利不必借助自然权利的依据,单纯从功利原则出发就足够。边沁把法律定义为,它是主权者自己的命令或被主权者采纳的命令的总和。法律是强加于公民的义务,如果反抗这种命令就要给予制裁。法律的基本特征是:其一,它是主权者的意志和命令;其二,具有普遍性;其三,是行为的准则;其四,调整人们间的权利义务关系;其五,以法律规定的刑罚及其他处罚为表现形式的国家强制力作保证;其六,以最大多数人的最大幸福为目的。

边沁功利主义法律观的最重要的继承人是杰姆斯·密尔和约翰·密尔父子及奥斯丁。其中,约翰·密尔贡献尤大。同边沁及乃父的个人功利主义相比,约翰·密尔更强调所谓的社会功利主义。他说:"个人幸福、他人幸福和社会幸福常常是可以统一起来的。国家、法律、道德及各种社会组织,都应促进这种统一。统一的根据在于,人类有为别人幸福而牺牲自己的最大福利的能力。"[1]但是,密尔解释说,在一个组织得完善的社会里,通过牺牲个人来增进别人幸福的办法并不是一个好办法。其次,密尔还把苦和乐作了质和量上的区分。这一点同每个人的条件和素质有密切关系。而密尔本人更强调"精神之乐",号召人们不要沉溺于低级的"物质之乐",而做苏格拉底式的精神方面的"不满足"的人。密尔的功利主义法律观,同时就是自由主义的法律观。自由主义是从功利主义中引申来的。他说,自由是"社会所能合法施于个人的权力的性

---

① 〔英〕密尔:《功用主义》,唐钺译,商务印书馆1957年版,第19—20页。

质和限度"①。自由的基本原则有两个:其一,一个人在不损及他人利益的条件下有完全的自由,不必向社会负责;别人对这个人及其行为不得加以干涉,顶多是予以忠告和规劝或避而不理。其二,只有当个人行为损及别人利益时,他才受社会或法律的惩罚。换言之,只有此时,社会才能对个人的行为拥有裁判权和强制力。密尔宣称,真实的自由就是"按照我们自己的道路去追求我们自己的好处的自由"②。在诸多的自由中,密尔最推崇思想和言论自由,认为这是无可怀疑的。但是,仅有这点而无行为自由那也等于没有自由。密尔关于资产阶级代议制的学说是很著名的。他认为,代议制的政体或政府形式是最优的。它是"主权作为最后手段的最高支配权力属于社会整个集体的那种政府,每个公民不仅对该最终的主权的行使有发言权,而且,至少是有时,被要求实际上参加政府,亲自担任某种地方的或一般的公共职务"③。代议制政府及其法律要尽可能地在功利主义原则基础上,对公民财产、自由实行不干涉主义、放纵主义的政策。他反对由政府来经营经济、办教育,因为这会影响公民的经济竞争和限制思想自由。而对于妨碍别人这种自由的人更不能宽宥。密尔举例说,干预他人对中国进行鸦片贸易,在粮店门口宣传反对私有制,对这些行为就必须加以惩罚。由此可知,密尔的"社会之乐"或"公众之乐"仅仅是掩盖资本主义私有制、自由竞争和极端个人主义的招牌罢了。

19世纪的英国乃至整个西方世界在法学领域中最富有代表性的成就,就是分析法学以及作为其产品的法理学(Jurisprudence)的出现。分析法学的创始人是约翰·奥斯丁,他是边沁得力门生之一。他绝对相信功利原则是测度法律好坏的最后根据。他认为一个至高无上的政府的崇高目的或意图便是最大可能地促进人类的幸福。但是,在奥斯丁那里,功利主义主要是被当做社会伦理问题,也可以说是当做立法的根据或法律最终要导致的结果(目的)而被强调的,而不是被当做法学问题被强调的。相反,奥斯丁认为,法学有自己独特的研究对象和方法。就这一点而言,它同功利主义是严格区别、互相无干的。奥斯丁的分析法学是汲取欧洲大陆注释法学的成果,以及边沁和密尔父子对法律现象的实证研究的成果而形成的、自成体系的学说。它与边沁的功利主义法学虽有紧密联系,又有严格的不同。奥斯丁的分析法学基本观点可概括为如下几个方面:①法理学的对象和方法。奥斯丁深受孔德实证主义哲学的影响,认为只有实在法才有意义,所以,他坚持的法学研究对象的范围只限于实在法。根据这种研究的方法,他仅仅重视对法律规范结构的分析,特别是逻辑关联上的分析,而不必过问规范本身的好或坏。不过,这一点丝毫没有妨碍他对法律功利性的重视。因为,奥斯丁坚信这个问题在立法过程中已有详尽的考虑,功利的分配已经包含在法律规范之中,从而坚持规范也就是坚持立法所既定的功利分配。但是,他认为立法学是伦理学或价

---

① 〔英〕密尔:《论自由》,程崇华译,商务印书馆1959年版,第1页。
② 同上书,第13页。
③ 〔英〕密尔:《代议制政府》,汪瑄译,商务印书馆1982年版,第45页。

值科学的分支,是同法理学有区别的。① ②法的定义。奥斯丁继承霍布斯的传统,尤其直接发挥边沁的观点,认为法是主权者的命令,揭示人们可做某种行为或不可做某种行为,违反时就要遭到国家的制裁。就是说,其中包含主权者、命令、制裁三个要素。而命令是核心要素,所以,霍布斯和奥斯丁的法定义被称之为"命令说"。奥斯丁承认习惯法也是实定法的组成部分,但一种习惯规范只有经过主权者的默许或认可才能成为习惯法规范。③法的分类。奥斯丁说法有四类:一是神命法,包括自然法。二是实在法。三是实在道德,即起源社会之中的规范。其中也包括从习惯而来的调整国家基本制度的宪法,以及调整国家间关系、国际惯例为基础的国际法。同样,它们只有取得主权者的认可方具有法律效力。四是万物法。它不适用于人类,仅适用于人类以外的自然界。乍然看去,奥斯丁的法律分类论似乎囊括了多种多样的"法"。但从其论述中稍加推敲便可知道,他实际上仅仅把实在法(第二类的法)看做是真实的、有法律效力的法。奥斯丁分析法学的重要性在于,它是自由资本主义社会中的典型的法学思潮,深刻而全面地表达了自由资产阶级法制主义的要求,也就是借助法律来保证资本之间能够平等地展开自由竞争、保证资本同雇佣劳动者之间的所谓自由的契约关系。所以,这股法学思潮能如此迅速地在北美和欧洲以及英国的殖民地或附属地广为流行。如果说在17—18世纪资产阶级革命时期,古典自然法学是占据统治地位的法律学说的话,那么在19世纪,以奥斯丁的分析法学为先导的"概念法学"或"机械法学"则当仁不让地取代了这种统治地位。但是有必要的指出,分析法学与古典自然法学并非只有对立关系的一面;除此而外,它们还有密切联系的一面。分析法学的倡导者们解释说,他们之所以要用一套新学说替代古典自然法学,是由于古典自然法学主张的自由、平等、法制及理性,已在现行的实在法中实现了。所以,把法的理想主义改为法的现实主义已是历史的要求。由此可知,古典自然法学是为建立资产阶级法律制度而斗争的理论,而分析法学是为维护已建立起来的资产阶级法律制度。两者在本质上的一致性是极为明显的。

二、19世纪德国的法律思想

19世纪初期,德国还是一个经济落后的、政治上分裂的、半封建的君主专制主义的国家。因此,在那里产生的法学思潮必然有其自己的特色。

德国法学流派之一是以康德、黑格尔为主要代表的哲理法学。从总体上说,就像马克思所概括的,它是"法国革命的德国理论"②。康德法哲学的直接渊源,是卢梭学说中的自由主义成分。不过,这种自由主义到康德手里便变为"法国的自由主义在德国

---

① 参见〔美〕博登海默:《法理学——法哲学及其方法》,邓正来译,中国政法大学出版社1999年版,第118页。

② 《马克思恩格斯全集》第1卷,人民出版社1956年版,第100页。

所采取的特有形式"①。康德认为,指导人们行为的"实践理性",其最高准则是道德法则。它是"绝对命令",包含三项具体原理:①使自己的行为符合"普遍的立法形式"。因为,道德采取立法形式才能获得普遍的实现。②人是目的而不是工具。就是说,每个人的人格是至上的。③意志自律。即严格要求自己,做到把道德准则当做自己的立法。其次,康德把自由看成是道德体系的出发点和归宿。自由就是理性和意志的能动性。康德说,我"能做"是因为我"应做";"能做"属于自然因果,"应做"就属于自由。自由应当体现"善良意志"。在康德那里,法学实际上是一种政治伦理学。法不过是道德的外壳。他认为,人对于自己的义务,属于道德的范畴;对于他人的义务,就属于法的或政治的范畴。道德采取内在的、自觉的形式,法采取外在的、强制的形式;道德统治内心动机,法统治外部行为。因此,合法行为是外表上服从法的行为,而不问其动机如何。纵然动机不正确,但能够守法,国家也要加以肯定。因为,动机如何的问题是法所无法干预的。这意味着,道德是肯定性的,积极地推动人们的行为;法是否定性的,消极地限制人们的行为。但是,法的这种否定性和消极性对道德说来,却又起着积极的维护作用。这可以保障每个人的理性自由,同时又不去侵犯他人的自由。康德说:"他们事实上放弃了野蛮的无法律的自由,但获得了在法律依附状态中即法的国家中的完整的、没有减少的自由,因为这种依附是他们自己的立法意志所创造的。"②正是在法与道德相互关系的基础上,康德提出自己的法定义。他说:"法是能使多个人的意志依据自由的普遍原则与他人意志相协调的条件之总和。"③这里含有两个主要意思:①法是表现和实现"自由的普遍法则"即道德的绝对命令的外部条件的总和。②这些条件的目的在于要协调全体公民的自由意志,以此来支配或强制每个人的行为,保证社会一体地服从道德的绝对命令。康德对于法的意义十分注重。他认为,法律的完善是社会文化进步的主要标志。他说,法国大革命这类震撼世界历史的奇观,并不显示为革命的实践,而显示为人类追求完善的意向和能力的法观念的胜利,显示为自然—法体系的进化。法的重要性也表现在它与国家的相互关系中,既然全体公民的义务是服从法、以法为转移,那么作为公民联合体的国家必然受法的支配成为"纯粹的法的组织"了。就是说,理想的国家、共和国应当是"法治国"。在法的体系问题上,康德认为有自然法和人定法两大部分。自然法是理性法,与道德原则没有区别;人定法即法律,分为公法和私法。康德在部门法方面的贡献很多,如:他是近代报复刑罚论的主要倡导者;他把所有权分为法的"本体的所有权"和由原始取得而形成的"现象的所有权";他认为权利者有物权、人格权、物权性的人格权(婚姻关系中双方的人格权);他提出处理国家间关系的"永久和平"论,对于国际法有深远影响。康德对于 17—18 世纪古典

---

①　《马克思恩格斯全集》第 1 卷,人民出版社 1956 年版,第 213 页。

②　法学教材编辑部西方法律思想编写组:《西方法律思想史资料选编》,北京大学出版社 1983 年版,第 421 页。

③　〔德〕康德:《法的形而上学原理——权利的科学》,商务印书馆 1991 年版,第 40 页。

自然法学家,尤其卢梭的自然状态、国家契约及自由、平等、独立的学说都是赞同的。他坚决反对封建特权和绝对君主制,追求代议制的、三权分立的共和政体。他推崇人民主权,但却不同意人民应当有反抗权。

在德国哲理法学思潮中,最杰出的代表人物是康德之后的黑格尔。他是西方法哲学体系的完成者,在资产阶级思想家中至今尚找不到第二个人能超过他的法哲学。黑格尔的整个法律思想都包含了其客观唯心主义的哲学。他把法当成纯精神现象来把握。任何客观精神通过人的思想体现出来的、对人行为的要求都叫做法。精神的东西具有意志的属性,是自由的;因而,法是自由的领域。法的发展包括从低级到高级的三个阶级:①抽象法。它是一种自在的人格、意志、自由和权利,仅仅通过主体(人)自身获得体现,而没有外部的定在。对于他人而言,它不能提出肯定性的权利要求,只能提出否定性的权利要求,也就是"不得侵犯别人的人格"。抽象法要转化为现实的法,就要获得外部的定在,这有三个环节即所有权、契约和不法。②道德。即抽象法能动地向自己内部发展,同个人的内心确信相结合,从而变成一种主观的法。它是在共同的行为准则的指导下进行自我规范(自律)的法。道德的发展有故意和责任、意图和福利、善和良心三个环节。③伦理。客观(共同)的抽象法和主观的道德二者的统一就形成了伦理。它是社会群体(组织)的权威,每个人都必须服从。此外,伦理的法有其确定的内容,是自在自为的体系。伦理有家庭、市民社会和国家三种形式,即三个发展环节。家庭是直接的、自然的伦理实体,它有以家长为代表的普遍性排斥其各个成员的特殊性。市民社会,是全体独立个人的联合,它作为每个人谋取生存的"需要的体系"而存在,也是借助警察(内务管理)、司法和同业公会(职业组织)来维系的"外部国家";它是私利的战场,个人主义斗争的舞台,以特殊性排斥普遍性。国家是伦理的最高现实、普遍性和特殊性完美的结合体。国家哲学是黑格尔法哲学的主体部分,也是黑格尔国家主义政治法律思想的集中体现。黑格尔认为,国家是行进在地上的上帝。一个人只有充当国家的成员才具有现实性、伦理性和真理性。国家作为最高的伦理精神,一开始就存在于家庭与市民社会之中;家庭和市民社会不过是国家在发展过程中把自己区分出来的两个理想性环节。为了维持国家的集中统一的权威和它同社会间的牢固联系,黑格尔反对专制政体,也反对民主政体,即拥护君主立宪制,排斥民主制。黑格尔的理想国家的权力结构有王权、行政权、立法权三个要素。三者既互相区分又互相包含。不区分就会导致权力的僵化,甚至导致专制主义;不包含就会破坏权力的统一。因此,绝对集权论是错误的;分权论(尤其三权分立论)也是错误的。黑格尔还特地解释说,他赞成君主主权论,反对人民主权论,这贯穿着坚持法制主义、排斥无政府主义的精神。实际上,他心目中的政体,大体上就是"光荣革命"后的英国式的政体。在黑格尔的法哲学中,法与法律是有严格区别的。黑格尔是自然法论者。他所讲的法就是自然法或理性法。而法律则是另一种东西,它指的就是由国家制定或认可的实定法。自然法是实定法的立法原则,实定法可能反映自然法的精神,也可能违背自然法的精神,以此区分良法和恶法。在部门法领域中,黑格尔的报复刑罚论是最为著名的。这一理论来自康德,但后来有许多新的发展。黑格尔认为,犯罪是对法的否定,而刑法是对这一否定之否定,从而又回到了法。作为对犯罪者的报复的刑罚有其质和量上的一定范围,是与犯罪相"等同"的。但刑与罪的等同,不是康德那种外部形状的等同,而是社会价值的等同,即对于人们的理智而言显得是适宜的。因此,同态式的报复是不可取的。报复刑罚论的根据就是为了承认或尊重犯人的自由理性。这是从犯人行为中寻找刑罚的概念和尺度。由于这个理由,惩戒刑罚论、矫正刑罚论都是不可取的。国家的报复刑罚与私人的复仇不同,能够保证正义;而私人复仇却是一种新的侵害,并且会陷于世代相传的恶性循环之中。

康德和黑格尔都以自己特有的方式,曲折地表达了德国资产阶级的愿望,具有历史的进步性。但同时,他们的理论都含有政治上的软弱性,拖着一条德国庸人的辫子。

与哲理法学相对立的另一个学派是德国历史法学。它的代表人物有胡果、萨维尼和普赫塔。马克思指出,这个学派是"法国旧制度的德国理论"[1]。又说,它"以昨天的卑鄙行为来为今天的卑鄙行为进行辩护,把农奴反抗的鞭子——只要它是陈旧的、祖传的、历史性的鞭子——的每个呼声宣布为叛乱"[2]。不过,德国历史法学派政治上的反动性,并不完全排除它在法学中的某些新成就和贡献。该学派的基本理论有以下诸点:①注重探讨法的起源及其规律的问题。德国历史法学的重要出发点,是普赫塔提出的"法有其自己的历史"的命题。根据萨维尼的划分,法的历史经历三个阶段:其一,自然法(指习惯法);其二,学术法,它既是民族生活一部分,又是法学家手中一门特殊科学;其三,编纂法典,使习惯法与学术法统一起来。德国历史法学对于法律史科学的贡献是巨大的。②认为法是"民族精神"的体现。萨维尼在《论当代在立法和法理学方面的使命》一书中认为,法的内容包含着与一个民族本身不可分割的必然因素。在人类"历史的早期阶段,法律已经有了该民族的固有特征,就如同他们的语言、风俗和建筑有自己的特征一样"。③强调习惯法的作用,反对编纂法典。德国历史法学派认为,不成文的习惯法是最基本的法源,而成文的实在法则是从属性的法源。相比之下,实在法不如习惯法那样自然发生,它渗入了过多的人为因素,如国家立法机关、立法人员和法学家们的意志。历史地看,习惯法的产生在先,而且即使在成文法的时代,习惯法仍然是法律背后起着重要作用的东西。这个历史法学派正是以习惯法的重要性为由,坚决反对编纂全德国统一的民法典。1814年海德堡大学教授蒂保发表题为《论制定全德法典的必要性》的小册子,立即受到历史法学派的抵制。以此为契机,掀起了近代以来的西方法学史上的第一次大论战。当时,德国的哲理法学派及一切倾向进步的人士均站在蒂保一边。④对于罗马法的研究取得了丰硕的成果,德国历史法学重视罗马法

① 《马克思恩格斯全集》第 1 卷,人民出版社 1956 年版,第 101 页。
② 同上书,第 454 页。

在德国的作用,而且对罗马法开展了系统的并有成效的研究。如同美国学者J. H. 梅利曼所说:"这个学派依据对罗马法研究中所发现的原则,创造了高度系统化的法律体系。在此之前,《法学汇纂》已经被人们系统地研究了几个世纪,但是,只有到了19世纪中叶德国的法学家才使这项研究达到了最高和最为系统化的水平。德国法学家的研究成果,在德国所颁布的有影响的法规中达到了顶点。"①历史法学所代表的思潮在德国兴起以后,很快地扩展到欧洲和北美。在这过程中,历史法学逐渐去掉早期的某些缺欠,着手于实实在在的法制史的研究,特别是在美国的亨利·梅因那里已是成就辉煌了。他通过极丰富的历史文献和资料,不仅找出各民族、法律、文化的差异,而且找出其共同趋势。梅因指出,法律拟制、衡平、立法,依次是法律改变和演进的主要手段,尤其是通过对古罗马、印度、英国及其他诸国古代法的研究,他得出了社会进化的一个著名的公式:"进步社会的运动,到此为止,是一个从身份到契约运动。"②恩格斯在谈到此公式时指出:"这一点,就它的正确而言,在《共产党宣言》中已经说过了。"③在历史法学后来的演变过程中,其实证观点被功利主义法学和社会学法学所吸收,其成果则作为法制史学科而得到发展。除此而外,它还有一笔重要的遗产,那就是法学研究中的历史的方法。但是,至19世纪末20世纪初,历史法学作为一股法律思潮或一个独立的学派已不复存在了。

第三节 20世纪前半期法律思想

这个时期法律思潮最为重要的新成果是社会学法学的形成,而且它经久不衰,一直在蓬勃地发展。社会学法学的正式启端是德国耶林的"目的法学"。他为法学确定的基本方向,在于把法当做一种社会现象和服务于一定社会目的的手段来研究。而他对"概念法学"(分析法学)的批判则揭开了20世纪法学的新篇章。耶林同时代的契克强调社会集团的内部生活及社会中的规范是法的渊源的观点,对于社会学法学的兴起也起了重要作用。在此基础上,德籍奥地利人埃利希号召法官自由地发现社会中"活的法"的"自由法学",德国赫克倡导的法律规范仅为立法者解决社会利益冲突而制定的准则的"利益法学",其影响尤大。法国的杜尔克姆(又译涂尔干)和德国的韦伯则是从纯粹社会学的角度出发来研究法现象的代表人物,他们对社会法学的影响也是深远的。此外,各种心理学对法学的渗透给社会学法学增添了新的因素。从总体上说,20世纪前半期实力最大的社会学法学派别,是社会连带主义法学、美国社会法学和实在主义法学(又译现实主义法学)。

社会连带主义法学。这一学派是法国狄骥根据杜尔克姆的理论创立的。狄骥认

① 〔美〕约翰·亨利·梅利曼:《大陆法系》,顾培东、禄正平译,上海知识出版社1984年版,第70页。
② 〔英〕梅因:《古代法》,沈景一译,商务印书馆1984年版,第97页。
③ 《马克思恩格斯全集》第4卷,人民出版社1958年版,第75—76页。

为,人们之间的连带关系是社会的第一要素。其中含有两种属性与两种感觉:与社会性相适应的是合作的、社会的感觉;与个人性相适应的是分工的、公平的感觉。一切社会规范都来自社会连带关系和维持连带关系。社会规范的发展历经经济规范、道德规范、法律规范三阶段。违反法律规范便会遭到社会群体(特别是国家)的强制或制裁。法制规范的任务在于协调社会连带关系的两种属性和人们的两种感觉,以维持社会的平衡。直接表达社会连带关系的法是客观法,它是实证法的立法根据。这种客观法实际上同所谓自然法没有区别。狄骥把国际法叫做社会际法,是国际社会连带关系的反映。他说,在国内社会连带关系中,个人只有义务而没有权利;在国际社会连带关系中,作为主体的国家同样地没有什么主权。狄骥倡导团体主义国家论,认为任何国家都拥有权力,国家作为最大团体拥有最大的权力这一理论,为法西斯主义组合国家学说提供了理论根据;同时,也为多元主义的政治法律学说奠定了基础。连带主义法学同社会学法学的其他流派相比,有较多的法律实证主义成分,它强调国家必须"合法","国家服从法"。

美国社会法学。实用主义法学的一个支派,以庞德为倡导者。庞德及其学派影响是很大的,它不但表现于20世纪的前半期,尤其表现于20世纪的后半期即当代。所以,对于社会法学我们将放到下一章进行着重阐述。

实在主义法学(又译现实主义法学)。这是一股含有浓厚心理学色彩的思潮。它不仅否定法律的分析实证观点,也否定法律价值判断观点的流派。它又有美国实在主义法学与斯堪的纳维亚实在主义法学的区分。美国实在主义法学属于实用主义法学的另一分支,代表人物主要是弗兰克和列维林。列维林认为,由于社会变化比法律变化更快,所以要重视对法律的修订,尤其要重视法官造法;必须区别法律中的应然因素与实然因素,避免应然因素对法官影响。简言之,就是抓住"实际的法",排斥"书本中的法"。所以,列维林是以法律规范的怀疑主义或虚无主义而闻名,而弗兰克则以法律事实的怀疑主义(虚无主义)为特征。他认为,审判程序仅仅是从法官所认定的事实这种暂时性的结论开始的;法官个人特性是形成判决的决定因素;法律原则和词语常常掩盖着因法官各自品行不一而造成的矛盾,因而不能把法律本身神圣化。斯堪的纳维亚实在主义法学(又称乌普萨拉法学派)的创始人是瑞典的哈盖尔斯特列姆。其他重要代表者还有瑞典的伦德斯德特、奥列维克罗纳、丹麦的罗斯等人。该学派强调,法律是社会事实的集合体而不是规范条文,是以暴力为后盾的权力的工具。它抨击分析主义法学的一整套的法概念,认为这些概念都是心理和情感的产物。它还批判法正义论,说法律不以正义为基础,而是由社会集团的压力或不可避免的需要产生的。

20世纪前半期的分析主义法学。它在社会学法学的猛烈攻击下艰难地生存与维持着。不过,它在19世纪那种统治地位却是一去不返了。20世纪前半期的分析主义法学主要有德国实证主义法学,特别是奥地利维也纳学派的纯粹法学。

德国实证主义法学虽然比奥斯丁的分析法学晚出半个世纪,但却是德国土生土长的东西,即在德国历史法学的"但书"或缝隙中生长出来的。它的代表人物有梅克尔、波斯特和迈尔等。作为软弱的德国资产阶级的理论,它经历了和该阶级相同的曲折道路。德国实证主义法学的基本观点是:把研究对象严格局限于实证法;在方法论上,借助形式逻辑来构成和分析实证法,排斥自然法学的价值方法,也排斥社会学法学的因果方法;法官只是根据法律制作判决的机器,即不能有自己的内心信念。这种实证主义法学又可分为两种,即除了强调对现行法实行逻辑操作的法律的实证主义以外,还有强调法学创造法的法学的实证主义。正是由于德国实证主义法学的这种对现行法的迷信,尤其是其"恶法亦法"的结论,使它在纳粹统治的年代充当了被人们指责为"帮凶"的不光彩的角色。

纯粹法学是凯尔森倡导的。它以新康德主义为理论基础,主张法学是研究实际(实然)的科学,而不问应当(必然)怎样。所以,要排除价值判断,也要尽可能地避免受其他学科的影响,而纯粹研究实在法规范。基本的法学方法是逻辑的方法,即法律概念的推理和判断的方法。纯粹法学对法律体系的研究有两个显著特点:其一,认为法律体系的建立是立法程序问题,不是内容问题,在凯尔森确定的法律体系中,从杜撰的"基本规范"到一般规范,进而到最低层次的个别规范,都是程序上的委托与含蕴关系。其二,用逻辑方法来推导低层次法律规范的合法性。就是说,只要在上一级规范中找到根据,那么这下一级的规范就是合法的。一个国家的法律体系就是如此形成的规范的阶梯式结构。纯粹法学的国家理论,是双重的国家论。它认为,在社会学和经济学上,国家是实际(实然)的存在,一种事实;在法学上,是应当(必然)的存在,是一种法律体系或法律秩序。国家是法律的人格化,是法律的发号施令的机关,因而,法律高于国家。纯粹法学的国际法论的要旨,是鼓吹否定国家主权和国际法优先国内法的"世界法律"论。

19世纪末20世纪初,西方出现了自然法的复兴运动,其中包括世俗自然法和神学自然法两个派别,以神学派占主导地位。神学派倡导的自然法又称新托马斯主义或新经院主义自然法,它的主要代表人物有瑞士的卡特赖恩、法国的惹尼和马里旦、奥地利的麦斯纳、比利时的达班、德国的罗曼等,较之17—18世纪古典自然法,20世纪上半期的复兴自然法的最主要的特征是理论倾向的混杂性。这表现在下列几方面:①神学主义与世俗主义两种倾向的交错,以神学主义倾向为主导。②相对自然法与绝对自然法两种倾向的交错,以相对自然法倾向占主导地位。古典自然法主张绝对自然法,即自然法在时间与空间的永恒不变性。但是,从19世纪末德国新康德主义法学派的领袖R.什坦姆列尔提出"内容可变的自然法"之后,便开了相对自然法的先河。自此,大多数的自然法学者,或公开声明自然法的可变性,或事实上把自然法当做可变的东西。③社会本位与个人本位两种倾向的交错,以社会本位倾向为主导。除马里旦等少数自由主义派分子外,一般都坚持社会本位。惹尼强调,必须根据当时社会的需要和社会关系来适用法律。德国的布伦纳认为,人和共同体的关系是不平等的,个人永远服从共同体。达班也说,法的"社会目的"是第一位的。麦斯纳断言,自然道德法只能在社会和民族关系的范围内得到承认。④世界主义。复兴自然法学抓住古典自然法强调自然法的空间上的绝对性的观点,导出同古典自然法相反的国家主权虚无主义的结论。他们鼓吹"世界国家""世界政府""世界法律",以便与帝国主义的扩张主义相呼应。从 20 世纪六七十年代起,世俗自然法逐步上升为主导地位,其最大的代表人物有美国的富勒、罗尔斯、德沃金三大家。

社会哲理法学,是 19 世纪康德、黑格尔的哲理法学的变态。它包括两个学派,即新康德主义法学和新黑格尔主义法学两个相互不同的派别。

新康德主义法学,由德国的什坦姆列尔首倡,重要的成员还有拉德布鲁赫、意大利的韦基奥等人。凯尔森则属于该学派中较为极端的派别。新康德主义法学的理论基础是康德哲学中不可知论和二元论导出的相对主义,夸张法存在与法意识、法学与法的评价截然对立。什坦姆列尔认为,社会中的法律现象完全不表达任何必然的东西,法律的基本意义是按照人们普遍意愿规定应当实现的东西。法律和经济之间是形态和实体的关系,形态不依赖实体,而实体则依赖形态来规定自己的属性。法律有应然的合理性,但主权是形式的合理性,而不是内容的合理性,因为,内容的合理性是以社会状况的多变及每人的不同价值观念为转移的。什坦姆列尔坚持康德的自由主义传统,说社会法律理想就是"自由意愿的人们相互结合起来的团体";它必须有尊重原则与参与原则。什坦姆列尔提出的"日新月异的自然法"或"内容可变的自然法",对于自然法的复兴运动起了巨大的推动作用。拉德布鲁赫批判了康德和什坦姆列尔对法律本质的虚无主义立场,而发挥了什坦姆列尔关于社会法律理想的观点。他认为,这种理想所体现的社会客观价值就是法律的本质。不过,社会客观价值不是认识,而是其时其地的普遍信仰。其结果是他的基本看法仍然没有离开康德主义的范围。

新黑格尔主义法学,其代表者有德国的柯勒、拉伦兹,以及由新康德主义法学派转变过来的德国宾德和意大利韦克奥等人。他们的基本共同观点在于进一步发展黑格尔关于法理念的学说。宾德认为,法律理念观念不仅是法律(实证法)的指导原则,而且是一切可能的经验法律的宪法前提。立法者的主观精神完全受到客观精神的制约,所以他们在创造法律时,不能对客观精神附加什么东西,而是简单地遵循客观精神的进程。如果法律都接受客观精神的作用,那么法律本身必须是善的或正义的。拉伦兹也认为法律原则来自法理念,法律原则以共同的法律意识为载体,并被人们融入法律秩序之中。此外,新黑格尔主义关于文明与法律关系的观点也很值得注意。柯勒明确地指出,法律是人类历史文明不断提高过程中的一种现象,法律文化是随着时代发展而变化的。法律的目的和作用在于克服和消除阻碍文明成长的因素,维护、促进和传播文明,调节文明发展中的偶然性和不合逻辑的因素,满足文明发展的各种需要,为各种进步的事物提供一个必要的制度结构。在民族共同体中,法律理念导致政治机构的法律化和法律制裁的实施。从 20 世纪二三十年代开始,新黑格尔主义法学便向法西斯主义和纳粹主义日益靠拢。它宣扬的重点转为发挥黑格尔的国家主义、民族主义的政治法律思想,并以此种理论为法西斯政权效劳,从而,也使其声誉扫地。

第八章　当代西方法律思想

第一节　当代西方法律思想的主要特点

当代(二战以后)法律思想是 20 世纪前半期法律思想的延续,又是垄断资本主义时代的意识形态现象。因此,这两个阶段的法律思想不可能有根本性质上的区别。但从二者的外在特点仍可找出重要的差异。如果说 20 世纪前半期是不同法律思潮,尤其是三大法学主流派(复兴自然法学、分析实证主义法学、社会学法学)相互分歧与对立的时期,那么,二战以后不同法律思潮之间的相互融合则成为一大明显的倾向。虽然当代的法学流派的数量不断增加,但这不仅不排除各学派间彼此接近,而恰恰表现着这种接近。特别值得注意的是,这一切都围绕着三大法学主流派的合流工程进行的。相反的小股思潮当然也有,但那是微不足道的。

三大法学主流派之间的相互渗透,是它们趋向合流的更为典型的形式。所谓相互渗透,不是一般地指某些具体观点的影响,而是着眼于大的方面,即三大主流派原有的特征和界限,由于一方自觉或不自觉地沾染上另一方的色彩而变得模糊,因此,我们可以从两个方面、两个角度上来考察这情况。

一、自然法学的实证主义化

分析实证主义法学和社会学法学都属于实证主义法学的范围。实证主义强调以研究实证事实为依据,分析主义法学把这种实证事实集中为实在法律规范,所以是法律的实证主义法学;社会学法学把这种事实放大为社会事实因素,所以是社会的实证主义法学。而纯粹意义上的自然法学,则把自己局限在抽象的道德原则和价值判断的圈子内——它本来就是同实证主义背道而驰的。但是,复兴自然法学却不那样纯粹了,它常常显现出一种被改造的实证主义倾向。

如同前面已提到过的那样,复兴自然法学区别于古典自然法学的重要特征在于它主张相对自然法。这一思想渊源于同实证主义有着亲近关系的新康德主义法学创始人什坦姆列尔的"内容可变的自然法"。发生此种转变的原因在于,这个学派越来越认识到,"挥舞抽象的、狂热的正义论不但不能改善事态,相反地,愈要不限于恶化的窘境,就愈要充分考虑到人类的事实上的状态"①。

复兴自然法学的实证主义倾向有时是社会的实证主义,这在其先驱者惹尼的法律解释论里可以看到。他主张必须根据立法者立法时的意图以及当时存在的社会关系和社会需要来解释成文法律。他强调法律的严格顺序,即:立法—习惯—权威和传统—自由的科学研究。此外,从麦斯纳的自然道德法通过个别道德而具体化,并且随着个别道德的成熟而发展的思想中多少也看出其社会实证主义倾向。不过,复兴自然法学更多的时候是倾向于法律的实证主义的。布伦纳反对自然法高于实证法这种自然法学的传统观点。他说:"国家的法规具有法律效力和约束力的垄断权力,在国家的法律没有破坏的情况下,自然法就不能要求法律力量。"②宗教改革家们的基督教的自然法,仅仅是"应该在实证法律中得到实现的一种思想"③,达班则竭力要把奥斯丁的分析法学和托马斯·阿奎那的神学自然法学拉到一块儿去。

当代西方法学发展过程中出现的一个极为重要现象,是20世纪50年代末至70年代初美国自然法学家富勒及其追随者R.D.德沃金同英国新分析法学大师哈特之间展开的、把一批批法学家卷进去的大论战。论战中存在着饶有趣味的情况,即每一方在高声指责和驳斥论敌的同时,暗中又偷用论敌的观点,或者连连作出让步。正是这场论战大大推动了新自然法学(复兴自然法学)和新分析法学的成熟,也是三大法学主流派较大规模合流的开端。富勒的自然法学说偏重于研究其所说的作为法律内在道德的程序自然法(与之相应的是作为法律外在道德的实体自然法),它包括如下八个法制原则:①法律的普遍性。②法律的公布。③法律是适用于将来,而非溯及既往。④法律的明确性。⑤避免法律中的矛盾。⑥法律不应要求不可能实现的事情。⑦法律的稳定性。⑧法律和官方行为的一致性。显而易见,富勒已经大大地跨入法律实证主义"世袭"的研究领域了。

二、分析主义法学和社会学法学对自然法学的让步

在这方面,哈特倡导的新分析法学是一个突出的例子。西方学者们认为,哈特在法律实证主义和自然法学争论的中心问题即法和道德关系问题上走了一条"中间路线"。他的《法律的概念》一书,标志着二战以后法律实证主义者"退却的第一个重要的步骤"④。首先,哈特修改了"法律实证主义"的概念,说"我们讲的法律实证主义的意思,是指这样一个简明的观点:法律反映或符合一定道德的要求,尽管事实上往往如

---

① 转引自吕世伦、谷春德编:《西方法律思想史(增订本)》(下),辽宁人民出版社1987年版,第290页。
② 同上。
③ 同上。
④ N.B.雷诺兹:"自然法在英美法哲学中的复兴",1979年国际法哲学和社会哲学大会论文之一。

此,然而不是一个必然的真理"①。这就将法律同自然法挂了钩。其次,更重要的是,哈特提出"最低限度内容的自然法"的理论。他解释说,这种自然法是人类为了生存而自然形成的用以补救人性缺陷的行为规则,是一个社会的法律和道德的共同因素。比如,人有怯弱性,既会偶然地攻击他人,又容易遭到他人的攻击,因而自然法要求人们自我克制,并且要求保护人们的生命安全;人格大体上是平等的,任何人都不可能长期地或无限地统治别人,因而自然法迫使人们达成协议,相互妥协;人具有侵略性,同时也有有限的利他主义,因而需要在自然法的指导下抑制前者,弘扬后者;人的衣食资源是有限的,因而要有自然法作为某种形式的财产为保障;人的意志力和智力也是有限的,因而只有靠自然法的启迪才能使人理解到要互相尊重,履行诺言,彼此合作,以及牺牲或节制眼前的利益,等等。

社会学法学不像分析主义法学那样把自然法学作为自己的直接对立面,然而这并不意味着它们之间就不把对方当做批判的对象了。社会法学的一个分支斯堪的纳维亚实在主义法学和美国实在主义法学所宣扬的"价值怀疑主义"及其对"正义"方法的不懈斗争,把对自然法学的批判推向高潮。但是,正统的社会学法学(尤其庞德的美国社会法学)则采取较为明智的做法,以博采众家之长,给自然法学留下一席之地。这种传统承认探讨法律制度的伦理基础和哲学基础的哲理方法,也是法学研究的科学方法,其法律概念并不一概排除法律理想成分。此外,这种传统还把道德看做是实行社会控制的主要手段之一;即使在法律成为社会控制的首要手段的情况下,道德依然是一种必要的辅助手段。当初,在庞德的包括了立法机关和法院在制定或解释法律时所必须考虑的全部公共政策的社会利益的分类中,一般道德的利益也是一个方面。持有这种传统观点的法学家并不回避法律的正义、价值之类的问题,只是站在社会学法学的立场上对这些问题作出新的解释。例如,庞德认为,正义意味着对关系的调整和对行为的安排,以最小限度的阻碍和浪费来尽可能地满足各种相互冲突的利益。这是"对文明有利的。因而也是具有一种哲学的价值"②。社会学法学的另一分支社会连带主义法学,其传统也是如此。这个学派是以孔德理论的后继者的姿态出现的。孔德理论包括实证主义和社会学两大因素,前者主要为分析主义法学所发挥,后者主要为一般的社会学法学所发挥;唯有社会连带主义法学才较为完整全面地把孔德理论体系运用到法学领域中。不仅如此,它甚至还有些自然法学的东西。狄骥所建立的以社会连带关系为基础,按照黑格尔的"正、反、合"格式展开的规范体系,正是这样一种复合体。这个体系包括经济规范、道德规范和法律规范,它们的共同原则是绝不从事有损于同求或分工的社会连带关系,尽其可能地促进这两种形式的关系。经济规范调整经济关系,道德规范调整思想关系,法律规范作为二者的统一居于最高等级,它实现了向"客

---

① 〔英〕哈特:《法律的概念》,张文显等译,中国大百科全书出版社1996年版,第182页。
② 〔美〕庞德:《通过法律的社会控制、法律的任务》,沈宗灵、董世忠译,商务印书馆1984年版,第122页。

观法"的复归。狄骥称,他对道德规范的理解是实证的,所以不同于康德或自然法学;因为它们都超出了实证科学研究的范围,把道德规范理解为一种先验的原则或评价事物好坏善恶的标准。看来,狄骥很希望划清他同自然法学的界限,但有时却身不由己地滑向那一边去。他所说的带有先验性质的"社会连带关系"和高于实在法的"客观法",都表明某些西方学者将他归于披着社会学外衣的自然法学派是不无道理的。上述就是三大法学主流派之间由于相互渗透而发生的两个最重要的后果。至于分析法学和社会学法学的相互影响,并不占有特别的重要地位。因为,它们作为实证主义法学的两个侧面本来就比较接近,只不过是在当代,这种接近进一步地被强化而已。总之,我们可以借用《国际社会科学百科全书》中的一句话来概括合流中的三大法学主流派的关系,即它们正"处于相当高级的辩证对立的状态"①。必须强调的是,三大法学主流派的融合或合流倾向在二战后涌现出来的新学派的表现有两种情况:其一,全面地吸取三大法学主流派的固有特点,而加工成为一个新理论体系的学派。这主要有"综合法学"(或称为整体法学、统一法学等)和丹麦乔根森倡导的"多元论法学",以及比利时佩雷尔曼提出的"新修辞学法学"或"多元价值判断逻辑法学"。其二,部分地吸收三大法学主流派中一两个学派的理论为基础,与其本身的创新相结合而形成的新理论体系。当代的大部分新学派属于这种情况。对上述两个学派我们在第二节中均会有所介绍。

第二节　当代西方法学流派

20 世纪前半和后半两个时期,即习惯上称为现代和当代,它们作为统一的垄断资本主义的两个发展阶段,是相互紧密联系的。从法律思想上来说尤其如此。我们看到,西方有一大批举足轻重的法律思想家是活跃于这两个阶段的交接领域的。为了避免重复,我们在上章中讲得较多的学派或代表人物在此不再介绍了,反之上章没讲或讲得极简单的要着重多说一些。但不管怎样设置,都是要突出当代法学流派所具有的特色与新颖性。

一、当代的三大法学主流派

(一)复兴自然法学

如同前面已经说到的那样,二战结束至 60 年代,在复兴自然法学中以神学派为主导。但是,从六七十年代起,世俗派的力量开始勃起并迅速壮大。

---

① 转引自上海社会科学院法学研究所编译:《法学流派与法学家》,知识出版社 1981 年版,第 21 页。

1. 神学派的学说

神学派自然法学说包括：①天主教派学说即新托马斯主义自然法学说，其中又有倾向保守主义与倾向自由主义两部分的差别。②基督教派的学说即路德—喀尔文派的自然法学。法国马里旦是新托马斯主义派的自由主义自然法学家，也是当代自然法学的首席代表者。其《人和国家》(1952)一书定下了当代西方自然法学的基调。虽然，马里旦重复着托马斯·阿奎那的自然法定义，说它是人类对于上帝永恒法的参与，但他不赞成认为自然法有实证法效力的传统观点。马里旦提出自然法包含本体论要素和认识论要素的主张是一种创新。特别值得注意的是，马里旦从自然法学说出发，把西方的人权理论推向一个新阶段。他对人权进行了几种区分：自然法人权和实在法人权；绝对不能让与的人格权和基本不能让与的人格权；权利的享有和权利的行使；旧权利或原有权利和新权利或后来取得的权利；人格权、公民权和劳动者的权利。在这种人权分类论里，可以看出许多辩证法的成分。马里旦的国家学说，被称为国家工具论。其核心是强调国家是"人的工具"，"国家为人服务"。在国际法方面，马里旦反对国家主权学说，宣扬国际法高于国内法（实在法）以及"世界政府"。比利时的达班属于新托马斯主义派的保守主义自然法学家，著有《实在法制度哲学》《国家总论》《法学总论》等书。其保守性集中表现在他认为自然法具有实证法律效力，而实证法不过是"自然法的最低限度"。他宣布一切违反正义的法律都是无效的恶法。达班认为，自然法无非就是上帝的正义法则。正义有三种：其一，交换正义，表现为平等的财产交换关系。其二，分配正义，表现为经济、政治、荣誉分配的不平等关系。其三，政治（法律）正义，表现为个人对群体、尤其对国家所应尽的义务，它是三种正义中最优先的。瑞士的布伦纳为"基督教的自然法"理论家。他的不同于天主教派理论的特点是具有更浓厚的世俗色彩。布伦纳声言，其理论是用自然法来论证和维护实证法，而反对要求自然法具有实证法律效力的传统观点。他明确指出，自然法不过是为实证法提供一种正义原则而已。但这一点并不妨碍他承认人民对专制恶法的反抗权。布伦纳的正义论包含着：一是共同正义（平均正义），要求人的尊严的平等性。二是分配正义，表现人与人之间在官能上和性情上的不平等性。他认为，共同体或共同关系应有优越于个人的地位。

2. 世俗派的学说

20世纪70年代起，主要是从马里旦逝世后，在美国以富勒为首领的世俗派的自然法学就得到迅猛发展。这一新情况表明：第一，复兴自然法学中的世俗派已开始取得相对的优势；第二，复兴自然法的中心地已由西欧转移到了美国。富勒的代表作是《法律的道德性》一书。他把法律定义为"把人类置于规范统治之下的事业"。他坚持法律与道德之间的不可分割的联系。富勒继承亚当·斯密的观点，认为道德有愿望的和义务的两种。愿望的道德，是应当努力实现的、有关善行的道德，实行这种道德的人会受到赞扬。义务的道德是必须遵行的道德，人们不会由于遵守这种道德而受到赞扬，但不遵守则会受到谴责。在一根标尺上,愿望道德从上向下,要求最高成效;义务道德从下向上,要求最低限度义务。此外,富勒还有程序自然法(法律的内在道德)与实体自然法(法律的外在道德)的划分。这是借助法律形式表现出来的两种情况。程序自然法(法律的外在道德),讲的是立法、法解释和适用中的原则,即前节叙及的八项法制原则。如果彻底丧失任何一项原则,法律便将失去道德基础而不再是法律了。实体的自然法(法律的外在道德),讲的就是古典自然法学派那种法律理想或法律目标。J. 罗尔斯是美国当代世俗自然法论的另一位学者。其《正义论》颇负盛名。罗尔斯宣布"正义是社会制度的首要价值"。为了论证正义,他提出人类"原初状态"中"无知之幕"的假说。这就是假定人们知道社会结构的一般事实和人类心理的一般法则,但不知道本人的社会地位、阶级属性及天赋的情况等足以产生个人偏向的一切因素。在此情况下,共同一致的想法就会确定下来。例如,由于每个人都会想到,如果自己有一天落入不幸的境地,也应当能较好地生活下去。这样,大家便会赞成"最大最小值原则"。即,给社会上最不幸者以尽可能多的照顾。其次,罗尔斯认为,正义有两个主要原则:第一,无差别原则,其重点是自由;第二,差别原则,其重点是平等。自由优先平等。因为,平等是自由的保障。可见,罗尔斯遵循的是传统自然法学的平等的自由主义模式。最后,罗尔斯说,正义原则的实现要经历着"原初状态"中对正义原则的选择、立宪、立法、执法与守法四个阶段。德沃金是美国最年轻的世俗自然法的知名学者。1977 年所写的《认真看待权利》是他的代表作。他倡导权利法学和"整体法学"。德沃金认为,现代的法律制度,除了规则以外,还包括原则、政策及其他准则。规则与原则的区别在于:规则在适用时,要么有效,要么无效;对于法官而言,仅限于是或者不是。原则则是具有"分量"的特性。当几个原则发生冲突时,法官要掂量每个原则的分量,以便确定适用其中一个原则。德沃金也讲到原则与政策的区别,他认为原则的论点目的在于建立个人权利的观点;政策的论点目的在于建立一种集体目标的观点。原则只是表述权利的命题;政策是表述社会目标的命题。因此,原则是分配性的,政策是综合性的。从上面的叙述中可以明显看出,德沃金的权利学说,是以个人权利为中心的自由主义体系。他认为,最根本的就是每个人受到社会和国家的"关怀和尊重的平等权利"。从个人权利观点出发,德沃金提出,个人出于道德的考虑而给政府施加压力的违法,属于"善良违法",这是公民的"温和抵抗"。他断言,一个承认个人权利的政府,并不需要公民永远顺从它;凡是镇压温和抵抗运动的政府,都会招致信誉的损害。

（二）新分析法学

哈特是继凯尔森之后当代最有影响的分析实证主义法学的代表者。他把自己的理论称为"新分析法学"。哈特的法学著作极为丰富,如《权利和义务的归属》《法理学的定义和思想》《自然权利是什么》《20 世纪中的分析法理学——对博登海默的回答》《法和道德的实证主义分析》《法的概念》《法、自由和道德》《法哲学上的刑罚和责任》《功利和权利的关系》等。新分析法学是经过同新自然法学的几次大论战后自 20 世纪

60年代开始形成的,迄止目前,它几乎是独占分析主义法学论坛的学派,也是在英国居于绝对优势的学派。

1. 法理学的研究对象

哈特继承奥斯丁和凯尔森关于"应当是这样的法"与"实际是这样的法"的区分。同时,他也承认法律和道德之间的联系。但是,他强调法律的效力不取决于道德规则,法律反映道德的要求也不是必然的;同样,道德的效力也不取决于法律。法哲学的研究对象是"实际上是这样的法"。就是说,要把人们的视线从法律规则是否合乎正义或是否正确,引向只注意实际发生效力的法律规则本身。

2. 法的概念

哈特对当年奥斯丁的法定义持有不同的见解。奥斯丁说,法是主权者的命令,如不服从这种命令就加以制裁。哈特认为,奥斯丁的"命令"说有四大缺点:①它意味着法律仅对下面的人有约束力,而对主权者或在上面的发令者没有约束力。这显然是同法律的普遍性特征不相符。②它实际上只讲义务和责任,而没讲权力和授权的内容。③它否认了法的渊源的多样性。因为,除了命令之外,法律、决议、条例等等都是法的渊源。更何况在命令中只有那些含普遍意义的才是法的一种形式。④它没能真正指明法是由谁制定的。所谓主权者,在不同国家其涵义并不相同。哈特认为,法就是直接或间接地为了决定什么行为将受到公共权力惩罚或为什么惩罚而使用的一种特别规则。这个法定义的核心是规则,即"规则"说。法律规则同道德规则、风俗习惯、礼仪规则、游戏规则等一般规则既有联系又有区别。就是说,法律规则同道德规则有相似的地方,它们都有责任和义务的设定以及约束力,指导人们的行动;但法律规则又有自身固有的属性与特点。有效的法律规则是法的无尽宝藏,它把所有案件都清清楚楚地包括进去了。

3. 主要规则和次要规则

哈特宣称,法律就是主要规则或第一级规则和次要规则或第二级规则的结合。主要规则,是对社会成员规定义务和责任的规则。次要规则,是那些规定主要规则如何及由谁制定、承认、修改或者废除的规则,亦可称"授予权力的规则"。次要规则包括三种:其一,承认规则。它以相关的宪法规则为最高规则。承认规则要确定某一规则有无法律效力,以确定义务规则的存在与否,这样就能消除主要规则的不确定性。其二,改变规则。也就是授予一定的主体施行新的主要规则,以取代旧的主要规则的权利。这里包括授予国家机关以"公权"和授予私人以"私权"两种。改变规则可避免主要规则的静止性。其三,审判规则。这是指授权一定的国家机关或私人,就某种行为违反法律规则与否作出决定,并确定是否给予惩罚以及给予什么惩罚。也就是,规定谁有权进行审判以及通过什么程序进行审判的规则。审判规则能够克服来自社会的关于处理案件压力的低效性。哈特所说的主要规则(第一级规则)和次要规则(第二级规则)并不是根据重要的程度划分的,而是根据调整社会行为直接或间接的情况划分的。

只有把主要规则和次要规则紧密结合起来,才能造成一个无可争议的法律制度。

4. 对法律规则的内在观点和外在观点

哈特指出,人们对法律规则的不同看法和不同态度,可以概括为两大类,即持有内在观点与持有外在观点的区分。对法律规则的内在观点,指站在规则的同一立场上,接受规则的约束,用规则指导自己的行为。其表达方式是"我有义务"或者"你有义务"这样做。与此不同的,法律的外在观点,指站在旁观者或第三者的立场上来对待规则,他在审视和思考这些规则怎样施行,对遵守或违反它们会怎样,以及那些持内在观点的人如何了解和对待规则。其表达方式是"我不得不这么做""这个规则是如何如何的"。哈特指出,持有法律规则的内在观点和外在观点的两部分人,往往是处于对立状态的。这就表明,在法治社会中,有些人是自动遵守法律规则的,有些人则是通过强制甚至武力才服从法律规则的。不过,哈特说:"这两部分人之间的平衡将取决于许多不同的因素。如果这一制度是公正的,并真正关注所有它所要求服从的人的巨大利益的话,它就可以取得和保持大部分人长期对它的忠诚,从而也将是稳定的。相反,这一制度可能是一个狭隘的、排他的,为了谋求统治集团利益的制度,它可能日益成为压制性的、动摇的、具有产生动乱的潜在威胁。"①

5. "最低限度内容的自然法"

如同前面已经提及的,作为当代分析实证主义法学代表者的哈特已开始接受自然法的影响。特别在他同自然法学的几次论战之后,这种影响反而逐渐加强。其重要表现就是,哈特承认"最低限度内容的自然法"。在哈特看来,在维系社会生存的诸多共同规则中,首先有来自人性的公理。它们是:①人的脆弱性。即,人是容易相互攻击对方躯体的,因此都要求对自己的生命和健康加以保证。②人大体是平等的。要保持此种平等关系,就必须彼此进行妥协,而不能为所欲为。③人具有有限的利他主义。每人出于存活的需要,必然会对他人表现出一定的互助性。为了弘扬利他主义,限制利己主义,就得进行统一的社会控制。④物质资源的有限性。这就要确定一种最少限度的财产所有制度,保证每人均得以存活。⑤人的理解力和意志力的局限。这就会造成人们在遵守社会共同准则方面的分歧。有人表现出足够的理智和意志力来维持这种准则,但有人则缺乏这种素质,破坏这种准则。所以,"理性所要求的是在一个强制制度中的合作"。这五项基于人性的公理,既然是自然的存在,那就不取决于每个人的意志,也是立法者所无能为力的。在哈特看来,这就是每个人也是整个社会的生存所依赖的"最低限度的自然法"。它同法律是相互补充、相互依存的。

(三)庞德的美国社会法学

罗斯克艾·庞德是霍姆斯实用主义法哲学的最早追随者,并通过独立的研究和同其他学派的斗争创立了美国社会法学。在他将近70年的法律实践和法学生涯中撰有

① H. L. A. Hart, *The Concept of Law* (Oxford,1961), p. 97.

浩如烟海的著作。可以说,迄今为止,在西方法学领域中尚找不出第二个人物有他那么巨大的影响。庞德对西方社会学法学的突出贡献可归纳为如下几点。

1. 批判"机械主义法学",强调法律的社会目的和效果

所谓机械主义法学,是庞德对19世纪传统的法律实证主义的讥称,如同耶林的"概念法学"的讥称一样。庞德剖析机械主义法学,指出其最大弊病在于盲目地信仰无所不包的、固定不变的法律规则,并把法学和司法实践视为简单地根据法条进行概念的逻辑分析的工作。他说:"长期最有逻辑性、最需要熟练的推理原则,不能真正达到法律的目的。"庞德主张,法哲学的基本组成要素,是对法律背后潜在的、法律所要达到的社会目的的意识和反应。为此,就要积极地研究法哲学的实际社会效果,公平正义地适用法律。但是,社会处于不断变化过程之中,要不断地对随时变化了的社会提出的新问题进行回答和解决。

2. 反对法哲学在理论上的闭关自守,提倡法学流派"大联合"并汲取其他社会科学的成就

虽然,庞德是社会法学之集大成者,猛烈抨击其他法学流派的弊端,但并非绝对排斥其他流派(尤其自然法学和分析主义法学)的某些被认为是合理的成分。这一点,早在庞德同美国实在主义法学派的骨干成员宾汉教授的论战中就可以明显地看出来。宾汉同庞德都是霍姆斯大法官实用主义法学的信徒,但宾汉对自然法学和分析实证主义法学的批判走向了绝对化,否定法的价值判断和法律规范的意义。而庞德则附和当时美国进步主义的潮流,反对宾汉的绝对化。这场论战集中于以下诸问题。

第一,宾汉针对自然法的观点指出,所有坚持认为存在着一种外部的超然力量,并认为这种超然力量制定着或为我们建立起一个绝对的、毋庸置疑的公平正义的道德标准的人,同时也就是赞成实际上存在有一个不可割裂的道德法则和基本原理,并且这些法则和原理是可以被发现的人。而他本人认为,除非根据人们追求的目的和由此产生的思想变化的过程,否则就不能鉴别正确与错误。这也是宾汉长期坚持的观点。相反,庞德承认存在一种为众人认可和追求的"价值的固定标准和严格一致性"的东西。他断言:"普遍盛行的道德观念实际上经常在审判活动中频繁引用,只是人们很少意识到这一点。"他认为,不论在什么情况下,都"不能忽视法律中的理想成分"。这种理想和价值标准是法律中的"连续性"的因素。庞德进而又说,法律作为社会存在的基础,正是道德价值标准的荟萃之地。法官为了恰到好处地履行他的社会职责,就要在自己的裁判中体现社会道德价值标准;其裁判跟社会道德价值标准之间出入越小,就越具有权威性。在庞德看来,社会经常处于变化之中,但一定的行为模式和诚实、勤恳、自我克制等道德要求都是经久不变的。简言之,庞德认为:"我们可以有一种内容正在起着变化或形成着的自然法。"

第二,宾汉针对分析主义法学的观点指出:法律规范和原理仅仅是思想过程,把它们宣布为"最基本的和确信无疑的东西,……那就是把认识的形式或认识的表达方式

当成了认识的实际内容"。他认为,法律不是这些规范机械的组合,而是外部现象的集中反映。所以,法官不能拘泥于法律规范和法律原则,不必寻求这种机械的支持;法律家所应关注的是通过科学的调查方法,研究政府机关及其具体作用和影响,还有它与这些作用效果之间的因果联系,从而得出自己的原则和裁判案件的根据。那么庞德呢? 他大体上赞同宾汉的论据,但不完全赞成宾汉的结论。庞德认为,19 世纪机械主义思维方式确实脱离实际,但"尽管如此,它们(法律规范和原则)仍然提出了为达到某种目的的司法判决形成的模式,并且在某些方面,实现公平正义还要遵从它们"。就是说,庞德对法律机械主义的批判同当时的进步主义者一样是有限度的。具体表现在,他在突出强调法的灵活变通性和特殊性的同时,也承认法的内容上的"连续性"。他主张要善于区分哪些法律规范和原则需要引用,哪些不需要引用。除上述外,庞德历来反对把法看作是绝对独立的学科。他强调,法哲学必须建立在广泛的社会科学成果的基础上,注意吸收经济学、社会学、一般哲学的知识,使自己变成一个开放性的学科。否则,它就很难从法律实证主义中解放出来。

3. 法律的社会控制

庞德把文明当做社会的标志,而文明的展现则要有一个过程。他说:"文明是人类力量不断地更加完善的发展,是人类对外在的或物质自然界和对人类目前能加以控制的内在的或人类本性的最大限度的控制。"[1]人类只有通过自我控制,才能实现对自然界的控制。人类之所以需要加以控制,是由人的本性决定的。就是说,人生来就有一种"扩张性",而"扩张性的或自我主张的本能使他只顾自己的欲望与要求,不惜牺牲别人来设法满足这些欲望与要求,并克服一切对这些欲望与要求的阻力"[2]。因此,必须要有对它的以强力为后盾的控制。但是,运用这种强力的人们也是人,所以对他们也需要加以控制,程序法主要就是控制这些人的。那么,社会控制的主要手段是什么呢? 庞德用历史观点指出,有道德、宗教和法律三种。它们分别与三种类型的社会相适应:①与民族组织或早期国家组织(如希腊国家)相适应的是道德的手段。当道德形成体系时,它就具有法律的性质即道德法。②与宗教组织相适应的是宗教的手段。一旦宗教构成系统的组织并得到国家强有力支持的时候(如中世纪的欧洲)就出现宗教法。③在近代,与系统的政治组织相适应的是法律的手段。法律是道德和宗教手段的发展,它本身也包括道德(价值判断)和宗教(信仰性)的成分。在当今的社会,法律把社会控制的全部活动都纳入自己领域之内了。最后,庞德一再强调,通过法律的社会控制的目的,在于实现所谓"在最少的阻碍和浪费的情况下给予整个利益方案以最大的效果"。

4. 法律的社会系统工程

美国法律史学者怀特指出:"庞德把他的法律社会工程视为整个社会控制系统的

---

① 〔美〕罗·庞德:《通过法律的社会控制、法律的任务》,沈宗灵、董世忠译,商务印书馆 1984 年版,第 9 页。

② 同上书,第 81 页。

一部分。"法律社会控制是法律的基本功能,而法律系统工程则是实现法律社会控制功能的活动。庞德的法律系统工程论是针对法律实证主义提出的。他说,强调法律的社会系统工程的性质就在于指出它是通过一定社会组织来实现人的活动,而不是一堆死的知识或者工作规程(规则)。在法律系统工程的施行中担任主要角色的是司法和行政机关,法官在其中尤为重要。由于这个原因,庞德一再详细地论述其"司法判决形成"的概念。他说,开明的司法判决的形成过程可划分为三个阶段:①从社会相互依赖的观点出发,注意到人们非常关心个人行为的社会责任。这是法官追究犯法者的根据。②从司法裁判与社会整体不可分离的观点出发,不能就法论法,而必须把法律以外的有关现象集中到审判过程中来。这是法官确定犯法行为社会危害性所需要的。③社会系统工程阶段。法官在这一阶段的任务是:"根据文明开化社会的某个时间和某个特定环境概念化(归纳出来)的一般要求,将个别的要求加以分类(区别对待)。"就是说,法官作为法律社会系统工程的工程师,他最终所要干的事情是:在熟练地把握当前社会中通行的社会价值标准的基础上,把所审理的个别案件理解为与文明开化的社会生活相冲突还是相一致,从而最终作出裁判。

二、综合性的法学流派

(一)综合法学

1.哈尔的综合理论

1947年,哈尔发表了《综合法学》一书,开宗明义地抨击法学研究中"完全忠于一派的错误",反对将法律的形式因素、事实因素、价值因素彼此隔离开来的偏向。他认为,自然法的价值观念应该体现在实证法的形式中,而最终又要见诸"被统治者同意"这样的社会事实。所以,法律是"形式、价值和事实的特殊结合"。这里提出的法律概念中的三个因素,恰恰就是分析主义法学、自然法学、社会法学所分别侧重研究的问题。哈尔认定,三大法学主流派所包含的有意义的成分是相互联系、相互依赖的。我们今日需要的法学,就是把这些成分"综合"到一起的理论。

2.拉斯维尔和麦克道格尔的"法律政策学"

按照这两位合作研究"法律政策学"的美国政治学家和法学家的解释,法律是国家共同体的权力价值的一种形式,目的在于促进人们对民主价值的共享。具体说,共同体的政策或决策是法律规范制定与适用的指导性的灵魂。他们指出,法律是"在一个共同体中权力决策的总和"。又说:"法规在具体案件中的每一种运用,事实上都要求进行政策选择。"但是,不论法律还是政策,又应当同最大范围和最大程度上的民主价值的分配,以及保护"人的尊严"的这种"倾向未来的目标思想"相结合,应当作为这种"目标思想"的反映而存在。不难看出,在这两位学者的"法律政策学"有关法律的概念中,兼有分析实证主义法学(强调法律是权力机构的命令和规则体)、社会学法学(强调法律是社会利益与社会秩序)、自然法学(强调法律是价值理想)三者的各种特征。所以,"法律政策学"也是综合法学的一个组成部分。

3.斯通的"三部曲"

澳大利亚的斯通撰写的名著《法律的范围和功能》,其主题在于指出,要理解"根据法律的正义"意味着什么,"就必须知道:第一,法律的结构及其作用;第二,正义是什么;第三,为适合正义而利用社会中的法律的适应性。"随后,斯通又针对这三个问题写了三本书。这些著作的观点表明,三大法学主流派对法律研究都很重要;只有将它们结合一起才能够构成完整的法学。在斯通竭力阐释的法律概念中,主要内容不外乎有三个方面:一是法律现象包括对人们行为的强制性的规范体系;二是法律规范要与社会中的规范即"活的法律"相适合,而且它本身亦属社会规范,调整社会成员之间的行为关系;三是这些规范要体现正义,并且离不开价值观念力量的维护。

4.博登海默等人的论述

博登海默是著有闻名的《法理学——法哲学及其方法》的美国法学家。该书形象地指出,法律作为一种体系,就好像一座有许多厅堂、房间和角落的大厦,结构复杂,所以,不能以局部观点来观察它。他呼吁:"随着我们知识的不断增进,我们必须努力去构成一种综合法学。这种综合法学利用了过去的全部贡献。"他反对用任何一种因素来解释法律现象,而主张把三大法学主流派的基本观点编织到一张法律之网里面去。在博登海默之后,帕顿、费希纳等人也提出相近的观点。到目前为止,西方法学界中有越来越多的人加入"综合法学""大合唱"的队伍。综合法学思潮正在一步步地向前推进。

(二)多元论法学

在二战后的北欧,斯堪的纳维亚实在主义法学一统天下的局面仍保持了很长一段时间。变化是近年开始的,其中最明显的是多元论法学的生成。该学派的创始人是丹麦的斯蒂格·乔根森。他著有《多元论法学》和《理性与现实》等书,均于20世纪80年代出版。

1.多元的法学方法论

乔根森认为,传统的一元法学方法论既不能适应当今社会发展的需要,又不能完整地认识法现象。这是由于:①今日的社会是一个多元的复杂的社会,由此决定了法的多元性。②法本身具有多方面的功能。所以,他说:"法和现实中的其他现象一样,是不能仅用一种方法加以定义的。"①乔根森形象地说,以往各法学学派就如寓言中的盲人摸象一样,接触到的只是法的一个侧面。所以,他们的共同错误恰恰在于,把法的一个因素当做法的整体。多元论法学正是意图克服传统法学理论的这种片面性,而是

---

① 〔丹麦〕乔根森:《理性与现实》,奥胡斯大学出版社1986年英文版,第96页。

全方位的、准确地反映法的全貌。方法之一,将以往各种法学学说,特别是三大主流派的学说予以"兼容"。实际上,乔根森的理论中不仅含有社会学法学和分析实证主义法学的基本观点,也含有自然法的观点。为了同斯堪的纳维亚实在主义法学划清界限,乔根森强调,自然法理论长期以来所形成的概念已深深植根于人类的良知之中,只有承认自然法,才能解释为什么民主政治优于专制政治,才能解释公民必须有参政的权利,等等。道德和法律关系,也应取"兼容"态度。道德虽非评判法律是否有效的根本标准,但二者联系紧密。道德的某些基本原则势必为法所尊重和认可。事实上,在法中总是存在着道德的基本要求。方法之二,在法学研究中要"兼容"其他社会科学的方法。法的复杂性决定了单纯依靠法学自身的传统方法是远远不够的,所以,要看到人类学、心理学、社会学、经济学、政治学等等使用的方法对法学都是有用的。乔根森说:"法的政治功能最好由政治学和经济学进行研究。"①

2. 多元的法功能论

《理性与现实》一书中写道:"法总是有不同功能的,其中一些是原本的,另一些则是随着社会的日益发展和复杂化而在后来增加的。"②法的功能有外部的和内部的两大类。法的外部功能,又称法的政治功能。它有五个方面:①维护社会的和平与秩序。②解决各种冲突。这是法的最原本的功能。不过,在现代社会中,防止冲突比解决冲突更为重要。③实施道德、伦理影响。④促进社会公益。⑤进行社会的批评。简言之,法的外部功能主要指它的统治和管理职能。法的内部功能,指对正义的认识和期望,反映人类社会长期以来形成的价值观念。这包括三个方面:①形式正义。说的是,法律对于同等情况要给以同等对待。每人不论身份地位如何,在法律面前一律平等。另外,还要确保每人有公平的机会来阐发自己的意见。②实质正义。即法律既要体现平等,又应兼顾合理、正当及公共荣誉等等。③义务。法本身就含有义务的内在成分。义务不以人们的感觉为转移,而是确确实实存在的。

3. 多元的法概念论

乔根森认为,三大法学主流派在有关法的性质问题的结论方面均有可取之处,但又均不全面,所以,应当确定一个多元的法概念取代那些一元的法概念。他说:"法的概念是一个相对的、多元的概念。法不仅是一种规范体系,也是一种对法官和当局行为的预测,一种对当局和公众的命令,一种一般的法律意识或特殊的法官意识。法事实上包含行为规范、获准的命令、政治统治保护性和抑制性措施、'规范化的正义内容'、制度或判决的规则、法律习惯和文化模式。"③鉴于这一概念的繁琐,并有把前人各种法概念简单拼凑之嫌,乔根森在《理性与现实》一书中对法概念又进行了重新表述:"法不仅是一种像自来水工程或救护的事业,其目的是弥补社会的缺陷,应付社会的突

---

① 〔丹麦〕乔根森:《理性与现实》,奥胡斯大学出版社1986年英文版,第76页。
② 同上书,第102页。
③ 〔丹麦〕乔根森:《多元论法学》,奥胡斯大学出版社1982年美文版,第46页。

发事件(紧急情况),而且是社会组织得以存在并发挥功能的一种条件。"①但这样的概念,未免又太抽象和太模糊了。

（三）多元价值判断逻辑法学

比利时的佩雷尔曼是这股法律思潮的首倡者。其重要贡献在于,以现代多元民主主义为指导,把自然法学的价值判断和分析主义的逻辑主义紧密结合一起,而形成一套独立的法哲学体系。佩雷尔曼在《正义、法律和辩论》(1980)一书中,把自己的法哲学观点概括为这样一句话,即"法律基本上是关于各种价值的讨论,所有其他都是技术问题"。这表明,他的理论体系有两个主要部分:

1. 法律价值论

佩雷尔曼的价值论,集中地表现为他著名的正义学说,尤其是形式正义学说。他认为一切法现象归根到底都是同解决正义的归属问题分不开的,正义观念又总是与平等观念相一致的。对此,不同人有不同的平等观念(正义观念)。按照佩雷尔曼的观点,正义(平等)有六种:①普遍平等地分配价值,即无差别的平等。②按德性(优点)分配价值。这是一种道德标准。这意味着,在德性相同的人们中间彼此是平等的。③按劳动(工作)分配价值。这是实证的效能标准,即在提供同等效能的人们中间是相互平等的。④按需要(最低限度需要)分配价值,即要缩小贫富间的不平等差距。社会救济法所体现的就是这种正义。⑤按身份分配价值。这是贵族主义的政治正义。前资本主义社会奉行这种正义。⑥按法律权利分配价值。这就是公民在法律适用上一律平等。不过,这种正义仅以现行政治为限。在另一制度之下,就可能变成不正义了。第①种正义是抽象的、绝对的正义,后五种正义都是具体的、相对的正义。佩雷尔曼坚决反对第⑤种正义观念,但也不赞成将其余的各种正义绝对化。他提倡的是,建立在多元价值判断基础上的"形式正义"论,即应当以相同的方式对待人。它没有"主要范畴",也就是没有对特定人的指向,而仅仅是"应然"的标准。上述第①种正义是形式正义;第②、③、④、⑥种正义也含着形式正义,只有第⑤种正义应当完全加以否定,因为它的出发点就是把人看做本性上不平等。形式正义之所以不容怀疑,在于它和人的心理特性及其理智相一致。抽象地说,没有什么人会反对对于同类的人应当给予平等的待遇。相反,具体正义就不是这样。不同种类的人,就必然有不同的价值观念和价值标准,从而就有不同的关于具体正义的定义。佩雷尔曼主张,正义的法律必须是体现正义的法律,按照形式正义的原则来对社会上的人们实行价值分配。其最终目的是要达到社会的安宁状态,也就是"法律和平"。

2. 法律技术论

法律价值分配的实现离不开一定的技术保障。这种法律技术,佩雷尔曼称为"法律逻辑"。法律逻辑采取的方法不是通常的形式逻辑方法,而是"多元的价值判断方

---

① 〔丹麦〕乔根森:《理性与现实》,奥胡斯大学出版社1986年英文版,第92页。

法"。法律实证主义采用的一般模式是,把法律规范当做大前提,把法律关系当做小前提,而推导出结论,即"如果 A,那么 B"。但是,多元价值判断的逻辑则是研究"怎样提出各种价值的根据,怎样实现平衡,怎样达到各种价值的综合"。它是实体性的模式,非程序性的模式。这种逻辑是法律家们为了实现正义而在说服社会公众的基础上进行"平衡"和"综合"的一种智力。佩雷尔曼指出,立法者常常是单纯地按照形式逻辑(演绎法)来制定法规,因而便不免违背国家的基本法律制度,同时也会导致在实践中无法贯彻的后果。无疑,法官应该适用立法机关的法律,但他又必须有完备、澄清甚至一定程度上修改法律的权力,充分发挥法官运用智力手段的本领。为了说明价值判断的逻辑所体现的法律技术如何不同于三段论式逻辑所体现的法律技术,佩雷尔曼提出一个例证:假定法官面临着一条"公园内禁止车辆通行"的法律规范,那么他对于一辆驶入公园内抢救危重病人的救护车,该持什么态度呢?显然,他应当承认这是合法的。此例证告诉我们,单纯靠形式逻辑的法律技术来处理案件,不可避免地会把法官当成法律概念的操作机器,从而往往作出违反常理和立法精神的裁决。真诚可靠的法律技术是价值判断的逻辑。就是说,必须让法官去考虑应当保护什么样的价值,比较相互冲突的价值中哪些要加以牺牲,哪些要加以保障之类问题。

三、哲学法学流派

(一)现象学法学

现象学法学是现象学哲学对法学渗透的结果。其主要倡导者是德国的一批学者,有赖纳赫、施莱沃、考夫曼和阿姆斯里克。其中,阿姆斯里克的贡献最大。

1. 现象学法学的理论基础

作为现象学法学理论基础的现象学哲学,把自我意识到的一切称为"现象"。哲学就是研究对现象的意识。其研究方法是:首先把客观存在(对存在的"信仰")问题加以"悬置",存而不论或放在"括号"里,而仅仅"描述"现象。其中,最基本的方法是"还原"法。"还原"是指通过"我"的直觉来了解现象,即了解"我"意识中的东西是什么。这其实就是"我"把对意识的意识还给意识(现象)。这个过程有三个层次:①现象的还原。就是对全部现象的简单的直觉。②本质的还原。胡塞尔认为,本质不是在现象背后,也无需通过抽象来认识;它不过是现象中那个稳定、一般和不变的东西。如果把本质周围附着的假象或杂质拂去,本质就显露出来。③先验的还原。"我"之所以能区分本质现象与非本质现象,是基于"我"的先验的意向性和标准。只有经过先验的还原,才能最后地完成认证的过程。因此,还原法不是实证的分析方法,也不是因果方法。

2. 现象学法学的主要论点

(1)法学的分类和方法。阿姆斯里克认为,法学包括以下两部分内容。其一,法律现象学。它是一门直接描述法律现象的学科。其二,法律理论现象学。它是法学家对于自我经验世界中的法律现象的一种观点的分析。这属于研究法律思想理论现象的学问。阿姆斯里克认为,现象学的还原法对法学研究极为重要。他说,还原法使我们排除了先前关于法律现象和法律本质的一切假设和学说,使人们不受那些模糊认识的迷惑。通过运用这一科学方法,法学家们就能把研究方向集中到法律现象上,并且不会把所从事的法律研究与其他不相干的问题混淆起来。研究法律现象不需要什么自然科学的知识。现象学的还原法为我们直接感觉法律提供了便利。阿姆斯里克还说,在法律现象的还原中,为了深入到法律的基本结构中去,还必须剔出法律现象中易变的东西,这样就抓住了它的本质。

(2)法律原则。赖纳赫说,运用现象学的本质还原法,可以使人们找到实证法律的原则(法律原则属于法律本质现象)。他认为,法律原则不能通过简单的现象来发现,而要进行本质的还原,并最后依靠先验的还原来求得。例如,对于民事法律制度(承诺、诉讼权、合同等)进行逻辑推理,就很容易发现所有的民事法律制度的先验原则,像自愿、合意、平等、等价、有偿、诚信、践约等原则。阿姆斯里克也说,凯尔森对于以法律规范现象为对象的"纯粹"法律理论的追求,就是受了现象学精神的启发,而且他是依赖鲜明的逻辑推理方法研究法律的,他的"基本规范"便是先验的。

(3)法律规范。阿姆斯里克指出,法律和法律规范是一致的。他采取一种纯粹的技术方法,认为一个规范就是一种手段。阿姆斯里克从感知的必然性过程中寻找法律规范的特征。他按照康德的观点,认为"必然性观念"是一种先验的逻辑形式,是实证法律规则的逻辑本质。就"必然性观念"本身而言,完全与法律规范的内容无关,但都对法律形式有绝对的约束力。具体说,先验的必然性观念不以法律规范的内容为转移,而是相反,法律规范倒是建立在这种必然性的基础之上的。阿姆斯里克明确地说过,甚至一项具有不合理或荒诞内容的法律规范也是法律规范,只要这一规范符合必然性观念。仅就这点而言,它显然是一种"恶法亦法"的法律实证主义观点。

(4)法律理论现象学。阿姆斯里克认为,法律理论现象学是实际的、科学的法学家对法律现象进行的心理学描述。他把法律理论现象学区分为两种:其一,法律技术学。它是研究制定和运用法律规范的科学。其二,法理学。即研究一般法律理论的科学。阿姆斯里克说,人类对所面临的法律现象的要求具有二重性。也就是,作为个人而存在,属于心理学要求的目标;而作为个人社会团体而存在,则属于社会学要求的目标。因此,法理学是分别地融化于法律心理学和法律社会学之中的。

(二)存在主义法学

存在主义法学是建立在存在主义哲学基础上的法学流派。其基本观点是,主张从人的"自我存在"的角度上认识法律现象。

1.〔德〕迈霍费尔

迈霍费尔的《法与存在》(1954)一书,侧重分析所谓自我存在的两种形式。其一,"成为自身"。迈霍费尔说,自我存在首先是一种单一的、无比较的绝对存在。它以自己为目的和意义,对自己的命运和生活进行选择和设计。这样的自我存在就是使自己成为"自身",即成为本来面目的纯粹的自己。不过,自我又要与外部世界发生关系,同别人打交道,这种联系就是契约关系。它体现了各个自我的"自治"。迈霍费尔声称,原始人的人类国家就是由自我"自治"、成为"自身"的人们组成的"自然国家",那里的法律就是"存在的自然法"。其二,"成为角色"。自我存在还可以表现为社会的、可比较的相对形式,即"社会的存在"。在那里,自我被放到一定的身份和地位上,发展到"成为角色"。这时,每一自我均作为一种角色来显现自己。在"成为角色"的人们中存在两种秩序:一是"深入秩序",假定人们是处于不平等的关系。二是"平均秩序",假定人们之间的平等的关系。这两种秩序决定了两种法律正义。从"深入秩序"中产生"分配正义",按照人的不平等身份分配利益;从"平均秩序"中产生"交换正义",给人们平等的自由和权利。表现这两种正义的法律叫做"制度的自然法"。与其相适应的国家,是"他治"国家。

2.〔荷〕霍梅斯

霍梅斯的代表作是《存在和法律》(1962)一书。其理论核心在于论证存在与法律之间"辩证关系"。书中说,法律有两个方面的矛盾性:①法律只能从个人存在的"超然性"(自由)之中、从个人存在之间的交往之中获得意义。②法律又超出这种个人存在的超然性,而具有自身的客观性和普遍有效性。霍梅斯的理论体系就是建立在这种"辩证关系"的基础之上的。按照霍梅斯的观点,法律就是个人存在与他人共存的合理而有效的模式。在其中个人(存在)使自己制度化和组织化。于是,法律便决定和规定了个人与他人的存在。法律的重要性超过存在的重要性。霍梅斯认为,具有客观性和普遍有效性的法律只是实证法律,但是,在法律之先,存在(人)就有其"先天命令"即生而自由这种超然性,存在的"先天命令"决定了法律的超实证性。在对待人的违法问题上,霍梅斯大体同意康德和黑格尔的观点,认为存在是自由的,违法也是其自由意志的表现,但实证法律的客观性和普遍有效性则有权力惩罚违法行为。最后,霍梅斯还说,在法律(实证性与超然性)的矛盾中,必然产生出人的"法律原罪"。因为,实证法律代表全社会利益,而其超然性所反映的个人自由的实现一定会排斥他人的自由。所以,每个人控制自己自由的范围,服从实证法律是必要的。

3.〔墨西哥〕西奇斯

西奇斯的《人类生活、社会和法律》(1948)一书中说,人是两个世界的公民:一是时空中可经验的自然世界的公民;一是理想的、只能由自我内心感受的("直觉"的)价值世界的公民。法学理论的任务就在于要打通这两个世界的鸿沟。西奇斯认为,法律不是一种价值,而是实现价值的规范制度;法律的最初目的是保障个人在集体生活中的安全,最高目的是实现正义。在法学流派的倾向方面,西奇斯是自然法与法律实证主义两种观点的混合。自然法的倾向表现于,他强调保护单个人的"最高价值标准";法律实证主义倾向表现于,他强调非正义的法律也是法律。

4.〔德〕柯英

在《法哲学原理》(1950)一书中,柯英指出,人的存在及其尊严和自由是先于法律的"绝对价值"。它包括各种自然权利,构成了最高的法律原则。不过,这个最高法律原则又不能完全被制定为实证法律。就是说,为保证社会普遍福利,必须对它加以限制。这便是最高法律原则与实证法律之间的冲突。当这种冲突足以破坏最高法律原则时,应该维护最高法律原则,而非实证法律。

(三)符号学法学

西方符号学法学,是符号学对法学影响的产物,是由分析实证主义法学衍生出来的。其主要代表理论有遵从欧洲大陆符号学传统的格雷马斯的符号法律理论和皮尔士的符号学法律理论。前者主要盛行于法国;后者主要集中于美国。符号学法学的任务在于,从信息交流(通讯)的角度,研究法律符号系统如何在其使用者之间传递法律信息。也就是说,研究法律符号系统和法律信息的特征,法律整体(法律文本、法律话语或法律辩论等)的结构,以及法律创制者、实施者使用法律符号的行为。符号学法学根据符号信息交流的图示模式(发送者—符号—接受者)来分析法律信息交流方式。它把立法者、法官、律师及诉讼当事人,划归"发送者"和"接受者"的角色中,法典、法律语言技术术语和结构等是"编码";自然语言的习惯是"符号";法院和立法机关等是"媒介";"语境"则比较广泛,包括历史、习惯、地理等。这些要素有机地组合成为完整的法律通讯结构。

1.格雷马斯的符号学法律理论

其主要内容包括以下两方面。

(1)法律结构的语义学。在法律领域内,语义指法律的意义之来源和一般性质。格雷马斯把法律话语分为两部分:其一,法律话语的组合水平。这里的"组合",指基本词语的水平结构及使用词语产生意义的语言部分的秩序。其二,范例式水平。所谓"范例式"指依据组合规则词语的运用。通过对法律话语的结构和功能的静态和动态的分析,试图发现隐藏在法律现象背后的"法律语法"。但格雷马斯更重视立法者和法官本身的行为。他认为,立法和法官是法律符号通讯过程中的一部分,他们有自身的角色和功能。立法者是一个发送者的角色,表达着"国家意志",其行为是"说";另一方面,他又是这一通讯过程的最后接收者。立法者以法律文本的主体——客体姿态出现。他通过话语的语词行为,建立和维持一种"法律文化"。立法者在文本中不仅是一种法律力量的提供者、法律意志的设立者,而且是证明这种主体能力及维持这一角色的控制者。因此,立法者在法律文本中是一种多元角色,一种复杂的角色构造。通过立法者的"立法命名行为",使不具有司法语义的符号客体变成具有司法语义的符号客体。法律具有一种证明的再生程序,它不断参与和实践这种证明程序。立法者的行为仅产生一个"潜在的司法世界",只有当法官适用它(司法证明行为)时,潜在的司法世界才得以现实化。这里,作为原始信息发送者的立法者,被补充的发送者法官所代替。

法官在适用法律的过程中,即证实了立法话语在法律话语中的地位,又把它们从一般立法信息变成特殊的司法信息,从而与实际的社会生活相联系。

(2)法律语言的特点。格雷马斯重视法律语言的研究。他认为,法律语言是一种技术语言。它具有单一语义的特征,即一个词语仅与一种意义相联系。这与日常语义多义性存在着明显的区分。法律语言另一特征是自治性。这种自治地构成的法律语言,通过一种法律制度的参与和一定的程序,以符号为客体进入法律词典。在法律词典内,法律语言是一个独立的整体,代表法律意义的整体世界。不过,法律语言的自治性并不排除它与日常语言之间的联系。二者的关系可归纳为:第一,特殊的语言有其特定的语言结构和句法特征。但它们和日常语言有相同的基础(同样的语音、一般词汇、语形、词法)。没有此种基础,同一自然语言内的法律工作者和非法律工作者就不可能互相理解。第二,法官在法律解释过程中使用日常语言的意义。这对判例法的发展和成文法的解释都适用,说明法律体系依赖于日常的语言的语义结构。

2. 皮尔士的符号学法律理论

(1)基本观点。皮尔士认为,法律表示一种符号通讯过程,一种由符号系统方式进行的信息交换。法律作为一种符号的论辩,是日常语言的原型。法律体系的整体性观念(含法律文本和法律实施的通讯过程),是作为一个辩证思想的发展模式在起作用。在同经济及其他体系的关系中,法律整体是立体性社会价值交换的原型。符号的每一种解释就产生一种新的、更加复杂的符号,使先前的符号添加新的含义。与上述观点相一致,皮尔士认为,没有什么理想的法律体系,只有相互竞争和冲突的法学体系的网络,法律不是封闭的,法典也不可能一劳永逸。皮尔士提供一种推理的辩证模式,代替三段论式的封闭思维模式。它表明,即使一个判决在案件中确定下来,也不绝对排除其他选择的存在。

(2)研究方法及其发展。皮尔士的符号学方法论同思辨的修辞学具有同等含义。它要解释这样一个过程:一种思想或判断符号如何从其他符号中产生出来,判断如何发展,新的知识如何演化。与三段论式的形式逻辑不同,皮尔士提出了对思想发展的事实解释和通过话语程序增加原有意义的事实解释的问题。他说,存在着一种系统的、直接的思考模式,它允许依据话语程序增加和解释新的信息,也允许通讯者采取话语中的不同方向。这样,就不仅需要证明的逻辑,而且需要"发现的逻辑"。

四、数量法学

(一)行为主义法学

行为主义法学,是指由一般行为科学经过行为主义政治学的媒介,到20世纪70年代才形成起来的一个法学流派。其研究对象是人的法律行为,重点是官方的立法行为,尤其是审判行为。行为主义法学的主要内容表现为以下几种理论。

1.结构功能主义的法律社会控制论

行为主义法学把美国帕森斯等人的结构功能主义社会学理论移入法学领域来构造自己的模型论,主要是"法律社会控制模型"和"法律纠纷模型"。"法律社会控制模型"论认为,法律社会控制的效果,取决于个人间的"相互期待行为"的"顺应"程度,如假定 1 表示社会平衡或法律秩序的正常状态,K_1,K_2,K_3…… 分别表示社会的经济、政治、道德等结构(每一领域的法律行为顺应性)在平衡状态中所占的比例,其公式表是:

$$1 = K_1 + K_2 + K_3 \cdots\cdots K_n$$

即 $1 = \sum_{i=1}^{n}$

其次,为保证相互期待行为的顺应,该理论又进一步设定解决法律纠纷的"法律必要功能"概念,建立"法律纠纷模型"。具体地说,当某种结构发生功能不足时,社会便陷于不平衡,造成法律秩序的紊乱。这就需要向该种结构中注入必要的功能(设为 C),

令 $\sum_{i=1}^{n}(K_i + C_i) = 1$,使社会重新平衡和法律秩序复归正常。

2."自动探测仪"的审判过程论

行为主义法学认为"审判预测的可能性,要依靠控制审判的方法来提出"。这就是所谓"自动探测仪"方法。就是说,把审判中不可能直接观察到的法官心理活动,理论地"在数量上来表现法官预测的现象",即变成电子计算机的活动过程。人们向这架"自动探测仪"输入有关案件的法律规定(规范)、事实及不确定的信息(杂音),然后从那里获得法律决定(裁判)。进而,再从输入—输出的关系上,作出数量处理的模型,也就是解决各类案件的典型方案。比如,可以把国家的刑法典编成总程序存放在计算机电脑里,平时陆续储存各种案件的数据,日后碰到某个具体案件时,把它的各种数据(有关的刑法规定、证据事实及其他)汇集在一起,编成具体程序输入计算机,就会得出被告人是否具备犯罪构成,犯什么罪,处以什么刑罚的结论,以便法官参照。

3.舒伯特的司法政策制定论

通过审判实现的法律社会控制是连续的、有指导的活动。因此,由国家当局经常为适应形势调整司法政策是必要的。美国舒伯特提出图表模型,是行为主义法学关于司法政策制定理论的一个简括。

对该图表,作者作了如下的说明:①该模型描述了三个规定的结构相互间的功能关系,所以是整体的。②输入结构。其内容是司法人员对有关案件的客观事实供给所进行的选择需求。它作为传授和调节的信息而进入输入过程。③转换结构。它是司法人员借助自己的价值观念认识案件中的问题或争端之所在。这作为一种见解和决定的信息而进入输出过程。④输出结构。这是司法人员借助法律规范而作出判决,至此案件审理便告结束。⑤反馈过程。即,在判决的执行和案件的重审中,还要验证判决的正确性,甚至验证法律规范的正确性。⑥结论。一项司法政策及相应法律规范的维持或废止、修改、订立,正是以这个模型对许许多多案件的处理所提供的资料为基础的。顾名思义,这一模型论正是为了解决国家当局确定和调整司法政策问题,亦即在更高程度上、更广范围内以及更深入地去实现法律社会控制的任务。因此,它具有更为宏观的意义。

司法政策制定的整体模型

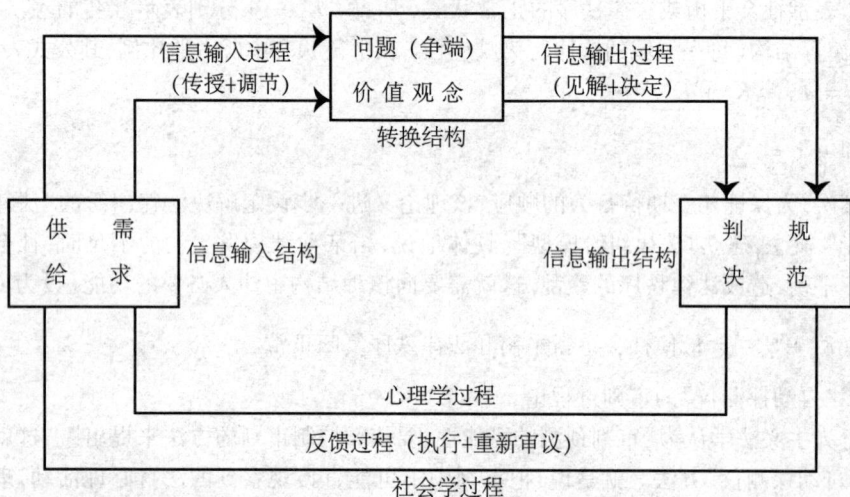

(二)纯粹法社会学

纯粹法社会学是美国年轻的行为主义法学家布莱克所倡导的。布莱克最初是耶鲁大学社会学系教授,1982年转入哈佛大学任教授,现任该校刑事司法研究中心主任。其主要著作有《法社会学的范围》(1972)、《法的行为》(1976)以及近年的《司法社会学》。《法的行为》一书系统阐述了他自命的纯粹法社会学,亦即其独具特色的关于法行为数量分析学说。布莱克认为,法是政府的社会控制,是一个国家及其公民的规范生活,如立法、诉讼和判决。换句话说,法就是国家和公民的法行为。法行为本身,既有数量又有类型。法行为的数量,指法行为的有无和多少。法行为有四种类型:惩罚性行为、赔偿性行为、治疗性行为、调解性行为。惩罚性行为和赔偿性行为二者,属于控告型的法行为;治疗性行为和调解性行为二者,属于补救型的法行为。法行为的数量和类型都是不断变化的。

布莱克把社会分为分层、形态、文化、组织、社会控制五个方面。分层,是社会生活的垂直方面或者说生存条件的各种不平等的分配。形态,是社会生活的水平方面或者说人们相互之间的配置,包括他们的劳动分工、结合程度和亲密程度。文化,是社会生活的符号方面,例如宗教、装饰、民间传说。组织,是社会制度的组合方面或集体行动的能力。社会控制,是社会的规范方面或者说对越轨行为的规定和反应,例如禁止、起诉和赔偿。法行为的数量和类型随着五个方面的变化而变化。布莱克法行为理论的中心内容正是要阐述这种变化。概括起来,布莱克的基本结论有这样几点:①每个社会的法行为的数量都是不相同的。一个社会分层越多,分工交换越发达,文化越繁荣,组织程度越发展、越复杂、越多样化,那么其他社会控制就越薄弱,法行为就越多。②一个社会内部,法行为的分布也是不平衡的。富裕的人,处于社会生活中心的人,有文化教养的人,守传统的人,组织起来的人,有名望的人,他们之间的法行为较多;相反,贫穷的人,处于社会生活边缘的人,欠文化教养的人,反传统的人,无组织的人,没名望的人,他们的法行为较少。也就是说,上等阶层比下等阶层有较多的法行为,等级越高,法行为越多,等级越低,法行为越少。③针对下等阶层的法行为比针对上等阶层的法行为要多,而且要严重。每种法行为,不管是控告、逮捕、公诉、诉讼、判决、赔偿,还是惩罚,都更可能是针对下层的。下等阶层冒犯上等阶层的越轨行为往往被小题大做;而上等阶层侵害下等阶层的行为,却往往是大事化小、小事化了。④针对下等阶层的法行为,等级越低,法行为就越多、越严重;针对上等阶层的法行为,等级越高,法行为就越少、越轻微。下等阶层人对上等阶层人的犯罪或侵权的严重性,随着二者之间等级差距的增加而加重;而上等阶层人对下等阶层人的犯罪或侵权,则随着二者等级差距的增加而减轻。布莱克通过自己独到的研究取得了一些合理的、有意义的法学成果。首先,他表达了法运行的某些具体规律。如指出,随着私有财产、商品生产、社会关系的复杂化以及相应的文化发展,法也成正比的发展;法的数量同社会其他调整手段成反比例等等。其次,布莱克以大量素材揭示,法总是倾向于有产者、统治者以及社会中处于种种优越地位的人,这一结论有利于加深人们认识剥削社会,特别是资本主义社会的法的本质。再次,布莱克所总结的法运行的某些共同规律和经验(教训),对于社会主义法制建设亦有借鉴意义。例如,他指出法容易偏向亲近的人、上层人、城市人、男性、大民族等的利益,这就提醒人们必须非常自觉地反对各种形式的特权,真正坚持法律面前人人平等原则。最后,布莱克所发挥的法数量分析方法如能经过辩证地改造,确不失为一种重要的法学方法。至于说到布莱克理论的局限性,恰在于其"纯粹"性,即把数量分析绝对化。

五、当前西欧、美国正在流行的法学流派

(一)经济分析法学

20世纪60年代,美国一些法学家和经济学家克莱布里斯、库斯、伯克等开始把经济学理论方法引入法学研究领域。他们借助经济学的理论和术语来分析、描述和概括法律的现象和问题。最初用"法和经济学"表示这股新思潮,强调法律与经济的内在联系,研究反垄断法、税法等明显地调整经济关系的法律制度和规范。随着理论体系的完善、研究方法的成熟,又进一步将它扩及整个法律领域,形成"经济法理学""法律经济学",亦即经济分析法学。波斯纳(1939年生),是经济分析法学之集大成者。这位大学教授和法官的主要著作有:《法律的经济分析》《反托拉斯法》《司法经济学》《联邦

法院:危机和改革》。其中,《法律的经济分析》几乎成为经济分析法学派的经典著作。它从1972年初版后,不断地加印和修订,遍布西方乃至全世界。书中,波斯纳总结经济分析法学的历史,概述其基本假定和方法,系统阐述各个部门法律的经济原理和经济逻辑,强调任何法律现象都以经济关系为基础,一切法律规范都有经济根源。其结论是:所有的法律问题归根结底都是经济问题。由于这本书出版时波斯纳正担任芝加哥大学法学院教授,故而经济分析法学派又称"芝加哥学派"。按照波斯纳的归纳,经济分析法学的主要论点如下。

1. 法律的目的

经济分析法学的核心思想在于,全部法律规范、制度、活动,最终均以有效地利用自然资源、最大限度地增加社会财富为目的,从而效益(efficieney)便成为立法、司法的唯一宗旨。经济分析法学主张把经济学引入法学领域,主要是三个基本规律:其一,市场经济学的供求律。即价值幅度和商品数量之间的反比关系。其二,福利经济学的最大利益律。即在可选择的机会中,人们总是选择对自己最有利的。其三,在可能的情况下,商品交换总是趋向于实现最大价值。该学派认为,这些规律要作为观点和方法,指导法律制度和活动的改造,朝着实现最佳的经济效益目标迈进。

2. 普通法和制定法的比较

经济分析法学认为,普通法(判例法)和制定法在与经济的关系方面之重要区别是,前者维护动态的经济利益,后者维护静态的经济利益。换言之,普通法根据经济的逻辑而形成,制定法根据单纯所有权而形成;普通法侧重经济效益,制定法侧重财富的分配。这主要是因为:其一,普通法是在19世纪美国物质资源极为贫乏时期形成的,因而效益就成为普通法各部门的活动中心;而即使在大萧条时期产生的制定法(如铁路法)也仅涉及财富的分配。其二,普通法领域的许多问题,是从经济效益出发的本能反映,而制定法调整的那些领域,则更多是出于非经济的考虑。其三,普通法领域由法官创造法律,便于把握动态的经济情况;而制定法则在其制定的过程中就已受到政治的影响,因而法官只能依照死的法律规定办案。

3. 对传统的道德和价值观念的挑战

对于经济分析法学而言,传统意义上的公平、正义等概念和原则理所当然地都要加以改变。一切法律都是要为高效益地利用资源和产生高效益的经济结果服务,特别是要给予大工业高效益发展所需要的一切权利,保证其始终处于优势地位,使之获得更大的利润,创造更多的财富。的确,这样做是会助长贫富的悬殊差别,但就最终结果而言,却可以使穷人间接地得到好处。如贫困线的提高,就业机会的增长等等。所以,这种违背传统道德和价值观念的办法,恰恰是在更高层次上实现了公平和正义。

该学派进一步强调,具体法律关系中的当事人是否得到公平的判决是无关紧要的。例如,只要对社会有效益,法官完全可以或应当支持一种违约行为(当然要给受害人适当补偿)。波斯纳说:"我一直在努力发展一种超过传统功利主义的道德观,并且我认为,判断(法律)行为和制度是否合乎正义或是否是好的,在于它们是否有助于增加财富。这种观念把功利、自由、甚至平等之间的相互调节,看做是相互对抗的道德原则。"①

4.法律概念的必备属性

经济分析法学认为,法律实证主义给出的法律概念过于抽象,至少还需要明确法律以下特性:其一,法律的可行性。从经济观点看,法律的基本功能是通过改变人们的动机而改变他们的行为。这就决定了法律的有效性在于它的可行性。其二,法律的公开性,它必须为人们所知晓。其三,在内容上,法律要确立一种能够刺激人们利益动机的经济机制,并借助给予更大个人利益的方法,把人们的行为纳入法律的轨道。其四,法律必须有一个与自身目的相适应的、合理的结构。这也就是使法律规范的假定、处理、制裁等要素,都紧紧地为增加社会财富服务。

5.法律规范的种类

在这个问题上,克莱布里斯的理论最具代表性。他从对权利的保护方法角度出发,认为法律规范应分为以下三类。

(1)财产规范。这是从静态保护所有权主体的财产权利的法律规范。按照这类规范,所有人有权禁止任何人减少其财产的经济价值的行为。只有当所有人自愿地与他人进行交换或者放弃自己的权利时才能例外。

(2)责任规范。这是以最大社会经济效益标准,实行强制性的财产权利转让的规范。它允许那些较之所有权人更高地估价其财产权利的人,在交易成本太高的情况下,可以不经过交易而侵犯其财产权利;但事后有责任以等于或稍大于对方损害的价值进行补偿。责任规范取代财产规范的目的在于鼓励加害人比受害人创造和提供更高的经济效益。

(3)不可剥夺规范。这是指保护人民的生命、自由和人格的规范。这些权利的转让,即使本人同意也无效。因为,任何有理性的人都不会赞成用这些权利作为交易的客体。所以,坚持这个原则绝不会给社会效益带来任何损失。

6.守法的根据

经济分析法学认为,人在本性上是自我利益的维护者,追求享乐和满足。一个人如能在社会管理者规定的条件下从事法律要求的行为,不从事法律禁止的行为,那么他将会获得更大的个人利益和满足。在大多数情况下,他会按照法律去做。法律作为社会管理的一种有效工具,就是通过改变人们的动机而把他们的行为纳入规范之中,使法律成为防患未然的力量,避免和减少社会所不期待的行为的发生。

7.在部门法律中应用的例证

(1)刑法。罪犯是经济交易人。他的服刑是向社会还债,而刑罚则是社会向罪犯

---

① Richard A. Posner, *Economic Analysis of Law* (Boston : Little , Brown. C 1977) , p. 158.

索取的赔偿。预防减少犯罪的有效方法就是加重刑罚,提高犯罪行为的价格(交易成本),使具有犯罪倾向的人把自己的活动转移到其他交易方面去。

(2)损害赔偿(侵权)法。损害赔偿的意义有两方面:其一,损害事件虽已过去,但为防止和减少以后类似情况的发生,并补偿受害人的经济损失,仍需要加害人赔偿,否则就是对当事人的鼓励。其二,更重要的是提醒社会防止和减少此类事故,避免对整个社会造成经济效益上的损害。

(3)所有权法。X的生产成果被Y拿走,法院要保护X的权利。因为,不这样做,就没有人去生产了。这表明法律保护财产权具有根本的经济职能,即刺激人们有效地利用资源,增殖社会财富。

(4)专利法和著作权法。看起来,对这两种权利的保护有时似乎不是那么合理,甚至不利于社会生产的发展。但是,它有利于刺激发明创造,从而能大幅度地促进经济效益的提高。

(5)合同法。它是为了高效能实现对资源的利用,减少商品和资源流转过程中的损失。这主要体现在对违约者的处罚条款。这种条款会让双方当事人知道商品流转过程的复杂性,签订合同时要考虑到失败的可能性和相互间的责任。这就会减少社会财富的损失。此外,处罚条款还有补救的意义。

总之,尽管各部门法律代表的经济要求的方式不同,但目的和方法都是相同或者相似的。

(二)西方马克思主义法学

西方马克思主义法学,泛指西方(包括追随西方的国家)那些以自己独特的对马克思主义的理解来分析和研究法现象的思潮。它是西方马克思主义或新马克思主义体系的组成部分。严格说来,西方马克思主义法学尚远未形成一套体系,许多观点因人而异,甚至相互对立的说法也比比皆是。

在西方马克思主义法学中,确实有些是符合马克思主义法律观的。个别看法也不妨说是对马克思主义法学的发展。在政治上,它以激进的姿态批判现存资本主义法律制度,最终目的有的是要改良它,有的是要改变它。

西方马克思主义法学的形成过程是很长的。一般认为,1904年奥地利的卡尔·伦纳出版的《私法制度及其社会功能》一书是试图较系统地探讨马克思主义法律理论的最早尝试。它从全体人民赋予法以强制性的所谓"社会化的人类"基本观点出发,解释法现象。十月革命后,苏俄的斯图契卡、巴舒坎尼斯等人的某些主张,也被认为是西方马克思主义法学的渊源。意大利共产党人安东尼奥·葛兰西坚持法律既是阶级统治工具,又是普遍教育手段的"法律二元功能论",以及法兰克福学派柯切恩海姆、哈伯马斯、结构主义马克思主义者阿尔都塞等人,也先后为西方马克思主义法学提供了重要内容。20世纪60年代末,中国的"无产阶级文化大革命"的极"左"思潮,在西欧、美国和日本的青年知识分子,尤其是大学生中造成很大影响。1968年法国的"五月风暴"最为突出。这场风波所形成的"新左派"思潮,有力地推动了西方马克思主义法学的发展。类似的思潮,在美国还产生了批判法学。迄今为止,西方马克思主义法学方兴未艾,其著作正大量涌现。如:在美国,有哈维茨的《美国的法律改造》,图什内特的《美国奴隶制法律》,奎林等人的《犯罪的社会现实》,贝尔尼主编的《马克思主义和法》;在英国,有凯恩的《马克思和恩格斯论法》,亨特的《法律上的社会运动》《马克思恩格斯论法》,萨姆纳的《阅读意识形态:对马克思主义法律和意识形态的探讨》,班克夫斯基的《法律的意向》,萨格曼编《法律、意识形态和国家》,柯林斯的《马克思主义和法》,泰勒的《批判犯罪学》;在澳大利亚有杰恩的《法律与经济》;在法国,定居于此的希腊人普兰查斯作为当代结构主义马克思主义法学家著作颇多,如《政治权利和社会阶级》《法西斯主义和独裁——第三国际和法西斯主义问题》《当代资本主义中的阶级》《独裁的危机》《国家、权力和社会主义》等。

西方马克思主义法学的主要观点可概括为以下几方面。

1. 法的阶级性和相对自主性

西方马克思主义法学表面上并不是简单地否定法的阶级性观点。但是,它认为把法的阶级统治工具论加以绝对化是不正确的;特别是随着现代西方国家的中立的、非政治性面目的强化,法开始越来越多地体现人民的意志和利益。这种观点在萨格曼那里叫做"法律的多元化"。他要强调的是 20 世纪资本主义国家和法的多元化的重要性。就是说,法律不仅仅为国家内的某阶级服务,同时保护被统治阶级一部分利益。此外,萨格曼还把法律体系的不同部分加以分割,认为犯罪法体现国家镇压功能,所以有阶级性,而民法则完全不同。

查理·格瑞对阶级性问题又有自己的说法。格瑞承认西方国家法律的资产阶级本质,即体现资产阶级利益,但他又说,法律对被统治阶级利益也加以兼顾。同理,法律要实施国家的镇压职能,但又限制国家的这种职能。格瑞还提出这样一种主张,即资产阶级法律形式往往能有效地破坏被统治阶级的政治利益。这是由于:①资产阶级法律形式贯穿了个人权利本位原则,它所处理的问题都具有特定性,因而使被统治者无法从整体上提出相反的问题,无法组织起来。②资产阶级法律形式中对正义、民主、自由、平等之类的适合资本主义发展的概念均有明确的规定,而且又有法治和法律程序的保证。在此情况下,法律以中立姿态出现、保护每个人的权利免受国家的分割为标榜。因而,被统治者就很难为反对资产阶级的法律找出论证的理由。

西方马克思主义法学关于如何对待资产阶级法律的态度问题上,认为改良主义和暴力否定两种办法均不可取,但却没有指出应当怎样做。

国家和法的相对自主性,是西方马克思主义法学所关注的又一重要问题,对此普兰查斯的论述最为系统。按他的观点,这种相对自主性是指在阶级斗争中国家对统治阶级的关系。他说:"国家对政治上的统治阶级或派别的相对自主性是资本主义形态中各个环节相对自主性的反映。"①在现代社会中,资产阶级并不直接控制国家,国家以社会代表身份出现,以自己的法律政策干预经济。因此,一个马克思主义者在承认经济基础对国家和法的决定作用时,也要承认国家和法的相对自主性。就是说,为维护资产阶级的统治地位,国家既需要对统治阶级进行干预,也需要借助这种干预赢得被统治阶级的支持。普兰查斯的论述是富有启发性的,但他的阶级观点仍然是模糊的,令人难以把握。

2.法与经济、法与意识形态

西方马克思主义法学反对把法仅仅看成经济的产物,称这种观点为"简单的经济主义"。但是,如何全面地看待法与经济的关系,说法上又出现了分歧。

凯恩和亨特认为,重要的在于了解法律在经济发展和转变过程中的效用和影响。他们认为,法律是资本主义生产方式的产生和发展的"先决条件"之一,它为扫除封建关系、剥夺小农从而创造大批的劳动力,也为资本主义关系提供了一种契约框架。② 不过,另外一些人如杰恩则觉得"先决条件"论有取代或否定经济决定论的嫌疑。他主张要把法律和经济分开研究;只是在必要的时候才考虑法律与经济联系,找到它们之间某些"特殊的联结点"③。显而易见,上述每种说法都回避了马克思主义经济基础和上层建筑相互关系的学说。

至于法与意识形态的关系,可以说是西方马克思主义法学第一位关心的问题。这个学派认为,法律是最为复杂的意识形态。它反映了统治阶级的资产阶级意识;也反映了资产阶级内部各种有差别的意识以及其他阶级的意识;进而,反映了商业团体、少数派团体、有关家庭结构、道德、环境、政治等方面的意识。当然,与其他意识形态相比,法律在这方面有不同的特点。就是说,由于社会的各不同部分的权力大小有别,决定了法律的反映必然有偏颇。它主要反映统治阶级以及他们政治和文化上的代表者的意识。亨特说,法律是意识形态统治的重要工具,资产阶级借助法律而在不知不觉中把自己的意识形态灌输到人民群众里面去。④ 柯林斯也说:"法律制度是占统治地位的意识形态的最重要的承办商,不仅法官充当着占统治地位的意识形态的传声筒,而且全部法律学说也运用法律修辞表达诸如私有制已渗入每个公民价值之中的概念。"⑤

3.对马克思主义法学体系的认识

西方马克思主义法学的倡导者们所持的比较一致的看法是,马克思、恩格斯著作的重点不是法律问题,也没有法律的专门著作。但又不能因此而断定马克思主义没有法律理论。实际上,马克思、恩格斯在有关法律的许多重要问题上进行了经典的论述。

---

① 〔希腊〕普兰查斯:《政治权力和社会阶级》,伦敦 1975 年英文版,第 251 页。
② 〔英〕凯恩、亨特:《马克思和恩格斯论法》,伦敦 1979 年版,第 64 页。
③ 〔澳〕杰恩:《法律与经济》,伦敦 1982 年英文版,第 18—21 页。
④ 〔英〕萨姆纳:《阅读意识形态》,伦敦 1979 年版,第 264 页。
⑤ 〔英〕柯林斯:《马克思主义和法》,牛津大学出版社 1982 年版,第 90 页。

其缺点是"没有系统性""过于片面"。柯林斯在《马克思主义和法》一书中指出:"人们常谈根本不存在一个马克思主义法律理论,这种议论听起来非常奇怪。因为,作为社会进化的一般理论,马克思主义对法律之类的重要制度作出评价是理所当然的。"但是,"马克思主义的创始人从未建立起系统的法律理论体系","直到现在马克思主义法理学仍然非常贫乏"①。

萨姆纳在《阅读意识形态》一书中,一面肯定马克思和恩格斯对法律作了重要论述,另一面也认为他们没有关于法律问题的专门论述。特别是长期以来对马克思主义思想研究的"经济主义化"倾向,否定经济以外因素对法的决定影响,否定统治阶级以外的其他阶级在维护法律中的作用,以及把法律的功能视为创造生产关系进而创造生产力的机器。所以,他认为"马克思主义法学理论应得到发展",回到"真正的"马克思主义法律理论上来。其实,萨姆纳认定的"真正的"马克思主义,同样是需要打折扣的。

(三)批判法学

批判法学(C.L.S 即 Critical Legal Studies),又称批判法学研究运动。它来源于20世纪60年代末产生于美国耶鲁大学法学院某些学生和年轻教师中的一股思潮。到70年代后期、80年代初期,已形成为相当实力的法学流派。该学派的代表人物是邓肯·肯尼迪、莫顿·哈维茨、罗伯特·昂格尔等人。

1.论驳

美国批判法学差不多是全盘否定西方现行的法学理论的基本观点的。他们认为,过去繁杂纷纭的法学理论尽管名称不同,但均可用两种法学世界观加以概括。①客观主义的法学世界观,即认为法律是一定社会结构的产物,或者说它是社会历史发展的反映。这种法学世界观在于,先把社会定型化,然后再去求证法律制度和法律规范是怎样服务于每个社会发展阶段的职能要求。因而,它是一种固定或僵化的法律观。②形式主义的法学世界观,即认为法律仅为一套规则体系;或者说,法律是自主和中立的,它不带有政治偏见。根据批判法学派的综合,西方,尤其美国传统的涉及当前法学理论的基本观点有如下几个方面。对此,他们一一地予以论驳。

驳(1):法律反映全社会的意志,是社会冲突的预防者和调停人。批判法学指出:法律不是全社会意志的反映,而是统治者集团特殊意志的体现;不是社会冲突的预防和调停人,而是实现非正义统治的工具。由于社会中不同利益集团的存在,才导致不同愿望和利益的冲突。社会的现实是,国家通过法律限制一部分社会成员的愿望和利益。在美国历史上,诸如保护奴隶制的法律,强迫印第安人搬迁法律,控制黑人的法律等等,无不表现了统治阶级设置法律只是为了组织自己,瓦解对方,实现本身的政治经济目的。现代美国法律正是如此。例如,法律允许资本"罢工"(拒绝在某一领域进行投资),却限制工人的罢工;法律允许资本家对劳工组织的控制;法律保护雇主随意裁

---

① 〔英〕柯林斯:《马克思主义和法》,牛津大学出版社1982年版书,第9—10页。

员,使工人没有工作保障,等等。

驳(2):法律是社会历史发展的反映,是一定社会结构的产物。批判法学指出:社会生活和历史发展进程是不确定的,至少是不以任何固定的进化途径为转移的。法律不由社会结构所决定,并非社会发展过程的客观反映。通常的情况是,相似的社会条件产生相反的法律效果。由此可知,某一具体法律的产生不取决于社会必然性,而取决于政治上的偶然性。

驳(3):法律是一个规范系统,旨在对有关社会行为的所有问题进行回答。批判法学指出:法律是不确定的,它从来都不能对有关社会行为的问题给予确切的答复。法律仅仅是一种程式和符号,由于人们的利益不同,经历不同而赋予它不同的含义。

驳(4):法律是专家们据以作出答复的一种推理形式。它是纯技术的,超脱于政治之外。批判法学指出:并不存在什么自主和中立的法律推理模式,法律规范及其实践是冲突着的社会集团间斗争的产物,目的是占有财富、权力、知识、地位、武力和组织能力。严格地讲,法律就是政治。

批判法学派通过对美国现行法律制度的无情批判,指责它不过是统治阶级为达到自己的目的所使用的工具。美国并不存在法治,由于其法律的不确定性,只能造成法官的任性和专横。他们的结论是:美国当前的法律已经腐朽,任何为它辩护的法学理论都终将遭到失败。他们呼吁,应当重新建立一套政治和法制制度。美国批判法学派在国内受到主要批评,是说它只有批判,而没有建设,确实是有道理的。尽管罗伯特·昂格尔在他的新作《批判法学研究运动》一书作了建设的尝试,但仍然是零散的,始终没有提出一套有说服力的新理论模式和改革方案。

2. 思想渊源

批判法学的思想渊源,目前尚难说得十分清楚。根据国内外法理学界的诸多看法,至少有下述几个方面。

从其发源和成长的背景及其政治情绪上看,批判法学受中国"文化大革命"运动的影响较大,并且是直接跟着这场运动兴起的。

西方马克思主义对传统马克思主义的"改造了的"观点,也大量为批判法学所吸收和运用。

至于美国批判法学中的表现法律虚无主义的因素,则明显的是小资产阶级无政府主义倾向。

批判法学还应把西方现代哲学中的结构主义和符号学理论当做一种工具。

更多的学者指出,批判法学同美国实在主义法学有紧密的联系。这两个学派的共同点是:其一,它们都持有一种法律怀疑论和反法律形式主义的法学世界观,都承认法的不确定性。其二,它们都试图破除法律的神秘色彩,而力图在"行动"中揭示法律的真谛。其三,它们都带着非历史主义和唯心史观的浓重成分,不承认经济基础对法律的决定性作用以及法律发展的历史规律。

当然,批判法学又与美国实在主义法学有很大的差异。就是说,批判法学是一种新理论,二者主要不同点是:其一,批判法学不像美国实在主义法学那样对法律推理与政治加以区别,而认为法律等于政治。其二,批判法学偏重法理,而美国实在主义法学偏重判例。其三,批判法学对美国现行法律制度基本持否定态度,而美国实在主义法学顶多是持怀疑态度。

在美国批判法学的进一步发展过程中,又出现了包括女权主义法学和种族批判法学的"后批判法学"。

（四）美国女权主义法学

美国女权主义法学是随着两次解放黑人运动发展起来的。第一次是 19 世纪中期的废奴运动,引发了 1919 年美国《宪法》第 19 条修正案,给予妇女选举权。第二次是 20 世纪 60 年代美国黑人的民权运动,对于妇女而言,这次运动没有争取到什么胜利成果。于是从 80 年代,女权运动便转向分散的个人活动和理论建构。美国妇女学是在 60 年代"黑人学"启发下的产物。

美国女权主义法学产生的思想渊源是:第一,各派女权运动理论。有自由主义的女权主义、激进派女权主义、社会主义女权主义、马克思主义女权主义、黑人女权主义、第三世界女权主义。如,激进派女权主义认为"个人的事即政治的事";社会主义女权运动主张,阶级压迫和性别压迫互相依存,应当同时摧毁;马克思主义女权主义更进一步指出,现存重男轻女的根源是资本主义本身;黑人女权主义强调,把社会性别与种族、民族与阶级压迫结合起来研究社会改造。美国女权主义法学吸收和借鉴了各派的理论。第二,批判法律运动。其许多概念、原理和方法均极大地影响了美国女权主义法学。第三,西方马克思主义思潮。特别是批判统治阶级意识形态和被统治阶级觉醒的理论。第四,解构主义等后现代主义。六七十年代法国解构主义力求扭转以"语言中心主义"所支持的语言与文字、男人与女人、文化与自然等等的对等关系,并反对任何新的等级化,主张瓦解现成的不合理的种种社会结构。50 年代末兴起的后现代主义思潮则以打破界限为特征,对传统的男主人公叙事及其他等级制度提出挑战,抵制一成不变的定义,主张文化多元。这两种思想均为美国女权主义提供了思路。

美国女权主义法学的兴起。60 年代末就有些学者注意到法律领域的歧视现象,并编纂若干性别歧视的案例,有的法学院开设有关法律与妇女的课程。70 年代女教授人数增长,不少女教授和女大学生开始撰写批评歧视妇女的文章,不少大学开设"女权主义法学"的课程,一些名牌大学的杂志上出现主张批判法学要和女权主义相结合的论文。七八十年代中期,女权主义法学发生了重大变化:其一,许多人认为一些男批判法学家同样有歧视妇女的问题,因而与批判法学发生决裂。其次,受解构主义或后现代主义的影响,女权主义法学的统一也受到挑战。特别是黑人女权主义者认为,历来的女权主义理论是以白人中产阶级妇女的权利占主导地位,存在着种族歧视和阶级歧视。这样,女权主义法学也走向多元的发展。

在女权主义法学家中,斯坦福大学教授凯瑟林·麦金侬(C. A. Machinnon)奠定了女权主义法学的基础,其"性骚扰"概念深刻地影响了美国的立法与司法。此外,哈佛大学的米诺(Olsen)、加州大学的奥尔森(Olsen)、韦斯特(West)、纽约市立大学的谭常娥(F. K. Hom)等都是重要代表人物。

女权主义法学的主要理论观点如下:

(1)"社会性别"论。所谓社会性别,是与自然性别相对立的。它是指社会造成的、基于性别之上的思想和行为模式,因而具有社会属性。后来,又有人提出,社会性别是具体地历史地形成起来的。基于社会性别的理论,很明显,不能把它当做自然性别来看待,而应当加以消除。社会性别是女权主义法学的基础范畴,十分重要。

(2)对阶级、国家和法的批判。多数女权主义者承认马克思主义和社会主义是女权主义法学的重要理论来源,但又认为马克思主义是以阶级论为中心的社会结构,不能很好地解释性别等级制度及国家与法在其中的作用。妇女社会地位不仅由生产方式所决定,也包括种族伦理等因素;性别压迫不仅存在于资本主义,它贯穿于各个社会发展阶段和社会各阶层之中。有人说,现在社会结构不仅建立在资本主义之上,也建立在资本主义父权制之上,所以广大妇女必须消除二者的双重压迫。国家和法正是发挥维护二者的功能。它们反映社会中政治权力、社会资源及其价值的性别的不平等分配,并以其强制力和规范使对女性统治秩序合法化和永恒化。所以,认为国家和法是公平的、合理的、中立的观点是错误的。

(3)对妇女暴力的批判。对妇女的暴力,以强奸、性袭击和家庭暴力比较典型。

第一,强奸和强奸法批判。根据美国法律,强奸的构成包括"暴力"和"不同意"两个要素。这种规定暴露了法律维护男性的性质。因为,暴力的性行为可能属于不同意,但也可能属于同意范围。这种法律规定恰好说明了男性的社会权利分配原则,即统治和服从、暴力和同意。其实,同意、不同意并不完全决定于女方的主观愿望,还取决于其社会身份地位。例如,以暴力手段奸淫幼女或处女可能被判强奸罪,但同妻子或风流女子发生强迫性关系则很可能就不认为是强奸,理由就在于女人的性角色已被确定,必须就范。再者,法律把强奸分为既遂与未遂也是成问题的,因为这对于妇女的心理伤害并没有多大差别。

国家是男性的国家,它以法律把男性权力合法化。从女性观点看,国家并未禁止强奸,只不过是把它规范化、合法化了。

特别是在社会上,虽然一般地把强奸看做可耻,可是对受害的女人也持怀疑态度;警察和法律制度使受辱妇女不敢报告。社会中常常责问受害人做什么事才引起别人强奸她,典型地反映了男性歧视女性的观点。人们还常常会认为,女性接受性行为时说"不",不是出于自愿而是出于羞涩,这也是男性文化意识的表现,甚至有的女性本身也认为强行性行为是男性"爱"的表现。

特别是在社会上,虽然对强奸法的批判导致了1980年联邦《模范刑法典》和密歇根州刑法的修改,但这并不为女权主义法学家所满意。

第二,对家庭暴力的批判。家庭暴力指对家庭成员,主要是对妻子进行恐吓与肉体虐待的行为,包括殴打、捆绑、侮辱、残害身体、限制自由、性虐待等行为。在美国,不少男人把结婚证当做虐待妻子的契约。由于美国强调家庭隐私权,许多警察及邻人对家庭的暴力充耳不闻,所以家庭暴力一直被宽恕。

婚内强奸是家庭暴力的一种,但传统法律对此没有规定。按照美国普通法,只有双方别居,男方的强制性行为才算强奸。传统观念认为,夫妻间有法定的同居义务,从而配偶间性生活的合法性与自愿性就不容置疑,丈夫不须每次均得到妻子的同意。美国多数州还将这一先决条件适用于以夫妻名义同居的非婚男女,并主张丈夫实施暴力属私人领域的事,不能算犯罪,顶多是道德问题。

女权主义法学家针对家庭暴力属于私人领域的观点,展开了对公法和私法划分的尖锐批判。所谓私人领域,指家庭生活范围内的事,它理应是妇女活动范围;操持家务、养育子女和洗衣做饭等,低于男子从事的公共领域活动的价值。这种划分不仅使两性间的分工、报酬、活动的性质和范围的差别成为一种"自然"的事实,同时使男性统治公共领域和私人领域。在公共领域中,法律排斥女性;而在私人领域,法律可以"不干涉家庭关系"的现成理由,不保护女性的权益。从而,私法中的损害赔偿和公法中的犯罪均不适用于家庭关系。这种私人领域缺乏法律调整至少有三个恶果:其一,由于没有法律救济与制裁,使妇女地位低下;其二,向社会传递一个妇女不值得法律规定的信号;其三,进一步掩盖了对妇女的不平等待遇。

在女权主义法学家的批判下,美国的联邦和州的法律对强奸罪条文进行了重大修改。当今多数州把婚内强奸定为犯罪。1984 年纽约州上诉法院 6 名法官一致决议,凡强迫与妻子发生性行为属于强奸罪。

第三,对色情和暴力文化作品的批判。美国色情和暴力文化作品年产值 80 亿美元。女权主义法学家指出,这些作品具有对妇女的压迫和歧视的性质,侮辱、虐待作为群体的妇女的人格,使妇女成为男性暴力的牺牲品。因此,对色情作品不应立足于道德,而应立足于政治,因为道德是建立在所有权之上的。色情的影像是社会男性统治的图解化和鼓吹力量,必须坚决取缔。

(4)对就业中性别歧视的批判。今日,美国妇女就业已是普遍现象,并进入军、政、律师、科学界,但拒收女性、工资低、晋升机会少、妇女经常成为经济萧条的牺牲品等问题也俯拾皆是,在工作岗位上经常受到性骚扰。

女权主义者指出,现在的劳动分工依旧是按照性别进行的。妇女总被认为是弱不禁风、没有理性、缺乏竞争力和被家庭拖累的群体。这是社会性的男性行业观。还有的学者指出,劳动妇女仍承担着外面工作和家务劳动的双重角色,男性对家务的忽视造成了对妇女在家庭中所创造的剩余价值的剥削。

麦金侬经长期考察提出了"性骚扰"的概念。所谓性骚扰,就是通过滥用权利,在公共场所、学校、法院及其他公共领域,以欺凌、威胁、恐吓、控制等手段,向女方做出不受欢迎的行为。性骚扰是从妇女角度和经历方面提出的第一个妇女要求,它是性别歧视的延伸或一种方式,即暴力的延伸。性骚扰给妇女造成一种敌对的环境,使其感到身份的低下和不受欢迎,造成其生理、心理及感情上的伤害。性骚扰的概念对美国社会有很大的冲击力。1986年最高法院在一个判决中,法官们一致认为性骚扰就是对联邦反歧视法的违反;而且认为,雇主若不制止其监管人员和一般雇员的性骚扰行为,也要受到法律处罚。同年,美国还设置了旨在惩罚性骚扰行为的专门法院。

(5)对压制堕胎权的批判。女权主义者从理论上为妇女堕胎权进行了辩护。她们认为,男性控制妇女的生育权、堕胎权是维护家庭男性统治的重要手段。堕胎权不是道德、医疗问题,而是妇女权利问题,即妇女对自己身体的自主权问题。一位女权主义者指出,妇女的生育功能是形成男性统治的根源之一,因此争取堕胎权不仅是妇女自身的需要,更是推翻男性统治、争取妇女自主权和解放的需要。有了堕胎权,妇女的其他自由即不可能长期地被剥夺,因为剥夺妇女权利的主要理由不存在了。

(6)对经济法学和批判法学的批判。首先,经济法学把法学原则同经济分析原则结合起来,把经济分析运用于法律,以便说明和预测有效益的法律后果。女权主义法学认为,这种以市场交换为假定的理论,具有人际关系或经济组织方面的男性标准性质。其次,女权主义法学之所以从批判法学中分离出来,主要原因就是认为它是男性的理论。与自由主义法学一样,批判法学也是男人的理论,妇女愿望和要求在他们提出的法律原则中没有任何反映。这和自由主义者认为"人"都是男人而不是女人的观点颇为雷同。

美国女权主义法学的国际影响不可低估,它确实为妇女解放开阔了新视野,作出了独立的贡献。

(五)美国种族批判法学

被称做"种族大熔炉"的美国是个典型的移民国家,是由100多个民族组成的混合体,少数民族占人口的20%,黑人达3100万。几百年来黑人备受压迫与歧视,从而黑人斗争一直是此起彼伏地发展。1960年为抗议公共场所的种族歧视,全美20余州和南方的20余万黑人举行抗议示威。最后迫使14个州和南方28个城市取消了种族隔离政策。1968年黑人领袖马丁·路得·金被暗杀,更激起100多个城市的抗暴浪潮和全世界的谴责。1992年洛杉矶发生大规模种族骚乱。1995年首都华盛顿爆发百万黑人大游行,成为美国历史上空前的记录。反种族歧视在加拿大和西欧地区也得到蓬勃发展。南非种族统治的垮台具有重大的国际影响。

在理论上,种族批判法学始于70年代的批判法律运动中,有的学者即把矛头指向种族结构领域。1987年批判法学会主办的"无声的呐喊:种族主义和法律"的年会,标志着种族批判法学已是相对独立于批判法学的流派。

1. 种族批判法学的概念、方法及同其他法学派别的关系

（1）概念。

根据种族批判法学家们的意见，种族批判法学应以如下几个方面来定位：其一，种族主义是美国生活中的一种特有现象。其二，怀疑现行法律中的中立性、客观性和无差别地对待有色人种的原则。其三，坚持对法律进行历史地考察，把种族问题与法律之间的关系结合一起加以分析。其四，在分析法律和社会时，注意对有色人种和原始种族团体的经验知识的了解。因为，这种知识源于对种族生活的体认和为消除种族歧视而进行政治斗争的批判性反馈。其五，种族批判法学是一种学科际的、从其他学科中取得素材的学科。它从马克思主义、后结构主义、实用主义、女权主义、国家主义等传统中汲取了许多素材。其六，该学派之目的在于消除作为人压迫人的一种形式的种族压迫现象。

（2）"经历叙述"的研究方法。

对于此种方法存在着不同的见解。有的学者认为，经历叙述方法有利于实践理性的运作，意识形态领域的变革，以及对法律体系中包含的偏见的认定。但这种方法至少有脱离法律推理范围的危险。

虽然如此，多数学者还是支持经历叙述方法，认为它至少比传统的教条分析能提供更多的精确性。具体说，它的优点在于：其一，确切性。经历叙述方法表明，对事件本身的认识都是尝试性的和可能性的。而传统教条式分析则坚持知识的确定性，以及法律都有"是"与"否"的确定答案。所以，经历叙述方法在反映真理方面更为精确些。经历叙述方法以中介身份运作，引发我们对这些事件之所以发生的政治、文化和社会背景的思考，并鼓励我们从不同的文化、伦理、经济、种族及个人的角度去看问题，这是传统教条式分析方法所不能胜任的。一句话，经历叙述方法对真理唯一性的观点提出了挑战。其二，客观性。它为理解事件的意义提供现实框架，因为它把事实置于一个前后连贯的环境之中。当事人、证人、事实勘查人用以理解这些事实和证据的方式是将其组织成为经历的形式。经历叙述方法使我们能够理解同事件相关的其他问题的意义。理由是，在这里，事件被看做是更广泛的社会结构的一部分。其三，公正性。假如不把个人经历看做纯粹私事，而看做是走向公共领域的桥梁，那么，这些个别的经历就会成为我们理解、确定一般理论观点的一条红线。表面上看，主体在叙述个人经历过程中可能存在偏见性的解释或自觉地观察与对待这些事物，所以经过叙述与一般理论分析之间就存在着鸿沟。但是，这种看法是不对的：第一，这种偏见在传统教条式分析中同样存在。第二，经历叙述中是否存在偏见，取决于采用的文本。第三，这种方法本身就有订正偏见的资质，因为经历叙述不仅使得对文化、社会、经济等因素进行考察成为可能，而且成为必要。

（3）种族批判法学同传统自由主义法学和批判法学的关系。

其一，种族批判法学与传统自由主义法学的关系。二者都从权利要素入手，消除

种族歧视现象。就这一点而言,它们有继承关系。但种族批判法学对传统自由主义法学更多的是采取批判的态度,对其消除种族歧视的手段表示怀疑。此外,对于传统自由主义法学提出的"形式上的机会平等"的主张,种族批判法学认为这比以前"隔离且不平等"和"隔离但平等"两种民权政策是有所进步的;但是,它过于理想化,在现实中不可能得到有效的实施,因为各种形式的种族歧视已深深地扎根于社会中。

其二,种族批判法学与批判法学的关系。批判法学的分析有助于我们理解传统自由主义法学倡导的、因反种族歧视而要求的有限的改革。但是,批判法学的研究没有置于种族压迫的现实,对美国法律的批判和权利的分析是很不够的。具体表现在:①不能全面地理解民权运动和动员黑人并引发他们提出一些新需要的改革的意义。②不懂得社会的种族歧视意识形态是黑人受压迫的根源之一。③批判法学关于统治形式的叙述并没有描绘出种族压迫的真实情况。④除了低估各种种族压迫的形式之外,也没有充分揭示自由主义所赋予的改革潜力。

2. 种族批判法学中的两个理论问题

种族批判法学已深入到宪法、刑法、反歧视法、劳动法、住房法、教育法等各领域。但最重要的,还是关于种族主义同美国法律的关系、关于平等权的看法两个问题。

(1)种族主义和美国法律。

种族批判法学一般地主张要历史地看待种族主义和美国法律的关系。认为,现今的种族状况是早已存在的美国种族歧视现象的继续。只有置于种族主义这个大背景之下,才能真正理解当今的制度、团体及人们之间的关系。在这个国家里,法律是"种族主义的奴婢"。历史地看,美国法律及司法制度一直在维护对印第安人、东方人和黑人的歧视。

首先,美国法律剥夺印第安人的居住权。1830年,美国国会通过的印第安人迁移法,迫使广大的祖居于东部地区的印第安人迁移至密西西比河以西地区。为补偿其损失,政府许诺他们对西部土地拥有永久而广泛的权利。但当白人发现西部也有利可图时,许诺随即被推翻了。又如,法律规定印第安人不能出庭作证、不能成为律师协会会员等等。

其次,对东方人,主要是对中国人和日本人的歧视。到1853年止,美国仅有46个中国人,后来随着到那里做苦工的中国人的增长,他们便立即遭到歧视,国会不仅颁布禁止移民法来阻止中国的移民,而且在一些地区剥夺中国人的出庭作证权。美籍日本人在二战中普遍地受到监视和囚禁。19世纪至20世纪之交,西部的一些州用法律禁止东方人拥有或租赁土地以及从事某些职业。

最后,歧视黑人。美国独立战争的领导人从来没有有意识地将黑人和受压迫的种族列入解放的对象。美国宪法成为奴隶交易和恢复逃亡奴隶的原有身份的合法根据。独立战争后,南部诸州以黑奴法典明确地规定黑人奴隶从属于主人,而且没有独立的人格。他们不能在涉及白人案件中出庭作证;对黑人案件采用不同的规则办事。名义上反对南方蓄奴制的北方诸州也剥夺了黑人的选举权,只允许他们去种族隔离的学校,禁止黑人在邮局工作等等。南北战争后,黑人的状况亦无太大的改善。直到 1896 年,最高法院在普莱西诉弗格森案件中才确立了"隔离但平等"的原则。不过,对这一原则也不能估计过高或期望太多,因为"美国仍然是一个受种族主义深刻影响的国家"。

时至今日,美国的许多法律在表面上已消除了种族歧视的条款,但其依然潜在着种族歧视的幽灵。所以,法律的中立性是虚妄的。法律的结构是不平等的,是等级制度和阶级偏见的融合。种族歧视的实例,在保释金制度、民法以及行政程序中比比皆是。种族批判法学家的悲观者(伯恩斯)说:"法律只有在制定它的人发生改变,不到这时——如果真有足够的理由相信这一时刻会到来,那些考察种族主义和美国法律问题的人们仍将在美国法律中发现种族主义的问题。"

(2)种族批判法学对民权政策的宏观批判。

美国民权政策经历了三个发展阶段:第一,与蓄奴制相伴的是"隔离且不平等"。第二,1894 年起是"隔离且平等"。第三,1954 年最高法院在布朗诉托皮卡教育委员会案中确立了"形式上的机会平等",其主要指标是"肤色无视"和"种族混合"。

种族批判法学认为,"形式上的机会平等"(FEO)概念框架本身就应对种族问题未能取得实质性进展承担责任,因为,它仅仅是一个抽象的、形式主义的模式。鉴于改良主义者根据 FEO 原则进行小规模的社会改造方案,种族批判法学针锋相对地提出要进行"社会种族改革"。这时由于种族主义更多的表现形式则深藏于我们的社会结构中,"种族压迫是我们社会景观的一种一般的、常见的特征"(德尔戈多语)。

种族批判法学指出,FEO 概念的缺陷在于:①FEO 是传统自由主义的政策,他们本身就不关注种族主义问题,因而拿不出什么切实可行的办法。②FEO 在关于同一的可能性、优点和法律上的平等待遇,以及忽视法律意义上的黑人与白人的区别等问题的设想是错误的。如果不考虑法律的规则、原则、政策在现实中不可能实现这一点,而片面强调各种族似乎已取得了与白人相称的地位的判断是没有根据的。③FEO 确立了白人的价值优于黑人或其他种族的价值的观念。例如,让黑人孩子进入白人学校而不是相反,其中就不自觉地树立了白人学校优于黑人学校的观念。FEO 所设想的平等待遇,意味着少数种族要受白人长期建立起来的观念和条件的束缚。

与传统自由主义法学提出的"相称的种族平等概念相对应,种族批判法学提出不相称的种族平等"的概念。此概念有两个侧重点:①强调各种族被社会经常放到与白人不相称的地位,并且不认为种族差别即将或最终消失的想法。②把注意力集中到创建一个能够将社会的负担和利益,按照种族的比例来分配的社会。就是说,为了达到种族平等的社会状态,必须对那些受歧视的种族进行"种族授权",就是给他们更多的权利,以摆脱受歧视的地位。没有这种授权,那些违背常规的、不健康的种族差异就将长期存在下去。种族授权是使存在于美国的社会更深层次文化中的无意识的种族歧视现象得以消灭的唯一途径。

综上所述,种族批判法学对于一直没有理论支撑的美国反种族歧视的斗争是一种新的突破。它揭示种族歧视在美国社会的广泛而深远地渗透,认为以白人居支配地位的种族结构的存在是各族不平等根源的观点都是极有见地的。

种族批判法学的缺点:①与其"母体"批判法学一样,批判多于论证,感性色彩浓厚而理论色彩不足,特别是理论体系的建构尚不严谨。②还不能不看到,在消除种族歧视的过程中,不少学者流露沮丧和悲观情绪,或者提倡一些不切实际的纯意识形态革命的口号。这些都说明,种族批判法学要走的路还很艰难和曲折。

第三节　当代西方法律思想发展趋势

法律思想是法律文化乃至整个人类文明的一个组成部分。因此,它必然同文明和法律文化一起向前运行。根据历史的经验,法律思想运行的轨道呈现这样两个特点:其一,它总是追随社会生产方式以及与此适应的政治法律的变化而变化;其二,它总是受到既存的法律思想的制约,并与之保持长期的、程度不同的联系。在我们预测当代西方法律思想发展趋势的时候,绝不能忽视这两者所包含的启迪性。

一、三大法学主流派之间又区别又靠拢的局面将继续下去

自然法学、分析实证主义法学、社会学法学这三大法学,是西方法律思想史的结晶。在今天即在科学文化空前繁荣兴旺的时代,它们之所以仍能生存并不同程度地得到发展,根本上是由于它们都能从某一角度上揭示了法的真理,并长期对西方国家法律制度的建设具有指导意义。举例说,当前西方世界方兴未艾的人权运动和人权立法的发展,就离不开古老而又常新的自然法关于理性、理想、正义、自由、平等之类的观念。再如,法学作为一种特殊的规范科学就不可能没有对规范的分析研究。尤其在大陆法系和英美法系日趋接近的情况下,不论是制定法的创立和适用,还是判例法的形成和遵循,都需要采纳分析实证主义法学所提供的成果。最后,至于说到作为垄断资本主义时代经济和政治直接产物的社会学法学,其重要性更是显而易见的。不说别的,仅就突破传统的公法和私法之分的社会法之出现而言,已足以看出社会学法学的巨大功绩了。

当代科学的特性之一是要求把握世界的整体,从而要求各门学科的开放及其相互联结。这种思维方式对于三大法学主流派也是适用的,既然它们都是有关法的学说,并且又都包括一定的合理成分,那么,对于它们的"综合"或者"兼容"便是情理之中的事情。所以,使三大法学主流派日趋靠拢的形势必然会长期地持续下去的。

不过,正像我们在二战后的半个世纪中已经看到的那样,三大法学主流派的相互靠拢的趋向,并不完全排除它们各自的相对独立地位。换言之,每一流派之所以仍能

保持自己稳固的存在是因为有其现实的根据。借用西方流行的术语来表达就是,法律思想的这种多元性同其多元性的环境相一致。这种多元性环境至少包括这样一些因素:①资产阶级内部的利益多元性。就是说,这个阶级的不同阶层、集团及不同的政治派别的利益要求总是有分歧的;从而它们所期望的法律制度和相应的法律思想也就不能没有差别。比如说,在同一个时期内,资产阶级的社会本位主义派可能倡导社会学法学,个人本位主义派可能倡导自然法学,而自由主义派可能倡导分析主义法学,等等。②认识的多元性。法学是揭示法现象的规律和真理的科学。如同在任何科学领域一样,不论在什么时候都会存在着不同的见解。更何况三大法学主流派都由于各自包含的正确成分而为自己赢得存在的根据。③方法论的多元性。对于一种理论体系而言,其认识论和多方法论是一致的。正像当代西方大多数法学家所达成的共识一样,三大法学主流派的区别,同时是三种不同的法学方法论的区别,即理性的方法(自然法学)、分析实证的方法(分析实证主义法学)和社会学的方法(社会学法学)的区别。由上可知,把三大法学主流派的相互靠拢解释为很快要合成一体是不正确的。

二、各种学科对法学的渗透会进一步地加强

法的存在不是一种孤立的现象,而是广泛地关涉到社会生活各领域的现象,法所调整的范围愈加宽阔就愈加精密。因此,除了法学家以外,其他领域的学者中也开始有越来越多的人对法现象的思考和研究感兴趣。西方长期以来,尤其现代以来的历史经验证明,没有来自多个不同学科的支持和充实,法学也就不会获得新的生命力,就不能跟上时代的步伐。

按照比较一致的看法,当代的法学结构主要包括如下几个部分:①理论法学。又分为法学学、法哲学、法理学、法社会学、法史学和比较法学。②应用法学。大体上指对各部门法规范的制定和运用方面的科学,分为立法学(法政策学)和法适用学(法解释学)。③法律技术科学。如,刑事侦查学、物证技术学、法医学、司法精神病学、司法统计学、司法会计学、法律逻辑学等。法律技术类的诸学科是法学同其他学科结合的产物。这点显而易见,自不待言。即使理论法学和应用法学两类学科中也多有相似的情况。比如,法哲学是法学与哲学的交叉,法社会学是法学与社会学的交叉,法史学是法学与历史学的交叉,法政策学是法学与政策科学的交叉等等。

法学的学科如此,法学的思潮也是如此。首先,以三大法学主流派而言,自然法学突出地体现理性法和实证法的哲学二元论及伦理学观点;分析主义法学主要是主权主义政治学、实证主义哲学和逻辑主义的产物,表现为法律的实证主义;社会学法学直接以实证主义社会学为理论基础。其次,作为三大法学主流派衍生物的各种法学思潮的情况似乎更为明显。例如,现象学法学受现象学哲学的影响;存在主义法学受存在主义哲学的影响;经济分析法学受经济学的影响;综合法学、多元论法学、多元价值判断

逻辑法学受多元主义政治学的影响;西方马克思主义法学受西方马克思主义的影响;行为主义法学受行为科学的影响;符号学法学受符号学的影响;纯粹法社会学受社会学、行为科学和科学主义的影响;以及我们前面未言及的人类学法学受文化人类学的影响,程序法学受程序科学的影响等。这里所说的"影响"指大致情况。假若进行更为深入细致的分析,那么问题就可以讲得更清楚一些。随便地以比利时的佩雷尔曼的学说为例,我们把它称为多元价值判断逻辑法学,而佩雷尔曼本人则强调它是"新修辞学的法学"。在这一学说里,除了上面提到的多元主义政治学的影响之外,还充满并不亚于自然法学的伦理说教以及浓厚的逻辑学和修辞学的色彩。

迄今为止,我们所说的各种学科对法学进行渗透的状况还在继续加强,因此,有理由预计,这是当代西方法律思潮发展的又一重要趋向。

三、新科学技术成果的影响与日俱增

二战以来,人类进入了科学技术空前长足发展的新时代,新的理论和技术成果越来越强烈地影响着人们的生活,也影响着人们的头脑。于是我们看到法律思想和法律科学不仅接受哲学和其他社会科学部门的巨大影响,同时也接受自然科学,尤其是科学技术新成果的影响。这种影响既包括理论观点方面的,也包括方法论方面的;既包括直接的,也包括间接的。在所有的新科技成果中,对法律思潮和法学影响最大的是信息论、控制论、系统论的"三论"。除此而外,还相继引入诸如定量分析、模型论、数学模拟、模糊数学、行为科学、计算机管理等方法。需要特别一提的是行为科学对法律思潮的影响。战后,行为科学首先是在政治学中造成一场大变革,产生了行为主义政治学。继而,以行为主义政治学为媒介才产生行为主义法学。它以美国为发端,一经产生便成为70—80年代前期最有势力的法律思潮,席卷西方(包括日本)的法学阵地。在行为主义法学的这段鼎盛时期,同时也是各种自然科学和技术及其理论与方法奔流般地涌进法学闸门的时期。可以说,法学领域的行为主义运动为法学同自然科学的结合奠定了牢固的基础。

当代科学技术对法律思潮和法律科学的积极推动作用,也表现在它给法学带来一系列的新课题。1974年美国的隐私法制定以后,立即就受到高新技术的挑战。各种电话应答机的偷录装置,摄像监视仪器的暗中扫描,电脑对个人详细档案资料的搜集和储存,都突破了该法律关于隐私权界限的规定。1991年亚拉巴马、加利福尼亚等六州司法部长正是鉴于此种情况,而对TRW信用公司提起诉讼,认为它侵犯消费者的隐私权。这几年,西方法学界、包括各部门法学界极大地加强了新科学技术革命与法学相互关系的课题的研究,有关的学术讨论会频繁地举行。例如,宪法学界讨论过电信通讯新手段与广播自由的保护,计算机的广泛应用与公民和生活的保护,医学新技术带来的人工生育、器官移植、脑死亡、安乐死等等新问题。当代新科学技术革命给法学所带来的问题,一开始仅具有个别的性质,并没有引起多大的重视,但是到目前,它差不多已扩及一切法学部门,而且其程度日益深入,确实达到了相当尖锐与迫切的地步。不难想象,在 21 世纪,此种情况必有激剧的发展。现在,我们只能断言,法学领域遇到的这些新问题绝不限于事实方面,还一定会给理论思维方面的创新开辟道路。

四、越来越重视社会的现实需要

社会现实中最根本的是经济因素,它是一切法律类型的出发点和归宿。所以,我们看到,资本主义社会发展的每一阶段都有表现着该时代经济特征的法律思潮。在 19 世纪,有以维护个人利益为特征的功利主义法学。在 20 世纪上半期,以所谓社会功利主义为内容的社会学法学勃然兴起;此间,即使是意大利法西斯主义和德国纳粹主义(国家社会主义)的法律思潮,有时也要虚假地呼喊要解决种族的或人民的集体生存权。在 20 世纪后半期,情况又有新发展。大体说,可以 70 年代中间为界划分为两阶段:前一阶段的经济法律思潮的基调是福利主义;后一阶段的经济法律思潮的基调是效能主义。如同 1983 年美国《法律教育杂志》举行的"经济学在法律教育中的地位"研讨中指出,效能分析的立法代表了西方法学发展的新希望。这股新潮流就是上面讲过的 70 年代以来经济分析法学运动。其兴起的主要原因,一是各发达资本主义国家的福利政策碰壁,使社会经济发展的资金越来越不足;二是发达国家间的经济竞争和各国社会矛盾的强化,以及亚洲的崛起和挑战。当前世界的主流是和平与发展,这就决定了西方世界的效能主义的经济法律思潮必将有更大的发展。

从政治上看,随着原苏联和东欧一批社会主义国家的瓦解,世界结束了东西方间长期的冷战局面。在这种形势下,跟着涌现出一大堆新问题。如,美国、日本、欧洲共同体在对峙中产生的"商战"日趋尖锐;最近,欧共体内部围绕 1991 年 12 月中旬在荷兰签署的《马斯特里赫特条约》而高涨起来的新欧洲联邦主义;原苏联国家爆发的激烈的民族主义;以及整个西方世界近期流行的多元民主论、社会民主主义、人权运动等等。这些问题与思潮正在要求法学上的答案。这几年来,由于西方法学家们不得不把其观点转向现实的重大变化,因而对法自身的可操作性开始倍加关注。例如,从 1990 年以来,德国法学家们着重探讨国家统一后的宪法和法制的连续性、德国统一中的权利保护、德国统一与欧洲联合,以及欧洲共同体国家的宪法关系。在法国,还专门研究了东欧的变化与宪法及人权与自然法、社会民主主义权利和欧洲共同体法制等问题。海湾战争爆发以来,日本法学家普遍重视对"联合国和平活动法"的思考,激烈地争论自卫队派往国外的问题。对于英国而言,随着 1993 年欧洲统一市场的形成,其不成文宪法体制的不适应性问题也迫切要求理论上的解决。的确,综合上述所有的情况,西方世界正孕育一种新的法律思潮。尽管我们尚难以预知其详,但作为一种趋向并且是大趋向则是绝无疑义的。

第三编

西方法律思想家的法学方法论

第三章

第九章　自然法学派方法论

第一节　自然法学派的哲学基础

人类在步入资本主义社会之前,对人类社会的认识长期处于前科学状态。造成这种前科学状态的主要原因在于,作为对人类社会研究的社会科学是关于社会的政治经济制度和人们的相互关系,在世袭专制统治的社会中,统治阶级总是限制人们对社会的研究,推行各种愚民政策。各种宗教神学理论限制世俗政权的力量,竭力想把人们关于人和社会的认识纳入到宗教教义中,用神话来误导人们对现实社会的认识。由于这两种因素的作用,加上社会生产水平低下,生产规模狭小,人们认识世界的方式简单、粗糙,而社会的内容和社会发展的复杂性,便造成了社会科学研究长期处于前科学状态。在这种前科学状态中,人们对社会研究是套用道德哲学、宗教哲学的方法论或简单地运用自然科学方法。

道德哲学或宗教哲学方法论研究社会的根本特点是,从"性善""性恶"观念出发等等来规范社会,描述理想的社会形态。其具体表现为,一方面研究者都是全能型的,对社会现象的研究是概括、笼统的,而非分门别类的,同时由于社会生活条件限制,学术活动多以老师为中心而展开,从而使社会知识受个人的生活环境、经验等因素影响。另一方面社会知识统一于哲学、神学之中,处于未分化状态,人们对社会生活各方面的认识混杂在一起。这种认识掺杂着感受、猜测、思辨、幻想的成分,是具有非科学的个人思考的产物。与社会科学研究的这种前科学状态相适应,其研究方法主要是个人情感外推法、经院哲学论证法和经学注释法等非客观、非科学的研究方法。"所谓个人情感外推法,就是将个人感情外化、合理化,并以此来理解社会和世界。例如儒家的国家学说就把家庭关系伦理外推到整个社会组织中去,把家庭看做社会的同构体。所谓经院哲学论证法是指中世纪经院哲学所惯用的抽象的、脱离现实生活的空洞推论,教条、僵死、烦琐是其显著特征。所谓经学注释法,是对先哲经典的无限重复的正名、考据和注释。"①

欧洲文艺复兴运动之后,人们逐渐从神学的羁绊中解放出来,开始用人的观念来认识社会。资产阶级革命胜利后建立的资本主义社会极大促进了社会生产力的发展,

---

① 陈波等编著:《社会科学方法论》,中国人民大学出版社1989年版,第39页。

产业革命和神学式微都给社会带来极大的震荡,人类对各种社会现象给予极大的关注。正如自然科学中的分化一样,社会科学也逐渐从哲学和神学大一统的格局中逐渐分化,独立出法学、经济学、政治学、社会学等学科。各专门学科的独立,使得研究者得以将特殊的社会现象为研究对象,并开始摆脱纯思辨的研究方法,注重客观的现实社会生活和经验资料的收集和积累。从宗教神学中解放出来的人们,从原来的道德哲学出发,发展、形成了理性主义方法论。理性被人们视为人类本性要求,是对外部世界的合理性、完美性以及人类社会的平等、正义和自由,体现了人类所特有的价值标准和评价尺度。理性作为思维能力和价值尺度的统一,应用于对一定社会客体的研究,就成为一种理性的方法。运用理性方法去认识社会,意味着"从人的内在本性要求出发运用人类所特有的思维力去认识和评价各种社会现象、历史事件,去建构未来理想社会"①。

自然法学作为历史最为久远的法学理论,经历了古代自然法、中世纪宗教神学自然法和近代古典自然法的发展过程。在这个历史演进过程中,自然法学派的方法论的哲学基础同人类的整个社会科学发展是同步的,即从最初的自然主义哲学观到中世纪的宗教神学世界观,再到近代的理性主义哲学观。在这个发展过程中,不同历史时期的学者采用不同的方法论,不断丰富和发展着自然法理论。

第二节　古代自然法学方法论

在人类早期历史发展阶段,所有的民族和国家都形成了关于正义和法律的观念与思想。这其中,古希腊的法学观念和思想具有特殊的地位。古希腊人通过对自然、社会和社会制度进行的全面分析,形成了人类社会最初较为完整的哲学理论体系,这些理论成为西方文化发展的源泉之所在。

古希腊先哲们对自然和社会现象具有非凡的哲学洞察力。他们建立的古希腊哲学体系中提出和讨论了若干人生的基本的问题,而在当时历史条件下,他们分析和解决问题的方法只能是从原始宗教哲学中所蕴含的自然主义的价值判断方法论。

古希腊思想家们运用自然主义的价值判断方法论对法律进行分析,因对"自然"的理解不同而形成不同的派系。以普罗塔哥拉为首的"民主派"指出,奴隶和希腊城邦的公民一样都是人,同样具有人的自然属性,因此奴隶制是违反自然的,建立在奴隶制基础上的雅典法律制度是不公正的制度。与此相反,以卡里克利斯为代表的贵族派,试图从自然界大鱼吃小鱼的事实推出弱肉强食的自然规律,进而认为雅典民主制是建立在居多数的"弱者"不公正地压制居少数的强者的基础上,因而是违反自然的。尽管智者学派中不同派别观点不同,但是运用他们对"自然"的理解进行法律价值判断的方法

---

① 欧阳康:《社会认识论导论》,中国社会科学出版社 1992 年版,第 83 页。

论上,智者们是一致的,都强调法律作为人类理性世界的规则和自然界的有序的原则相一致。

以自然主义方法论形成自然法理论的是斯多葛学派。斯多葛学派的奠基人芝诺将"自然"的概念作为其哲学的核心。芝诺及其追随者所理解的自然是指遍及整个宇宙的统治原则,且这种统治原则在本质上具有理性。芝诺认为:"整个宇宙是由一种实体组成的,这种实体就是理性……自然法就是理性法。人类作为宇宙自然界的一部分,本质上是一种理性动物,服从理性的命令,根据人自己的自然法则安排其生活。"①斯多葛派学者认为,人的生活应当不受情感和主观愿望的影响,而应该让理性支配本能。理性作为一种遍及宇宙的万能力量,自然是法律和正义的基础。斯多葛学派创立了一种以人人平等原则为基础的自然法理论。他们认为基于理性的自然法不分国别和种族,它在整个宇宙都是普遍有效的。自然法的最终理想是在一个神圣理性的支配下,建立一个所有人和谐共处的世界国家。

伟大的罗马法学家西塞罗继承斯多葛学派"确定自然和自然理性"的方法论,把真正的法律确定为与自然相适应的、适用于所有的人并且永恒不变的法律。在西塞罗看来,正义是自然界所固有的,有理性的人都可以从自然界获得一种普遍的正义感。"由于人共同具有一种智力,这种智力使人知晓许多事情,并且铭记在心。例如,我们将正直的行为认做是善,将不正直的行为认做是恶;只有疯子才会得出这样的结论,即这些判断是每个人的判定问题,并没有得到大自然的确定。"②与斯多葛派的自然法相比,西塞罗的自然主义价值论中更注重现实和价值评判标准的区别。他认为如果相信一个国家的法律的内容都是符合正义的,这将是最愚蠢的想法。"国家实施的一些违背正义的原则的法规,理所当然不配被称为法律。因此,法的概念中,应该包含对正义和真实的选择。法是正义和非正义事物之间的界限,是自然与一切最原始和最古老的事物之间达成的一种契约;它们与自然的标准相符并构成了对邪恶予以惩罚,对善良予以捍卫和保护的那些人类法则。"③

古罗马时期,自然主义方法论对许多罗马法学家的观点都有指导作用。由于罗马法学家的工作在很大程度上具有实践性,因而大多数罗马法学家的法学论著中并不关注法律和正义性质问题的抽象讨论。尽管书中充满了基于自然主义方法论而产生的关于自然法、自然理由和自然理性的论述,但这种自然法是反映人们所期望的处理案件的办法,而这种办法中包含着人们行为方式与事物所固有的正义相一致的要求。正是在这种意义上,"'自然'不仅是人或事物的物理属性所产生的东西,而且是那种在

---

① 〔美〕博登海默:《法理学——法哲学及其方法》,邓正来、姬敬武译,华夏出版社1987年版,第13页。
② 同上书,第15页。
③ 参见法学教材编辑部西方法律思想史编写组:《西方法律思想史资料选编》,北京大学出版社1983年版,第77页。

(法律)体系结构内似乎与一种正常的人类利益秩序相符合的东西。"①由此,罗马法学家乌尔比安甚至认为,自然法并不是人类所特有的,而是所有动物所通有的法律,例如在人类社会中,人们把男女结合,繁衍和养育后代称为婚姻,这在动物中也都存在类似法律。

自斯多葛学派开始,自然主义方法论在法学理论形成发展过程中一个突出的贡献就在于指导平等原则。从自然主义出发,学者们深信,人们在本质上是平等的。基于性别、财富、种族或国籍而对人进行歧视,这是与自然法背道而驰的。这种人类平等的思想虽然没有影响罗马法的主体内容,但还是在罗马法学理论中赢得了一席之地。特别是罗马后期法律制度的改革,显然是受到这种理论传播的影响。在《查士丁尼民法大全》有关奴隶制定义中已有人类平等的观点,认为奴隶制是与自然法相违背,因为根据这种制度,一个人被迫成为另一人的财产。乌尔比安也表达了相同的观点:在民法中,奴隶没有被认为是人,但在自然法中情况就不同了,因为自然法认为所有人都是平等的。诚然,这种人类平等的原则在罗马帝国的奴隶社会中是不可能付诸实践,但是由于这种体现人道主义思想的影响,罗马共和国后期在实际中采取了一些措施,使奴隶的法律与社会地位有了一定改善。另外,妇女也从丈夫的独裁权力下慢慢解放出来,父母和子女的法律关系也采取了较为人道的形式。虽然不能绝对地说上述法律制度改革是决定于斯多葛学派自然法观念的影响,但罗马共和国后期和帝国时期,政治和法律生活中许多领袖人物受到斯多葛学派自然法观念的影响,从而促使这种人道主义法律思想在罗马共和国后期的社会和法律改革中起着某种显而易见的作用。

自然主义价值判断方法论对后世的影响是久远的。在古典自然法理论中,人们能经常看到相关的观点,如孟德斯鸠假设"法律是由事物的性质产生出来的必然关系"。但是后来学者运用自然主义价值判断方法论,逐渐认识到自然环境、人类自身对价值体系的影响必然通过人的意识活动来完成,自然主义价值判断方法论在法学中的应用,必然体现自然科学和社会科学的有机结合。这一点在 20 世纪,特别是二次世界大战以后表现得尤为突出。

第三节　神学的价值判断方法论

中世纪欧洲是神学大一统的历史时期。"政治和法律都掌握在僧侣手中,也和其他一切科学一样,成了神学的分支,一切按照神学中通行的原则来处理。教会教条同时就是政治信条,圣经词句在各法庭中都有法律的效力。甚至在法学家已经形成一种阶层的时候,法学还久久处于神学控制之下。"②因此,中世纪神学自然法的形成和发展

---

① 〔美〕博登海默:《法理学——法哲学及其方法》,邓正来、姬敬武译,华夏出版社 1987 年版,第 16 页。
② 《马克思恩格斯全集》第 7 卷,人民出版社 1959 年版,第 401 页。

是伴随着宗教神学的发展而如影相随的。神学自然法理论的神学价值判断方法论必然地是以基督教教义为哲学基础的。

基督教哲学有两个前提,一是"天国"与"地国"之说,即存在两个国度。在天国,除了神和天使以外还有上帝的选民。凡是地国(人间世界)死后经过"末日审判"升到天国的灵魂便可以得到永生。另一个学说"原罪说",即人类开始就犯了罪,从而使后来的人生下来就有罪,人们只有通过上帝在地上的代表——教会,对人们进行洗礼和教诲,人们遵循教会的规定,人类才能得救。从这两个前提出发,神学价值判断方法论推演出法律产生和惩罚目的。正如奥古斯丁所说的,人类最初没有法律,宇宙最初只有上帝永恒正确、公正的法律。由于人的本性被原罪败坏了,人类容易受到邪恶的欲望所诱惑,当在人间接受上帝惩罚的人类必须通过某种方法或制度来控制人的各种欲望时,政府、法律便应运而生。"一个没有理性的人,需要别人用命令来控制他的各种欲望。"[①]

国家、法律的产生源于人的本性的败坏,它们存在的目的在于避免色欲、贪欲、激情和权欲起着明显的作用而导致人类社会中爱的秩序的破坏。而国家和法律要能有效力就必然符合上帝永恒的理性。因为"'万物和平是一种被安排得很好的秩序。秩序就是差异的各个部分得到最恰当的安排,每一部分都安置在最合适的地方'。这种秩序和安排,都来源于上帝的永远的正义和永恒的法律"[②]。

奥古斯丁作为神学价值判断论的首倡者,正是从基督教教义出发,描绘了一个在天国业已存在的自然法体系,这种自然法不是自然的反映,而是神的理性所设计出来的用以教化被原罪败坏本性的人的制度。对于宗教理想和世俗现实的矛盾,从神学价值判断论出发,奥古斯丁很自然地提出"君权神授论",代表上帝的教会地位高于世俗政权。教会作为上帝永恒法的保护者,可以随时干预世俗国家的法律制度,而世俗国家只有保护教会、促使其法律服从上帝永恒法的要求,才能证明其正当性。

托马斯·阿奎那是中世纪西欧神学和经院哲学集大成者。神学价值论在托马斯·阿奎那的神学理论中达到最完善的程度。他把基督教教义和亚里士多德的价值论巧妙地结合起来,从而综合形成一个完整的思想体系。在《神学大全》中,阿奎那将法律划分为四种类型。第一种是神的成文法,即圣约。第二是神的自然法,这是神的理性本身。第三是人的自然法,这是神的法律在人类理性中的反映。第四是人的成文法,这是对自然法的确认。在这个法律体系中,上帝的意志居于最高价值,体现为永恒法。自然法则仅仅是神的理性的不完全和不完善的反映。人通过自然法来了解永恒法,并通过自然法来确定人的制定法内容,保证人法的内容是以公共福利为目的。阿奎那认为,由于上帝赋予人理性的能力,使其能辨别善与恶,趋善避恶;由于人的理性能力的存

---

① 转引自法学教材编辑部西方法律思想史编写组:《西方法律思想史资料选编》,北京大学出版社1983年版,第84页。

② 同上书,第84—85页。

在,从而保证了人类法律的正义性,因为在人类活动中,当一件事情符合理性法则时,才可以说是符合正义的。站在神学"服从上帝,而不是人"的立场上,阿奎那把上帝的意志和人的理性有机地结合起来,从而使原始自然法理论披上了神学的圣衣。

阿奎那不同于其他神学家之处是他区分了法律与道德。阿奎那认为,人作为法律的制定者,只能对外在的行动作出判断,而对其内在的活动无法驾驭,只有作为神法制定者的上帝才能判断意志性的内在活动。从这个前提出发,阿奎那认为人定法是为广大群众制定的,而大多数人的行为离完美的程度尚远,因此,人定法并不禁止有道德修养的人所痛恨的每一种恶习,"只是禁止为大多数人所能防止不犯的、损害别人或使社会不能继续存在的行为"①。这种神学理论将法律的价值观建立在大多数人价值观念而非个别人的价值观念基础上,从而为后世自然法理论挣脱宗教神学专制独裁的束缚指明了方向。宗教改革时期加尔文教派法学家让·雅克·伯雷曼奎在《自然原则和政治法律》中将自然法定义为:上帝为所有人设定的、而且是人类只有凭借理性和通过认真考虑其处境与本性方能得以发现和通晓的一种法律。这一观点后来形成以"天赋人权论"为核心的"权利主义自然法"。

20世纪中后期,经院神学得以复兴,神学自然法律理论也得以发展。复兴的神学自然法一方面批评和否定17、18世纪的古典自然法理论;另一方面极力颂扬神学自然法理论。不过适应新的时代和环境的变化,经院神学理论家们借助神学价值方法论,对原有神学方法论注入一些新的内容,以适应社会变化的需要。托马斯主义者让·马里旦认为,任何一种事物都有本身的自然法则,这是事物本性的要求。人的自然法则是人的理性的体现,它是有关人的行动的理想秩序,是关于人的行动的合适与否、正当与否的衡量标准。从本质上说,自然法源于人的本性,是人的本质要求。但是,由于自然法不是一种成文法,因此人们要知道它是比较困难的。"自然法是一种不成文法,人们对自然法的知识是随着人的道德良知的发展而一点一点增加的。人的道德良知起初处于朦胧的状态……只有等福音渗入到了人体的最深之处,自然法才会开花并达到完善的境地。"②在这里,马里旦一方面将自然法确定为人的理性要求,另一方面又认为人的道德良知不能保证人们完全认识自然法,那么,只有借助神的力量,依照上帝的启示,人们才能将自己的行为纳入理想秩序之中。马里旦还注意到古代和中世纪自然法中关注的是人的义务而不是人的权利;17、18世纪自然法中关注的是人的权利而不是人的义务,因此,他强调真正的自然法应是既关注人的权利又注意人的义务。这是新经院主义自然法的重要特点之一。

概而言之,神学价值判断方法论最突出的特点是,预先设定一个反映上帝意志的且永恒体现正义原则的自然法,这个自然法中包含着理想的社会秩序,以此为标准来

---

① 〔意〕阿奎那:《阿奎那政治著作选》,马清槐译,商务印书馆1963年版,第120页。

② 转引自法学教材编辑部西方法律思想史编写组:《西方法律思想史资料选编》,北京大学出版社1983年版,第443—444页。

评估世俗社会的法律制度。因此,它与其他世俗自然法学派价值判断方法论相比,不过是将理性的标准披上了宗教神圣外衣。

第四节　理性主义的价值判断方法论

16世纪后期,新教对教会控制人们的精神生活方式提出了抨击。新教认为,所有的灵魂在上帝面前都是平等的,每个人都有权直接与上帝交流而无需通过教士来中介。与此同时,欧洲许多国家对僧侣阶级控制世俗政权的状况进行抨击,在政治领域中,出现反对封建贵族及其特权的新动向。相应地,在法学领域中一种新的自然法产生了。这种自然法理论在17、18世纪资产阶级革命前后的相当一段时期里占据着支配地位。这种自然法后来被称为古典自然法。对古典自然法形成起支配作用的因素之一就是理性主义价值判断方法论。

运用理性方法认识社会和法律,意味着从人类合理性要求出发,并以此作为价值尺度评价历史及现实中的社会现象,揭示其合理性的方面且予以褒扬,暴露其非理性、非人道的方面,并加以贬斥。启蒙思想家以"自由、平等、博爱、人权"等理性原则为武器,猛烈抨击封建社会中的等级特权、人身依附、思想专制等等,并将上述理性原则作为建立资本主义制度的宪政原则。理性认识方法,作为人类社会自我认识的一种自觉方法,它对于文艺复兴时期人们从神的蒙昧中清醒过来,促使各门学科从哲学和神学中分化出来,按照与某一类具体社会现象的逻辑结构来构建某种学科的知识体系,起着非常积极的作用。由于古典自然法的萌芽是与欧洲中世纪后期新教改革相关,因而理性主义价值判断方法论与神学价值判断方法论存在着形式上的相似性,即都是描绘一个完美理想的法律制度,以此来评价现实和历史法律制度的好坏。但是,两种方法论在出发点、运用目的和结论等方面都存在本质性的差别。古典自然法学派在托马斯·阿奎那把法律分为神意的永恒法和根据人类理性可以辨识的自然法的基础上完成了神学和法学的分离。他们从人的合理性要求出发,精心设计具体而详细的规则体系。"新一代的法律思想家认为,理性的力量普遍适用于任何人、任何国家、任何时代,而且在对人类社会进行理性分析的基础上能够建立起一个完善的、良好的法律体系。"[1]对于源于理性的自然法,古典自然法学派认为它具有永恒正义的性质而不能随意更改。格劳秀斯认为上帝也不能变更自然法,因为上帝的权力虽然是无限的,但也不能颠倒是非和善恶。这就去除了笼罩在上帝身上神圣的光环。霍布斯从唯物主义立场出发,主张"用人的眼光来观察国家",从人的理性和经验中引申出国家的内在规律。他认为人们相互间同意订立一种契约,根据这个契约从自然状态过渡到社会即政治状态,于是形成了国家。自然法就是人们建立国家以后基于理性而形成的普遍法则。洛克认

---

① 〔美〕博登海默:《法理学——法哲学及其方法》,邓正来、姬敬武译,华夏出版社1987年版,第35页。

为没有理性就没有自由,而真正的自由也是在人的理性成熟之后才能实现。人的自由和依照自己的意志来行动的自由,是以他的理性为基础的,理性能教导其了解他用以支配自己行动的法律,并使其知道他对自己的自由意志听从到什么程度。法国的孟德斯鸠认为法律是"由事物的性质产生出来的必然性关系",而事物的性质部分地表现在宇宙中,部分表现在人性变化不定的趋向和特性中。他没有把理性价值判断建立在唯心主义基础上,而是把它与其他客观因素有机结合起来。卢梭则是把自然法的产生归结于理性的有机创造。他认为在人类最初的心灵活动中存在两个先于理性的原理:一个是对于自身的安适和自我感到关心,一个是看到同类遭受不幸或痛苦时感到自然的怜悯。自然法的一切法则都是理性在这两个原理之间创造出来的,其目的在于恢复被文明破坏的人的本性,建立一个合乎人类理性的平等社会。

理性主义价值判断方法论与宗教神学价值判断方法论还有一个重大区别,表现在将自然法的内容从对人的社会性转变到关注人的"自然权利"和幸福上,从而在对法学的研究方式上完成了从对人性的目的论到因果论和经验论的转化。古典自然法学派以前的自然法理论都是建立在对人的描写上,按照他们的理论,人类通过自身的不断努力,依照自然法的要求,不断克服一些不健康、非自然、非正义因素的影响,充分发挥人所具有的内在潜能,从而达到至臻至善的境界。因而,自亚里士多德到托马斯·阿奎那的自然法中多是对人的义务性要求。而在理性主义价值判断方法论的指导下,古典自然法主要关注的是人的权利。霍布斯将自然法的内容概括为十四条内容,其中首要的一条就是人们寻求和平与信守和平,以及人们应该放弃妨碍他人追求和平的权利。人们为了摆脱战争状态,必须做到"己所不欲,勿施于人"。洛克更是具体而详细地论证了人们在自然状态中的各种权利。他认为自然法的内容主要是:人们都有保护自己的生命、健康、自由和财产不受侵犯的权利。在这些自然权利中,首先是平等的权利,"同种和同等的人们既毫无差别地生来就享有自然的一切同样的权利,能运用相同的身心能力,就应该人人平等,不存在从属或受制关系"①。生命权是人与生俱来的不可剥夺的自然权利。自由权是和生命同等重要的权利。在自然状态,人们享有的自由权以自然法为行动准则;在政府之下,个人享有的自由权,就是除了以法律为准绳以外,人们可以按照自己的意志去行动的自由。财产权是自然权利的核心,因为人既然享有生命权,就要有维持生存的生活资料。因此,洛克特别强调私有财产权是神圣不可侵犯。洛克所论述的自然法中的各种自然权利,后来构成了唤起千万民众的"天赋人权"的主要内容。

古典自然法的发展可以分为三个阶段。这三个阶段与各自所处时期的社会、经济、学术的发展相适应。第一阶段是文艺复兴和宗教改革后从中世纪神学和封建专制中解放出来的过程。格劳秀斯、霍布斯、斯宾诺莎、普芬道夫的理论居于这一时期。这

① 〔英〕洛克:《政府论》(下篇),叶启芳、瞿菊农译,商务印书馆1964年版,第5页。

些理论的特点在于认为,自然法的内容主要从统治者的智慧和理性中去发现。第二阶段始于英国的清教改革,以洛克、孟德斯鸠的观点为代表,同经济、政治领域中自由主义相适应,这一时期自然法理论试图用分权的方法来保护个人的自然权利,反对政府对个人权利的非法侵犯。第三阶段是法国大革命前后,自然法理论出现分化。在法国表现出强烈主张人民主权和民主。在德国,自然法的方法论中融入了新的成分。

德国古典法哲学深受德国思辨哲学的影响。康德以人类理性作为国家和法律起源的前提,但是他否认将理性建立在经验人性基础上的做法,而应该从先验的"应然"世界中发现人类理性的基础。康德认为人类理性有两个方面:一是认识理性,这是认识真理的能力;另一个是实践理性,这是选择合乎正义行为的能力,指导人们如何行动。康德确信人生来就具有自由权利,这种自由权利不仅表现为行为自由,更重要的是人具有自己的意志自由,而这种意志自由的表现之一就是具有选择行动的自由。在人类社会中,人们的行为各不相同,彼此的行为有间接或直接的影响。在自然状态中,人们滥用自己的自由很有可能侵犯他人,以致造成一种近乎战争的状态。法律的作用在于调节人们的行为,使其互不侵犯,以便人人获得自由。因此,康德将法律定义为,使一个人的行为按照普遍自由的法则,确实能与别人的行为相协调的规则。也就是说,法律的作用既限制自由滥用,又保护自由不受他人侵犯。这种以自由为衡量法律的标准是德国古典法哲学的特征。费希特的法哲学思想深受康德的影响,他把法律看成是先验的范畴,是从"纯粹理性形式"中引申出来的。他把法律看成是自由的个人得以共存的一种手段;是每个理性自由的人格以他物内在自由(精神)限制他的外在自由(行为)。因此,应该根据法律来规定对个人自由的约束,而不应当根据法官的个人判断来规定。因为法律是人们同意的立法机关根据保护所有人的自由的原则来制定的。而个别法官的判决体现的是法官个人的任意性。由此可见,费希特的理性主义充满民主主义和自由主义色彩。

黑格尔是德国古典哲学的集大成者。他完成了德国先验的唯心主义唯理论转变为客观主义唯理论。黑格尔认为历史是一个不断变化发展过程。在不同历史时代,理性表现为不同的形式,其内容也是不断变化的。在丰富多彩、复杂多样的历史发展的长河中,始终有一个理想,即实现人的自由,而历史并不是以一种一劳永逸的方式实现自由。自由的实现是一个漫长而复杂的过程。在这个过程中,理性的作用时隐时现,通过各种方式促进自由的实现。法律和国家对自由的实现起着至关重要的作用。黑格尔认为,法律制度是从外部形式实现自由理想的,但法律制度中强调的自由并不意味一个人具有为所欲为的权利。在黑格尔看来,"一个自由的人是一个能以精神控制肉体的人,是一个使其自然激情,非理性欲型,纯粹的物质利益服从于其理性的、精神的自我所提出的更高要求的人"①。法律就是保证人们过一种受理性支配的生活的主要手段之一。

黑格尔将辩证法和理性论结合起来,主张凡是合乎理性的东西都是现实的,凡是现实的东西都是合乎理性的。黑格尔所主张的理性的东西与以前理性主义学者的区别在于,黑格尔的理性并非抽象的幻想,而是具体的现实。因此,黑格尔对法律和国家的认识及分析都是建立在实在的理性基础上的。但是,由于黑格尔以唯心主义哲学世界观为前提,因而其所倡导的实在理性主义方法论,从本质上说是一种唯心的思辨方法论。因此,尽管黑格尔认为,科学是理性的东西,任何科学都必须把握事物固有的内在发展,并根据事物的概念来发展其理念,但他认为法哲学研究的并不是实定法,而是以理念为基础的、自在自为的、不以法学家意志为转移的法。那么,这种法学研究的方法,一般是定义的方法,其中心是研究法的概念运动。由于理念本质上是自由的,因此,法的体系也就是实现自由的王国。在崇尚自由这一点上,康德、费希特和黑格尔等德国古典法哲学派在理性主义价值判断方法论上呈现出相似性。

---

① 转引自〔美〕博登海默:《法理学——法哲学及其方法》,邓正来、姬敬武译,华夏出版社1987年版,第77页。

第十章　社会实证的法学方法论

第一节　社会实证的研究方法

自 18 世纪以来,自然科学取得了前所未有的成就,这些成就使人们对外在世界的认识从蒙昧状态进入到自然界内在自身规律中。自然科学的巨大成就使得实证性成为科学性的代名词,因为实证性是近代自然科学的根本性规定。自然科学中任何一种假设,只有得到足够充分的实证材料的支持,才能被认为是科学的;实证性要求自然科学理论的证明实验必须具备确定性、准确性、可重复性。近代自然科学研究在实验方法和数学方法基础上形成了自己独立的方法论体系。运用此方法论,物理学、化学、天文学、地理学、生物学等学科逐渐完善起来。实证方法的有效性使人们相信,一旦在社会科学研究中采用此方法,对社会问题的研究便由此成为科学。

运用实证方法研究社会可以追溯到圣西门,但真正形成一种认识社会的具有哲学高度的方法论,则归功于孔德。孔德将实证方法界定为:现实的、有用的、可靠的、确切的、肯定的研究方法。社会科学的任务在于通过观察社会来确定事实,通过事实发现诸社会现象之间联系以及社会发展规律,获得对社会的确切的肯定的知识体系。孔德强调实证方法研究社会问题,为此创立了"社会学"。该学科以社会现象为研究对象,研究人的理性及其心理在社会生活的影响下如何完善。

社会实证的研究方法,既反对神学和形而上学的思辨,也反对经验主义的极端性,主张按照社会现象的本性去研究社会生活的规律和本质。为此,社会实证研究方法强调的最基本的原则是:必须将社会现象当做客观事物来看待。实证主义认为,如果不是从真实的事物本身出发去寻找事物的普遍规律性,或者用事物以外的东西来解释事物的有关现象,那么这种分析和解释只可能是一种纯理智的推论。从理智出发,人们就会以为一切真实现象都已经包括在理智之中,以此为依据对事物所进行的研究和解释就不是事物本身,而是人们对于这种事物的观念的演绎。可是在通常情况下,人们总是习惯用观念来想象事物,将对事物的思考置于科学的证实之前,科学只是为了证实人们思考的方法。虽然这种研究方法没有完全排除对事物的实际观察,但是,"只是这种方法往往思想在先,事实在后,引证事实只不过是为了证明人们预先得到的观念或结论,并非想把事实放在首位来研究。在这种方法中,事实仅仅是作为思想验证的东西,而不是科学的对象,人们用观念估量事物,而不是从事实归结出观念。"①法国社会学家迪尔凯姆认为,运用这种方法研究事物是不可能得出客观结论的,因为观念的东西毕竟不能代替客观事物本身,更何况,观念的东西出自人们肤浅的经验,它是人们为实用目的而创造的。但是从实用出发所产生的观念构成的理论,尽管也有用,但往往是错误的。以天体理论为例,尽管哥白尼在 16 世纪就已经证明太阳绕地球旋转的说法是错误的,但由于实用的缘故,太阳绕地球而行的观念在人们思想中还是存在。用实用的观念去观察事物,人们首先考虑的不是如何精确地描述事物的性质,而是考虑哪些事物是有益的,哪些事物是无益的,从而取其益避其害而行。以观念的想象代替科学研究,对于那些视科学为应急办法的人,可能是很便利的,但是这种研究方法却阻碍了科学的进步。这种研究方法在自然科学产生之初不乏其利,例如天文学中的显相学、化学中的炼金术。

对观念的思考代替科学的实证在社会科学研究中表现得更为突出。社会活动是通过人实现的,社会事物是人类活动的产物,它反映在人们的大脑中,形成了关于社会现象的观念,这些观念成为人们据以处理人与人之间关系的依据。因此,生活在社会中的人们,在他们进行社会科学研究之前,脑子里早已有了关于法律、道德、家庭、国家、社会的观念。人们认为社会中的各种实际现象超不出人们关于这些现象的想象,因此,凭借对社会现象的观念思考就可以了解一切事物。但现实表明,只凭人们的主观想象是不能理解事物的本质,也不能认识事物的真实面貌。"用观念估量事物,就好比一种浮光掠影,外表似乎明白,里面却含糊不清。"②迪尔凯姆认为,对于社会现象,如果不能全面地描述它的详细状态、具体表现形式,只是有一些抽象的、概括性的了解,而这种概括性的了解又是与以往经验积累下来的成见相适应,那么人们就很可能受这种成见的影响而难以认识事实的真相。有鉴于此,迪尔凯姆主张,考察社会现象,必须观察实际,不能掺加任何个人想象的成分,否则就无法认识社会现象的真相。不仅如此,迪尔凯姆还主张:"社会学方法要求人们不能用常识代替科学,凡是未经科学检验的概念,不能随便使用,更不能用来代替事物本身。"③

社会实证的研究方法为了保证在实际研究过程中真正做到将社会现象当做客观事物来对待,必须坚持以下几个准则:首先,要求在科学研究中排除所有成见。这个准则要求人们在决定研究对象时,或者在整理研究成果时不能乱用未经科学检验的概念。不仅如此,还应清除常识或前人流传下来的习惯观念中的谬误。其次,根据社会现象的外部共同特征进行定义。科学的定义,应该是根据事物的内部性质来表述,但是人们在研究一件事物之初,在进行全面细致的实际考察之前,最容易接触到的是该事物的外形,而其内涵是不容易直接认识到。尽管事物的内涵是该事物的基本部分,

---

① 〔法〕迪尔凯姆:《社会学研究方法论》,胡伟译,华夏出版社 1988 年版,第 14 页。
② 同上书,第 16 页。
③ 同上书,第 19 页。

但是在科学研究之初妄谈事物的内涵,那么就不是根据事实,而是根据思维的概念所想象出来的。因此,在科学研究之初,所能做到的事情就是从事物的外部共同特征中找出其基本定义来。用这种方法下定义,可以使科学研究一开始就与事物的真实现象相联系。也许有人会提出,根据事物的外形下定义可能导致将表面现象当成事物的根本性质,只追求事物的枝节而忽视了事物的基本方面。迪尔凯姆解释说,"从事物的外形去观察事物",并不是说在研究中用外形观察到的结果来解释事物的实质。用观察事物外形来下定义,其效用在于为解释事物提供足够的证据。最后一个准则是,客观地观察事物的外部特征。这一准则要求对社会现象的观察尽可能地排除个人的主观感受;排除得越彻底,观察的结果就越客观。

对所观察的社会现象如何进行解释、分析,是社会实证研究方法的一个重要环节。迪尔凯姆的主张是社会实证研究方法的一个重要环节。迪尔凯姆认为,以往学者常把事物存在的原因和事物对社会的效用混淆起来,将事物的效用视为事物存在的原因。因此,他们通常认为只要能够解释事物的实际效用并说明事物的存在对社会有什么需要,就可以说完全认识了那一事物。迪尔凯姆认为,这种解释社会现象的方法没有看到事物存在和事物的效用是某一事物两个极不相同的方面。诚然,事物的存在和事物的效用是联系在一起的,当人们认识到事物所表现的效用时,可以使他注意到事物产生的原因及其发展的结果,但是毕竟不能用对事物效用的认识来解释事物的原因及结果。因为,效用和存在是事物的两种不同性质,在具体表现形式中,有些事物尽管存在,但却没有什么效用,或者曾经有过效用,现在效用失去了,而事物本身又习惯地依旧存在。例如,在法庭上宣誓的仪式,过去是为了让人从实招供,现在仅仅是一种表示庄重的仪式。由此,迪尔凯姆主张,要想全面了解一件事物,必须根据事物的因果线索追溯下去,直到人们能够直接观察实际事物为止。在实际研究中,应该将事物的原因与事物的效用分别研究。不仅如此,还应该将对原因的研究置于对效用研究之前。

社会实证的研究方法强调社会现象的原因必须在社会环境中去寻找。在这一点上,社会实证理论反对对新观察的社会现象用心理学的方法去解释。因为社会现象不同于个人现象,社会生活并不是个人生活的一种简单延伸形式。社会生活无论在时间范围和空间范围都远远超出个人生活所能包容的限度。组成社会的分子虽然是个人,但是由各个单独的个人一旦组成社会,社会就会溶化掉各个单独个人而产生一种新的性质。因此,社会并不是简单的个人相加的总和。由各个个人结合而成的社会具有本身特有的性质。与社会现象相联系的社会压力与个人抑制自己的个人压力的差别,就可以说明社会现象与个人现象之间的差别。个人抑制自己的行为是离散的,好像物理学上的离心力,这种力量归于个人;社会强制力量是聚合的,好比物理学上的向心力,归于集体。前者是从个人意识中产生出来的,逐渐波及外界;后者则是从外界作用于个人,再从个人身上表现出来。社会压力对于个人来讲,具有强迫的性质,社会压力的存在无须经过人们的认可就具有约束人们的力量,它的到来是不知不觉的,没有预先商量的余地。正因为社会现象与个人现象的性质不同,因而运用个人的意识不能解释社会现象。尽管个人生活是集体生活的组成部分,但个人意识只是集体意识构成的必要条件而不是充分条件。社会现象的产生原因,只能在个人意识结合而成的社会生活中去寻找。群体的思想、感情和行为与组成群体的这些个人在未结合以前和结合以后的思想、感情和行为是有很大差别的。当然,集体生活没有个人生活的集聚就不可能实现。总之,解释社会现象的准则应是:社会现象的原因应该从以往的社会生活中去寻找,而不能从那些个人意识状况中去挖掘。

概而言之,社会实证的研究方法有三个要点:一是作为一种专门研究社会现象的方法,它应该深入到社会现象的实际中去,发现这些现象的特殊性质。二是坚持社会实证研究的客观性。这种客观性要求把所研究的社会现象作为客观存在的事物来对待,在研究社会现象时应该摆脱个人观念的束缚,为求原原本本地认识事物,做到客观分析,使解释事物的方法和证明事实的办法相符。三是应坚持社会现象的社会性,区分社会现象与个人现象,寻找社会现象特有的性质和特征。

第二节　法学的社会实证研究方法论

在西方法学发展史上,自古罗马始,法学研究一直以规则为中心,旨在通过对法律规范的逻辑分析,找到法律结构的逻辑一致性,明确法律规范中的法律意图,对于法律规范中不清楚或遗漏的地方作出解释,以服务于司法。这种唯理论研究方法在法律规范体系化过程中起着十分积极的作用。"仅仅通过对规范、原则、概念和法律原理所含的明确的或隐示的价值进行唯理论解释和推测而发展起来的理论才能被称为规范的法学理论,它构成了过去和现在的法哲学的中心。"①这种用逻辑方法组织和分析法律原理、规则、概念的研究,在不必把法律同其他存在的社会以及法律概念有关的经验联系起来的情况下,其理论是十分有效的。但是,自19世纪末20世纪初以来,当代西方社会中,法律所依附的政治、经济和社会内容随社会的动荡而不断发生改变。另外社会矛盾日益复杂化和各种矛盾的激化导致的社会危机,国家不能再只是一个"守夜人",而必然运用法律手段和行政手段干预和调节从前国家不曾干预的公共事务,如劳工、教育、社会福利、环境保护等社会问题。法的社会化成为时代潮流。在这种情况下,如果法学与社会仍相脱离,固守传统的思维习惯,只是注释现有的成文法和判例,分析法律体系的逻辑结构,不去关注法律的社会背景和法的社会效果,那么"法律逻辑"解释的有效性就成问题了。

早在18世纪末19世纪初,欧洲问世了一批现代法典,其中最为著名的是1804年《拿破仑法典》,该法典被视为逻辑严密有序、概念前后一致的法律规则的组合。但是,

---

① 〔英〕罗杰·科特威尔:《法律社会学导论》,潘大松等译,华夏出版社1989年版,第3页。

历史法学派代表人物萨维尼认为,法律的法典化似乎是一场灾难,因为法典化总是试图将法律思想固定为恒常的原则,但作为民族精神的一种体现,法律思想应该得到自由发展。在萨维尼看来,法律运用不只是法律规则或司法判例的堆积,法律反映和展示的是民族的整个文化概貌,任何时代用文字记录下来的法律只不过是一种始终处在变化中民族精神的静态表现。对法律的理解必须追溯精神的产生、发展的过程,如果对法律的考察不置于其所赖以存在的社会历史发展的过程中,法律作为一种社会现象是难以理解的。

法作为一种能满足社会需要的社会现象,它具有双重性:一是作为通过独特的司法机构和专有的方式实施社会管理的手段;二是作为一套可以用逻辑分析的方法来解释的规则存在于人们的观念之中。因此,在实际社会生活中,法不仅仅是抽象的逻辑规则,它对人们更为重要的是一种社会体验。法律规则只能运用于实际社会现象和社会关系,才能体现出其内涵和意义来。因此,人们对法律的研究,除了对法律规则进行分析、注释外,还必然把法律与其他社会现象和社会关系联系起来考察,只有这样才能认识法的全貌。正如科特威尔所说:"如果孤立地研究法律,就不可能理解法律的特征、法律与其他社会现象的关系和法律的复杂性;也不可能理解法律是社会生活的一部分,不只是专业或业务的一门技术的这种'实在性'。"①不仅如此,把法律作为一种社会现象来研究,也有助于对法律所赖以存在的社会有更深刻、更全面的认识。

把法律作为一种社会现象进行实证研究,就是要将法律现象作为一种客观事实来加以观察、描述和解释,并力图预见法律现象的发展规律。经过近一个世纪的发展,对法律的社会实证研究逐渐形成经验研究和理论分析的统一,以适应法律现象质和量两个方面的规定性,对法的社会实证研究呈现理论法社会学和经验法社会学两个层次。

理论法社会学方法论主要是对法律现象进行定性分析,它是以一定的社会学理论为基础,结合法社会学的基本方法,从宏观上勾勒出法律现象的内在结构。理论法社会学中采用的研究方法主要有:角色分析、组织分析、规范分析、制度分析和比较分析。

角色分析是对法律制度中执行一定法律职能的各类人员,如法官、律师、议员、行政官员、警察、检察员,他们在社会中扮演的法律角色的分析。角色分析涉及法律角色的结构、法律角色的产生和替补、职业道德、角色关系、角色冲突等。在一定社会中每个法律角色都有社会和国家的模式或规范,对法律角色的观察分析和评价是了解、认识一个国家法律状态的重要线索。

组织分析是对法律制度中一定组织结构(立法机关、司法机关、行政机关)的职能分析。法律组织,包括正式组织和非正式组织都是为了实现特定的目标而建立起来的。各种组织为社会涉及法律领域的有目的集体活动提供了基础。"对法律组织结构和功能进行法社会学分析,有助于确定法律规范的性质、法律规范的效力、法律规范之

---

① 〔英〕罗杰·科特威尔:《法律社会学导论》,潘大松等译,华夏出版社1989年版,第2页。

解释和执行的类型,认识各种法律组织结构与法律体系是否适应,评价法律配置或调整法律组织。"①同角色分析一样,组织分析也是分析一国法律状态的重要线索。

组织分析所揭示的法律组织的结构和功能之间的关系,对于认识法律组织结构对法的发展和转变的影响具有重要理论价值。

规范分析。法社会学的规范分析不同于分析主义对法律原则、规范、概念所作的解释,而是把法律规范的分析和法律文化、社会组织的分析结合起来,借以发现法律规范是如何被反复解释和传播的。

比较分析。比较分析具有广泛的适用范围,比较分析涉及的内容包括:①不同国家之间不同法律制度和法律文化的分类和比较。②同一社会不同历史时期的法律制度和法律文化的比较分析。③不同法律制度的社会环境、政治和经济、文化背景的比较研究。④不同社会阶层的人们的法律意识和法律行为的比较研究。在法社会学方法论中,比较分析的目的重点不是法典中的条文、法律组织的结构的比较,而是法律赖以存在的社会条件、它们在社会中的作用以及产生的效果的比较研究。

理论法社会学以社会学中一些理论为基础,通过运用上述基本分析方法,形成了习惯法方法论,结构功能主义法学方法论,冲突理论方法论,等等。这些方法论在法社会学研究方法体系中居最高层次,它的功能在于为系统地说明法律与社会关系中各种经验事实提供理论框架和基本范畴。不同的社会学的理论基础不同,不同的法社会学方法论对法律现象和社会现象的关系的解释会有很大差距。

与理论法社会学方法论相对应的是经验法社会学方法论。经验法社会学方法论主要的是对在一定质的规定性基础上进行量的分析。在经验法社会学中,法律现象可以通过各种指标予以量化,且其数量随社会条件而变化。法律现象在经验实证研究中可设定为可变量。在法对社会作用的研究中,如果法是自变量,那么受其影响发生变化的社会现象就是因变量;在社会对法的作用的研究中,社会现象是自变量,受其影响发生变化的法律现象是因变量。通过对法律现象和社会现象因果关系的分析,用来衡量某一国家的法制状况。

在法社会学方法论中,经验研究和理论研究构成法学社会实证研究的两个不同层次。两者之间不是对立的,而是互相依赖的。"经验研究如果缺乏理论指引,就会变得杂乱无章,理不出头绪。而理论研究如果缺乏经验材料的支持,就会缺乏说服力,理论假设得不到证明。因此,一方面理论需要经验研究,以便证成或证伪,从而确定、反对或修正理论,甚至为新的理论提供基础,另一方面经验又呼唤着理论研究,使经验上升为理性,并为理论服务。"②

---

① 王子琳主编:《法律社会学》,吉林大学出版社 1991 年版,第 34 页。
② 朱景文:《现代西方法社会学》,法律出版社 1994 年版,第 25 页。

第三节　理论法社会学方法论

理论法社会学方法论在法学的社会实证研究中居于最高地位,它具有导向性的作用。罗伯特·金·默顿认为,作为关于科学研究的程序逻辑,"方法论问题凌驾于任何一门学科的问题之上,它既处理各学科组织的普遍问题,也以更概括的形式处理所有科学探索中的普遍问题"①。在理论法社会学中,方法论的功能在于为系统地说明法律与社会关系中各种各样的经验事实提供总的理论框架和基本范畴,它决定法社会学中基本方法和技术,从而影响着法社会学研究者的视野,研究课题的选择、设计、理论推理和系统化的标准以及资料的解释和研究结论的产生。虽然理论法社会学的方法论知识并没有包括法社会学理论的全部内容,然而它却是法学社会实证研究的理论成熟与否的标志之一。下面介绍几种重要的方法论理论。

一、功能主义方法论

功能(function)一词最初为莱布尼茨在数学中所使用,其含义指一个变量与其他某个变量或多个变量之间的关系,其他变量的数值决定变量的数值。但是,在社会学和人类学研究中,功能分析的含义是从生物科学中转借过来的。在生物学中 function 是指维持某种有机体的生命或有机过程。

在法学领域,以功能分析方法作为方法论来研究法律现象的学者是一个庞大而显赫的家族。以孟德斯鸠、亚当·斯密为开端,中间经过迪尔凯姆、马克斯·韦伯、鲁道夫·冯·耶林,到20世纪的奥利弗·温德尔·霍姆斯、罗斯科·庞德、卡尔·列维、弗兰兹·诺曼等人均属此列。功能主义的基本观点是:整个社会是由政治、经济、文化、法律、家庭等各种社会制度组成的一个有机整体,不同的社会制度执行着不同的功能,法律制度的功能在于保障各种社会制度的内在整体性,维持成员间的社会关系和感情关系。总之,法是适应社会需要的产物。为此,功能主义先把社会发展各个阶段模式化,再去论证法是怎样适应社会发展每个阶段上的结构功能要求。

功能主义学者针对许多法学著作中都把法律的社会使命描绘成实现某种道德目标,他们认为这种做法实际上混淆了法律的实际功能和作为理想目标的作用这两者之间的区别。为此,在对法律现象进行分析之前,必须区分法存在原因与法的功能。法的功能是假设法的某些方面所具有的特殊属性,这些属性说明了法律的一些特征,但是这些特征并不能说明法律之所以存在的原因。因为有的法律尽管存在着,然而却没有什么实际功能,或者它们曾经具有某种功能,现在已经失去了,但法律依习惯仍然存

---

① 〔美〕默顿:《论理论社会学》,何凡兴等译,华夏出版社1990年版,第182页。

在着。以古罗马法中"由婚姻证明父权"的条文为例,在古罗马法中,这一条文的意思是指保护做父亲的人对于其合法妻子所生子女的所有权,而现在的法典中同样的条文指的是保护孩子继承父产的权利。又如,法庭上的宣誓仪式,过去是为了让人如实招供,现在仅仅是一种表示庄重的仪式。有些法律条文、概念尽管名称依旧,但是它们所包含的意义已经发生了变化,往往包括进了一些新颖的观念。因此,功能主义强调,法社会学研究同生物学一样,法律功能可以独立于其存在的目的。

虽然法律存在的原因和其功能保持一定的独立性,但是,人们对法律功能的研究必须先认识法律存在的原因。正如只有分工的事实存在,分工的效用和需要才能被人们感知一样,人们对法律功能的解释只有通过研究法律存在原因才能得到解释。

除了要区分清楚原因和功能之外,功能主义特别强调一种社会现象只能通过其他社会现象去解释。这就要求将一定社会现象的研究置于一定社会环境之中。对法律现象的功能分析,同样与社会环境有密切关系。社会环境是法律现象存在的基本条件,因此,社会环境是考察法律现象变迁的根源。只有通过社会环境才能真正解释法律现象及其变化的实际情况,才可以避免个人主观的臆断。通过对社会环境多样性的考察,从而找到法律现象多样性的原因。

在法社会学研究中运用功能主义方法论是从遵循社会学理论的功能主义三个假定开始的。这三个假定是:第一,社会功能的统一性,即一种使社会的各个部分能充分和谐或互相一致,不至于产生持久性冲突的条件。第二,普遍的功能主义。所有的标准化的社会或文化形式都具有积极的功能。第三,不可缺少性。在每一种文明社会中,任何习俗、信仰、观念都满足一些重要的功能,都有一些任务要完成,在整体运动中起着不可缺少的作用。法律制度的不可缺少性就在于它满足了社会生活中解决冲突的需要。在人类社会早期,氏族的内部秩序是依靠内部纪律来维持的,氏族集团内部的利益冲突是通过私人决斗来解决的。因此,血腥的私人决斗成为当时一种主要的社会制度。当原始社会后期出现政治组织之后,它的一项重要任务就是设法通过满足被害人或其血缘亲属的复仇愿望来对依靠自力的私人决斗进行节制,达到消除私人决斗和流血的目的。正如庞德所指出的,最初的法的目标仅在于限制决定和维持秩序,禁止血腥复仇。当社会中的政治组织不断成长壮大,取代原始社会氏族组织和宗教组织而成为社会控制的最高机构的时候,社会中就有了法律秩序,也就存在一种通过有系统、有秩序地运用政治上有组织的社会力量来解决人与人之间冲突的法律制度。"最早设计的法律制度,是通过要求被害者放弃复仇行为和规定旨在确定事实的机械的审讯方式,来调节并最终制止私人间的战争。"①这种最初的法律制度的适用范围极为有限,大部分社会控制仍然是由民族的血亲集团的内部纪律、伦理习惯和宗教教义来调整。

---

① 〔美〕庞德:《通过法律的社会控制、法律的任务》,沈宗灵、董世忠译,商务印书馆 1984 年版,第 96—97 页。

　　西方社会进入 16 世纪以后,社会政治组织成为社会控制的主要组织,近代国家的形成要求对社会控制的强力在事实上具有垄断权力,所有其他社会控制手段被认为只有从属于法律才可以行使。法的功能扩大化使得解决冲突不再是法的唯一的功能。"人类社会最重要的需要,不是解决冲突而是防止冲突。在法的功能序列中,防止冲突的任务被置于第一位,在最广泛的意义上可称做法的政治功能。"①法的防止社会冲突的功能使得法具有协调、统一社会关系的功能。法不仅是解决冲突的一种控制手段,又是世俗社会中道德规范的基本体现和重要支持力量,起着一种重要的社会凝聚力的作用。

　　功能主义方法论沿用迪尔凯姆的社会分工理论来分析法的形成和发展。迪尔凯姆认为,在传统社会中,人们之间是靠机械连带关系维系着,由于每个人都相互了解并在同一地方共同劳动,每个成员都能从其同伙的日常行为中认识群体的规则、习惯,而不需要任何法院、律师、法官和法律规范。因为,任何人违反了一条规则或习惯,整个群体都能立即知道,并能对这种行为加以报复。传统社会中的法体现"压制性",这种压制性法适应于人们之间关系结构简单的社会,人们相互了解,具有共同的价值观念,法律呈现出简单、直接的特点。在现代社会中,由于人口增长导致生活资料和生产资料的日益匮乏,从而形成分化和分工。分工使得人们之间的机械连带关系被有机的连带关系所取代。由于社会分工,人们从事不同的工作,有不同的经验、价值和信念,人们对规范的共识日益减少,法也不再具有传统社会中神圣的属性,社会产生了对相互分工的人们之间合作、管理的需求。没有合作,任何人在现代社会中都不可能生存下去。法作为有机的社会连带工具,其目的不再是报复,而转变为维护分工的各个部分相互依赖的关系,古代社会压制法转变为现代社会中的恢复法,其功能不再是对违法者的报复,而是修复混乱的关系,维持有机的连带性。

　　美国学者帕森斯以斯宾塞的社会有机理论和迪尔凯姆的社会分工学说为基础,提出了结构功能主义分析方法。该方法认为社会是由相互联系的部分所组成的系统,其大多数成员的基本价值是一致的,其每个组成部分,如家庭、宗教、军队等等都发挥着使社会全面稳定的功能。在社会体系中,保持社会的整体性、稳定性,维持社会成员间的社会关系和感情关系,是法律制度的直接功能。在现代西方社会中一个显著特征就是功能分化,功能的分化使得不同的功能由不同的社会制度执行。法律制度同其他社会制度一样,也存在功能分化的趋势,并由不同的法律制度来执行。法律制度的功能主要体现在四个方面:①维护法律体系的内部一致性;②运用法律规定调整具体法律关系;③调整国家立法意愿和具体司法实践的矛盾;④维持法律传统以及法律专业所确立的价值观点。

　　功能主义方法论广泛运用于对法律职业和法律行为的分析中。这其中尤以"失范

———————

　　①　吕世伦:《西方法律思潮源流论》,中国人民公安大学出版社 1991 年版,第 324 页。

理论"最为突出。失范指的是社会规范软弱、缺乏或相互冲突的情况下在社会中所存在的混乱状态。失范理论从功能主义角度理解犯罪和异常行为,认为任何社会都不可避免地存在犯罪和异常行为,一个根除了犯罪行为的社会是受到过分控制的社会。犯罪对于社会进步也具有积极意义,因为在一个没有犯罪现象的社会中,集体意识的强制必然十分严厉,过严的控制和压迫以致使人不敢反抗。在这种情况下,可能根除了犯罪现象,但是导致社会进步的变化的可能性也随之消失。失范现象反映了由于社会经济衰退或增长所导致的社会变迁,促使社会的多样化发展,削弱了社会的凝聚力,当社会一致性破裂和孤立现象增长时,社会异常行为和犯罪就大量出现,社会处于失范状态。失范实际上是社会所提倡的目标与社会所允许达到这些目标的手段之间相脱节的产物。例如,社会鼓励所有个人争取最大限度的富裕,但实际上所有的人不可能都拥有达到最大限度富裕的合法手段,这样就可能使一部分人用社会所不允许的手段去达到富裕目标,从而出现盗窃、欺诈和其他类似的犯罪。因此,可以说,犯罪乃是那些有着社会所同意的目标但又缺乏社会所同意的手段的人处于失范状态行为的结果。

功能主义方法论是一直在法社会学研究中占主导地位的方法论,它被广泛地应用于对法律职业、法学教育、犯罪学的研究。它的一个基本出发点是,法是建立在价值共识的基础上,其功能在于保持社会制度的内在统一性,维持社会成员间的社会关系和感情。这些说明功能主义方法论看到了法在社会整合中的积极作用,法在历史发展的各个历史阶段,都反映着社会最低限度的正义观念和标准。但是,在任何阶级对立中,法从更深层次上所确认的是占统治地位的阶级的价值观念。因此,功能主义方法论回避了社会分化为不同阶级、团体而导致的利益冲突,而阶级和阶层之间的矛盾冲突乃是任何社会所固有的属性。因此,功能主义方法论在对法律现象的解释、分析中存在许多局限性。

二、冲突论方法论

功能主义方法论对法律现实的描述在一定程度上是成功的,但是它未能对法律体系的发展作出充分解释。自 20 世纪 50 年代以来,功能主义方法论一直受到来自各个方面的批判,其中形成了一种与功能主义方法论相抗衡的冲突论方法论。

如前所述,功能主义方法论在解释法律现象时,是严格区分社会现象与个人现象并放弃了先于对社会现象的说明而达到对法律现象的解释。为此,功能主义方法论必须说明,社会关系中的什么因素使得有组织的群体生活成为可能。功能主义假定共同的道德标准和价值观念使得有组织的群体生活成为可能。因此,人们的行为规则成为集体共同价值观念的体现。法律被遵守的主要原因也在于集团的成员从信念上接受体现在法律中所表达的价值观念。在功能主义的解释中,观念被视为某种正在消失的东西。

　　冲突理论认为,功能主义的"功能一体"的共识前提是很成问题的。"如果存在一种所有人在同等程度上共享的、完全统一的、毫无争议地确定行为是非的完全一体化的共同价值体系,则一套公式化的强制性的规则大概就是不必要的了。"①如果说法律规则是共同价值的主要表现,而坚持这些规则是因为实现共同价值观念时会出现分歧、模糊,正说明法律是冲突的创造物,同时又是冲突的解决途径。"共识理论所导致的规则的矛盾,正是这种理论没有能力正确对待共识在社会中的不稳定性,以及没有能力解释潜在的分歧怎样能够突然演变为公开的对抗和斗争的一个更加具体的表现。"②

　　与功能主义观点不同,冲突理论认为冲突的作用是双重的,它既可以在促进群体整体的意义上发挥积极的功能,也可以在破坏社会结构的意义上具有消极的功能。冲突对社会制度起一种安全阀的作用,它可以使得对社会的不满通过制度上的安排不断消融。如果冲突不涉及社会的核心价值,冲突可以在群体中建立一种平衡,从而降低群体内部的紧张程度。实际上,允许冲突存在的社会往往是受到严重震荡最少的社会,而这种震荡可能会造成整个社会结构的分裂。在一个极权主义的社会之中,冲突受到压制,一旦冲突积累到一定程度时,就可能造成整个社会群体的分裂。冲突不仅从内部对社会群体起整合作用,而且还可以从外部对社会起整合作用。在一个对现存核心的价值观念一致的群体中,外界群体的冲突可以增强群体的内部团结。

　　在冲突论方法论看来,社会共同体的分解和社会集团多元化的形成是法得以产生的关键条件。共同体的分解意味着人们日益怀疑公认的行为标准的合理性并不断地违反这些标准。在这种情况下,公开的、明确的行为规范才有可能且也有必要产生。法产生以后渐渐显示出其内在的矛盾冲突。这种矛盾冲突使法自身处于不稳定状态并推动着法的发展。因为"在国家与社会分离之后,公共性的法律成为国家支配社会生活的工具,似乎成为维护统治阶层利益的一种工具。在这种情况下,这种法律除了借助恐怖似乎也就无法获得人们的认可"③。但是,法律内在的权威性要求它必须体现一定的正义观念才具有合法性。因此,在法律规范中,工具主义倾向和合法性要求常常发生冲突。作为工具,一旦统治阶级的利益和认识发生改变,法律必将发生变化;而从合法性角度看,法律应该是政府不能随意加以更改的。在前资本主义时期,法律不能依靠自己来解决这一矛盾,常常需要借助宗教力量。在宗教观念指导下形成的神法被认为是一种在政府强力支配领域之外的真实而合理的社会秩序,这种秩序为实际的法律制度的合理性提供了参照系。

　　昂格尔运用冲突论分析近代西欧资产阶级法律秩序何以从封建官僚法中产生。在欧洲封建社会末期,社会上有四个阶层,它们对社会生活均有重大影响。第一阶层

---

① 〔美〕昂格尔:《现代社会中的法律》,吴玉章、周汉华译,中国政法大学出版社1994年版,第30页。
② 同上书,第28页。
③ 朱景文:《对西方法律传统的挑战》,中国检察出版社1996年版,第74页。

是由君主及其家族和顾问组成,该阶层希望发展官僚法,借助于公共的法律规则,君主可以控制百姓的生活。不过,君主本人并不想受到法律的限制。第二阶层是官僚阶层。该阶层为了保护自己的特权,当时正为两大目标而努力:一方面,竭力扩大自己对大众的控制;另一方面,设法摆脱君主的控制而获得某种独立性。由于统治观念以及法律必将限制官僚机构的权力,因此,官僚阶层对于法律秩序的出现只能采取观望态度。第三阶层是贵族阶层,贵族阶层主要致力于维护自己享有古老特权,使其免受其他集团削弱。从本意上,贵族反对任何形式平等的要求,他们向往不同等级享有不同的权利和义务的社会生活,因而也不欣赏近代西方以形式平等为基础的法律秩序。第四阶层是第三等级,其中主要是商人集团。他们也不赞同法治。在市场交易活动中,商人活动集中地在其社会内部进行,他们具有已经确立的惯例和规则作为商业活动的准则,商人集团没有理由去拥护一个由政府官僚所创制的法律。他们更愿意的是依赖那些在商人集团内部确立的规则和非正式的控制措施。上述阶层都不希望实行法治,但是,上述几个利益集团在互相斗争中逐渐认识到彼此妥协是必不可少的。作为妥协的结果,他们不得不接受法律秩序。

综上所述,冲突论方法论把社会价值和群体利益的冲突看成是任何社会所固有的属性。在这种情况下,法律制度也具有维持现状的作用,但其功能不在于维持社会机体内在的一致性,而在于创造和维护统治阶级的统治。

第四节　经验法社会学方法论

一、法律现象的量化与相关分析

在对法的社会实证的研究中,其区别于道德理性分析方法和逻辑实证方法的地方在于,它将法律作为一种经验事实来研究。这就决定了对法的研究中需要加入实验、调查、观察等方法,将获得的资料进行统计分析,从中发现法律现象与其他社会现象之间的关系。社会实证研究中,除了从宏观上运用理论模型对法律与其他社会现象进行定性分析外,还必须在微观层次上进行定量分析。而定量分析前提是,必须把法律现象予以量化,建立法律现象的指标体系。

"所谓法律指标是一种特殊的社会指标,它是用来描述某一种法律现象的量的数据,可以用来作为判断某一社会的法律状况的指数,能判别出所研究的客体正处在何处,正在向何处去,以及评价某种法律计划及其后果。"[1]法律指标体系的建立,使得人们衡量一个社会中法治状况不再是笼统的一般性描述,如"好""坏""夜不闭户,路不拾遗",而是具体的、明确的。例如,联合国社会指标暂定条例的分类中,将"公共秩序

----

① 朱景文:《现代西方法社会学》,法律出版社1994年版,第37页。

与安全"分为三大类:一是犯罪发生的件数及被害人的状况;二是犯罪的特征及处理;三是维护公众安全的机构、人员及经费。法律指标体系不仅是具体的,而且还是全面的。法律指标体系所反映的某一社会中法律现象的总体数量,它是建立在各个个体数量的基础之上,如立法数量,包括国会、政府和地方立法的数量;法官、检察官、警察、律师、公证员、法学院教授与学生等法律角色的数量;作为社会控制手段的法对异常行为反应的数量,如报警量、逮捕量、提起公诉量、诉讼量、上诉量等。各种法律指标的总和能较为全面地反映一个社会的状况全貌。

　　法律指标体系的确立,为把法律现象和与其相关的社会现象作为可变量进行研究,从而在数量上把握它们之间的因果关系奠定了基础。因果分析是基于普遍联系、相互制约的各种现象之间的内在联系。事物之间的因果关系是对事物进行认知的前提条件。要证明两种社会现象之间存在因果关系,首先应确定二者之间高度相关。相关是指现象之间反复出现的、非确定的数量关系,一种现象发生数量上的变化,另一种现象也相应地发生数量变化。例如,某一城市机动车辆的增加会导致交通事故相应地增加;社会闲散人员的增加,违法犯罪的行为也会相应增加。但是两种社会现象之间高度相关并不能证明二者之间存在着因果关系。在美国有一项调查表明,冰激凌销售量与强奸案件的发案率是高度相关的。但是,不能就此认为吃冰激凌会引起强奸的结论。为了解决这个问题,须在两个变量中引入第三个变量,即夏季天气的炎热。夏季炎热更易于户外活动,而且着装少,等等。要确定两个变量之间相关是因果关系,就必须排除其他因素对正在研究的相关关系所可能造成的影响。同时还必须对发生在某一法律领域中法律现象的变化进行多因果和多因多果的分析。以离婚现象为例,战后美国、瑞典、苏联等国的离婚率都高达50%,如果单纯以战后生产的高技术化,对女性劳动力需要增加,尚不能以妇女在经济、精神上自立导致妇女家庭地位的提高来说明离婚率的上升,因为战后日本并没有发生这种现象。因此,还必须注意到战后国际性女性解放运动使得婚姻、性和生育不可分割及婚姻的终身性的传统婚姻观念弱化,离婚不再被视为禁忌。婚姻由人格结合和经济依存的两面性婚姻呈现出向单纯的人格结合一面性发展趋势。

　　在西方法学理论中,对法律现象进行定量分析,主要集中于行为法学、计量法学和布莱克的"纯粹法社会学"。所不同的是,布莱克理论着力于从宏观上对一个社会的法治状态进行描述,力图建立一个超越时间和空间的定量分析法律现象的理论体系。行为法学和计量法学着力从微观即运用心理学和统计学的原理和技术来分析个人的守法行为和违法行为,并根据经验材料预测法律实施的效果和审判结果。尽管这些理论在法学研究中取得一定成功,但现阶段上,只有一小部分法律现象可以进行量化处理。目前,定量分析在经验法社会学中仍处辅助地位。

二、经验法社会学中定性研究方法论

在经验法社会学研究中,定性研究方法先于定量方法而产生。在 20 世纪初的法人类学中,定性研究方法已经确立,但在其发展早期主要依赖于研究者个人的主观经验和理论思辨,缺乏统一的指导思想和系统的操作方法,因而逐渐受到冷落。战后,随着法社会学理论发展的需要,定性研究方法逐渐完善起来。

如果望文生义,似乎定性研究是针对法律现象的"质",定量分析针对的是法律现象的"量"。实际上,经验法社会学中定性研究和定量研究只是从不同的角度、在不同的层面、用不同的方法对同一法律现象所进行的研究。所不同的是,定性研究是在研究者和被研究者的互动关系中,通过深入、细致、长期的体验、调查和分析,从而获得对某一社会法律秩序的比较全面深刻的认识;而定量分析则主要依靠对法律现象的量化以及与其他社会现象的相关关系的分析以达到对法律现象的把握。

从中外学者对定性研究的论述中,可以获知定性研究的理论基础主要是实证主义和解释主义理论。实证主义遵循自然科学的思路,将法律现象作为主体相分离的实体来研究,认为主体可以借助于工具设计一些观察方法并加以操作而获得对客体的认识,这种认识必须是经验可以感知的,一切概念必须能直接还原为经验内容。与实证主义不同,解释主义认为价值中立是不可能做到的,人们看待事物的方式决定事物的性质。研究者在研究某一特定社会的法律时,其思维方式、表达术语和解释方法必然与该社会中约定俗成的习惯思维、用语和解释方式相符合,否则就是对该社会中法律现象歪曲的理解。另外,研究者个人的生活经历、价值观等必然影响着材料的选择和分析以及对结果的阐释,因此,主客体是一个相互渗透的关系。

近几十年来,法社会学定性研究一般是基于解释主义理论,强调对某一时空社会的法律进行深入细致的调查研究,再现该社会中当事人的视角以及他们看待世界和描述法律的方式,找到对他们来说具有意义的"本土概念",并在此基础上建立理论。这种定性研究方法又被称为本土方法论。本土方法论强调,尽管人类社会法律文明有其共同的内在需要,但是,每一种特定的法律文化都有其特定的法律秩序安排方式。"人类总是生活在他们信其所是的世界里面,一种秩序安排方式的有效性,就在于生活在这个文化世界中的人类个体相信这种秩序安排是有效的,任何人都无权把一种社会和法律的规定性强加给其他不曾分享这种秩序建立于其上的文化信仰的人身上。"①从这种角度来看,法律制度就不仅仅是实证主义所认定的一种独立的社会现象并从外部作用于人的,法律制度本身就存在于个人的主观经验之中。法律规则的真实意义是在现实生活中人们之间社会交往过程中产生的,在这种互动交往过程中,法律角色之间还

---

① 梁治平:《法律的文化解释》,生活·读书·新知书店 1994 年版,第 240 页。

确定了一些非正式的规则和习惯,它们决定着正式规则的作用和意义。因此,当要研究法律秩序是如何实现时,凭借抽象的理论是回答不了的,必须通过对特定环境下人们如何在日常生活中确立法律秩序的定性研究才能回答上述问题。"本土方法论所关心的是深入了解是什么决定和构成了各种环境中的'常识',了解研究这些环境中被认为当然的规则,因此也牵涉到把社会学中关于社会秩序的一般问题和社会中个人行为的动机和观念联系起来研究。"①

一般来说,定性研究包括以下步骤:确定研究现象、陈述研究目的、提出研究问题、了解研究背景、构建概念框架、收集材料、分析材料、作出结论、建立理论并加以检验。由于定性研究本身是一个不断演化渐进的过程,因此,上述环节在实际操作时不是彼此孤立、依次进行的,而是彼此重叠、互相渗透、循环往复进行的。

定性研究必须了解所研究问题的背景知识,它包括三个方面的内容:有关该问题的文献论述,包括学术界已作的研究、已有理论和实践资料,该问题在有关领域中所处的位置;有关该问题的社会、经济、文化背景;研究者本人对所研究问题的个人看法。在明确研究的现象、目的所要解决的问题,并获得以上三种背景知识之后,定性研究者就可以开始构建研究的概念框架。概念框架包括涉及所研究问题的重要法律概念以及这些概念之间的各种关系。所构建的概念框架只是在研究之前和之中起一种指导作用,如果研究的某些结果与这一框架不符,应对概念框架及时加以更改,以便符合研究的实际情况。

定性研究中收集材料的方法有三种:访谈、观察和实物分析。原始材料收集上来以后,需要对其分析、加工、从中得出结论。作出结论时,研究者不能为了结论的完整而丰富材料,结论应符合材料的真实性。

定性研究方法是法人类学和现象学法学中主要的方法论。现象学法学认为,科学的法律知识来源于经验性资料的观察,而非来自抽象思考。通过观察到的法律事实寻找其背后的终极原因。现象学法学把法的属性限于过分强调法律的独立性、客观性,因而法律制度是在政府官员之间以及与公民之间的交往活动中形成的。公民、政府官员在日常活动中对法律制度的体验,对法律制度的演变起着重要的影响作用。有鉴于此,现象学法学认为,所有的法律现象都可以认为是在个体活动者交往活动中产生的。以犯罪学研究为例,对于违背社会规范的行为,不应单纯看成是由罪犯或其他越轨行为者的个人品质所决定的,而应看成由社会交往活动中形成的一种环境所决定的。现象学法学也强调人们理解法律现象方面的重要性。对法律制度的理解,应该把它视为是以个人的主观经验为基础的。在日常生活中,个人的偶然活动逐渐形成习惯,习惯最终积淀成为确定的行为模式。受这些行为模式影响和其他人对这些模式的观察和接受,以及随后这些人根据这些模式来确定思想和行为的方向,从而确立建立包括法

---

① 〔英〕罗杰·科特威尔:《法律社会学导论》,潘大松等译,华夏出版社1989年版,第170页。

律制度在内的社会制度的基础。

经过近一个世纪的发展,学术界关于定性研究的认识在概念、术语和方法论体系中有了质的飞跃。新型的定性研究方法在法社会学经验研究中已经得到广泛的运用。它弥补了定量分析在宏观层面上进行大规模的社会调查和政策预测时,容易将复杂流动的法律现象简单地量化,不利于在微观层面对法律现象进行细致深入的描述和分析的缺点。定性研究和定量分析在相互批判、相互补充的过程中,不断完善着经验法社会学研究的方法论。

第十一章　分析实证主义法学方法论

第一节　分析实证主义法学的哲学基础

分析实证主义法学虽然产生于 19 世纪初,但作为其哲学基础的分析主义哲学却早已存在,其哲学渊源可以追溯到 17、18 世纪以贝克莱、休谟为代表的英国经验主义哲学。

贝克莱、休谟的经验主义哲学来源于培根、霍布斯、洛克等人的经验论的理论。但他们阉割掉了洛克经验理论中的客观内容,使经验成为纯粹主观的东西,将唯物的经验论转化成主观唯心主义的经验论。

贝克莱利用洛克的经验论中关于观念的观点,把一切事物说成都是"观念的集合"。他肯定人类知识的对象是由感知和反省而得的各种观念;但却认为由于这些观念中有一些是一同出现的,人们就用一个名称来标记它们,并且因而就把它们认为是一个东西。因此,例如某种颜色、滋味、气味、形象和硬度,如果常在一块儿出现,人们便会把这些观念当做一个单独的事物来看待,并用苹果的名称来表示它。① 苹果是如此,其他事物亦如此,一切事物无非都是"观念的集合"。贝克莱歪曲了洛克经验论中关于事物两种性质的学说。在洛克看来,"第一性的质"是客观存在于事物之中的,人们关于它们的观念是这些客观性质的反映;而"第二性的质"的观念,则是由客观事物中的某种"能力"在人类心灵中的反映。洛克的观点基本上是唯物主义的反映论,但其"第二性的质"含有唯心主义的因素。贝克莱进一步夸大了这种唯心主义因素,直截了当地把"第二性的质"认为完全是主观的观念,且认为"第一性的质"和"第二性的质"根本分不开,"第一性的质"和"第二性的质"一样也是主观的观念。因此,贝克莱认为一切事物都只是主观观念的集合。由"事物是观念的集合",贝克莱进一步得出了"存在就是被感知"的结论。既然事物只是一些观念,而观念只能存在于心中,因此除了被感知的那些事物的观念之外,就没有其他的客观存在了,所谓不思想的事物完全与它的被感知无关而有绝对的存在,那在他是完全不能了解的。它的存在就是被感知,它们不可能在心灵感知它们的能思维的东西以外有任何存在。②

---

① 参见陈修斋、杨祖陶:《欧洲哲学史稿》,湖北人民出版社 1986 年版,第 325 页。
② 同上书,第 325 页。

贝克莱从"物是观念的集合""存在就是被感知"出发,把事物的本质和现象割裂开来,否认事物本质的存在。因为物质实体的本质不能感知,根据"存在就是被感知"的公式,它就是不存在的。因而,"物质"等于"无"。贝克莱的经验理论虽然重视经验,但他既否认物质的客观存在,也否认经验的外界来源,使经验完全成为主观自生的东西。在他那里,人类的感觉不是联系主观与客观的环节,反而成为隔绝主观与客观的屏障。观念代替了事物及其性质本身,精神代替了物质。

休谟同贝克莱一样,从洛克的经验论出发,而走向主观经验主义,并进一步发展为不可知论。休谟把心灵中的一切都称为知觉,而知觉又可以分为印象和观念。"两者的差别在于:当它们刺激心灵,进入我们的思想或意识中时,它们的强烈程度和生动程度各不相同。进入心灵时最强最猛的那些知觉,我们可以称之为印象;在印象这个名词中间,我包括了所有初次出现于灵魂中的我们的一切感觉、情感和情绪。至于观念这个名词,我用来指我们的感觉、情感和情绪在思维和推理中的微弱的意象。"①印象与观念虽存差别,但它们又是相互联系着,"我们的全部简单观念在初出现时都是来自简单印象,这种简单印象和简单观念相应,而且为简单观念所精确地复现"②。休谟所说的"印象"和"观念"的这种关系,包含着感性认识和理性认识的关系问题。他肯定"观念"来自"印象",即"印象先于观念",实质上肯定了理性认识来自于感性认识,这无疑是正确的。但他把"观念"和"印象"的区别,说成仅仅是强烈程度和生动程度的差别,把理性认识确定为较不强烈、较不生动的感性认识,这就完全否认了理性认识是比感性认识更高、更深刻的阶段,是对事物的本质和规律性的认识。

休谟对物质实体是否存在的问题拒绝回答,认为这是根本不可知的问题。

休谟在否定了物质实体和精神实体的可知性后,进一步否定了印象与观念之间的必然联系。他认为事物之间的关系可以分为三种,即"类似性""时空接近"和"因果关系"。在上述三种关系中,因果关系的范围最为广泛,因此,休谟着重否定因果关系的客观必然性。休谟认为人们确认两件事物之间具有因果关系,其包含两层含义:一是作为原因的东西有某种"力量"作用于作为结果的东西,二是原因与结果之间有一种"必然的联系"。这种"力量"和"必然联系"都是人类心灵所感觉不到的,因而其实在性是难以让人确信的。总之,在休谟看来,所谓"因果关系"只是由于两个事件经常相继出现,这种现象多次重复从而在人心中形成联想的习惯,其本身并无必然性。按照休谟的理解,整个世界不仅是印象和观念的集合,而且是一堆并无必然联系、只是偶然集合的印象和观念的堆积。休谟之所以否认因果规律的必然性,其目的在于否认理性认识的作用,否认人把握事物的本质和必然规律的可能性。

受贝克莱、休谟的影响,康德根据感情、知性和理性在知识形成中的作用,提出人

---

① 〔英〕休谟:《人性论》(上),关文运译,商务印书馆 1980 年版,第 13 页。
② 同上书,第 16 页。

类社会的知识是人的心灵作为知性以范畴综合感性材料而形成的。虽然,康德承认人类知识具有普遍性和必然性,但这种知性知识只能认识现象界,不能认识本体界。如果人们以知性范畴综合本体界,就会犯一种超验的错误。本体界只有在实践理性中才能得到肯定和承认。

贝克莱、休谟和康德使哲学的发展呈现出迷惑:人的知识是否具有必然性;哲学是应研究现象界还是研究本体界;现象界和本体界统一起来是否可能;离开本体界能否说明人类知识的必然性和普遍性。哲学自此有三种可供选择的发展道路:其一是以统一本体界和现象界为目的,努力寻找某种可达到此目的的方法和立场。其二是在本体界寻找能说明现象界存在的方法。其三是以人难以在理性达到本体界为由,否定本体界存在意义,把哲学的目光限制在现象界。

分析哲学选择了第三条道路,"对于不能谈的事情就应当沉默"①。分析哲学之所以这样选择,是因经验主义的传统和现代逻辑的诞生为其提供了有效工具。

分析哲学认为,哲学不是知识体系,而是一种活动的体系,哲学是确定或发现命题意义的活动。在分析哲学中,"形而上学"问题被消除出哲学研究范围,形而上学的没落并不是因为解决它的问题是人的理性所不能胜任的事(像康德所想的那样),而是因为根本就没有这个问题。哲学的目的是为了使思想在逻辑上明晰,因此,哲学的任务是使思维清楚,为思想(思想的表达方式——语言)划定明确的界限。为此,在分析哲学看来,"真正说来,哲学的正确方法如此:除了能说的东西以外,不说什么事情,也就是除了自然科学的命题,即与哲学没有关系的东西之外,不说什么事情;于是当某人想说某种形而上学的东西时,总是向他指明,在他的命题中他并没有赋予某些记号以意义。这个方法对于别人是不能满意的——他不会有我们在教他哲学这种情况——但这是唯一严格正确的方法"②。

逻辑分析方法是分析哲学最早采用、也是最主要的哲学方法,是由弗雷格首创,罗素、维特根斯坦、卡尔纳普对逻辑分析方法的形成和发展都作出了不同的贡献。

弗雷格在《算术的基础:对数这个概念所作的逻辑和数学研究》中规定了哲学逻辑的三个基本原则:①始终要把心理的东西和逻辑的东西、主观的东西和客观的东西明确区别开来;②只有在语句的语境中,而不是在孤立的词中,才能找到词的意义;③注意把概念与其对象区别开来。在这三个基本原则的支配下,弗雷格竭力建立一种与自然语言相区别的逻辑语言,从而形成逻辑主义的基本框架:哲学就是对语言进行逻辑分析,哲学的基本任务就是通过逻辑分析方法建立一种合乎上述三条原则的语言,这种语言是人工的、可解析的。

罗素吸取了弗雷格的思想精华。在他看来,现代哲学已经不能像古代哲学那样探

---

① 〔德〕维特根斯坦:《逻辑哲学论》,郭英译,商务印书馆 1962 年版,第 97 页。
② 同上书,第 97 页。

究世界的本质，因为那是一个根本达不到的形而上学领域；现代哲学也不能像近代哲学以理性主义的绝对方法把握不可把握的实在性。现代哲学只能是对语言进行逻辑分析，即以现代逻辑为工具，从形式方面分析日常语言和科学语言中的命题，以寻求在经验范围内获得准确的结论。

在传统哲学中，语言仅处于附属于思维的地位，在哲学中核心的范畴是存在、思维等，由判断、推理、命题等构成语言要素的一些范畴，其意义也仅限于是对思维与存在的关系进行阐释时的辅助范畴而已。因而，罗素认为，在传统哲学中，最终必然陷入不可调和及不可克服的二律背反，即以实然无法证明应然的实在性，应然也不能成为实然的现实规定。之所以出现这种状况，是由于语言的原因，日常语言无论在词汇和句法方面都含糊不清，从而经常把人们引向歧途。在罗素看来，要消除日常语言的词汇和句法对哲学的消极影响，必须运用逻辑分析方法对日常语言进行分析和改造，并在此基础上建立一个理想的人工语言。而数理逻辑的发展为这种逻辑分析方法的运用和人工语言建立提供了可能，即运用数理逻辑的符号演算，运用类、关系、顺序等概念，对命题进行准确的、经验意义的表述，从而建立一种人工的描述语言系统。

总之，在进行任何逻辑分析时，即在讨论任何符号和观念的意义时，在决定什么是实在的、什么是真的时，应当坚持不懈地努力弄清构成这些符号或观念的真正的组成部分和要素，从而弄清这些复杂符号或观念是什么。

逻辑实证主义方法最终的完善是以维也纳学派的形成为标志的。维也纳学派继承了罗素、维特根斯坦把形而上学排斥在哲学之外的哲学立场。他们要求一切论断都必然是主体可以检验的。通过为一切哲学论断提出精确的检验标准，使对一切哲学问题进行严格科学讨论成为可能。如果不可能提供这种标准，有关的问题就应该从哲学问题中清除出去。为此，维也纳学派认为，进行经验的逻辑分析时，必然区分两类命题：一类是分析命题，另一类是综合命题。前一命题指那些不以经验为转移，仅按命题本身的用语就能确定其真伪的命题；后一类指那些对事实进行描述，因而可以被经验验证的命题。相比较而言，综合命题要复杂得多。为此，维也纳学派提出了意义证实理论。所谓意义证实理论，主要是对综合命题进行逻辑分析而制定的一种方法原则。其中最为重要的是由卡尔纳普提出的"可验证性原则"。该原则确认，如果观察语句能够在对一个语句验证方面作出肯定的或否定的回答，那么就可以认定这个语句是可以验证的。

分析哲学发展到 20 世纪 50 年代，碰到了许多无法克服的困难。归结起来，还是一个古老的问题：形而上学问题与经验感性的问题，内容与形式的关系问题。分析哲学愈是想要纯化经验的意义标准，以此来达到排斥形而上学的初衷，就愈不能得到纯化的意义标准，而形而上学的问题又从各个方面渗透进来。面对这个不可逾越的悖论，分析哲学必然反思关于哲学初衷的合理性。

美国分析哲学家奎因在批判经验主义教条的同时，将"本体论"这种形而上学问题请回了哲学殿堂。"本体论"在哲学中是关于世界本原或本质的研究,世界的本原是不为人的经验所证实的。因此,逻辑实证主义把这一类问题都排斥在哲学之外。而奎因认为,我们所面对的不是感性经验单个词或单个语句,而是一个语句全体,因此,哲学就不能不研究"有""存在"的问题。在奎因看来,本体论实质上是一种语言问题。他认为,如果人们有义务承认物理对象的存在,那是因为人类语言中有关于物理对象的词语在起作用。当人们在构造某种理论的时候,他可以在一定限度内自由地决定在这种理论中采用何种术语,一旦人们作出这种决定之后,他就有义务承认这种实体的存在。由此,奎因提出了"本体论的承诺"概念。所谓"本体论的承诺"是说,我们叙述一个语句或一个断言是一个语言行为,即接受了一种本体论,这在原则上相同于我们接受一种理论,也就是说,我们接受了一个最简单的、可以把原始经验的零乱材料置于其中并加以整理的概念框架。① 奎因认为,"本体论的承诺"只是一种"承诺",因为任何理论都是虚构的产物,人们在虚构某一理论的同时,约定了这一理论中的概念所指的事物的存在。

奎因把逻辑实证主义排斥在哲学之外的形而上学问题,以本体问题语言化而重新纳入到哲学范畴中,这就抛弃了纯形式的逻辑分析方法,代之以可以融合形而上学意义的语义分析方法,从而为分析哲学的发展开辟了新的道路。

第二节 分析实证主义法学方法论

分析实证主义法学是以分析哲学作为其哲学基础的,分析哲学的发展和变化也直接影响着分析实证主义法学方法论。分析实证主义法学秉承分析哲学的宗旨,认为法学研究只能限于法的现象而不涉及法的本质,从而把法学研究局限于实在法范围之内。

分析实证主义创始人奥斯丁显然受到了贝克莱和休谟的影响,他把法理学研究的对象确定在可以感知的实在法上。他一再重申,法理学的内容是制定法:纯粹的严格意义上的法,或由政治上的优势者为政治上的劣势者所制定的法。② 作为人为人制定的法律或规则,奥斯丁认为严格意义上的法律或规则是一种命令。"命令",是一个人或一部分人所表明的一种希望,要求他人的或另一部分人按照这种希望去进行或停止某种行为,即作为或不作为。命令表明的希望不同于一般的愿望,这种希望在发布命令者表明后,如果被受命令者所忽视,发布命令者将会根据他的权威和要求给予对方以不利和痛苦的惩罚。当然,不是所有的命令都能够成为法律,只有具有普遍约束力的命令才是法律或规则;而那种只对特定的行为或不行为具有约束力,或只确定具体

---

① 陈世夫、华杉主编:《方法论》,陕西人民出版社1996年版,第103页。

② 参见法学教材编辑部西方法律思想史编写组:《西方法律思想史资料选编》,北京大学出版社1983年版,第501页。

的或个别的行为或不行为的命令,则是偶然的或特殊的命令。① 以此标准来衡量,作为由最高立法机关所发布并且具有法律形式的命令,可以被称为法律,而司法命令却常常不是法律。因为司法命令通常都是偶然的或特殊的。立法者确定对于某类行为应普遍地予以禁止,违反者一律要受惩罚,因而,立法者的命令具有一般命令的性质;而法官的命令却是针对个别的违法行为进行特定处罚而发布的,因而具有偶然性或特殊性。奥斯丁认为,这种区分是相对的,并非总是如此。因为立法者颁布的对特定的社会成员具有普遍约束力的命令,或者是对特定社会等级中的人们具有普遍约束力的命令,并不总是法律。奥斯丁举例说,如果统治者命令他的居民穿黑色服装,那么他的命令相当于法律。但是,如果他命令他们在特定的场合穿黑色服装,那么,这种命令仅仅是一种特殊的命令,不能称为法律。因此,作为法律的命令是,用以普遍支配或禁止某些种类行为,用以约束整个社会,或起码约束该社会中某个等级的全体成员。②

法律乃政治上居于优势者为政治上居于劣势者所制定的。这种"优势"意味着一种强制:拥有向别人施加不利或痛苦的权力,通过惩罚和制裁等有害的手段,使人们的行为符合命令者的意愿。所谓"政治上居于优势者",是指他能强迫另一个人在力所能及的范围内按他的意愿行为或不行为。在人类社会中,大多数情况下,这种优势地位是相对的。也就是说,从一个方面看,某类人属于优势的一方;从另一个方面看,它属于劣势一方。奥斯丁举例说,在一定范围内,对被统治的人们来说,君主是优势者,他的权力通常足以使他的意志得以实施,但被统治者就群体而言,却是君主的优势者。再譬如,最高立法机关的成员较法官而言是优势者,法官受立法机关所制定的法律约束。但如果就最高立法机关成员居于公民地位而言,他是法官的劣势者,因为法官是法律的执行者,以强制力作为其后盾。概而言之,包含在命令中的优势一词意味着一种强迫服从某种意志的权力,它代表着强制。

奥斯丁认为,强制是法律最根本的特征。凡是公开宣称有强制性的法律(我相信)总是完整的或必然履行的法律。如果英国立法机关总是喜欢颁发命令,那么英国法庭就有理由认为立法机关是在强迫国人服从。如果既定法律没有附加特定的制裁条款,那么,法院便依照在这种安全中所用的一般准则,补充一项制裁。③ 从这个角度来看,凡是没有把制裁作为其保障的法律,都是没有强制约束力的法律,都是"非完全意义的法律"。最简单的例子是宣布某些行为是犯罪,却对这些犯罪行为没有规定什么处罚的法律。与非完全意义法律相联系的义务是实在道德义务,这种道德或宗教上的义务是不完整的,因为它缺少那种由统治者或国家提供的令人信服的制裁规定。

奥斯丁将法律划分为四类:第一类为神法,是上帝为人类所创造的法;第二类是制

---

① 参见法学教材编辑部西方法律思想史编写组:《西方法律思想史资料选编》,北京大学出版社 1983年版,第 504 页。
② 同上书,第 506 页。
③ 同上书,第 508 页。

定法,即严格意义上的法,它是统治者为他的臣民所发布的命令,它构成了法理学研究
的对象;第三类是实在道德及其规则;第四类是象征性或隐喻性的法。以强制性为标
准,奥斯丁认为神法和制定法是严格意义上的法律,而靠舆论的作用和影响建立起来
的实在道德规则,尽管其内容也是针对人们的品德及行为,但只是运用类推的方法将
其称为法律。这是一种非严格意义上的法律,这种靠舆论建立起来的法律同具有强制
力作保障的严格意义上的法律是有区别的。同样,象征性的法律或隐喻性的法律,只
是靠类推方法才与具有强制性的严格意义上的法律联系起来,且这种联系是松散的。

　　法理学所涉及的实在法之另一个重要特征是,它是由主权者以立法形式颁布的命
令,每项实在法都是由一位主权者或一个由人们组成的享有主权的机构制定,并且是
为一个独立的政治社会中某一成员或许多成员而制定。在此,独立政治社会中制定法
律的个人或机构享有最高权力;换句话说,它由君主或主权者制定,为他们所支配的国
家中的某人或某些人而制定。① 根据格劳秀斯的学说,主权是完全独立于其他人的权
力,主权者除了他自己的意志之外,不依任何其他人的意志而变化,主权者是与国家形
式相联系的。那些生活在无政府状态或自然状态中的人们,也就是在没有主权者的政
治社会中,人们也可以发出具有强制性的命令,但由于缺乏主权的权威,这种命令就不
是实在法,而只是成文的道德规范。奥斯丁列举了几个例子来说明,如父母为孩子们
制定的、强制性"法律",这些"法律"虽然具有命令的性质,合乎严格意义上法律的要
求,但由于它是由个人制定的,而不是法律制定者作为主权者执行合法权力而制定的,
因而它们不是实在法,而只是具有强制性的道德规范。

　　根据实在法的主权归属性,奥斯丁进一步说明了习惯法的性质。有人根据习惯法
在主权者将它们变成法令之前就已存在为理由,否认习惯法的主权归属性,而把习惯
法视为来源于神或自然。奥斯丁认为,这是对习惯法性质的错误认识,因为在主权者
将习惯变成法令之前,这些习惯只是根据被统治者的舆论和感情而产生,且只是在产
生范围内有约束力。一旦主权者赋予习惯以法令地位,将其作为司法机关对一些案件
决定判决时所使用的依据,这些习惯才是实在法的规则。在此之前,习惯是为被统治
者自愿接受,并依据舆论和感情而得到执行。奥斯丁认为,人们之所以产生上述认识
上的错误,主要是因为实在法和道德、习惯所要求的内容常常相似。譬如,每个社会的
实在法都禁止凶杀。该社会的一般舆论和道德也禁止凶杀,同样神法也禁止凶杀。正
因为如此,由于实在法常常与道德、与上帝法一致,法理学家们在论述实在法的本质和
渊源时,常常错误百出,令人啼笑皆非。当实在法依据实在道德而被制定后,或者当实
在法依据上帝法而被制定后,他们就忘记了这些仿制性的法律是主权者的产物,而误

　　① 参见法学教材编辑部西方法律思想史编写组:《西方法律思想史资料选编》,北京大学出版社 1983
年版,第 514 页。

以为是道德或上帝的产物。①

同理,奥斯丁认为一个国家与另一个国家之间订立的法律即国际法也不是实在法。因为每部实在法都是某种主权对受其统治的一个人或一些人制定的,而国与国之间签订的法律却不是根据一个凌驾于两个主权之上的更高者的意志而制定,仅是根据一般舆论所决定的,它所规定的义务是由道德来约束的。

由奥斯丁首创的分析实证主义法学同以往法学不同,它抛开了对"法律应该是什么"的功利主义研究,而明确界定"法律是什么"的经验感性的认识是法理学研究的目的,从而开辟了法学研究的一个新领域。

分析法学的研究方法在 20 世纪 20 年代由凯尔森的纯粹法学所沿袭。"纯粹法理论试图比奥斯丁及其追随者更彻底地运用分析法学的方法"。② 凯尔森在法学研究方法上,深受逻辑实证主义中维也纳学派观念的影响。逻辑实证主义者认为科学的任务是描述和分析现状,在维也纳学派代表人物石里克看来,确定和明确问题和命题的含义是一个学科的职责。根据这种观点,凯尔森认为,一个学科必然就其对象实际上是什么来加以描述,而不是从某种价值观念或标准出发来判断对象应该如何或不应该如何。依此方法,凯尔森严格将法学研究局限于对实在法的结构分析上,认为只有这样才能将法律科学与正义哲学以及法社会学区别开来。正因为如此,凯尔森认为其纯粹法理论将先验的正义从其研究领域中排除出去。"它并不认为法是超人的权威的体现而认为它只不过是以人类经验为基础的一种特定的社会技术,纯粹法理论拒绝成为一种法的形而上学,因而它并不从形而上学法律原则中,而是从法的假设中,从对实际法律思想的逻辑分析所确立的基本规范中去寻求法律基础,即它的效力的理由。"③

在凯尔森看来,以往法学研究总是将法律问题与道德问题混淆起来。这种倾向常常把法律和正义等同起来,认为只有合乎正义秩序的才能被称为法律,而这种正义的标准通常又是指道德上的正当。凯尔森认为这种研究方法是一种政治的而不是科学的方法。纯粹法学虽然不反对法律要符合正义的要求,但作为一门科学,凯尔森认为纯粹法理论无力对正义问题作出科学的回答。

纯粹法理论为什么不能对正义问题作出科学的回答呢?凯尔森认为,其根本原因在于正义只不过是人们的一种主观的价值判断。通常人们说一个社会秩序是合乎正义的,其意指这种秩序把人们的行为调整得使每个人都感到满意,从而所有的人都能在这个秩序中寻找到他们的幸福。这种期望是人作为孤立的个人无法获得的,他必然在社会中去寻找。正义是一种社会的幸福。但是,在一个社会中,不可能有为每个人都提供幸福的"合乎正义"的秩序。因为,一个人的幸福总会在一定时候不可避免地同

---

① 参见法学教材编辑部西方法律思想史编写组:《西方法律思想史资料选编》,北京大学出版社 1983 年版,第 518 页。

② 沈宗灵:《现代西方法理学》,北京大学出版社 1992 年版,第 155 页。

③ 〔奥〕凯尔森:《法与国家的一般理论》,沈宗灵译,中国大百科全书出版社 1996 年版,第 1 页。

别人的幸福直接发生冲突。退一步讲,假定一个合乎正义的秩序希望实现的不是每一个个人的幸福,而是社会中最大多数人的最大幸福,这种秩序也是不能保证的。因为,这种社会秩序所能保证的只是居于立法地位的人们认为需要得到满足的那些需要,不一定是社会中人们认为值得去满足的那些需要。更何况正义的秩序中平等、自由等需要如何排列它们的顺序,却不是一个依靠理性认识的方法可以回答的问题,它取决于人们的主观的价值判断,是一个相对的合理安排。"这个决定将随着回答问题的是一个虔诚基督徒还是一个唯物主义者而有所不同,前者相信死后灵魂的幸福比现世的财富还重要,后者则不相信有来世;同样,自由主义和社会主义也将作出不同的决定,自由主义者认为个人自由是最高的幸福,而对社会主义者来说,社会安全和人人平等比自由更为重要。"①的确,对精神财富或物质财富、自由或平等能否代表正义秩序中最高价值,这是一个主观的且是相对的价值判断。但其原因何在呢?凯尔森把这归结为人类认识方法上的一个特点:人们希望通过其努力,将他的愿望、需要和渴望证明为正当的。但是,这种手段和目的之间的关系的确证需要借助于经验来判断,不是凭借人的智力活动就可以证明的。况且,究竟什么是达到一定社会目的的最好手段,往往是取决于主观价值判断,而不是取决于对手段和目的之间因果关系的客观观察。就目前来说,社会科学的研究水平对于公认的正义目标,什么是适当的手段等问题(这是一个最低限度的问题),都不能理性地回答。这使人不得不接受这样一个痛苦的事实:正义是人的认识所不能达到的理想。尽管它对人们意志和行为起着非常重要的作用,却是人们不能认识的一个反理性的理想。理性认识所能观察到的只是各种利益以及利益的冲突。一定社会中利益之间的矛盾解决是通过某种社会秩序来实现的;或者是为一种利益而牺牲其他利益,或者是在冲突的利益之间寻求一个妥协的方案。这一秩序就是实在法。只有这种实在法才能成为科学研究的对象。纯粹法理论就是把自己的研究对象限定在实在法上。"它是法的科学,而不是法的形而上学。它提出了现实的法,即不称之为正义而加以辩护,或者名之为不正义而加谴责。它寻求真实的和可能的法,而不是正确的法。正是在这一意义上,它是客观的和经验的理论。它拒绝对实在法加以评价。"②因此,凯尔森的纯粹法学的法学研究方法旨在从逻辑结构上分析实在法,而不是从心理上、经济上或道德上说明或解释它的条件,评价它的目的。

纯粹法理论在研究方法上的另一个重要特点是坚持一元化。它既反对客观法和主观法的二元论,同时也反对法和国家的二元论。

凯尔森把自然法学说的二元论作为典型理论来分析。在自然法学说中,自然法被设想为上帝或神所创造的,自然法表现为神圣的上帝的意志,实在法则是立法者利用其权威而创造的一种法律。根据自然法学说,自然虽然不是由人类的意志行为所创造

① 〔奥〕凯尔森:《法与国家的一般理论》,沈宗灵译,中国大百科全书出版社1996年版,第7页。
② 同上书,第13页。

的,但是人们能够且必然通过精神作用努力认识它。人们通过仔细地考察自然、人性以及人们之间的关系,就可以发现自然法的规则,立法者则将与自然法规则相一致的人的行为以合乎正义的理由制定成实在法。这种由自然法所确定的人的权利和义务,被认为是天赋的或与生俱来的。由于它根源于自然理性或上帝的旨意,而不是人类立法者所授予的,其表达的是上帝的意志,因而这些权利和义务是神圣的。因此,在自然法学说中,表现为一种典型的二元论:在不完善的实在法之上,存在着完美无缺、体现绝对正义的自然法。实在法只有符合自然法才能证明它的正当性。自然法学说的这种实在法和自然法之间的二元论,类似于柏拉图理念学说中的现实法和自然法之间的二元论,在柏拉图哲学中,世界被划分为两个不同的范围:一个是人的感官可以感觉到的可见的世界,即现实;另一个则是不可见的理念世界。在现实世界中的每个东西,在理念世界中都有它的理想的原型。因此,可以说,现实世界中所存在事物,乃是存在于不可见的理念世界中原型的不完善的复本。从而,在现实与理念之间、人们感官所认识的不完善世界与另一个不能为人们感官所了解的完善的理念世界之间存在着自然与超自然、经验与先验、现世和来世的二元论。自然法理论代表着一种乐观的看法,该理论相信人们对理念世界有充分的洞察力,从而人们可以使人类社会、人的行为适合理想模型。但是,凯尔森认为,自然法的理论是荒谬的。因为,既然人们知道自然法所宣称的那种绝对正义的秩序,那么实在法就是多余的且毫无意义。凯尔森讥讽道:"实在法的立法者面对从自然、理智或神圣意志中了解的社会正义秩序的存在,他们的任务就如同是在灿烂阳光下进行人工照明那样愚蠢工作。如果我们有可能像解决自然科学或医学技术问题那样来回答正义问题,那么人们就不会想到用权威性强制措施来调整人们的关系,就如今天他不会想到由实在法来强制规定一个蒸汽发动机应怎样制造,一种专门病症应如何治疗一样。"① 总而言之,如果有一种可以客观认识的正义秩序的话,也就没有必要有实在法。

自然法的二元论是有其认识论和心理学基础的。在人们认识事物时,有一种将其对象双重化的倾向。他不会满足于他自己感觉所接触到的、理性所理解的事物,渴望深入到事物本质中去,寻究事物"背后"是什么。由于人们尚不能在他的经验世界中对上述问题作出回答,因而人们便虚幻地推测在其经验世界之外存在一个为人所感觉不到的领域。在这个领域中存在着人类所希望寻找到的事物"背后"的原因和根据,即人们体验到的一切尘世间事物的原型,或者说是不依感官和理性为转移而存在的"自在之物"。由于这个领域是为人们感官所不能接近的,那么该领域对人类永远是一个隐藏的迷谷。这种形而上学的二元论反映了人们缺乏对他的经验世界中感觉和理性认识的信任,以至于人们不满意于自我创造和自我安排的世界。同这种二元论的认识论基础相似,其心理学背景是:"一种被削弱了的自我感觉竟容许人类精神功能堕落成一

---

① 〔奥〕凯尔森:《法与国家的一般理论》,沈宗灵译,中国大百科全书出版社 1996 年版,第 2 页。

种仅仅是依赖性的、根本不是创造性的复写;同时它又容许这一在认识过程中只能不充分地复制的精神,用它自己的手段,去构造整个的先验世界。集体人类精神蔑视其理性和感官时,以其主观想象来补偿自己。"①认识论上的对象双重化现象,直接影响着对某一事物的价值评判,这表现在自然法学说中就是,在国家的实在法背后,兴起了一种人类行为的自然秩序。同哲学中的自然哲学一样,自然法学说坚持认为实在法并不是由人类立法者自由创造的,而仅仅是自然法的复制,并因为是自然法的复制品,实在法才具有效力和价值。凯尔森认为,自然法的这种关于实在法和自然法的二元论,使它陷入一种困境,"在方法论上类似于形而上学的自然哲学因它的'今世'和'来世'、经验和超验的二元论所产生的困难,都有一种对原型的难以达到性和无望的企图,在一种情况下是解释为被给予的事物,而在另一种情况下却是为之进行辩护。在每一种情况下,都不仅有着继续不断的威胁,即在一个总已接受的理想和一个并不符合该理想的现实之间的一种难以解决的矛盾"②。要想克服这种二元论,建立统一性的学说,就必然使法律科学从形而上学的二元论中解放出来。

为了进一步批驳二元论法律哲学观点,凯尔森还历史地考察了人类认识的发展史。在原初社会,由于尚处于愚昧状态,在自然界的自然威力震慑下,人们无所适从。人们对自然界的认识缺乏自我意识。当时存在泛神论,原始人把每一种东西都看成神。当人们用自己的双手、借助心灵来进行创造时,他们并不相信自己的创造力,而把其创造物推崇为超自然的产物。对他们来说,这些产物并不是"人为的"和"任意"的东西,而将之解释成为神在人那里通过其所创造的东西。原始社会中人们对社会生活的秩序、习惯也抱有同样的看法。他们并不把习惯规则看做是酋长、祭司的命令,即他并没有将构成一定社会共同体的个别规范和一般规范视为人的法律,而是看成神的意志的直接表示。因而在原始人那里,在实在法之上尚存在一个自然法的信念。他们直接将习惯法规则理解为某种自然的或神圣的东西。人类最初的法律理论并不是二元论,但包含有二元论的萌芽。原始人还未想象在经验的自然范围之上尚存在一个超自然的范围。创造和维持社会的那个法律的直接神圣性的概念,是同来自不发达的自我意识的那种信念,即这个实在法并不是一个人为的人工作品的信念,连在一起的。同原始人的这种神话相适应,国家中的法律被认为是本民族的神通过被像神一样崇敬的首领作为中介而创造出来的,后世的有权制定实在法的统治者被推崇为神圣的首领的后裔。因此,原始人的这种神话的政治目的是一目了然的。

随着自然知识的增长,人们逐渐意识到自然是一个和谐的整体。例如由一粒种子发育成一棵小树苗,小树苗长成大树,而大树结的果实中又有种子。因此,当人们认识到自然界之中事物的循环变化以及各种事物之间的联系时,他便把事物从以前的神话

---

① 〔奥〕凯尔森:《法与国家的一般理论》,沈宗灵译,中国大百科全书出版社 1996 年版,第 458—460 页。
② 同上书,第 459—460 页。

中分离出来,将他所能看见和所能感知的世间相互关联的事物从神统治的世界中分离出来,组成一个经验世界,而将人所不能感觉到的神圣的东西置于一个超自然的世界中去。因此,整个世界就变成了一个由神主宰的代表着绝对真理的先验世界和一个由人的经验所能感知的世界所组成。二元论最终形成了。这种二元论体现在法律理论方面,表现为实在法日益显示出的由立法者所创造的、可依时间和地点不同而不断变化的规范体系,即实在法乃人为的产物。在现行社会秩序之外,人们又依据以前的神话传说,形成了一种凌驾于实在法之上的代表着绝对正义的自然法。"法律神圣性的原始观念已发展成为自然法和实在法的二元论。"①

形而上学的二元论同原始社会中神话学说中的哲学观念相比,代表着一种思想认识的进步,反映了对原始哲学认识论的批判。但人们又不能容忍"今世"与"来世"、实在法和永恒正义之间的不和谐,因而在二元论形成之始,克服这种不和谐就成为人们不可遏制的冲动。在人类的思想发展史上,悲观主义的二元论与乐观主义的二元论都试图从各个角度解决经验世界与先验世界之关系,但都未获成功。直至近代,经验科学的发展使人们敢于抛弃经验之外的先验领域,而将先验领域视为人们不可知、不能把握,从而在科学上只不过是无用的假设的东西。"这时,天上与人间,上帝与世上的形而上学的宗教的二元论,也就被克服了。他对他自己的感官和理性的信心现在已变得充分强大到使他对世界的科学观点限于经验现实。"②建立在经验科学基础之上的实证主义哲学方法论认为,一旦人们不再相信感觉所认识的事物之外有一种先验的、独立于人的认识的存在时,那么思维的任务就是从感官所能提供的材料,根据材料的内部规则,描述所感知的对象。凯尔森认为,纯粹法理论由于采用了实证主义的方法,摒弃了对任何自然法的分析,而将自己的研究对象严格地局限在实在法上,从而坚持了一元论。

综上所述,凯尔森所谓法学研究的一元论其实质乃是从哲学认识论上进一步说明其纯粹法学研究方法的科学性,从而为摒弃自然法哲学的价值判断命题作理论论证。

20 世纪爆发的第二次世界大战给人类社会带来巨大的灾难,特别是德国纳粹的暴行,给人类的心灵以巨大的创伤。二次世界大战以后,人们渴望和平、呼唤正义之声迅起。在纽伦堡审判过程中,代表着人类社会正义的伦理要求的自然法观点占据了上风,分析实证主义的"法是主权者的命令说"受到不同程度的批判。分析实证主义法学在各国都受到抨击,其影响在战后一段时间里在其流行的国家消失了。但在英、美和德、奥等国,分析哲学的沃土使得一场新分析法学运动于 20 世纪 60 年代又兴起了。正如逻辑实证主义对"本体论的承诺"一样,新分析法学代表人们普遍地放弃了早期分析法学家把法理学研究的领域局限于对法律概念和法律体系的逻辑结构的分析上这种

---

① 〔奥〕凯尔森:《法与国家的一般理论》,沈宗灵译,中国大百科全书出版社 1996 年版,第 463 页。
② 同上书,第 474 页。

单一的方法。他们承认法社会学的方法和自然法理论的方法都是研究法的合理的方法。

哈特是战后新分析法学的主要代表人物,其理论体系是建立在奥斯丁的分析法学的基础上的。他把奥斯丁的学说看成是三个相互联系又相互独立的部分:第一是法律定义说,也即法律命令说;第二是坚持法律与道德的区别;第三是关于法理学研究的范围是分析实在法的共同概念。对于以上三点内容,哈特表示反对第一个,支持第二个和尊重第三个,以此来构筑其学说。

哈特承认,在任何地方和任何时间里法律在其发展过程中呈现出一个不容争辩的事实是,它会受到特定的社会集团的道德和理想观念的影响,也会受到社会中个别超过传统道德观念的开明人士的道德观念的影响。因为如此,人们经常会得出这样一个结论:法律制度必然与道德义务的规定具有一致性;检验一个法律制度效力的标准,必然包括来自道德或正义的明示或默示的证明。但是,哈特认为:"法律反映或符合一定道德要求,尽管事实往往如此,然而不是一个必然的真理。"①将法律效力与道德价值联系起来,是自古希腊以来自然法学说的主旨。自然法学说是一种古老的学说,蕴含在这种学说之中的世界观将每一种存在物——人、有机物、无机物不仅描绘成维护自然的生存,而且被想象成不断寻求某种有利于它的最佳状态或适合于它的目的。依据这种目的论,任何事物在向其目标的演进过程中都是有规律的。该规律可以公式地表述为该事物发展一般定律之中。有规律的事物不仅仅被认为是规律的发生,而且它是否真的有规律发生、是否真的发生以及它们的发生是否有利,都被视为不可分离的问题。因此,普遍发生的事物一方面可以按其达到特定目的来解释它,目的论的这种观点,没有在关于有规律发生之事的陈述和应当发生之事的陈述二者之间作出区别,从而颠倒了一定关系,即某种最佳状态不是因为人们期望而成为人的目标,而是相反,因为它已是人的目标,人们才期望得到它。

根据目的论,自然法学说假定人类活动的固有目的是生存,并且假定大多数人在大部分时间希望继续生存。但是法律实证主义认为,生存是人类必然希望的东西,但它已是当然的东西,法律实证主义关注的焦点不是生存,而是为了继续生存的社会调整。"我们希望了解在这些调整中,是否有一些可以启发性地引入由理性发现的自然法之中的东西,以及它们与人类法律和道德的关系是什么。"②

哈特从实证主义角度,认为一个法律制度存在和生效必然满足两个最低限度的条件:"一方面,根据这个制度的最终效力标准是有效的那些行为规则必然普遍地被遵守;另一方面,该制度规定法律效力标准的承认规则及其改变规则和审判规则,必然被其官方有效地接受为公务行为的普遍的公共标准。"③第一个条件是一般公民所必然遵

---

① 〔英〕哈特:《法律的概念》,张文显等译,中国大百科全书出版社 1996 年版,第 182 页。
② 同上书,第 188 页。
③ 同上书,第 116 页。

守的,可能他们遵守的动机各不相同,但在一个健全的社会中,每个公民都接受这些规则并承认有遵守这些规则的义务。第二个条件是一般官员所必须遵守的。第二个条件是处在这个法律制度下官员作为他们公务行为的共同标准而必然遵守的。

哈特的学说中虽然仍强调法律与道德的区别,但他没有绝对排斥自然法哲学的方法。他认为,生活在一起的人们为了继续生存,他们从人性和人类生存的目的出发,规定了一些任何社会都必然遵守的行为准则。这些行为准则构成了一切社会中法律和道德共同因素。哈特把这些行为准则称之为"最低限度的自然法"。

自哈特以后,分析实证主义法学在方法上逐渐倾向于多元化。除了坚持分析实证的方法以外,对自然法哲学方法和社会实证方法也采取了肯定的态度。英国的麦考密克和奥地利的魏因贝格尔的"制度法论"比较典型地体现了这种发展趋势。

麦考密克和魏因贝格尔都把他们的理论视为是规范主义在社会现实主义方向的发展。作为一种科学理论,他们认为法律科学如果不考虑社会现实那是不可思议的。因此,尽管在他们的研究工作中占主导的是对法律的哲学和逻辑的分析,但他们希望社会现实的实证分析方法成为其研究方法的主导思想,并希望借助这种方法来解决法学理论的本体论问题。

作为法律实证主义的一种新的发展,麦考密克和魏因贝格尔强调他们区别以前的分析实证主义理论的地方还在于:"我们并不否认法律是依据和体现价值和价值标准的;不否认法律只能作为其背景的公正原则加以解释;不否认法律总是在某种程度上属于一种目的论活动,因而也不否认必然根据法律的目的论方面来看待法律。"①对于上述问题的阐释,麦考密克和魏因贝格尔认为,自然法理论家们已经做了大量工作。

法律科学作为一门专门学科,其目的在于使人认识法律现象,对法律内容和法律体系的逻辑关系以及法律的运转进行合理的描述。魏因贝格认为,为了认识法律现象,就不能只停留在对静态的法律体系的概略描述上,法律理论必然研究法律规范体系在社会现实中的实际存在,而凯尔森却将法理学局限在对实在法的逻辑分析,全然不顾法律作为一种规范体系与社会现实之间的关系。魏因贝格尔认为:"每一种导致更好地理解法律和说明法律本质及其社会任务的研究法律的方法都是'法理学的'。"②因此,魏因贝格尔认为其法律实证主义方法不同于凯尔森。凯尔森的对法律的逻辑分析方法是一种逻辑—语义学的分析,而这种分析不能保证对法律体系的性质作出科学判断的。魏因贝格尔认为,科学的实证理论不仅包括对法律体系的规范—逻辑的分析,而且还包括从规范体系的社会方面的了解。正因为如此,法学家除了必然回答"法律实际是什么"的问题,他们还必然回答有关法律的社会存在、它在社会中的活动方式以及法律和社会之间的关系等问题。

---

① 〔英〕麦考密克、〔奥〕魏因贝格尔:《制度法论》,周叶谦译,中国政法大学出版社1994年版,第12页。
② 同上书,第57页。

　　魏因贝格尔从法律科学的目的角度出发,将对规范的逻辑分析方法看成是法律科学的一种基本的辅助性方法,犹如数学方法在物理、化学和经济学等学科中的应用。规范—逻辑的分析方法应该渗透到法学家的工作中,特别是对法律概念的应用中。当然,单纯依靠对规范的逻辑分析,法律科学就不能成为一门发达的科学。因此,魏因贝格尔和麦考密克都提倡法律科学方法论的多元论,"我在这里提出的命题导致科学的方法论的多元论,即这样一个命题:适合于描述原始事实的手段原则上不是以说明受人力制约的事实的性质,因为在后一种情况下不可避免地要决定一种实际的(规范性的、价值论的或目的论的)意义……因此,我们深思熟虑导致的结果是:必然接受一种关于科学的方法论的多元论概念"①。

---

① 〔英〕麦考密克、〔奥〕魏因贝格尔:《制度法论》,周叶谦译,中国政法大学出版社 1994 年版,第 109 页。

第十二章　历史法学方法论

第一节　历史法学的兴起与发展

自 16 世纪文艺复兴运动以来,欧洲蓬勃发展的启蒙运动思想通过对传统的宗教、政治、文化和法律的权威观念的批判,逐渐将人们从中世纪神学的束缚中解放出来,从理性的角度来研究世界,重塑世界观。在理性主义指导下,欧洲 17、18 世纪成为人类历史上继古希腊时代以来生产力和科学技术发展的又一个黄金时期的开端。商业、贸易充分扩展,社会生产方式由手工作坊发展成为工场,生产效率成倍提高,社会财富急剧增长。如马克思主义创始人所说,资产阶级在它的不到 100 年的阶级统治中,所创造的生产力比过去一切世纪创造的全部生产力还要多,还要大。自然力的征服,机器的采用,化学在工业和农业中的应用,轮船的行驶,电报的使用,整个大陆的开垦,河川的通航,仿佛用法术从地下呼唤出来的大量人口——过去哪一个世纪能预料到这样的生产力潜伏在社会劳动里呢? 科学领域的成就更是彻底改变了人类对世界的认识。物理学、化学、生物学等学科的重大进展,诸如地质构造理论、能量守恒和转换定律、进化论、门捷列夫的化学元素周期率、牛顿的运动三定律和万有引力定律等等。这些科学成就彻底动摇了中世纪宗教强加给人们的世界观,人们逐渐以强调理性主义和科学主义的希腊精神取代了神秘主义为主导的犹太文化和古巴比伦文化。虽然宗教尚有很强大的影响,但社会知识阶层已建立起科学的世界观。人们已经从中世纪对宗教的盲从和对世界末日的关心转到对现实世界的关怀上。自然科学的成就使人们确信世界是可知的,同时自然科学应用于生产领域和生活领域的巨大成功,使人们对科学研究倾注极大激情,抱有极为乐观的态度,"这不会是失去幻想的时代,人们有信心断言,他们可以通过理性认识一切事物并解决一切问题"[1]。自然科学的突飞猛进,使理性主义思潮占据了主导地位。理性主义倡导理性就是科学。科学是理性唯一完美的体验与验证。理性主义要求,人类的一切精神活动,包括人类科学,只有以自然科学为模式,才是严密的、科学的,才能取得和自然科学的同样成就。

作为资产阶级反对神学和封建专制主义的思想武器的古典自然法理论正是从人

---

[1] 〔美〕庞德:《通过法律的社会控制、法律的任务》,沈宗灵、董世忠译,商务印书馆 1984 年版,第 20 页。

性论出发,以人类理性为依据,倡导自由、平等、天赋人权等。欧洲资产阶级革命胜利以后,一方面是为了用法律形式巩固自己所取得的胜利成果,另一方面基于分权理论,为了防止司法专横,纷纷公布各种成文法。"法国大革命之际,法国盛行'法典万能主义'思想,认为成文法凌驾一切,法院之任务,不过'照章行事'而已,无权创造一般性的规范,庶免侵及立法机关之权限,所谓判决不过系'法律严格之复印'云云。"①在这种自然法的法典万能主义思想影响下,成文法被视为适用任何具体案件、无美不臻,永远不虞"遗漏"的法源。

　　17、18世纪自然法理论代表人物都致力于以体现永恒正义的理性原则——自由和平等的原则为基础来创建一个新的法律秩序。这种自然法的思潮在法国1789年革命时期达到顶峰。但法国大革命未能实现自然法学派所希冀的理想的法律制度。相反,急风暴雨般革命造成社会动荡致使在欧洲形成一种反对非历史的理性主义自然法的运动,这在德国和英国尤为突出。在英国,埃德蒙·伯克在其题为《法国革命的反思》小册子中猛烈攻击法国革命对旧政治、法律制度的变革,宣扬历史传统、习惯、宗教在社会发展过程中的作用。在德国,产生了一场对法国理性主义自然法更为强烈的敌对运动。这场运动具有反理性、鼓吹民族主义的特征,并在文化、艺术和政治领域都有反映。在法学领域,其代表是历史法学派,代表人物是萨维尼及其得意门生普赫塔。

　　1814年拿破仑兵败俄罗斯而退回法国,普鲁士因之而从法国统治下得以解放,德意志联邦得以统一,爱国主义浪潮席卷德国大地。为了进一步促进德国精神统一,海德堡大学的罗马法教授蒂保写了名为《关于为德国制定统一的民法的重要性》的小册子,这引出萨维尼的论文《论当代立法和法理学的使命》。蒂保建议在罗马法和《拿破仑法典》的基础上,对日耳曼习惯法进行整理,进而编纂统一的德国民法典。萨维尼对这个建议予以猛烈抨击,认为法律是植根于一个民族的历史之中的,其真正的源泉乃是民族的共同意识。就像语言、建筑和风俗一样,法律首先是由民族特性、民族精神决定的。萨维尼指出,各个民族都在历史长河中形成了一些具有本民族特色的传统和习惯,而这些传统和习惯的反复使用就成为法律规则。只有对这些传统和习惯进行认真研究,才能发现法律的真正内容。因此,萨维尼认为,法律就像语言一样,不是任意的、故意的意志的产物,而是缓慢地、逐渐地、有机地发展的结果。法律并不是孤立存在的,而是整个民族生活作用的结果。"法律随着民族的成长而成长,随着民族的加强而加强,最后随着民族个性的消亡而消亡。"②

　　萨维尼认为,在一个法律制度形成过程中,法学家、法官和律师起着积极的作用,因为民族共同意识并不能自动形成法律,它需要法学家、法官做技术性处理。

　　显而易见,历史法学派是作为理性主义的自然法的对立物而产生的。

_____

① 杨仁寿:《法学方法论》,台湾三民书局1988年版,第64—65页。
② 〔美〕博登海默:《法理学——法哲学及其方法》,邓正来、姬敬武译,华夏出版社1987年版,第83页。

历史法学派在英国的主要代表人物是亨利·梅因。萨维尼采用历史方法研究法律制度对梅因具有很大的启发,而梅因结合历史比较的研究方法,在原始社会发展到近代社会法律制度的进化方面的研究成果又远超过了萨维尼。在其著作《古代法》一书中,梅因陈述了法律进化的规律:"所有进步社会的运动在有一点上是一致的。在运动发展的过程中,其特点是家族依附的逐渐消灭以及代之而起的个人义务的增长。个人不断地代替了'家族',成为民事法律所考虑的单位……在以前,'人'的一切关系都是被概括在'家族'关系中的,把这种社会状态作为历史上的一个起点,从这一起点开始,我们似乎在不断地向着一种新的社会秩序状态移动,在这种新的社会秩序中,所有这些关系都因'个人'的自由合意而产生。"①梅因据此得出结论:"所有进步社会运动,到此处为止,是一个'从身份到契约'的运动。"②身份是一种固定的、不能凭借个人努力而放弃的状态,它代表着一种以群体作为社会生活的基本单位的社会制度。随着社会的进步,以独立、自由的个人作为社会、生活的基本单位的社会制度逐渐取代了以群体为社会基本生活单位的社会制度。此外,梅因还成功地说明了法律发展的"自然历史"。

1849 年库欣在哈佛大学开设讲座讲授历史法学,库欣的讲座给后来成为美国律师界领袖的詹姆斯·卡特留下了深刻印象,后者成为历史法学理论虔诚的信徒。

卡特认为,是习惯是惯例调整着人们的行为,确定行为正确与否,而司法判决只不过是盖上政府许可的印鉴。因此,法院虽不制定法律,但却从大量的已被确认的惯例中发现法律。制定法律是对已经存在公众意识中的惯例的重述。卡特同萨维尼一样,反对法典编纂的活动。针对戴维·菲尔德建议纽约州通过一部民法典的倡议,卡特竭力反对。他认为,任何法典都需要解释和补充,所以,虽有法典仍需法官制定法律;此外,法典会妨碍法律的自然发展等。正如萨维尼当年成功阻止了德国民法典制定,卡特也使纽约州拥有一部民法典的希望落空。

历史法学派在 19 世纪经历百年兴盛之后,正如自然法学派在 18 世纪末彻底崩溃一样,其 20 世纪初在美国也遭此厄运。早在 1888 年,施塔姆勒在其《法律科学的历史方法》一书中就从哲学角度猛烈抨击了历史法学派。曾对英美法律的历史解释作出过杰出贡献的美国大法官霍姆斯在 1897 年也对历史法学派进行批判。他认为,历史法学派的痼疾是不能自觉地意识到法律规则必须接受社会利益的检验,对法律的改进总是持否定态度。20 世纪初,历史法学派中的一些人转向社会实证主义,另一些人则改用经济观点解释法制史,还有些人通过区别"历史和历史法学派"而将自己局限于陈述性的法史学和法律学说中。历史法学作为一个学派分解了。

---

① 〔英〕梅因:《古代法》,沈景一译,商务印书馆 1984 年版,第 96 页。
② 〔英〕梅因:《古代法》,沈景一译,商务印书馆 1984 年版,第 97 页。

第二节　历史法学的方法论

历史法学的哲学基础是 19 世纪在德国兴起的历史主义。历史主义既是一种哲学,又是一种历史的研究方法。历史主义认为,人类世界的一切都是时间长河的一部分,即历史的一部分。历史主义否认存在永恒价值,因为一切文化现象都是现实世界的产物,这种创造力可能是自然、历史或生活,这些历史的创造力始终在不停地运动着,因而每一个历史时代都有自己的价值体系。历史主义强调人类行为都是有意识的活动,因此任何历史现象都有人的意识创造因素存在,不能把历史现象看成是规律机械作用的过程,反对用普遍性原则理解和判断历史现象。"历史主义反对目的论历史观。作为一种历史理论,历史主义在人文世界的历史关系的基础上解释历史现象,强调每一现象的独特性。历史主义尊重人在历史过程中形成他的世界观的不同方式,它把过去与现在的各种不同文化看做是产生历史的特殊力量的创造性的种种表现。认为个人属于他的时代环境,人类行为只应根据当时起作用的价值体系来判断。"①历史主义这种思维方式是不能与永恒不变的理性主义思维方式相容的。

萨维尼的历史法学是历史主义在法学领域对抗代表理性主义的古典自然法的直接产物。古典自然法认为,凭借人类理性的力量,法学家和立法者能设计出一部体现最高智慧的完美无缺的法典。在古典自然法的立法理论看来,法典的所有要求都可由理性独立完成,仿佛人类历史上未曾有过立法。唯一需要做的事情就是集中最为有力的理性,通过运用这一理性获取一部完美的法典,然后由法官机械地运用,使人们服从体现理性的法典内容。萨维尼指责自然法代表人物的这种想法是把法律概念和法律思想当做纯理性的产物,反映了他们对这些东西来源的无知。所有的法律最初都是通俗的,而不是十分准确的语言制定的。据说习惯法也是这么制定的。也就是说,它首先是习惯和一般信念,然后才靠法理学发展而来的。因此,每处都是由内部的默默起作用的力量形成的,而不是按立法者的武断意志形成的。迄今为止事物的这种现象只是从历史观点上显示出来的。②

历史法学派认为自然法学派将法律视为人类理性的产物,实际上是在法律秩序的背后设置了一个唯一的、终极的和具有最高地位的权威,这个权威是所有法律律令的唯一渊源,那么法律适用也就是尽可能准确地了解法律制定者的立法旨意,并在实际中机械地执行立法者表达在法律中的目的。历史法学认为这种做法实际上是用以人民或国家形式出现的政治尊神代替早期法典中的自然神或宗教神。这种方法论过于关注法律稳定性的需要,而不是法律适应社会生活变化的需要,自然法学派在方法论

---

① 张汝伦:《意义的探究——当代西方释义学》,辽宁人民出版社 1986 年版,第 34—35 页。
② 参见法学教材编辑部西方法律思想史编写组:《西方法律思想史资料选编》,北京大学出版社 1983 年版,第 528 页。

上的一个错误就是否认法律的变化,至少是对法律现象背后不断发生变化的社会需要熟视无睹。历史法学派在方法论上强调研究法律必须将法律的稳定性和发展变化结合起来考虑,为此,不应该将法律视为道德理性的表述,而应该看做是对人类以往执法经验的陈述,是重新展现人类历史以往的执法经验和各种社会制度,这种重现需要建立在人类以往法律历史的验证的基础上。因此,历史法学在方法论上是将历史权威作为法律秩序的基础,法律以及法律的有效性只能从历史研究中发现。

19世纪初,德国人民生活在一大堆世代相传且繁衍不息的传统日耳曼法律概念和法律原理中。萨维尼认为,不能把这些法律混乱和不统一作为编纂法典的唯一理由,这种强行割断历史联系来改变对法律不满的做法可能是一种海市蜃楼的幻想。因为不可能消灭现在活着的法学家的意见和思想方式,也不可能完全改变现行法律关系的性质;这两重的不可能性说明各个世代和时代的有机联系是无法否定的;在各个时代之间只能看出发展,看不出绝对的终结和绝对的开始。① 因此,对原有的法律制度进行改革时,一定要三思而后行,如果有意或无意将民族法律的精华舍去,立法者和立法家将要对子孙后代承担严重的后果。如果想避免犯这种错误,就需要求助于历史的洞察力。因为只有通过历史,才能明了和保持一个民族从原始状态发展而来的生命力;失去了这种生命力,该民族也就失去了精神源泉。据此,萨维尼认为,普通法和州法要成为真正有益、无可非议的权威意见乃是法理学严谨的历史方法……其目的是要追溯每一固定制度的根源,从而发现一种有机的原理,这样便能将仍然富有生命力的东西从没有生命的和仅属历史的东西中分离出来。② 一旦法学家普遍地使用历史方法来研究法学,传统的习惯法便将获得真正的进步,那么德国也就无需求助罗马法,而拥有真正属于日耳曼民族的法律制度。

历史法学认为,必须放弃探索能够使一切问题都迎刃而解的天真想法。从历史方法来看,现实的法律制度并不单纯是理性之物。它是一种复杂的组合体,其中或多或少有些非理性因素。当人们努力依理性重构法律制度时,新的非理性成分适应新的需要而顽强地在法律制度中占有相应的地位。历史法学反对自然法学派将法律和道德混为一谈的做法,其承认法律和道德虽然具有同一渊源,但在它们各自的发展道路上却分道扬镳了。因此,法学家不应关注道德和可能成为道德的东西。但是自16世纪到18世纪这段发展时期,法律制度中渗入了大量非法律的因素,将法律体系内部的成分系统化和组织化成为法学的主要任务。因而,历史法学首先主张要深入研究罗马法体系。因为罗马法体系包含着所有的细枝末节,罗马法中所有规则和原则都具有内在一致性,每一规则和原则都是和谐的法律整体的一部分。罗马法体系为人们提供了一

---

① 参见法学教材编辑部西方法律思想史编写组:《西方法律思想史资料选编》,北京大学出版社1983年版,第538页。

② 参见法学教材编辑部西方法律思想史编写组:《西方法律思想史资料选编》,北京大学出版社1983年版,第540页。

幅理想的法律体系的图画。参照这一图画,各国法学家可以将他们的法律秩序置于理性秩序之中。如果说以前的法学家研究罗马法曾一度依靠自然理性来判断法律应该是什么,从而必然是什么的话,那么历史法学派的罗马法学者则依靠回到罗马法文本中去,完成罗马法体系的构建工作。他们对罗马法法律文本的研究都带有与19世纪法律有直接联系的特殊目的。"他们通过用新概念分析旧法律的方法,致力于对从现代法律分析中得出的法律概念进行检验和证明,并提出这样一种见解:使我们的法律得以有序化所需的系统概念表达了一种在有关法律规则、法律学说和法律制度中逐渐展现的思想。今天的规则、学说和制度是一段历史进程的顶点。在这一历史进程中,人们可以追踪到那个系统从萌动到发达的轨迹。这种系统概念萌动于早期罗马法或最古老的日耳曼法之中,或者按后来的观点,萌动于亚利安法之中,之后在19世纪法律的成熟期兴旺发达。"①历史法学派中的罗马法学者正是沿着这种思路,将现代法律作为罗马法历史的一个阶段加以研究,并将罗马法的历史作为世界法制史中的一部分加以研究。采用这种方法,历史法学派的法学家成功地沿着历史的线索理清了现代法律制度历史发展的始末,并撰写出罗马法制史(特别是梅因以后)。历史法学派罗马法制史涉及现代法律的每个细目,以致使今天的人们很难将1世纪和2世纪罗马真实的法律同历史法学派在19世纪描绘古罗马法的理想图画区别开来。应该说,历史法学派的理论不仅从法律作为整体这一方面满足了体系化的需要,而且从法律的每一部门、每一分支这方面满足了体系化需要。

在17、18世纪自然法学占统治时期,法律规则不能随心所欲地独立发展,而是被迫与理性保持一致,否则就会因为与理性不一致而遭抛弃。历史法学派认为,这是法律学说对自由、权利的错误解释。普赫塔赞同黑格尔有关法律和权利是"作为理念的自由"的命题,但他补充说,"理性不是自由的原则",而是人类本性中一种与自由敌对的因素。这是因为理性将其本身强加给意志并支配行为的过程。从这种意义上来讲,理性是对自由的一种限制。如果法律的原则是理性,那么,人们就要接受大量理性支配的法律,从而使人们的行为受到极大限制。一种限制的存在只有代表着自由意志的存在,并把自由作为一种理念来实施,并需要借助于这种限制来保障,这种限制才是允许的,否则不应存在任何限制。"为此,我们必须牢牢抓住在历史中逐渐展现自由理念,而不应试图以理性为基础建立一个自然法体系。已成为实证主义者的后期历史法学派学者为这种思想模式下了逻辑结论。他们认为,如果法律是自由的科学,那么所有的法律规则就都是一种邪恶,因为对自由的任何调整都是对自由的限制,只有权利或法律的目的才是最大限度的自由。因此,他们说,法律是一种必要的邪恶。说其邪恶,因为它限制了自由,而自由就是权利;说其必要,因为没有某种最低限度的限制,在人

---

① 〔美〕庞德:《法律史解释》,邓正来译,中国法制出版社2002年版,第25—26页。

类相互冲突和相互重叠的欲望中就不可能有自由。"①因此,在普赫塔看来,自由的理念存在于历史发展积累起来的人类经验之中,在每一个发展阶段,自由观念逐步将繁杂经验中的偶然因素剔除出去,越来越完整地表现出来。因而人类法制史也就是自由观念自我实现的法律浪漫史。

历史法学派在其存续期间,虽然倡导采用历史方法来研究法律,但其哲学基础是唯心主义的。历史法学在学术方法上表现为主观主义和非理性主义。早期历史法学派是依据康德关于权利观念的理论来解释罗马法,后期历史法学派是依据自由理念来理解古代法。这种方法也影响着梅因。梅因把法制史归纳为从身份到契约的运动,通过这一著名的概括,梅因实质上想说明法律的发展史,自由理念实现的方式是从身份到契约的发展。梅因使用这种自由意志说来解释罗马法中民事不法行为和承诺责任的基础。他所看到的是罗马人在交易中自由意志不断扩充,逐渐得以实现。其实,在商品社会中,交易安全是第一位的。生活中相互交往的人们都希望与之交往的人能按诚信原则行事,即应实现他们的允诺,按照他们所处的社会中的道德标准履行义务。罗马人并没有把个人自由作为一种观念去实现。即使是19世纪末和20世纪初,西方国家开始把"从身份到契约的运动"理解为包含着对自由的限制和对个人意志之外的社会责任的履行,但是那种彻底的、绝对的契约自由和只对个人有意识行为负责的历史法学派的理论,越来越多地受到立法和司法方面的诘难,原因在于它无法解释资本主义的进一步发展对绝对所有权行使的限制和对契约自由的干涉。

从对历史法学派的唯心主义基础进行分析,我们可以逐渐认识到,历史法学派并不拥有科学历史方法。历史法学派把法制史设想为一堆绝对现成的资料。法律的发展基础应该在法制史内部去寻找,法的发展乃是一种理性观念的发展、民族精神的发展。历史法学的方法的局限性使得他们在探索法律制度、法律学说的起源和发展的同时,又必须使他们陈述的法制史与其设想的相一致。这使得历史法学家放弃了对法律规则在实际中的功效以及是否能满足法律秩序的目的进行评判,而一味地为之辩护。这一点在德国历史法学派中表现得尤为突出。

历史法学派是与古典自然法相对立的一种理论。如果说古典自然法是一种革命的理论,那么历史法学则代表着一种落后和保守的思想,特别是在德国起着相当反动的作用。马克思在《法的历史学派的哲学宣言》中指责德国历史法学派是"以昨天的卑鄙行为来为今天的卑鄙行为进行辩护,把农奴反抗鞭子——只要它是陈旧的、祖传的、历史性的鞭子——的每个呼声宣布为叛乱"②。但历史法学也并不是一无是处,历史法学倡导的历史的法学研究方法为法学的发展也作出了积极贡献。它为人们提供了较为健全的和便于理解的罗马法历史、日耳曼法历史和英国法历史,对获得法律原始资

① 〔美〕庞德:《法律史解释》,邓正来译,中国法制出版社2002年版,第45—46页。
② 《马克思恩格斯全集》第1卷,人民出版社1956年版,第454页。

料所作的考古研究奠定了比较法制史的基础。此外,历史法学派用习惯法理论来归纳从原始法律发展起来的法律体系的现象,得出这样一种结论:法律秩序不是社会控制的一个整体,而只是社会控制的一个方面。这种思想方法为打破那种有关法律是自我存在、自我服务、自我检测的观念起了极大作用,为当今法律科学的功能观开辟了道路。总之,历史法学对法理学、罗马法和法制史的贡献都是应该肯定的。

第四编

中国和西方法律思想文化比较

第十三章　中国和西方法律思想的比较研究

中国法律思想和西方法律思想之间的某种程度的共同性,特别是差异性,是以各自的地理、历史环境为根据的。

中国作为一个东亚大陆国,东濒茫茫大海,西临高山峻岭,而南北则分别是人烟稀少的炎热、酷寒地带,人们生活和繁衍地区以黄河流域的大平原为中心。富饶的土地和资源,足以保障先民的需要而不假外求。这种同外界相隔离的地理环境,不能不造成法律制度和法律思想的一元性、独立性和封闭性。这种状况从西汉时代起发生了一些变化,但并不显著。因此,中国的法律思想必然产生出自己所独具的思维方式以及相应的法制观念、用语、范畴和体系。最早的西方国家的情形恰呈明显的不同。古代希腊和罗马国家都是深入海洋的半岛,山区遍布,比较贫瘠,但却有温暖的地中海气候和丰富的渔盐之利,交通便捷。尤其在希腊半岛上,密集着一百多个城邦国家,因此在其发展过程中,总是不可避免地与其他国家和地区发生频繁的经济、政治、文化的交往,不同的法律制度和法律观念相互渗透和融合。于是,这里出现的法律思想便具有开放的、多元的和相互依赖的特质。例如,法律渊源的多样化、英国法系与大陆法系的分野以及不同法律思潮派别的相互交锋和吸收的关系,都有力地促进了法律思想的发展和繁荣。

大国宜于以农为本,水利灌溉有特殊的重要意义,这就需要而且容易实行集中的管理,需要高度的统一和稳定。马克思所说的“亚细亚生产方式”,即以此为主要的立足点。因此,君主专制、重农抑商、固守传统的法律思想随之而生。夏、商、周三朝的法律观念及其集大成者儒家的法律思想几千年来一以贯之,就是一个有力的证明。古代希腊和罗马国家,由于不同国家和地区之间的经济贸易,尤其海洋贸易的兴旺,使人们重视商业文化,强调自治。最值得重视的,那里存在着东方国家根本不知为何物的共和制度,包括雅典那样的奴隶主的民主共和国,存在着像罗马私法那样相当发达的法律制度。这就为造成西方人最早的民主共和观念和法制观念提供了直接的根据。以政体学说为例,在希腊半岛,除了斯巴达是坚持贵族统治形式较长久的城邦之外,其余的城邦一般都经历了从君主制到贵族制,再到专制制,最后到民主制这样的变迁过程。所以希腊人不仅能清楚地看到这种现象,也有很多搜集论据和资料的机会,以便实际地对各种政治形式进行对比分析。亚里士多德就亲自对希腊的 158 个城邦国家的宪法作过考察,尔后写出《政治学》。对此,古东方(包括中国)人是无从想象的。

建立在落后的手工劳动基础上的农业经济,要求劳动固定于一定地域并进行简单的分工。与此相适应的、天然的劳动组织便是以血缘为纽带的家庭或家族。因此,在中国原始公社后期形成的父权家长制家庭就具有强大的生命力,它历经几个不同历史类型的社会而一直延续几千年。这种血缘关系和生产关系密不可分的制度就是宗法制度。在宗法制度下,个人是家族(实际上是家长)的简单从属品,没有任何独立地位。家与国也是一体的,其间没有严格界限。这就是说,国家本身也是依照宗法制度构成的。国家是扩大了的家庭,而家庭是微缩了的国家。君主等同于全体国民的父亲,全体国民成为君主的子臣。同样,国法与家规也是一脉相承的。在这种情况下,民主和法制没有任何的存在余地。生长在这一客观基础上的宗法观念,是中国传统法律思想的最有普遍性的支撑。根本的是君主专制的绝对观念,即表现等级特权的"名分"和伦理"纲常"观念。即使像法家倡导的那种专制主义的"法治",也无力作为一种独立的法律思潮而长期存在下去。与此不同,在西方,古希腊还在提秀斯改革时期即已开始借助法律手段摧毁氏族社会遗留的血缘部落,代之以地域部落;到梭伦改革特别是克里斯梯尼改革时期便彻底完成了这种转变。在古罗马,与先进经济方式相结合,数量日众的外来人打败保守的旧氏族贵族统治以后,按照血缘关系来管理居民的现象也随之消逝。日耳曼人的国家,是在游动的日耳曼人通过东征西讨,最后扫灭罗马国家的基础上形成的,并且最后消融于这个庞大的地缘国家之中。因此,不论是在古希腊、古罗马,还是日耳曼国家,血缘关系和政治关系是分开的,伦理观念和法律观念也没有被混为一谈。在这样环境中生长起来的法律思想包含着国家和家庭相分离的公法与私法分工的观念、用法制来约制权力的法治观念,以及承认个人主体地位的民事权利义务或契约的自由、平等的观念。

由于中国是一个庞大统一的、靠宗法制度维系的国家,这就决定了调整人们之间社会关系的基本手段是自然形成的伦理规范。在中国古代,天子不免要把自己打扮成神的化身,即"真命天子",在民间也赋予神以一定的地位,存在着神权统治的因素;但是这些属于额外的附加物,并非绝对需要。这就是为什么在中国没有形成一种一统天下的、同政权不可分割的宗教(如中世纪西方国家的基督教、阿拉伯国家的伊斯兰教)的重要原因之一。西方则不是这样。基督教刚刚传入罗马帝国以后,很快就成为"国教",使教会和政权、教规和法律结合为一体。有时甚至教会号令国家,教规压倒法律,这种现象持续了一千多年,以至于连革命运动都不能不打出宗教的旗帜,喊着宗教的口号。这是因为,在历史上欧洲始终没有形成一个真正统一的大民族国家,而且不同民族间又交叉流动,各种现实力量相互激烈抵牾,所以如果不借助一种统一的、超自然的力量,整个社会秩序便难于维持。中国法律思想中的伦理性和西方法律思想中的宗教性,都是各自极为重要的特点。

自16、17世纪以来,中国的社会经济发展趋于迟滞。而脆弱和缺乏自信的统治当局所采取的锁国政策更加强了这种落后性。这就使人们既不能从中国自身也不能从社会外部汲取新营养来推动法律思想的快速进展。因此,春秋战国以来的经学、玄学、道学、理学、心学的儒家传统始终没有被突破。后来,资产阶级各派别方才着手从西方寻找新的法律思想的一些传统,作为实行改良或革命的武器。在同一时期的欧洲,自文艺复兴、宗教改革及罗马法复兴以后,中世纪的神学主义传统统治受到巨大的挑战;而17、18世纪启蒙思想家的学说即古典自然法的思潮彻底荡涤旧的神学法律思想体系,代之以民主和法制及以自由、平等、博爱为内容的全新的资产阶级法律思想体系。至19世纪,随着资产阶级取得稳固的统治地位和资产阶级法律体系的确立,对于实证法律的研究加强了,促使个人主义和自由主义获得实证化。在此前提之下,奥斯丁建立起严格的、以实证法为对象的、正式命名为"法理学"(Jurisprudence)的法学体系诞生了。继而,社会学法学也创造出来,近代形成的自然法学、分析实证主义法学、社会学法学,是资产阶级法律思想体系高度发达和繁荣的重要标志。

在对应地分析了中国和西方的法律思想赖以形成的客观条件以后,就能够较为容易地找出两者本身具有的相互区别的主要特征。

第一节　宗法群体本位观念和自由个人本位观念

家族本位的宗法群体观念,是几千年中国法律的根本指导思想,仁治、礼治、德治、人治的学说,莫不本源于此。正是由于这个原因,人们也就很难避免用"家"观念来构造"国"的观念,即以家喻国,认为国是家的自然延伸,治国与齐家成为一体。《孟子》说:"天下之本在国,国之本在家,家之本在身。""人人亲其亲,长其长,而天下太平。"《礼记》也说:"古之欲明其德于天下者,先治其国,欲治其国者,先齐其家;欲齐其家者,先修其身……身修而后家齐,家齐而后国治,国治而后天下平。"春秋战国时期的法家曾对这种"修齐治平"学说提出大胆的挑战,力图将家本位的法律思想扭向国本位法律思想,主张"不别亲疏,不殊贵贱,一断于法"。但是,法家这种主张遭到强烈的抵制,如《史记》作者就"理直气壮"地指出,"法家严而少恩"。归根到底,即使法家人物自身也不得不俯就于宗法关系,如韩非在《忠孝》篇中还是承认"臣顺君、子顺父、妻顺夫,三者顺则天下治,三者逆则天下乱。此天下之常道也"。秦汉以后形成的"三纲五常"说使这种理论更为系统化,并更深入人心,如称官吏为"父母官",官吏称老百姓为"子民"。对此,马克思概括地说,在中国,"像皇帝被尊为全国的君父一样,皇帝的每一个官吏也都在他们所管辖的地区内被看做是这种父权的代表"①。

从这种宗法群体观念中产生出来的最重要的伦理和法律准则便是一个"孝"字,孔子引证《尚书》的"孝乎维孝,友于兄弟,施于有政"的话,肯定"是亦为政,奚其为政"。为什么遵从孝道就等于参加了政治一样呢?因为,维护对宗法家庭的孝便有利于弘扬对君的忠。中国古代的法律思想家、政治家正是从此种观点出发,创造、认可、解释各

①　《马克思恩格斯选集》第2卷,人民出版社1972年版,第2页。

种法律现象和法律制度。例如,法家以亲属关系为根据,发明了犯科的株连制度和连坐制度,后来发展成为灭九族。在不允许赦免的"十恶"罪中,差不多都直接或间接地同违反孝道有关。更有甚者,当孝道与法律相矛盾的时候,许多人都主张"人情大于王法",使法律迁就孝道。例如,对孝子不可行刑,对报杀父之仇的赞颂,对畏法不复仇的耻笑,乃至于孔子提出的"父子相隐"的理论也被后来大多数王朝的法律所采纳。需要特别提到的是儒家的《礼记》和《仪礼》中归纳出来的西周的丧服制度,即"五服"(斩衰、齐衰、大功、小功、缌麻)所表示的亲属关系,不仅是礼的规范,也是法律规范。官方在审判过程中,需据此作为裁决民事尤其是刑事案件的准则。

长期以来,西方法律思想通常倡导的是自由个人本位论。古代希腊和罗马国家的公民,很早就被宣布为"自由人"。雅典执政官伯里克利在悼念烈士的公民大会上演说中,强调城邦是自由人(个人)的国家,他们互相间是平等的。在罗马法中,公民个人已是法律关系的主体。家庭虽由父权家长作为代表,尽管他对于妻和子女拥有几乎是生杀予夺的权力,但对于国家而言仍然是纯粹的个人,与其他个人没有什么根本的不同。在希腊化时期,以伊壁鸠鲁为首的快乐学派和以芝诺为首的斯多葛学派,分别从物质方面和精神方面一齐打开了个人主义的大门。特别是斯多葛派的人人精神平等的学说,成为早期基督教的直接渊源。在黑暗的天主教神权统治之下的中世纪国家里,虽然每人都被当做上帝的"罪人",但同时又都是上帝的儿子;大家都无需经过宗族的媒介而直接地并且平等地从上帝那里获得理性自由,取得精神上的独立地位。到了资产阶级启蒙思想家那里,个人对于神、对于封建主、对于家庭的依附关系一概被斥责为违背"法的精神",发生了一场个人大解放的浪潮。随之,个人的财产自由、契约自由、职业自由以及思想自由等口号深入人心。在 19 世纪,更有法国康斯坦的自由主义,英国的边沁和密尔父子的功利主义,无不以个人为核心。20 世纪法律思潮中的所谓"社会本位"倾向,指的是国家从"社会共同利益"出发而对社会进行干预,包括必要时对公民权利进行一定的限制,但这不是否认个人的经济、政治和法律上的主体地位。因而,这不可与中国传统的宗法群体本位观念同日而语。

黑格尔提出,凡是现实的都是合理的;凡是合理的都是现实的。中国的宗法群体本位和西方的自由个人本位两种法律观念,都是各自民族的具体历史的产物,尤其是特定物质生活条件的产物。尽管从个性解放的角度可以认为自由个人本位优于宗法群体本位,但这不过是笼统的、一般的看法。实际上,如同我们前节说过的,在一个庞大的、统一而又分散的小农业国度里,宗法制度是唯一可能的选择。否则,生产便无法进行,生活便无法维持,当然也就没有什么社会秩序可言。宗法制度压抑个性,但它又有力地模糊了阶级关系,遏制阶级对抗,使社会免于更大的动荡。西方的自由个人本位也并非像某些人想象的那么浪漫。它先后与奴隶社会、封建社会和资本主义社会的剥削制度相依傍,以无数劳动者的牺牲和家庭关系的破坏为代价。即使在今天,在那些倡导自由和个性的王国里,它仍然不会摆脱其资产阶级的虚伪性。

第二节　君主集权和民主共和

中国从公元前 2100 年的夏王朝起，直到 1911 年辛亥革命，一贯奉行君主专制制度，因而专制主义的意识形态也根深蒂固。《尚书》上引证盘庚的话说，只有他一人能"作歉"和"佚罚"；《诗经》所载的民谣，把君主的极权概括得一目了然，即"普天之下，莫非王土；率土之滨，莫非王臣"。历史上作为统治阶级代表的各家各派无不认为这是理所当然的事。春秋战国时代的儒、法两家也是如此。孔子的《论语》就赞颂"天子"的"至尊"，认为应当"礼乐征伐自天子出"。荀子说："君者，国之隆也……隆而一治，二而乱"（《君道》）。不过，儒家还强调"为君之道"和一定的民本思想。他们认为，君臣之间互相都负一定的义务，提出"臣事君以忠，君使臣以礼"①。特别是孟子，他更主张"君为轻，民为贵"，并引证夏桀和殷纣为例，肯定"暴君放伐"的合理性。在这方面，法家则相形见绌。商鞅的《修权》篇说："权者，君之独制也。"韩非的《忠厚》篇说："王者独行谓之王"；君主"独擅"而"不可假人"。《史记·秦本纪》说："天下事大小皆取决于上。"根据他们的讲法，即便是暴君也必须服从，这是一种更极端的专制主义。儒、法两家都认为君主是法的最高渊源，并且法是君主手中随心所欲的统治工具。例如，《管子·任法》云："生法者君也。"《荀子·君道》云："君子，法之源也。"《韩非·忠厚》则称，法与术、势都是"帝王之具也"。值得深思的是，直到中华民国建立以后，张勋、袁世凯之流还在用君主专制来对抗民主共和。

在西方，相对地说，君主专制的观念要淡薄得多。古希腊政治学说中存在的是贵族制和民主制这两种共和制思想的分歧和斗争；即使君主制主张也远不如中国君主制观念那样具有绝对性。正由于在那里有君主制、贵族制和民主制的客观存在与并立，所以关于国家政体的学说很发达，而且一直流传至今。毕达哥拉斯、赫拉克里特、苏格拉底及早期的柏拉图推崇贵族制即"贤人政治"，而诡辩学派（普罗塔哥拉）、伯里克利、德谟克里特及后期的柏拉图，尤其是亚里士多德等人及其富有影响力的著作，则倾向民主制。亚里士多德论证民主共和政体有三大好处，即代表的人数多，智慧、力量、美德和财富的总和多；多数人的情感不易动摇，所以是最稳定；政事由多数人决定容易得到服从，而不会轻易发生内战。在他的学说中，还包含着议事（立法）、行政和司法的"三权"论及其相互制约的成分。西塞罗顽强地坚持罗马王政时代结束以来的贵族共和制，并重视"人类平等"和"人民"的作用。罗马帝国和中世纪这漫长的 1500 年以上的时期内，与专制君主制相适应的是比中国要严重得多的"君权神授"思想。但与中国不同，它是受到各种制约的。在中世纪，除了传统的民主共和国的思想影响外，还有波伦亚学派巴托罗等人城市共和国主张的影响，"反暴君"的影响，以及各种"异端"学说

---

① 《论语·八佾》。

和革命学说影响,最值得注意的是天主教学说的影响。不论"日月论"还是"两剑论"都属二元权力论,表明君主权力要受到教会的巨大限制。按照托马斯·阿奎那的理论,精神权力属于教会,世俗权力属于君主,但精神权力又高于世俗权力。对于违背教义的君主,阿奎那甚至不惜呼唤"反暴君论"的主张。至于近代启蒙思想家,只有霍布斯等个别人提倡资产阶级君主专制主义和格劳秀斯等少数人提倡贵族主义,而绝大多数人则都是民主主义者。

不容否认,按照现代多数人的观点,西方民主共和传统思想无条件地优于中国式的君主专制传统思想。其实,君主专制与民主共和两种法律思想的优劣只有相对的意义。例如,在国家四分五裂的情况下,韩非、李斯等法家人物要求建立中央集权的君主专制主义的一统帝国就是进步的;与此相类似的,在欧洲中世纪末期马基雅维里要求不惜一切地铲除意大利境内的所有民主制或贵族制的共和国,而建立起独立、完整的意大利帝国也是进步的。还有一个事实是,恺撒和屋大维的巨头独裁比西塞罗所竭力维护的贵族元老院共和制更得人心。在近代日本,用天皇专制代替军阀幕府统治也存在类似的道理。上面所列举的这些情况,究其原因,无不是由于它们符合各自的社会环境和历史环境所提出的实际要求以及当时人民的觉悟程度。再者,还应知道,不管专制制还是民主制都是国家形式;而更重要的却在于把握其阶级本质,即该政权到底代表哪些人的利益。恩格斯说:"国家无非是一个阶级镇压另一个阶级的机器,这一点即使在民主共和制下也丝毫不比在君主制下差。"当然,近代以来,随着经济的发展及人民斗争的发展,民主制获得长足的发展,所以民主观念也就越来越成为大多数人的普通观念,但民主的阶级性并不因此而泯灭。

第三节　人治和法治

民主与法治向来是密切相关的。在中国历史上没有民主的传统,也没有法治的传统。我国最早的人治理论是由儒家提出的。《礼记》上说:"文武之政,布在方策,其人存则其政举,其人亡则其政息。"孟子在驳斥法治论时说:"徒法不能以自行……唯仁者宜在高位。"这里的人或仁者,就是指以君主为最高代表的"贤人"。贤者统治的模式无非是仁治、礼治、德治。儒家并非不要法,而是把法置于礼之下位,作为礼的补充,也就是《礼记》中的"礼者禁于将然之前,法者禁于已然之后"。在春秋时,晋国铸刑鼎、郑国子产铸刑书,引起了反对把成文法公开化的抗议和攻击,其理由在于"惧民之有争心","民知有辟则不忌于上"。[①] 也就是说,公开了法将会妨碍"贵贱不愆"的等级特权制度,妨碍统治阶级"其变通之制自上议之,下不得而与闻"的传统,从而会"使民争之"。简言之,会大大伤害人治甚至整个统治。法家则针锋相对地抨击儒家的人治论,如《韩

---

① 《左传·昭公六年》。

非子》中说:"以法治国,举措而已矣……故矫上之失,治下之邪,治乱决缪,绌羡齐非,一民之轨,莫如法。"又说:"释法术而以身治,则诛赏予夺从君心出矣……而以心裁轻重,则同功殊赏,同罪殊罚矣,怨之所由生也。"法家人物还提出"事断于法""法不阿贵""刑无等级"等脍炙人口的佳句。但是,法家的法治指的是把法作为统治手段意义上的法治,而非全社会一律平等地依法办事意义上的法治。换言之,是"用法来统治",而不是"法的统治"。这种统治主要是"去奸之本莫深于刑","厉官威民……莫如刑"(《韩非子》),用严刑峻罚来威吓和镇压人民。因此,与近代意义上的法治相较,它不过是实现君主专制主义人治的手段。自儒法合流以后,一切开明的、远见卓识的君主(明君)、官吏(清官)和思想家都比较重视法的作用。相反,昏君、赃官或酷吏和偏于保守的思想家都藐视法的作用,而强调皇帝的"金口玉言""金科玉律"。这是中国法律思想史上一个带有规律性的现象。

西方法律思想史中的法治一词,一开始就含有依法办事的意思,而且理论上的阐发也比较深刻和系统。从伯里克利以后,法治论便占据着对人治论的巨大优势。法治论的最大代表是亚里士多德,其代表作是《政治学》。他根据雅典民主共和国的经验,对法治给予科学的界定,"法治应包含两重意义:已成立的法律获得普遍的服从,而大家所服从的法律又应该本身是制定得良好的法律","由法律遂行统治,这就有如说,唯独神祇和理智可以行使统治";反之,"让一个个人来统治,这就在政治中混入了兽性的因素"。他指出,法治的优越性表现在它有正确性、公正性、稳定性和明确性的特点。罗马法学家,尤其是所谓五大法学家,他们在发展私法法治理论方面作出了杰出的贡献。中世纪进步的和反暴君派的思想家们,很大程度上就是根据君主的地位是否合法以及他是否实行法律来区分明君和暴君的。阿奎那的观点是,一位君主,他除了神法外,通常也要执行他自己颁布或认可的法律。在近代,从古典自然法学开始,几乎每个有地位的法律思想家都无不把法治当做天经地义的事了。

民主与专制的关系同法治与人治的关系是完全一致的。差别在于,前者是国家政体问题,后者是国家权力运用机制问题。民主政体要求法治,专制政体要求人治。中国法家提倡的法治和西方前近代(尤其是古希腊、古罗马)的法治,都不同于近代的人人平等地依法办事意义上的法治,这点是必须明确的。近代以来,西方资产阶级之所以能够提出系统的法治学说并在实践中加以贯彻,不是因为他们的头脑特别聪明,这同西方古代的传统影响有关,而更根本的是由于它是资本主义经济关系的客观产物。商品货币交换本身已包含着人的"自由因素"和"法律因素",使人人都按照市场规律及反映这种规律的统一准则(法律)进行活动,开展自由竞争。列宁说,一般的自由资产阶级"不能不追求自由和法制。因为没有自由和法制,资产阶级的统治就不彻底、不完整、无保证"①。

---

① 《列宁全集》第18卷,人民出版社1959年版,第350页。

第四节　公法和私法

中国古代宗法群体本位、家国不分以及与这种国家制度相适应的规范体系即礼的规范,不仅造成对个人权利领域的高度压抑,同时也使国家成为"王者(大家长)之政",而非表现为凌驾社会之上的"中立性"。这样一来,社会中的一切几乎都成了"公"的领域,而很难承认"私"的领域。这就是中国特有的一种"公法文化"。公法文化的特点明显地表现在两个方面:其一,刑、法、律三者同一化。从训诂上看,《尔雅》:"刑,法也","律,法也";《说文》:"法,刑也";《唐律疏义》:"法亦律也。"据载,"法"字本身又有废止、攻伐之意。同样,《国语》:"大刑用甲兵,中刑用刀锯,其次用钻凿;薄刑用鞭扑,以威民也。"就是说,法与律(法的形式之一)均归结为刑,而刑就是国家的暴力镇压,包括对外的攻伐和对内的刑罚,而这一切集中表现为规范的禁止性。在对于法的概念和基本功能的理解上,儒、法两学派之间是一致的,分歧仅在于法律与道德哪个应摆在首位而已。其二,民事的刑事化。《韩非子》说:"夫立法令者,以废私也,法令行而私道废矣。私者所以乱法也。""能去私曲就公法者,民安而国治;能去私行行公法者,则兵强而敌弱。"因而,私法没有地位,顶多是公法的附属品。《周礼》记载:"凡民同货财者,令以国法行之,犯令者刑罚之。"信贷、租赁、买卖及婚姻等民事行为,通常要借助刑事手段或者附在刑事上处理。可以说,民事案件一进入国家的诉讼程序,便成为刑事案件了。但更多的民事案件是通过宗族的族长或长者来裁断的。

西方传统的法文化,主要是"私法文化"。在那里,社会很早就分化为非血缘的利益集团即个人群体,因而国家一开始便表现为一种凌驾于社会之上的特殊力量。它不仅要维护"公"的利益也以"第三者"的地位解决"私"的利益;不仅要求公民对国家尽义务,也保障公民的权利。特别是国家通常被看做个人间订立契约的产物。雅典国家和罗马国家的人民大会,每个人均以个人身份参加,因而在那里,调整私人关系被看做是法的主要功能。如果说中国的"法"字以公、罚、禁为基本含义,那么西方的"法"字则是以私、权利、正义为基本含义。在罗马法体系、查士丁尼法典体系以及拿破仑诸法典中,私法总是重于公法的。以至于远见卓识的拿破仑概括自己一生的功绩时,不无骄傲地说:"我的光荣不在于打胜了四十个战役……但不会被任何东西摧毁的,会永远存在的,是我的民法典。"①尤其自现代以来,在西方国家公法的私法(民法)化趋势日益明显。在法律思想领域中,从罗马法学家(尤其是盖尤斯的《法学阶梯》)以来,经过中世纪波伦亚学派,涌现出大量杰出的私法学者和私法的学术著作。

公法与私法本来是相互统一的,但我们所说的公法文化观念与私法文化观念则表现着两种倾向。前者所维护的是中央权力,重点是政治;后者所维护的是个体权利,重

---

① 《法国民法典》"译者序",商务印书馆 1979 年版,第 111 页。

点是经济。尤其自近代起,市场经济的实践表明,公法是一种宏观控制手段。但相对公法而言,私法则更为重要,私法发展的状况更能够成为测度经济繁荣的标尺。

第五节　义和利

在中国思想史上"义"与"利"的关系一直是个重要课题。论争的结果是"重义轻利"的观点占据上风。尽管在人们中间,尤其在统治阶级中间计较蝇头小利的情况屡见不鲜,但多数"高雅之士"还是对"利"字讳莫如深。什么叫"义"?《礼心》云:"父慈、子孝、兄良、弟悌、夫义、妇顺、长惠、幼顺、君仁、臣忠,十者谓之仁义。"但实际上处理这五对相互关系的原则,差不多被推及到一切人际关系。因而可以说,义就是处理人际身份关系的抽象的伦理道德标尺。《论语》里有这样一些名言:"君子喻于义,小人喻于利。""子罕言利,与命与仁。"《孟子》载:"孟子见梁惠王,王曰:叟不远千里而来,亦将有以利吾国乎? 孟子对曰:王何必曰利? 亦有仁义而已矣。"晋朝傅玄说:"丈夫重义如泰山,轻利如鸿毛,可谓仁义矣。"(《傅子》)程朱学派以天理作为义的同义语,把利与义对立起来,认为:"天理与人欲相对,有一分欲即减却一分天理,有一分天理即胜得一分人欲。"[1]"天理存则人欲亡,人欲胜则天理灭。"[2]墨家也强调义,《墨子》说:"义者正也。何以知义为正? 天下有义则治,无义则乱。"但又说:"义,利也。"没有像儒家那样将二者决然对立起来。法家一开始就以言利而著称,尤其讲耕战之利,但这种重利派到底挡不住重义派的进攻而败下阵来。对于儒家的重义文化,北宋李觏一针见血地驳斥说:"利可言乎? 曰:人非利不生,曷为不可言? 欲可言乎? 曰:欲者人之情,曷为不可言? 言而不以礼,是贪与淫;罪矣。不贪不淫而曰不可言,无乃贼人之生,反人之情。世俗之不儒,以此。孟子曰不言利,激也。焉有仁义而不利者乎?"[3]但更多的重利主义者是置利于义中,把义解释为"公利"。傅玄谓"善为天下兴利";程颐谓"义与利,只是公与私也";王船山谓"天下之公欲即理也";等等,皆然。

西方历史上所一直强调的"正义"也是人际关系的根本准则和法律的根本依据,同中国的"义"颇为类似。但二者又有根本区别,即西方的"正义"一开始就是和"利"协调在一起的。古希腊人将正义分为分配正义和平均正义两种。按照亚里士多德的解释,分配正义指根据人们的社会身份和地位来分配荣誉、金钱及可以分割的东西,因而彼此是不平等的;平均正义指物品交换中的等价性,这种正义在政治法律上的反映便是政治(法律)正义。这种正义理论流传几千年,至今仍被袭用。不难看出,这种正义文化其实就是如何分配"利"(其中包括"权"),而且主要是在个人之间分配"利"和"权"。在罗马法学家那里,这种正义论越来越被实证化。在罗马法律中,对于利益的

---

① 谢良传:《语录》。
② 朱熹:《语类·十三》。
③ 《直讲李先生文集·原文》。

分配甚至达到了非常残酷的程度。例如,家长不仅可以出卖奴隶,也可以出卖妻、子;债权人可以肢解债务人作为债的受偿方式。天主教的最大圣人阿奎那在谈论神的自然法的时候,承认它包含保全人的生命、维持人的本能和维系社会秩序三大基本要素。他还认为,私有财产制度和奴隶制度是对自然法的"有益的补充"。在启蒙思想家那里,生命、自由、财产、追求幸福等等各种实证权利,已绝对压倒单纯满足精神需要的议论。马克斯·韦伯在《新教伦理和资本主义精神》的小册子中提出基督教倡导营利的观点是有一定道理的。曾几何时,资本这个大写的"利"字终于风靡于世界。

不难看出,中国人的义观念与西方人的利(权利)观念形成了鲜明的对比。的确,作为中国民族性的义观念是个重要精神支柱。"大义灭亲""仗义执言""仗义疏财""侠肝义胆""义不容辞";"见义勇为""慷慨就义""大义凛然""义气千秋"……现今青年中间更讲"哥儿们义气",在人们日常生活中"义"字无处不在,义观念对于维护国家的统一、人际关系的协调和扬善惩恶,起着举足轻重的作用。不过,这种观念也有巨大的消极性,最主要的表现是轻视实业,鄙薄科学技术(叫做"雕虫小技"),重农抑商,反对利息借贷,从而妨碍了国民经济、科学技术事业,尤其是商业(市场)经济的开拓与发达。在西方,虽然没有受惠于"义"这根观念纽带的好处,但"利"观念则大大促进了资本主义经济的繁荣。

第六节　无讼和合法

中国人追求人间和谐的最重要表现之一是"无讼"观念。历来绝大多数法律思想家几乎异口同声地呼唤无讼的理想世界。从理论上说,孔子是无讼论的最著名的倡导者。《论语》里说:"听讼,吾犹人也;必也使无讼乎。"道家以法律虚无主义为指导,企图用消极无为的方式求得无讼世界,说:"绝巧弃利,盗贼无有"①。反之,法家则从国家主义出发,强调以积极进攻的方式来达到无讼的目的,如《商君书·画策》中说:"以战去战,虽战可也;以杀去杀,虽杀可也;以刑去刑,虽重刑可也。"儒、道、法三派的主张仅在于实现无讼的途径和手段的差别而已。对无讼的理想,明朝的王士晋曾将其概括为:"太平百姓,完赋税,无争论,便是天堂世界。"②同样,对争讼的抨击谴责声不绝于耳。《汉书·韩延寿传》谓:"骨肉争讼,甚则忘骨之恩,又甚则犯尊卑之分";《海瑞集》谓:"不知讲修睦,不能推己及人,此讼之所以日繁而莫可止也";清人钟祥谓:"民间诉讼之由,或因挟嫌,或因争利,或因负气,或因受属,大抵不外乎此。"③如何才能做到无讼呢?其总纲就是孔子"和为贵"的信条。《论语》里说:"君子矜而不争,群而不党","躬自厚而薄责于人";《礼记》讲要"揖让而治天下";王守仁说:"心要平恕,毋得轻意忿争;事

---

① 《老子》十九章。
② 《得一录·宗祠条规》。
③ 《皇朝经世文编续编·刑政》。

要含忍,毋得辄兴词讼。"①此外,还有大量攻击打官司的诸如结讼、好讼、滋讼、健讼、缠讼及讼棍这类的语词,不一而足。一般地,诉讼者即或不被当做刁民,至少也是个非本分者。除了教化和弹压之外,息讼的另一个基本方法便是调解,以取得"大事化小,小事化了"的实效(清人杨宏语)。这种调解方式大抵是,民间由耆老、里长或乡党进行化导,或由族长依家法加以训诫。调解的依据则是"天理"与"人情",而不是"法理"。

西方人没有来自宗法关系的所谓天理、人情可资遵循,他们只能寻找符合个人本位观念或权利义务观念的规范,即一直被当做具有相互缔结的契约性质或公意的实证法律,于是就形成一种行为必须"合法"的特殊观念。人们力图使法律能网罗一切,要求法律保证自己的正当利益;当自己的权利受到侵犯时也诉诸法律来打击侵权者,以伸张正义。

不容否认,中国人的无讼观念及天理、人情观念曾对国家、民族和家庭起着巨大的凝聚作用。尤其是由这种观念产生的多种形式的调解制度,对于减轻人民的讼累、维护相互团结和社会稳定是有益的。不过,它们也带来很大的消极后果,例如,压抑人们的公平观念、权利观念和反抗观念。而缺乏这样一些观念,也就使个性的解放、商品经济的兴旺、社会制度的改革受到重阻。西方人追求法律保护的合法观念则造成完全不同的情况。虽然它引起过国家、民族和家庭内部的频繁的争端和动荡,但却形成比较牢固的个人独立和维护个人权利的观念,以及不"和稀泥"的是非分明的观念。这颇有利于经济的交流和发达,有利于法制主义精神的弘扬。

第七节　王法和自然法

进入文明社会以后,广大群众为摆脱当权者专横的经济掠夺和政治压迫,维护自己的切身利益,总不免要去追求一种理想法。这种法,在中国就是人们常常挂在嘴边上的"王法";在西方则是被大多数人承认的"自然法"。

中国人的王法观念,一方面是对于"清明政治",尤其是对于"明主""贤君"的幻想,另一方面也是对于绝对君主制现状无可奈何的认可。从理论上看,这种王法观念是从两条相辅相成的渠道形成的。其一,无限美化君主的作用,以愚弄人民。对此,儒家最为卖力。《论语》中把周朝国君形容为真正的"天"或"天子",说:"巍巍乎! 唯天为大……荡荡乎! 民无能名焉。"又说,君主可以"一言兴邦,一言丧邦"。《孟子》说:"一正君而国定焉。"《荀子》说:"文王一怒而安天下之民。"《汉书·董仲舒传》说:"王者承天意以从事。"历来还流传什么君主"口含天宪","言出法随",他的话是"金科玉律"等说法。梁启超在批判这种英雄史观时说得很概括:君主"心理之动进稍易其轨,

---

① 《王成文公全书》卷十七。

而全部历史可改观"①。其二,对君主威严的极度夸张,借以恫吓人民。这一点法家最为突出。《商君书·赏刑》云:"自卿相将军以至大夫庶人,有不从王令、犯国禁、乱上者,罪死不赦。"《韩非子》云:"万乘之主,千乘之君,所以制天下而征诸侯者,以其威势也。"(《人主》)必须指出的另一点是,君主的王法也荫及国家官员。对此孟德斯鸠有过精辟的分析:"在专制国家里,法律仅仅是君主的意志而已。即使君主是英明的,官吏也没法遵从一个他所不知道的意志! 那么官吏当然遵从自己的意志了。"②因而,官员的意志也往往可以替代王法,或者简直就等于王法了。

西方人的自然法观念,从早期希腊国家开始迄今,已流传几千年了。这种自然法观念,归根到底是使人们能找到一种制约君主或当权者的权力,避免他们的专横无忌。自然法观念的反专制主义,特别是反君主专制主义的倾向,主要可从以下几个方面来理解。其一,从古到今人们给出的自然法的定义,无非就是自然法则、神的意志及人的本性,但归根到底都是通过人的理性来获得表现和实现的。例如,西塞罗说,自然法是与自然相一致的法律或上帝创造的法律;自然法具有客观性和时空的不变性(绝对自然法)。阿奎那认为,自然法是人的理性对于神的永恒法的参与,或者说神的理性的"余晖"。斯宾诺莎说,自然法是"一切事物据以成立的自然规律和法则本身",如此等等。在这里,君主的意志低于自然法,因而它没有自己绝对独立的地位。其二,在自然状态下,人们依靠自然法的调整。这表明一个重要的道理,即没有君主的法,人们也可以过得不错(如洛克语),甚至过着"黄金时代"的生活(卢梭语)。所以,君主的法不是非有不可的。其三,君主或执政者的权力,来自经自然法启示的人们所订立的国家契约或社会契约。因此,契约所表达的意志(人们的整体意志)是本源性的意志,而君主或执政者的法律不过是派生性的意志罢了。其四,君主或执政者的权力既然是契约的产物,那么国家主权只能是人民主权,而不应是君主主权、议会主权等等。人民主权具有最高的、独立的、不可分割的、永远正确的属性。而君主主权之类的提法本身,就是不合逻辑的、错误的。其五,国家成立后自然法仍然起作用。此种作用主要表现为它是君主或执政者的权力和法律(制定法)的指导原则,国家和法律均须无条件地服从这种原则。其六,一切违背自然法的权力和法律都是暴君和恶法,人民没有效忠或遵守的义务。此时,作为主权者的人民就有理由行使自己本来拥有的反抗权。反抗权理论源于反暴君论,在 16 世纪英国的格奥尔基·布卡南和法国菲利浦·莫奈(化名布鲁塔)那里得到系统化,而在洛克,尤其是卢梭那里达于高峰。其七,人民在推翻暴君、废弃同暴君之间订立的契约之后,有权重新按照自然法要求,为自己建立新政权。17—18 世纪的多数启蒙思想家们正是这种理论的倡导者,而此后的革命家们则把这种学说实现出来,这就是资产阶级的理性王国。

---

① 梁启超:《饮冰室文集·历史研究法》。
② 〔法〕孟德斯鸠:《论法的精神》(上),张雁深译,商务印书馆 1978 年版,第 66 页。

　　虽然,中国人的王法观念同西方人的自然法观念具有理想性这一共同点,但王法的实践却与理性背道而驰。中国人企图用王法观念来制约君主和抑制专横统治,结果它反倒变成套在自己颈上的绳索,助长了专制君主的统治,使人民成为专制君主颐指气使的奴隶。对于人民而言,王法的理想顶多也不过是一种自欺欺人的幻影。西方人的自然法观念虽然也论证君主或执政者权力的合法性,有的(如君权神授论者、霍布斯主义者)甚至论证绝对君主专制的合法性,但是它的正面作用即对执政者的约制性则更强大些,使人民群众在一定程度上获得对抗君主的主动性和独立性,以至于像阿奎那、布丹这样的君主专制主义的维护者也承认君主是不得违背自然法的。还有一点,自然法是一种抽象的法,因此有很大的灵活性。每当社会处于剧烈变动的时刻,这种观念总会自然而然地成为改革者或革命者的现成武器。迄今为止,自然法思想已适应文明社会以来各种类型社会的状况。直到如今,它仍然活在许多西方人的头脑之中,这是必须看到的。

第十四章　中国和西方法律价值观的比较思考

打开古代世界的法制史册,一幕奇异的法律文化景观每每牵动研究者的目光:罗马第一部成文法是刻在十二块铜牌上存留下来的;中国最早公布的成文法为公元前536年郑国子产所作的刑书,史称"铸刑书于鼎"。后来,邓析另行起草了一部刑法,刻在竹简上,有"竹刑"之称。铭刻的铜牌、竹简以及浇铸的大鼎,已被历史证明是一种比较好的法律保存者。且不论这类法典的分类是否匀称,用词简明与否,它们的价值主要在于代替一个单凭有特权的寡头统治阶级记忆的惯例,在于它们为众所周知,以及它们能够使每个人都知道应该做些什么和不应该做些什么的知识。这是中西法律文化发展中出现的一种相同现象。但如果放弃从平面的角度去看待东西方法典化的过程,而是进行立体性的思维,人们就会惊讶地发现,相同现象的表层之下却有着不同的命运。曾记否,有功于中国法律文化的子产,作了刑书之后,招来的倒是一片责难声,甚至"舆人诵之曰:孰杀子产,吾其与之!"①邓析私造竹刑,打破"学在官府"的旧传统,聚众讲学,助人诉讼,引起郑国当权者的恐怖,竟落了个"郑驷歂杀邓析,而用其竹刑"②的结局。子产、邓析两位如果预知自己的下场,还会不会有"刑书""竹刑"的出现,这无从考知,也不重要,可是,同在法典化时期,西方为什么就不存在中国式的"以其治人之道,还治其人之身"的事实呢? 翻遍西方法制史,何以找不见有人因法典公开化而被悬赏捉拿甚至杀身的例子呢?

当年代表晋国奴隶主贵族守旧势力的叔向,曾经给子产写过这样一封信:"昔先王议事以制,不为刑辟,惧民之有争心也……民之有辟,则不忌于上,必有争心,以征于书,而徼幸以成之,弗可为夷……国将亡,必多制,其此之谓乎!"③原来,统治者惧怕人民知道法律之后,会依据成文法进行斗争,而子产制作刑书使法律公开化,加剧了统治者的恐惧感,其结局不难得知。然而,这种解释只是表面的、部分的,因为它不能回答为什么中国统治者会有这种恐惧心理而西方统治者则没有的深刻原因。笔者认为,只有把此问题放在中西法律文化的根本差异这一大坐标系中,在比较中西法律思想家的法律价值观念的基础上才能得到正确答案。

---

① 《左传·昭公三十年》,下划线为引者所加(下同)。
② 《左传·定公九年》。
③ 《左传·定公九年》。

第一节　备民论与幸福论

在西方法律思想家当中，不少人都不厌其烦地把法律与公共幸福联结在一起，认为法律的源起是为了全体人的安全和幸福。

柏拉图的得意弟子亚里士多德认为"法律只是'人们互不侵害对方权利的保证'而已"，指出"法律的实际意义应该是促成全邦人民都能进入正义的善德的制度"。① 这其中已含蕴着法的目的为公共福利之意。大谈自然状态是一种潜伏着的战争状态的洛克，则从人们联合成为国家契约和置身于政府之下的主要目的来推究法律的意旨。在洛克看来，人类放弃自然权利、通过契约组成社会，为的是他们的生命、财产能得到保护。因为在自然状态之下，当战争强加于受害者的身上时，他们无法诉请补救。法律的目的就是为人们提供一种救济的办法，使无辜者得以保护和救济。尽管他把法律的目的限定得过窄，但不无"公共幸福"的道理。最明确提出"幸福说"的不是古希腊哲学家，也非罗马法学家，而是生活在被人们通称为"黑暗时代"即中世纪的神学家——托马斯·阿奎那。他曾说："任何为了某种目的而存在的东西必须与那个目的相称。法律的目的是公共福利。因为，像伊西多尔所说的，'法律的制定不应当只是为了某种个别的利益，而是应当以公民的普遍利益为着目点。'所以，人法必须与公共福利有关。"②"严格说来，法律的首要和主要的目的是公共幸福的安排。"③故此，"公共幸福"论是撑托西方法律文化的重要支点，也是我们理解西方人思想的关键。

接下来，让我们看看中国的前辈们是如何解说法的目的的。

法家"势治"派主要代表人物——慎到，将"使私不行"作为法之大功。法的作用是"定分"，定分则民无争："一兔走街，百人追之，贪人具存，人莫之非也，以兔为未定分也。积兔满，过而不顾，非不欲兔也，分定之后，虽鄙不争。"④法家集大成者韩非，也有同感。他说，圣人治国，正明法，陈严刑，为的是"将以救群生之乱，去天下之祸，使强不凌弱，众不暴寡，耆老得遂，幼孤得长，边境不侵，君臣相亲，父子相保，而立法术，设度数，所以利民萌便众庶之道也"⑤。俨然一副代表全民利益的模样。那么，中国思想家的观念是否已初具西方人"公共幸福"论的韵味了呢？

其实，以上所说只是慎到和韩非两人思维中极微小的一个层面。尽管有"利民""众庶"的字样，但并不意味着他们就倡导幸福是法的旨趣。恰好相反，两位思想家的着眼点却是"备民论"。慎到看重的，在于立法定分，能够塞众人之愿望："法虽不善，犹

---

① 〔古希腊〕亚里士多德：《政治学》，吴寿彭译，商务印书馆1981年版，第138页。
② 〔意〕阿奎那：《阿奎那政治著作选》，马清槐译，商务印书馆1963年版，第118、105页。
③ 〔意〕阿奎那：《阿奎那政治著作选》，马清槐译，商务印书馆1963年版，第118、105页。
④ 《慎子·佚文》。
⑤ 《韩非子·奸劫弑臣》。

愈于无法,所以一心也……使得美者不知所以德,使得恶者不知所以怨,此所以塞愿望也。"①也就是说,法律的目的是企图使民众处于糊涂的状态、昏昏然的境地,以便明君治国,特别是治民。韩非更坦率,在法的定义中把法明确标示为帝王之具:"法者,宪令著于官府,赏罚必于民心……帝王之具也。"②只要法不败,官场社会无奸诈,众民就会安于劳作。不管韩非有无别的考虑,只要他认为法是帝王之具,那就很显明,法的目的并非芸芸众生的幸福,而是帝王用以统治人民的一种手段,最终意图为塞民、治民。

值得注意的是,主张"备民论"的不单单是慎到和韩非,在中国法律文化史中,提出这种法的目的论的人物可以说是大有其人,屡见不鲜。

春秋学术思想界的大家——管子就曾把法说成圣君的一种实用之器:"万物百事,非在法之中者,不能动也。故法得天下之至道也,圣君之实用也。"

更有甚者,后汉时期的王符把法提升到君之命的高度,即所谓"义者,君之政也。法者,君之命也"。不只如此,他还认为人民是君主的马,而法是驾驭的鞭子:"法夫令者,人君之衔辔棰策也;而民者,君之舆马也。若使人臣废君法禁而施己政令,则是夺君之辔策而己独御之也。"③

再形象不过了——君主只要手不释缰绳和鞭子,民众这匹马就不会也不敢跑离正轨。而一旦马儿炮蹶子或犯浑,则有缰勒、直至重鞭伺候。并且,王符告诫君主,无论如何也不能废法禁,否则,就会被夺去御马之具,最终失去天下。

现在我们似乎可以回答子产和邓析的命运之因了:法律被视为统治者的工具,这是帝王将相们坚定不移的信念,他们对法的目的的认识是和中国法律文化相一致的,"刑不可知,威不可测"一说充分道出了中国古代统治者极力反对法律公开化的真实意图。这样,他们两人遇此厄运实属必然。而西方人极少有过法是帝王之具的想法,认为法律公开化非但无害,而且有利于公共幸福的实现,自然不会对使法律法典化、公开化的人予以残害了。

总之,西方法律思想家重法律的公共福利,而中国古代的代代宗师却偏好于法律的防民效益。虽然都是为法的目的而发,但二者之间却没有一点关涉。为什么西方人强调君主必须服从法律,又为什么把法律视为在很大程度上替代了权威而拥有了一种精神超越的品格?而中国传统社会中的法律却始终摆脱不了婢女和看家狗的角色?推而究之,就是传统价值观念在作怪。既然西方人认为法是为公共幸福而创设,自然便有"君主个人意志应该屈尊于法律"的显明结论。与此同时,法律是治民之具这一观念对中国国民影响至深,以至于人们动不动就把法院同衙门、打官司与过堂、法官与县太爷挂钩,这样又怎能生出对法律的依赖?!所以,我们应该找见两者在现实生活中的斑斑印痕。法律文化的生命力也正在于此。

---

① 《慎子·威德》。
② 《韩非子·定法》。
③ 《潜夫论·衰制》。

既有法的目的一说，就会生出这样一个问题，即背叛了法的意旨的法律是否仍算是法律，用西方人通常的说法表示，就是"恶法是否还为法"。这是一个关于法律正义论的问题。

西方自然法的倡导者多认为，法如果不以正义（公共幸福）为目的或者违反正义，应当承认私人与司法人员有权甚至有义务反对这一应受谴责的法律。阿奎那、格劳秀斯、普芬道夫、洛克和霍布斯等人，之所以对立法者所制定的极恶的、无人道的、明显不合理的法令十分痛恨，因为他们胸有一个揣度实在法规有效的标准——自然法。他们把自然法的基本规范视为具有真正意义的"法律"，将其置于一切法律之上。而自然法是理性的化身，因此，判断一项法律是否有效，是否合乎正义，完全取决于法律是否与理性相合。理性，大多数情形下被作为人性的同义语而存在，这是就其初衷而言。理性的更明确的意蕴，是指理智的人性或正确的人性，有时也常跟公共幸福结伴。西方思想家尚未形成一个统一的理性概念，但并不妨碍他们在法律与理性的关系上趋同。这就是：如果人法违背理性，它就被称为非正义的法律，并且不是具有法律的性质而是具有暴力的性质。托马斯·阿奎那如是说——

暴戾的法律既然不以健全的论断为依据，严格地说和真正地说来就根本不是法律，而宁可说是一种滥用。然而，只要考虑到公民的福利，它就具有法律的性质。因此，只要它是某一位当权者对他的臣民下达的命令，只要它的目的在于使那些臣民完全服从法律，它就和法律发生关系。①

这里，阿奎那作了一个似乎令人很费解的限定：一种法律如果暴虐，就根本不是法律，但只要它能考虑到公民的福利，就仍然具有法律的性质。实际上他是把公共幸福当标尺，去衡量一切法律。若能合乎阿奎那的尺子的刻度，那么法律的其他要素可以忽略不计。即当一项法律以公共福利为目标，或者所制定的法律并不超出制定者的权力，或者在形式上，法律使公民承担的义务是按促进公共幸福的程度就仍为法律。所以，把握"公共幸福"这把标尺，便可理解阿氏的底蕴。

通观西方法律文化的历程，就会发现，法律正义问题一直缠扰着人们的心绪，致使几乎每一个时代都会有贤哲对此冥思苦想。对"恶法是否为法"这一论题，作出某种判断是简单之举，但细究起来，就不见得常人之力所能及。按照今人的理解，一旦由国家制定并以其强制力做后盾，法律就是一种有效的行为规则。然而西方的思想家的思路却特别，其逻辑的中心链条不在"效力"一环上，而是强调"公共幸福"为法律真正具有"法律"的性质之泉源。即便一项法律有强制性并在生活中通行，那么也可否定之。所以，中西方对法的把握的分歧在于，西方人从"应然"的角度去度量法，而我们则为"实

---

① 〔意〕阿奎那：《阿奎那政治著作选》，马清槐译，商务印书馆1963年版，第110页。

然"的考虑来定义法。历史已经告诉我们,防止不合理的歧视待遇,禁止侵损他人,承认基本人权,提倡在职业上自我实现的机会,设定义务以确保普遍安全和有效地履行必要的政府职责,确立一个公正的奖惩制度等,这些某种程度上同人类的共同需要有关系的正义要求,毫无二致地应作为衡量法律优良的尺度。正义并不意味着只是一种纯粹的理想和梦想,它作为一种文化价值处处协调着法律。我们不该忘记,"社会正义观的改进和变化,常常是法律改革的先兆。当 18 世纪的欧洲普遍得出这个结论——使用严刑迫使人们供认所指控的罪行是非正义的——时候,人们便发动了一场运动,要求通过一个赋予反对自证其罪的特权的法律,这场运动最终获得了成功。19 世纪,当拒绝给予因同事过失而遭受损害的工人们对其雇主进行起诉的权利是不公正的观点,在美国变得强有力的时候,有关颁布工人补偿法的要求便应运而生"①。自有文字记载的历史以来,所有重大社会斗争和改革运动都是高举正义大旗反对实在法中某些被认为需要纠正的不公正规定的。我们之所以无法理解西方人把捍卫正义视为一种更高的法律,是因为未从实质上把握西方的法律文化传统。

作为一个当代中国人,在考察西方正义观的过程中,自然会生出这样的念头:在几千年的文明中,我们古人难道就没有对正义发生些许兴趣?当笔者几乎把典籍翻了个遍之后,摆在面前的是一些片断——废除残酷肉刑、反对重刑主义和提倡任法去私等主张和做法。实际上,古人所留下的思维残片并非以正义为标尺对法律文化予以检视,而是从统治角度去大发议论。历史上废除肉刑和反对重刑主义的呼号,说明思想家们认为肉刑和重刑会恶化王朝的统治,有"官逼民反"之虞。汉文帝废除肉刑主要也不是出于人道的考虑,而是从其"与民休息"的政策需要和维护封建统治者的根本利益出发的,与正义论关系不大。思想家们要求君主任法无私、精诚无私,为的是君主能够顺利地用法塞民,担心最多的恐怕要数"上梁不正下梁歪",并非正义的内在力量使然。慎到虽有"法虽不善,犹愈于无法"一说,但丝毫不含价值判断,所强调的是有法胜于无法,即法的作用。

第二节　斤斧和篱笆的昭示

在中国法律文化史上,有一个值得注意的现象,即思想家们喜欢将赏罚并列相称,两者俨然是一双连体婴儿。不过,他们却又有些偏爱:尽管"赏"在嘴上叫得甜,但思想家们并未就"怎样赏"谈出多少,却对"如何罚"不厌其详。因为在他们看来,赏的作用至多是一种佐料,有调统治味道之功效,使严苛的惩罚显得不那么火辣辣的,有道是"夫刑者所以禁邪也,而赏者所以助禁也"②。所以,被古人"钟情"的,并非赏,而是罚。

① 〔美〕博登海默:《法理学——法哲学及其方法》,邓正来、姬敬武译,华夏出版社 1987 年版,第 258 页。
② 《商君书·算地》。

有了浅显但必要的认识之后,我们看看中国思想家们是如何论述法的作用的。

法家代表商鞅说得明白:"昔之能制天下者,必先制其民者也;能胜疆敌者,必先胜其民者也。故胜民之本在制民,若冶于金,陶于土也。本不坚,则民如飞鸟走兽,其孰能治之? <u>民本,法也。故善治者,塞民以法</u>。"①这就毫无遗漏地道出法律作用的塞民、禁民,换言之,法律的功用在于制裁。将礼与法合而为一的荀子,则认为法的作用有三,即"重刑罚以<u>禁</u>之";"严刑罚以<u>纠</u>之";"严刑罚以<u>防</u>之"。也就是说,法起禁止、矫正和防范的作用。重礼轻法的贾谊也认为"权势<u>法制,人主之斤斧也</u>"。法律斤斧作何之用? 劈也,砍也。

在认知了古代人对法功能的理解之后,再回过头来寻思他们对"罚"的偏重,就不难懂得思想家们对"罚"大喊大叫的缘由,同时,也把握了传统法观念的精神。重刑少赏、重罚轻赏是中国法律文化的一大特色,其源头便为"禁奸止过,莫若重刑",尤其是中国人所抱定的法律的价值观念。"以刑去刑"的主张可能永远不会被西方人首肯,因为他们有别样的法律价值观。

当然,认为西方人完全将"法"与"禁止"分离开来,这不合事实。阿奎那就曾说过:"'法'这个名词[在语源上]由'拘束'一词而来,因为人们受法的拘束而不得不采取某种行径。"②格劳秀斯也持此类看法:"法律所指示的,只不过是所谓正义而已。同时,这个正义是<u>消极的意义多于积极的意义</u>。"其意显然强调法律规范的"禁止性"多于许可性。那么,是否可以从中引出西方人也把法律的作用仅限于禁止或制裁这样一个结论呢? 恐怕不能。其一,阿奎那只是从语源上把法与拘束联结起来,所强调的是法的效力,并没有像中国思想家那样将法律局限于诅暴罚恶。我们古人把法的制裁性用于一切民众(塞民),而阿奎那却认识到"有德行的和正直的人士不受法律的支配,只有坏人才受它的约束"。其二,最关键的是,西方思想家更多的是把法与权利、自由联姻。且不说古希腊和罗马思想家真心诚意地用法作为权利的保证,单引霍布斯和洛克的专门说明法律作用的两段话足可佐证:

> 法律,作为得到批准的法律,其用处不在于约束人民不做任何自愿行为,而只是指导和维护他们,使之在这种行为中不要由于自己的鲁莽愿望、草率从事或行为不慎而伤害了自己。正如同栽篱笆不是为了阻挡行人,而只是为了使他们往路上走一样。③

阿奎那的"拘束"一词在这里得到了更确切的注释。在"拘束"之下,人们可以去掉放荡不羁的传习,为的是不伤害自己,为的是更自由地从事自愿行为。可见,法律的作用只是指导和维护,限制只是实现法律作用而必有的一种属性,当然不是最重要的属性。

---

① 《商君书·画策》。

② 〔意〕阿奎那:《阿奎那政治著作选》,马清槐译,商务印书馆1963年版,第104页。

③ 〔英〕霍布斯:《利维坦》,黎思复、黎廷弼译,商务印书馆1985年版,第270—271页。

法律按其真正的含义而言与其说是限制还不如说是指导一个自由而有智慧的人去追求他的正当利益，它并不在受这法律约束的人们的一般福利范围之外作出规定。假如没有法律他们会更快乐的话，那么法律作为一件无用之物自己就会消灭；而单单为了使我们不致坠下泥坑和悬崖而作的防范，就不应称为限制。所以，不管会引起人们怎样的误解，法律的目的不是废除或限制自由，而是保护和扩大自由。这是因为在一切能够接受法律支配的人类的状态中，哪里没有法律，哪里就没有自由。这是因为自由意味着不受他人的束缚和强暴，而哪里没有法律，哪里就不能有这种自由。①

"单单为了使我们不致坠下泥坑和悬崖而作的防范，就不应称为限制"，这应该是我们所有人理解阿奎那、格劳秀斯等关于"法律由拘束而来"和"法律的消极意义多于积极意义"的钥匙。同时握有这把由人类文明观念铸成的钥匙，就不难悟出中西方法律思想家在"法作用"问题上存在实质差异：一个为了君主统治以法"塞民"，它给众生带来的是凄凄之苦；一个用于维护和指导平民追求正当利益，人们从中得到的是自由与幸福。一个为民众掘下了大坑，构筑了悬崖；一个却在为人们标示出这些危险的境地，以免不测。

法的作用是法律价值观念的重要组成部分，也是法律文化学研究的中心内容。中西思想家及法学家都为此费神耗力，企求觅出法这个社会调整器的最佳组合。但都受到同一个问题困惑——法的强制力，而且这个问题现在仍然没有得到正确解决。因而，有必要在这里稍作分析。

作为一般规则，法律、律令具有强制力乃是法律作为社会和平与正义的捍卫者的实质所在。"一个私人无权强迫别人过正当的生活，他只可以提出劝告；但如果他的劝告不被接受，他就无权强迫。可是为了卓有成效地促进正当的生活，法律必须具有这种强迫的力量。"②法律强制力的主要表现形式为制裁，任何国家的法律都规定了制裁的条款，而为一个法律制度所承认的制裁形式呈现多样化，如罚款、监禁、设定损害赔偿额以及强行剥夺生命价值等。在绝大多数人眼里，制裁的作用远比其他促进法律使命的有效遵守与执行手段大得多。已故美国法学家帕特林认为，"每一法律在某种意义上都具有某种法律制裁形式"，而且"制裁是每一法律，每一法律规定的必要特征"。所有这一切，给人造成的印象是"强制力""制裁"这两个概念与法律密不可分，进而将法律的作用误解为制裁或镇压。

实际上，制裁只是法律的一个附属物，它本身为法律得以遵行的一个条件，并非绝对必须的条件。因为，在每个法律制度中都有一些促进性而非强制性的规范，如授权

---

① 〔英〕洛克：《政府论》下篇，叶启芳、瞿菊农译，商务印书馆1964年版，第35—36页。
② 〔意〕阿奎那：《阿奎那政治著作选》，马清槐译，商务印书馆1963年版，第105页。

规范和奖励性规范,无须附设制裁。当然,强制性规范和授权性规范的比例在最初是极为失衡的,这是法律文化尚未成熟发达的结果。随着现代社会的发展,两者的比例也呈失衡势态,即授权性规范已大大超过了强制性规范。因此,我们必须在下面这种意义上来理解法的制裁性:就<u>整体而言</u>,强制力乃是法律制度的一个必要的不可分割的部分。

但是,社会大多数成员之所以遵守一个合理的、令人满意的法律制度,因为<u>它服务于他们的利益</u>,为他们所尊重或至少不会在他们的心中激起敌视和仇恨的情感。社会成员由于通过受教育、听劝说以及本人的经验而逐渐<u>相信法律的有益作用,所以习惯于遵守法律</u>。而强制只能用来针对少数不合作的人。在任何正常并运转有效的国家中,必须运用制裁手段加以对待的违法者的人数远远少于遵纪守法的公民。

基于以上分析,笔者认为,法律的主要作用并不是处罚或压制,法的功能是多方面的,由制裁性所体现出来的限制功能、解决冲突的功能虽绝非与法无关,而毋宁被视为法律这株大树的细枝,管理功能才是它的主干。法律这棵参天大树,自悠远的年代就一直作为文明的见证,而全部人类生活都在它的荫覆之下。

第五编

西方法律思想史学科的
产生和发展

第十五章　国外法律思想史学科的产生和发展

第一节　现代法学的产生和发展

　　世界上事物的多样和结构上的复杂,决定了人类对它的认识所产生的科学是由多种学科构成的。但这种多学科并存的局面并非一开始就存在和一日形成的,也非某些人所能随意创造的,而是个自然历史过程。因此,科学的发展是一个个新学科不断从旧学科中分化出来和独立的过程,也伴随着学科之间的不断调整和重新组合。所以,一个新学科的独立是科学发展的一个象征,也是其迅速发展的一个契机。一个学科产生的主要标志是看它在学科上是否获得了独立,而这一般得从两个方面去判断:其一,是看它是否有一批高质量的专著问世,并已形成独立于其他学科的理论体系,而更深层的是要看它是否已有自己独特的研究对象。其二,是看它是否作为一门课程开设于学堂,从而能作为一门知识教授于别人。而后一点,显然是一个学科更加成熟的标志。因为它有赖于大家对一个学科的研究对象和知识体系已达成了比较一致的认识,并已经形成了研究这个学科问题的专门人才。基于此,我们认为人类关于法和法律的知识虽然早已存在了,但法学特别是现代法学的产生却是后来的事。它是西方资本主义国家法治发展的结果。长期以来人类关于法和法律的知识是包含在哲学或神学之中的。虽然西方古罗马时期和中世纪曾有过"法学家阶层"与大学的法学教育,但当时法学并没有真正取得独立,而且那时的"法学"充其量只有"法律"的知识,而没有"法学"的知识。因为那时法学家所研究的只是实在法的应用技术,它所回答的是"法律"是什么,即如何理解和应用它,而不回答现实存在的法律怎么样,制定和评价的原理与标准是什么等问题。因此其内容仅限于当时的法律,而还没有超出实在法而形成自己的理论体系。这突出地表现在当时还没有法理学和法史学等基础法学部分,在研究方法上也仅限于注释方法。

　　法学作为一个学科的产生大体上经历了以下的过程:首先它像其他学科一样孕育在哲学和神学之中,后来它又与政治学、伦理学等交织在一起。就法学本身来说,是先产生应用法学,后产生理论法学。只有当理论法学发展到一定阶段之后,才产生了法律思想史这门研究法律观念和反思整个法学的特殊分支学科。我们认为真正独立意义上的法学大约产生于 19 世纪中叶。因为这个时候法学才彻底从哲学中分离出来,法学家不再首先是哲学家,也才真正明确了自己的研究对象,即实在法。

第二节　法律思想史产生的历程

法律思想史的产生大约在 19 世纪末 20 世纪初，它最初是孕育在政治思想史中。这里我们没有政治思想史产生历程的详细资料，只是知道 20 世纪初西方已有一批有影响的政治思想史论著出现。如波洛克的《政治科学史》(F. Pollock: *History of the Science of Politics*)；莫里斯的《政治观念史》(C. R. Morris: *A History of Political Ideas*)；伯恩的《政治观念》(D. Burne: *Political Ideas*)；乔治·霍兰·萨拜因的《政治学说史》(G. H. Sabine: *A History of Political Theory*)；邓宁的《政治学说史》(W. A. Dunning: *A History of Political Theories*, 1414—1625)；沃恩的《政治哲学史》(C. E. Vaughan: *Studies in the History of Political Philosophy*)；卡莱尔和卡莱尔的《西方中世纪政治学说史》(R. W. Carlyle and A. I. Carlyle: *A History of Medieval Political Theory in the West*)；欧根曼的《从柏拉图到边沁的政治哲学》(Eugelmann: *Political Philosophy, From Plato to Jeremy Benthan*)；科克尔的《政治哲学读本》(Coker: *Reading in Political Philosophy*)；格特尔的《政治思想史》(R. G. Gettell: *History of Political Thought*)及《近代政治思想史》；菲吉斯的《从格尔松到格劳秀斯的政治思想研究》(J. N. Figgis: *Studies of Polvtical Thought from Geron to Gritirs*, 1414—1625)；吉尔克的《政治理论的发展》(O. V. Gierke: *The Development of Political Theory*)；麦克尔温的《西方政治思想的发展》(C. H. Mcllwain: *The Grouth of Political Thought in the West*)；雅各布·本·艾米特的《政治思想史》(Jacob Ben-Amittay: *The History of Political Thought*)。在这些著作中，特别是邓宁的《政治学说史》影响较大，是美国大学的通用教材。全书分为三卷，第一卷为古代至中世纪，第二卷为从马丁·路德至孟德斯鸠，第三卷从卢梭至斯宾塞。他死后其弟子麦利恒(C. E. Merriam)等又续编了现代卷——《近世政治学说史》。萨拜因的《政治学说史》一书是其中流传较广和反响较好的本子。此书 1937 年出版以来一版再版，后经托马斯·兰敦·索尔森加以补充和修订，现成为世界公认的政治学说史教材。该书 1985 年已被盛葵阳、崔妙因译成中文，由商务印书馆出版。此书分为三部分：第一编，关于城邦的学说，是论述古希腊的政治法律思想的；第二编，关于世界社会学说，论述古罗马、中世纪的政治法律思想的；第三编，关于民族国家的理论，论述了从马基雅维里到法西斯主义的政治法律思想。

欧美国家学者的以上著作大都限于"西方"，即西欧和北美的政治法律思想史。前苏联学者的有关著作则把视野扩大到古代埃及、巴比伦、印度、中国、东欧和俄罗斯，并且侧重论述了马克思列宁主义政治学说的发展史。如莫基切夫的《政治学说史》分上、下两册，下册主要就是论述马克思列宁主义的政治学说的发展史。此书 1971 年在莫斯科出版,1979 年由中国社会科学院法学研究所译成中文,中国社会科学出版社出版。①

　　法律思想史的内容除了孕育在政治学说史中外,最初还往往包含在名为法理学或法哲学的著作(教材)中。如庞德的五卷本的《法理学》一书,第一卷就是法理学史。实际上也就是法律思想史。② 这种情况至今仍然存在,有些"法理学"教材仍然把法律思想史包括其中。最典型的是博登海默的《法理学——法哲学及其方法》,此书的第一部分就是法律思想史或法哲学史,篇幅几乎占全书的一半。

　　法律思想史从其他学科中独立出来的迹象只是近几十年来才开始出现。这表现在近些年少量的法律思想史著作问世。如凯恩斯的《从柏拉图到黑格尔的法哲学》(C. O. Cains:*Legal Philosophy from Plato to Hegle*,Baltimore 1949)和日本的小野清一郎在昭和三年出版的《法律思想史概说》一书。后者于 1931 年由刘正杰译成中文,中华学艺出版事业出版,共 108 页。目次如下:序言。第一章,原始文化与法律思想:第一节,原始民族与文化;第二节,图腾主义与文化;第三节,祖先祭祀之法律思想。第二章,古代文化与法律思想:第一节,古代文化之发展;第二节,巴比伦之法律思想;第三节,埃及之法律思想;第四节,犹太之法律思想;第五节,希腊之法律思想;第六节,罗马之法律思想;第七节,印度之法律思想;第八节,中国之法律思想;第九节,日本之法律思想。第三章,中世纪文化与法律思想:第一节,中世纪文化之特色;第二节,西洋中世纪之法律思想;第三节,日本中世纪之法律思想。第四章,近世之文化与法律思想:第一节,近世文化之特色;第二节,文艺复兴之法律思想;第三节,启蒙时代之法律思想;第四节,德意志理性主义之法理学;第五节,第 19 世纪之法律思想;第六节,社会主义

---

　　① 此书分上、下册,除导论论述了马克思列宁主义政治思想、政治理论的意义和政治学说史的对象和方法外,下有 29 章:第一章,古代东方奴隶占有制国家的政治思想;第二章,古代希腊的政治学说;第三章,奴隶占有制罗马的政治思想;第四章,封建主义产生和发展时期西欧的政治学说;第五章,封建主义产生和发展时期阿拉伯东方各国、中亚细亚和外高加索的政治思想;第六章,俄罗斯封建主义产生和发展及俄罗斯中央集权制国家形成时期的政治学说;第七章,西欧封建主义解体时期的政治学说;第八章,资产阶级革命初期荷兰和英国的政治学说;第九章,德国和意大利启蒙运动派的政治思想;第十章,俄罗斯专制制度的建立和巩固时期的政治学说;第十一章,18 世纪末专制制度危机和资产阶级革命时期法国的政治学说;第十二章,美国争取独立时期的政治思想;第十三章,18 世纪后半期俄国的政治学说;第十四章,18 世纪末至 19 世纪初德国的政治思想;第十五章,19 世纪上半期西欧资产阶级的政治思想;第十六章,19 世纪上半期空想社会主义者的政治观点;第十七章,19 世纪上半期俄国各族人民的先进政治思想;第十八章,19 世纪伟大的俄国革命民主主义者的政治观点;第十九章,19 世纪俄国各族人民的先进政治思想;第二十章,19 世纪中欧和东欧各族人民的先进政治思想;第二十一章,马克思主义的国家和法的学说的形成;第二十二章,从 1840 年至巴黎公社期间马克思主义政治思想的发展;第二十三章,马克思主义思想从巴黎公社至 19 世纪末期间的发展;第二十四章,19 世纪下半期的资产阶级的政治思想;第二十五章,列宁主义的产生;第二十六章,从伟大的十月社会主义革命到世界社会主义体系形成时期马克思列宁主义政治思想的发展;第二十七章,帝国主义和资本主义总危机时期的资产阶级的政治学说;第二十八章,帝国主义时代民族解放运动的政治思想和要求;第二十九章,马克思列宁主义政治思想在世界社会主义体系形成以后的发展。
　　② 这一卷第一部分除第一章是法理学外,下设五章:法理学的历史;法理学的派别;19 世纪学派;社会哲学派;唯实主义学派;社会学法理学。第二部分法学的目的,也基本是法律思想史,只是换了一个角度。

之法律思想;第七节,世界法律秩序之发展;第八节,日本明治及明治以后之法律思想。从目录中可以看出,该著作已初步划出法律思想史的轮廓,但其内容涉及范围较广,线条也很粗,因此还不是真正意义上的"西方法律思想史"。由于世界范围里真正意义上的"西方法律思想史"还不多,大部分仍与政治思想史混在一起。因此,我们认为,从总体上来说法律思想史还没有从政治学说史中彻底分化出来。

第十六章　旧中国西方法律思想史的孕育和产生

　　我国法学的产生比西方资本主义国家要晚得多,它是在西方列强的逼迫下,在引进和介绍西方法律制度和法学著作的基础上逐渐产生的。这中间很多是以日本学者为中介,是在日本学者经过研究和使之日本化的基础上引进的。这一过程是沿着多种途径进行的。在这个过程中,回国的留学生和请日本、西方学者来华讲学等起了很大的作用,回国的留学生一方面翻译和介绍西方的法律制度和法学著作,另一方面依照西方的教育制度和学科设置在国内开设新学。法学作为一种新学也就在新的学校中逐渐开设起来。而西方法律思想史作为法学的一个三级学科在法学及其法学教育发展的初期,在我国也像世界其他国家中一样,是孕育在法学的其他学科之中的。而且,我国作为法学和法学教育的后进国家,在这一学科的产生过程中,必然先经历一个引进和介绍西方先进国家已有成果的阶段。在这一过程中首先是翻译西方的法学名著,然后才翻译介绍西方法律思想的论著和教材。

　　我国翻译西方法学名著的工作清末已经开始了。它是在翻译和研究西方国家法律制度的基础上开始的。清末在我国介绍和翻译西方政治法律思想的工作主要是由两种人进行的:一种是与外国人打交道的人,特别是留学生;另一种是外国人,特别是外国传教士。有多种途径和机构:如最初的是清政府为培养外语人才而设的具有外国语学校性质的京师同文馆、上海广方言馆和广州广方言馆等。最早的西方法学译著就是由美国长老会教士、北京教会学校崇实馆主办,当时兼京师同文馆的英文教员的丁韪良翻译的《万国公法》。[①]戊戌变法时期主要有江南制造局、大同译书局、上海新作社、上海南洋公学译书院、新民译书局和商务印书馆,以及上海《申报》《万国公报》《时务报》《湘学新报》《国闻报》《清议报》《新民丛报》等。资产阶级改良派还组织翻译出版了《质学丛书》(1896)、《西政丛书》(1896)、《西学富强丛书》(1896)、《续西学大成》(1897)以及后来的《新学大丛书》(1903)。其中江南制造局和商务印书馆翻译得最多。经江南制造局翻译出版的社会科学方面的书就有 33 种。供职于江南制造局的传教士傅兰雅译书 77 部,其中法律类的有《佐治刍言》《公法总论》《各国交涉公法论》等。晚清修律期间有修订法律馆和宪政编查馆,它们也组织翻译了世界各国大量法律和法学资料,译完的 26 种,未译完的 10 种。另外,在日本的留学人员还办了许多刊物,向国内介绍西方的法学著作。1900 年留日的中国学生在东京创办了《译书汇编》,以专

---

　　① 亨利·惠顿著,原名为《国际法大纲》。

门介绍欧美法政名著为宗旨。卢梭的《社会契约论》(当时译为《民约论》)、孟德斯鸠的《论法的精神》(当时译为《万法公理》)、密尔的《论自由》(当时译为《自由原论》)、斯宾塞的《代议政府》曾逐期刊载。1903 年该刊物改为《法政学报》。后又有《政法杂志》《政法浅说报》《法政介闻》《预备立宪会公报》《法学会杂志》问世。①

这些刊物都对翻译和介绍西方法学著作起过一定的作用。这一时期我国法学界是很活跃的。如,1910 年冬成立了全国性的法学会——北京法学会,并开展了诸如举办法学讲座等多种活动。应该指出的是,这一翻译工作开始并不是很规范的。最初大多是意译,而且只是节译,即只是翻译其中的一部分或几部分,后来才逐渐有了直译本和全译本。这又往往经历了先文言文后白话文译本的过程。如卢梭的《社会契约论》一书,最初的汉译本是 1889 年由上海同文堂出版的,名为《民约通论》,是日本学者中江笃介翻译的,内容只包括该书的第一卷;1902 年才由中国学者杨迁栋译完四卷。民国五年,即 1916 年马君武才全部译完,定名为《卢骚民约论》,由中华书局出版。后又有商务印书馆出版的徐百齐、丘瑾章翻译的多种译本(1935)。新中国成立国后直至 1980 年才有何兆武译的商务印书馆出版的现流行的白话文本。西方法学名著最早被译为中文并造成较大影响的是严复翻译的孟德斯鸠的《论法的精神》一书。它在清末(光绪三十二年)被译为中文,名为《法意》。它实际上是个意译本。此译本一版再版,对我国近代影响很大。但该书的白话文全译本迟迟没有出版,直至 1961 年才由商务印书馆出版了张雁深翻译的此书的白话文的全译本。

我国学者翻译和出版西方的法学名著工作的第一个高潮大约在 20 世纪 30 年代。这时各个出版社、研究机构和学校组织汉译,出版了许多丛书、文库,其中也包括不少的西方的政治学和法学名著。如商务印书馆组织翻译出版了汉译世界名著、万有文库、世界丛书、政法丛书、社会科学小丛书、百科小丛书等;上海法学编译社组织翻译出版了法学丛书。其中有许多西方政治学和法学名著。如,柏拉图的《理想国》(1929 年商务印书馆出版了吴献书译的文言文本);亚里士多德的《政治论》(1935 年商务印书馆出版了吴颂皋、吴旭初译的文言文本)、《尼可马科伦理学》(1933 年商务印书馆出版了向达译的文言文本);霍布斯的《利维坦》(1934 年商务印书馆出版了朱敏章译的文言文本);孟德斯鸠的《法意》;卢梭的《民约论》;梅因的《古代法》(商务印书馆 1930 年出版了方孝岳、钟建闳译的文言文本);戴雪的《英宪法精义》(谢无量译本,上海右文社 1914 年出版,书名为《宪法论》,另有雷宾南译,商务印书馆 1930 年出版);狄骥的《宪法学》(张明时译,商务印书馆 1938 年出版,另有梅仲协译,重庆大东书局 1945 年出版,书名为《宪法精义》)、《公法要义》(杨肇闳译,商务印书馆 1940 年长沙版)、《公法的变迁》(徐砥平译,商务印书馆 1933 年出版);凯尔逊的《纯粹法学》(刘燕谷译,上海

_____

① 参见张晋藩:《中国法律的传统与近代转型》,法律出版社 1997 年版,第二章第一节"西方法文化的输入"。

文化出版社 1933 年出版）；庞德的《法律史》（1931 年商务印书馆出版了雷宾南译的文言文本）、《法学肆言》（1928 年商务印书馆出版了雷沛鸿译的文言文本）、《社会法理学论略》（1926 年商务印书馆出版了陆鼎揆译的文言文本）；斯达姆勒的《思达木鞥法律学大纲》（李忻译，朝阳大学出版部 1923 年出版）、《现代法学之根本趋势》（张季忻译，商务印书馆 1937 年出版）；拉德布鲁赫的《法律哲学概论》（徐苏中译，上海法学编译社 1931 年出版）等。至解放时已有近二十本之多。这些著作的翻译和出版的意义是显而易见的，它向我国人民初步打开了西方法学的窗户，也为我国的西方法律思想史研究准备了初步的材料基础。在这个基础上，我国学者开始研究西方的政治法律思想史，并产生了一些初步的研究成果。据 1937 年喻友信编的《法学论文索引》统计，在此前已在各种刊物上发表了近三十篇这一方面的研究和介绍西方政治法律思想的文章，其中有的还有比较高的质量。如张奚若 1930 年发表在《武大社会科学季刊》第 1—2 期第 1 卷上的"自然法观念之演进"，丘汉平 1926 年发表在《东吴法学院法学季刊》第 2 卷第 8 期上的"现代法哲学之三大派别"，吴经熊发表在《东方杂志》第 31 卷第 1 号上的"关于现今法学的几个观察"，等。这些大都收入上海法学编译社 1935 年出版的由吴经熊、华懋生所编的《法学文选》中。下面是我们所看到的这一时期的主要西方法律思想史的论文目录：

1. 徐家齐："由遗嘱问题谈到社会法学派"，刊于《法学季刊》1930 年第 4 期

2. 王凤瀛："自由法运动"，刊于《法律评论》1924 年第 48 期

3. 季某："自由法学"，刊于《法律评论》1930 年第 203 期

4. 彭时："世界法学家之历略及其著作"，刊于《法律评论》1932 年第 10 期；1933 年后的 8 年，即第 8—18，21—25，27—28，30—31，33，36，40—41，43，45 期，共 10 卷

5. 王传璧："社会法学派袁龄氏学案"，刊于《法律评论》1926 年第 161 期

6. 陈应机："社会连带原理与其他诸原理之比较"，刊于《法律评论》1924 年第 55—56 期

7. 凌其翰译："狄骥的著作及其学说"，刊于《法律杂志》1932 年第 6 卷第 1 期；后收入吴经熊等主编的《法学文选》（1935）

8. 陈士诚译："重农学派之自然法观"，刊于《法律评论》1931 年第 40—41 期

9. 梅汝敖："现代法学之趋势"，刊于《法律评论》1932 年第 19—20 期；《新月月刊》1932 年第 2 期

10. 刘明泉："现代法学之动向"，刊于《南大半月刊》1935 年第 19—20 期

11. 刘抱愿："注释法学界应唾弃之耶"，刊于《法律评论》1934 年第 7—10 期

12. 刘季涵等译："奥斯丁氏法律与主权学说"，刊于《法律杂志》1933 年第 6 卷第 6 期

13. 薛成霖："黑格尔与黑格尔派"，刊于《法律评论》1932 年第 13—14 期

14. 陈俊三："新理想主义与社会连带主义所表现之新法律学"，刊于《法律评论》

1924 年第 59、61 期

15. 吴经熊："60 年来西洋法学的花花絮絮"，刊于《申报月刊》1933 年第 1 期

16. 吴经熊："斯丹木拉之法律哲学及其批评者"，刊于《法学季刊》1926 年第 2 卷第 8 期

17. 吴经熊："关于现今法学的几个观察"，刊于《商务印书馆东方杂志》第 31 卷第 1 号；后收入吴经熊等主编的《法学文选》(1935)

18. 张正学："舒丹木拉正义法中之四原则"，刊于《法学季刊》1927 年第 3 卷第 6 期

19. 丘汉平："舒丹木拉法律哲学"，刊于《法学季刊》1926 年第 3 卷第 2 期

20. 丘汉平："现代法律哲学之三大派别"，刊于《法学季刊》(东吴法学院)1932 年第 2 卷第 8 期；后收入吴经熊等主编的《法学文选》(1935)

21. 何世帧："近代法律哲学之派别和趋势"，刊于《商务印书馆东方杂志》第 26 卷第 1 号；后收入吴经熊等主编的《法学文选》(1935)

22. 端木恺："中国新分析法学简述"，刊于《法学季刊》(东吴法学院)第 4 卷第 5 期；后收入吴经熊等主编的《法学文选》(1935)

23. 孙渠："续中国新分析法学简述"，刊于《法学季刊》(东吴法学院)第 4 卷第 6 期；后收入吴经熊等主编的《法学文选》(1935)

24. 姜实侩："法儒杜基之法律哲学"，刊于《法律月刊》1924 年第 45—46 期

25. 一诚："美国社会法学发展史述要"，刊于《法律评论》1926 年第 176 期

26. 张奚若："自然法观念之演进"，刊于《武大社会科学季刊》1930 年第 1 卷第 1 号；后收入吴经熊等主编的《法学文选》(1935)

27. 李述贤："边沁的法律思想"，刊于《东吴法声》1934 年第 8 期

28. 薛祀光："Leon Duguit 的法律思想"，刊于《社会科学论丛月刊》第 6 期

29. 王伯琦："论概念法学"，刊于《社会科学论丛》1945 年第 8 期

相对于整个大学教育来说，我国的法学教育起步早，发展也很快。我国的现代法学教育在清末已经萌芽。我国的大学教育最早可追溯到洋务派 1862 年开设的京师同文堂，1863 年在上海开设的"广方言馆"和 1864 年在广州设立的"广方言馆"。不过这些学校开始主要是学习外语的。我国的法学教育几乎与我国的大学同时产生，一般认为我国真正的大学是戊戌变法时 1895 年 10 月在天津西关开设的中西学堂头等学堂。此校一开始就设有法律专业(另有采矿冶金、土木工程和机械等科)。此校 1900 年八国联军入侵时校舍被划入德国租界为德军占领，后来 1903 年清政府另拨校舍并改名为北洋大学堂，它是现在天津大学的前身。1896 年盛怀宣奏请在上海筹办南洋公学。1900 年该校校舍落成，总办为汪风藻。1901 年设特班，蔡元培为班主任。1905 年改为南洋高等实业学堂。1898 年在北京创办的京师大学堂，1900 年八国联军入侵时停办，1902 年复办，京师同文馆也并入其中，1912 年 5 月才改为现名北京大学。此校一开始也设法律专业(设在政治学中，另设文学、格致、农业、工艺、商务、艺术等 7 科 35 目)。

继京师大学堂复校后,清政府又通令各省筹建大学堂。1901 年至 1902 年共筹办 18 所。1905 年,适应修律的需要,沈家本、伍廷芳奏请在各地设政法学堂,1906 年设京师政法学堂,至 1909 年已设立 22 所。1909 年全国有各种学堂 127 所。其中法政学堂 47 所,在校学生 12282 人。由此看来,清末我国的法学教育已初具规模,相比其他学科来说产生比较早。但是可以看出,当时的法学教育只是给学生教授一些西方的法律制度方面的知识,而对其背后的观念还注意不够。所以翻译的主要是西方国家的法律,真正的法学著作还很少。与此相适应,在大学的法律专业所开法律学科目中也没有设置西方法律思想史这门课程。如 1904 年的《钦定大学堂章程》的政法科大法律学科目所设的课程中只有“法律原理学”,1905 年钦定的京师政法学堂的课程中也只有“法学通论”。①

民国初期,我国的法学教育有了比较大的发展,这不仅表现在各大学的法学教育更加正规化,而且表现为一些专门的法学院校的产生和能培养出高层次的法学人才。如 1912 年汪有龄、江庸等集资创办的朝阳大学(1930 年改为朝阳学院)和 1915 年创办的东吴大学(1927 年更名为东吴法学院)。1933—1934 年的东吴大学法学院的课程表中已包含有“政治思想史”“法学名著”“法律哲学”等与西方法律思想史关系密切的课程。1939—1945 年国民政府教育部组织编订的法学院法律学系选修和必修科目中已有“西洋政治思想史”,甚至于在 1945 年修订的科目中关于理论法学组的必修科目,已有“西洋法律思想史”。② 与此相适应,那时已有此类著作出版。如,刘正杰译、日本小野清一郎著《法律思想史概说》(上海商务印书馆 1931 年 8 月,108 页;何健民译,上海民智书局,1932 年 10 月,120 页);方孝狱编译,包括智利的阿尔瓦列兹(Alvarez)、法国的都贵(狄骥)(Duguit)和夏尔曼(Charmont)等人文章在内的《大陆近代法律思想小史》(1921 年 8 月上册初版,1923 年 4 月下册初版,2 册 460 页);丁元普著的《法律思想史》(上海法学编译社,1932 年 9 月和 1933 年 4 月,194 页);刘燕谷著的《欧洲法律思想史纲要》(重庆独立出版社,1943 年,112 页)和章渊若等著的《法学新思潮》(属于王云五、李圣五主编的东方文库之一,上海商务印书馆,1923 年 11 月—1934 年 4 月续编,110 页)。这些著作大都很粗糙,除个别外,也大都不具有现代法律思想史著作的形式。如方孝狱编译的《大陆近代法律思想小史》实际上是西方几个法学家关于法律观念变迁的论著汇编,而且侧重于部门法学中的局部性观念,并没有系统探究通过法学家和法学流派的理论变化而反映出来的西方的一般法律观念的发展史。从该书的目录中已清楚地看出其性质:

① 参见汤能松等:《探索的轨迹——中国法学教育发展史略》,法律出版社 1995 年版,第 163—167 页。
② 同上书,第 332—342 页。

上　编

下　编

　　再如丁元普著的《法律思想史》也只是很泛泛地谈一些法观念的变化,而且把制度和思想结合在一起,这从其目录中可显示出来,下边是该书的目录:

绪　论

　　显然，以上著作尚不是真正意义上的法律思想史著作。在我们所看到的著作中，只有 1931 年刘正杰翻译的日本小野清一郎著的《法律思想史概说》和 1943 年刘燕谷著的《欧洲法律思想史纲要》比较接近我们今天所说的"法律思想史"。下边是刘燕谷著的《欧洲法律思想史纲要》目录①：

<h1 style="text-align:center">绪　论</h1>

---

　　①　书中译名与现译名有出入，原书如此，故保留。

可以看出,这一本著作像小野清一郎著的《法律思想史概说》一样也是粗线条的,不过范围只限于西方。由此看来在解放前我国西方法律思想史这个学科尚未正式产生。因为那时各大学的法律院系尚未专门开设该课程,起码像朝阳大学、东吴大学的这类专门的法律院校还没有。它们只是把相关内容的知识夹杂在"法学通论""法理学"或"政治思想史"等课程中。如,朝阳大学当时未设此课程,只是在法理学中加入一个章:法理学之派别,简要介绍西方的主要法学流派。例如,1934年朝阳学院所用黄俊编的《法理学》共分七章,依次是:法理学之意义;法理学之派别;法理学之进化;法理学之本质;法理学之内容;法理学之形式;法理学之本位。其中第二章分五节:分析派法理学;哲学派法理学;历史派法理学;比较法学;社会派法理学。篇幅约占全书的一半。只是到1945年国民政府时期教育部召开的第二次大学课程会议上修正的法律学系科目表的理论法学组的必修科目中,才看到有"西洋法律思想史"的课程名称。但这只是一个规划,并未落实,起码未在大多数学校落实。如果说在解放前有西方法律思想史这门课程,那么它主要是以"西方政治思想史"的名称出现,而且首先是在政治学系开设此课程。从一些资料可以知道,在20世纪二三十年代,有些学校已经开设了此课程,并已编印出版了有关教材,当然最初更多的是翻译国外的有关著作。例如,北京大学的高一涵已在1920年中华书局出版的新文化丛书撰写了《欧洲政治思想小史》,后来又在1924年由商务印书馆出版的北京大学丛书中出版了三大卷的《欧洲政治思想史》的第一卷,1928年出版了第二卷。据不完全统计,解放前我国学者翻译和编印的此类教材有22种之多①:

1.《欧洲政治思想小史》,高一涵编著,新文化丛书,中华书局1920年10月;1940年4月第14版,250页

2.《欧洲政治思想史》,高一涵编著,北京大学丛书,商务印书馆1924年8月上卷再版;1929年7月第5版;1927年1月中卷再版;1928年12月第3版;1948年5月上卷、中卷再版

3.《现代政治思潮》,萨孟武著,新时代史地丛书,商务印书馆1928年5月;1933年

---

① 书中译名与现译名有出入,原书如此,故保留。

4 月,120 页

4.《近代欧洲思想小史》,万良炯编,万有文库,商务印书馆 1933 年,97 页

5.《美国政治思想史》,张金鉴著,政法丛书,商务印书馆 1934 年 3 月,348 页

6.《近代政治思潮》,潘大逵著,上海世界书局 1934 年 10 月再版,164 页

7.《西洋政治思想史》,孟云桥编,国立编译馆 1941 年出版

8.《西洋近代政治思潮》,浦薛凤著,清华大学丛书,商务印书馆 1938 年初版;1944 年 4 月成都版,2 册

9.《英国功利主义派之政治思想》,浦薛凤著,清华大学 1932 年出版

10.《西洋政治思想史》,章友江编,国立北平大学法商学院 1935 年(北京大学图书馆有藏)

11.《西洋政治思想史》(上古中世纪篇),吴恩裕著,青年文库,中国文化服务社 1947 年 3 月,192 页

12.《现代政治思想》,詹文虎著,青年文库,中国文化服务社 1943 年 12 月,184 页

13.《近代政治学说纲要》,〔英〕约德(Load,W. L.)著,谢义伟译,商务印书馆 1922 年 10 月;1935 年,129 页

14.《政治思想史》,〔日〕市村今朝藏著,盛沛东译,民众文库,上海华通书局 1930 年 3 月,99 页

15.《欧洲政治思想史大纲》,〔美〕格特尔(Gettell,R. G.)著,李圣越译,启智书局 1930 年 5 月,2 册,662 页

16.《近代政治思想史》,〔美〕格特尔(Gettell,R. G,)著,陆国香、冯合法译,上海黎明书局 1930 年 10 月,480 页

17.《政治思想史》,〔美〕吉达尔(Gettell,R. G.)著,戴克光译,上海神州国光社 1933 年 4 月第 3 版,2 卷,340 页

18.《近世政治思想史》,〔美〕鲍尔思等著,张宏君译,政法丛书,商务印书馆 1930 年 12 月;1933 年 6 月;1935 年 6 月,462 页

19.《政治学史概论》,〔英〕波拉克著,张景琨译,政法丛书,商务印书馆 1931 年 2 月;1933 年,169 页;另,万有文库,商务印书馆 1936 年 9 月,154 页

20.《政治学说史》,〔日〕今中次磨著,温互生译,政治丛书,上海民智书局 1933 年 11 月,450 页

21.《最近政治思想史》,〔日〕高桥清吾著,薛品源译,上海正中书局 1934 年 7 月,208 页

22.《功利主义政治思想》,戴卫逊著,严恩椿译,商务印书馆 1934 年 4 月,160 页

应该认为,这些政治思想史的著作和作者对我国西方法律思想史学科的建设所起的作用是很大的。它们建立起了西方法律思想史学科的基本框架,后来产生的西方法

律思想史正是以此为起点建构起来的。这只要看看几部著作的目录就清楚了。① 作为研究者,他们正是在对西方政治思想史的研究中逐渐成为西方法律思想史方面的专家,并为后来的正式研究培育了一批人才。从一定意义上可以说,新中国成立前我国西方政治思想史的研究者及其著作,是我国西方法律思想史研究的第一种表现形态。值得指出的是,新中国成立前我国在政治思想史研究领域已经产生了一些有很深造诣的学者,除了像高一涵、萨孟武、浦薛凤、吴恩裕这些专门从事西方政治法律思想史的教学和研究的学者外,还有像张奚若、吴经熊这样的法学家以及李达这样的哲学家。他们大都对西方政治法律思想中的某些问题做过专门研究,甚至于和当时的西方法学大师有直接交往。如,张奚若对西方的社会契约论、主权理论和自然法思想都作过研究,并有专著或高质量的论文发表,1925 年就由商务印书馆出版了其著作《主权论》,1926 年又出版了《社约论考》,1930 年发表在《武大社会科学季刊》第1—2 期第 1 卷上的"自然法观念之演进"对西方的自然法思想也作了比较系统的论述。再如,吴经熊不仅研究了西方法律思想史中诸如自然法等诸多问题,而且与霍尔姆斯、庞德、斯塔姆勒有直接的交流和对话,并对他们的法律思想作过专门的研究,因此他在西方法律思想史方面的研究成果很多,质量也很高,其主要文章有:1921 年发表的"论自然法"、1923年 3 月在《密西根法律评论》发表的"霍尔姆斯的法律哲学"、1924 年在《伊利诺大学法律评论》发表的"论庞德法哲学",另外还有"斯塔姆勒法哲学及其批评者""六十年来西洋法学的花花絮絮""卡多佐法官的法哲学""心理学法学的问题和方法""詹姆士·威尔逊的法律理论"等。② 众所周知,李达是著名的马克思主义哲学家,实际上他对法学也很有研究,而且用马克思主义观点阐述法律问题。1928 年他就把日本穗积重远的《法理学大纲》译成中文,1947 年他应邀到湖南大学法律系任教时,又抽空写出了《法理学大纲》③。其中的第二编就是"各派法理学之批判"。包括六章:

第一章 古代哲学派和中世纪神学派
　　第一节 希腊的法理学(1.法理学之先驱;2.柏拉图;3.亚里士多德)
　　第二节 罗马的法理学(1.西塞罗;2.罗马法学家)
　　第三节 中世纪的神学派(1.奥古斯丁;2.阿奎那)

---

① 如孟云桥的《西洋政治思想史》目录是:上卷:第 1 章,古希腊城市国,第2—4 章,柏拉图的理想国,第5—7 章,亚里士多德,第8 章,斯多亚学派,第9 章,罗马的政治思想,第10 章,初期基督教对政治思想的影响,第11 章,政权与教权的纷争,第12 章,圣多玛斯·阿奎那,第13 章,马塞流,第14 章,马开外里;下卷:第15 章,霍布斯,第16 章,斯宾诺莎,第17 章,洛克,第18 章,魏寇,第19 章,孟德斯鸠,第20 章,卢梭,第21 章,康德,第22 章,黑格尔,第23 章,边沁,第24 章,穆勒,第25 章,马克斯(原书译名如此,故保留),第26 章,法西斯主义。
② 参见王健:"超越东西方:法学家吴经熊",刊载于《比较法研究》1999 年第 2 期。
③ 此书稿 1983 年才由法律出版社得以出版,但书稿的后部分已在"文革"中遗失。所幸的是"第二编:各派法理学之批判"得以保留。

第二章　自然法学派

　　第一节　拥护君权的自然法学派(1.自然法学派的由来;2.格老秀斯;3.霍布斯)

　　第二节　提倡民权的自然法学派(1.洛克;2.卢梭)

第三章　玄学派、历史学派和分析学派

　　第一节　玄学派(1.康德;2.黑格尔)

　　第二节　历史学派(1.历史学派的背景;2.萨维尼)

　　第三节　分析学派(1.布拉克斯顿与克里斯裹;2.边沁与奥斯丁)

第四章　社会哲学派与比较法学派

　　第一节　社会哲学派(1.社会功利派;2.新康德派;3.新黑格尔派)

　　第二节　比较法学派(1.比较法学的由来;2.比较法学的前途)

第五章　社会法学派

　　第一节　准备时期的社会法学(1.机械论时期;2.生物学时期;3.心理学时期)

　　第二节　统一时期的社会法学(1.统一时期的社会法学的形成;2.统一时期的社会法学的要旨)

第六章　各派法理学的总比较

　　第一节　各派法理学的总结

　　第二节　各派法理学的共同缺陷

　　可以看出,李达这一"各派法理学之批判"已经具有我们今天所说的"西方法律思想史"的雏形,而且是用马克思主义的立场和观点来梳理和论述的。不过,它不包含在"法理学"之中。

　　总之,我们认为,新中国成立前我国尚没有独立的"西方法律思想史",因为还没有像样的专著和教材,在大学法学专业中也没有普遍开设"西方法律思想史"课程。虽然在有些课程中已包含有它的内容,有些学者也对有关问题进行过研究,但是可以看出,当时的研究还是很不全面、很不深入的。

第十七章　解放初期我国西方法律思想史的研究情况

法律思想史的命运和政治形势的发展有很大关系。由于西方法律思想史的内容和西方资本主义有一种内在关系,近现代的主要代表人物、学派也都带有明显的资产阶级烙印。而社会主义革命的对象就是资产阶级,因此我国革命的胜利必然导致对西方法律思想的敌视和对西方法律思想史研究的冷淡。加上新中国成立初期我国以前苏联为师,全盘照搬其法学教育体制,而当时苏联的法学课程中基本上没有西方法律思想史的内容,所以在这一历史时期里我国的西方法律思想史研究成果基本上处于空白状态,且大都着眼于对西方法律思想的批判或"肃清流毒"。下面从我们掌握的这一时期的有关文章目录可以很清楚地显示这一点:

1. 王绎亭、顾维雄:"狄骥的社会联带主义反动国家观",刊于《政法研究》1965 年第 4 期

2. 赵震江:"'社会联带主义法学'的反动本质",刊于《人民日报》1962 年 12 月 20 日

3. 赵震江、周新铭:"美国社会法学是垄断资产阶级专政的反动理论工具",刊于《光明日报》1962 年 1 月 19 日

4. 赵震江、周新铭:"美国社会法学的反动本质",刊于《新建设》1962 年第 10 期

5.〔苏〕阿·皮高金:"批判庞德'社会'法学说",韩延龙译自《苏维埃国家与法》1960 年第 9 期

6. 吕大吉:"洛克的政治学说简论",刊于《哲学研究》1976 年第 7 期

7. 吴恩裕:"论柏拉图、亚里士多德的政治思想",刊于《哲学研究》1959 年第 3 期

8. 吴大英、高恒:"孟德斯鸠关于国家和法的学说",刊于《光明日报》1962 年 7 月 9 日

9. 张宏生、王林:"艾尔力许的社会学法学、自由法学的反动实质",刊于《政法研究》1963 年第 4 期

10. 韩延龙:"略论卢梭的政治思想",刊于《政法研究》1962 年第 3 期

11. 高树异:"为垄断资产阶级服务的现代'新自然法'学说",刊于《政法研究》1963 年第 4 期

12. 周新民:"对研究孟德斯鸠学说的几点意见",刊于《政法研究》1962 年第 2 期

13. 吕世伦:"为帝国主义服务的现代自然法学",刊于《人民日报》1963 年 6 月 29 日

14. 顾伟铭："卢梭政治哲学与康德道德哲学的关系",刊于《政法研究》1962 年第 3 期

15. 江扬："美国法学中的'世界主义'反动思潮",刊于《人民日报》1963 年 12 月 17 日

当然,这一时期里对西方的法学著作也不是一概拒绝,如商务印书馆等出版社仍然再版或新版了一些西方的法学著作。据统计有 15 种,其中 8 种是新译的。它们是:《阿奎那政治著作选》(马清槐译,商务印书馆 1963 年出版),斯宾诺莎的《神学政治论》(温锡增译,商务印书馆 1963 年出版),孟德斯鸠的《论法的精神》(张雁深译,商务印书馆 1961 年出版)和《波斯人信札》(罗大冈译,1958 年人民文学出版社出版),卢梭的《论人类不平等的起源和基础》(李常山译,商务印书馆 1962 年出版),洛克的《政府论》(叶启芳译,商务印书馆 1964 年出版),《杰斐逊文选》(商务印书馆 1963 年出版),康德的《道德形而上学探本》(唐钺译,商务印书馆 1959 年出版),黑格尔的《法哲学原理》(范扬、张企泰译,商务印书馆 1961 年出版),约翰·密尔的《论自由》(程崇华译,商务印书馆 1959 年出版),梅因的《古代法》(方孝岳等译,商务印书馆 1959 年出版),狄骥的《宪法论》第一卷(钱克新译,商务印书馆 1959 年出版),凯尔森的《布尔什维主义的政治理论》和《共产主义的法律理论》(王名扬译,商务印书馆 1962 年内部版),马里旦的《人和国家》(霍宗彦译,商务印书馆 1964 年出版)等。

这一时期里基本上没有西方法律思想史的教材,更没有出版一本我国学者编的哪怕是西方政治思想史的著作,只看到两本翻译的由中国人民大学出版社出版的前苏联学者凯契克扬的《政治学说史纲》(1955)和莫基切夫的《政治学说史》(1956 年出版,1979 年又由中国社会科学法学研究所编译室译,中国社会科学出版社出版,上、下册)。前者只有 40 页,后者也不过 210 页。而且这些著作发行量很少,影响也不大。最为详尽的是凯切江教授主编的《政治学说史》(莫斯科 1995,上、中、下三卷),中译本的译者为巩安等,法律出版社 1961 年出版。另有两本翻译的苏联学者批判性的介绍西方法学理论的著作,即《现代资产阶级法学理论的批判》(〔苏〕图曼诺夫著,法律出版社 1959 年出版,151 页);《对资产阶级法学反动本质的批判》(〔苏〕苏里达可夫著,湖北人民出版社 1959 年出版)。这说明当时西方法律思想史的研究基本处于落后的状态。

与此形成明显对比的是,我国台湾地区的法学教育和西方法律思想史的研究却没有中断。它继续了解放前的势头,出版和发表了大量的这一方面的论著,仅论文就有一百多篇。下面是台湾东吴大学图书馆编辑的这一时期的《中文法律论文索引》中的西方法律思想史的研究论文目录①:

1. 黄少游："自然法学之史的变迁与发展",刊于《政治评论》1959 年第 16 卷

2. 胡开诚："克尔逊的纯粹法学"(上、下),刊于《军法专刊》1957 年第 6 卷第 3—

---

① 台湾学者在翻译中所用译名与内地学者不同,原文如此,故保留。

4 期

3. 庞德著,张文伯译:"分析法学派及哲学派论法律与道德",刊于《法学丛刊》1958 年第 12 期

4. 庞德著,向平译:"历史法学派论法律与道德",刊于《法学丛刊》1957 年第 7 期

5. 庞德著,陆树槐译:"如何才能使法律现代化"(上、下),刊于《法律评论》1962 年第 28 卷第 1—2 期

6. 佳里:"美国之法理",刊于《法令月刊》1955 年第 6 卷第 6 期

7. 梅仲协:"狄骥教授论国家之要素"(一、二、三),刊于《军法专刊》1954 年第 3 卷第 8—10 期

8. 梅仲协:"现代法律思潮"(上、中、下),刊于《法学杂志》1952 年第 3 卷第 3—5 期

9. 梅仲协:"狄骥教授的法律思想"(一、二、三、四、五),刊于《法令月刊》1953 年第 4 卷第 8—12 期

10. 梅仲协:"古代希腊哲儒的法律思想"(上、下),刊于《法令月刊》1953 年第 4 卷第 4—5 期

11. 梅仲协:"现代法学思潮",刊于《复兴岗学报》1963 年第 3 期

12. 梅仲协:"现代欧洲法学思潮概述",刊于《铭传学报》1968 年第 7 期

13. 梅仲协:"欧洲中古及近代的法律思想概述",刊于《复兴岗学报》1964 年第 4 期

14. 梅仲协:"欧洲法学思想渊源及其发展概述",刊于《公教智识》1963 年第 88 期

15. T. A. Cowau 著,何佐治译:"美国哲学派法理学导论",刊于《法学丛刊》1959 年第 14 期

16. 王伯琦:"狄骥的实证主义",刊于《法学丛刊》1956 年第 2 期

17. 原田钢著,陈鼎正译:"论孟德斯鸠的'法意'",刊于《政治评论》1969 年第 1 卷第 12 期

18. 李学灯:"战后德国法律思想",刊于《法学丛刊》1957 年第 5 期

19. 石田政一郎著,李睿译:"法思想家沙勒纽评传",刊于《法学丛刊》1960 年第 19 期

20. 戴森雄:"分析法学之形成及其发展",刊于《司法通讯》1960 年第 496 期

21. 彭歌:"法律、社会、人道:卡铎佐的'司法程序之性质'"(一、二、三),刊于《台湾新生报》1971 年 3 月 29—31 日

22. Gustav Radbruch 著,张瑞楠译:"法律学三论",刊于《法律评论》1972 年第 38 卷第 11—12 期

23. 徐怀莹:"霍尔教授的整体法学述略"(一、二),刊于《法律评论》1962 年第 28 卷第 7—8 期

24. 徐怀莹:"世界法理论的最新趋势——美国的'整体法学'",刊于《国立政治大学学报》1962 年第 6 期

25. 徐怀莹:"略论美国所谓'新唯实法学派'的理论",刊于《法学丛刊》1962 年第 27 期

26. 徐怀莹:"略论美国现代法学的理论基础",刊于《法学丛刊》1960 年第 18 期

27. 徐怀莹:"'中国综合法学'的'基本原理'及其应用举例",刊于《法声》1973 年第 9 期

28. 徐怀莹:"中国传统的综合法学要意",刊于《铭传学报》1971 年第 8 期

29. 徐怀莹:"美国新学院派的自然法理及其对实法学的批判",刊于《国立政治大学学报》1972 年第 26 期

30. 徐怀莹:"略论威格摩尔的'唯名法学'与柯库克的'法律关系论'",刊于《法学丛刊》1961 年第 17 卷第 4 期

31. 徐怀莹:"当代美国法学的开拓者何姆士的法学理论要论",刊于《法令月刊》1972 年第 23 卷第 10 期

32. 徐怀莹:"中国综合法学及其对美国政策导向法学的看法",刊于《东海学报》1968 年第 9 卷第 10 期

33. M. T. Sethna 著,徐怀莹译:"印度综合法学要义",刊于《新时代》1967 年第 7 卷第 6 期

34. 徐怀莹:"'印度综合法学'的刑法理论与法人学说",刊于《法学丛刊》1967 年第 1 卷第 10 期

35. 徐怀莹:"柯亨父子的法学理论",刊于《法律评论》1965 年第 31 卷第 6—7 期

36. 徐怀莹:"美国的'政策导向法学'导论",刊于《国立政治大学学报》1964 年第 10 期

37. 徐怀莹:"美国法律社会学的发展及展望",刊于《东方杂志》1970 年第 4 卷第 4 期

38. 徐怀莹:"美国霍尔教授的'整体法学'与中国的'综合法学'",刊于《东方杂志》1968 年第 2 卷第 5 期

39. 徐怀莹:"整体法学的方法论",刊于《法律评论》(一、二)1970 年第 26 卷第 9—10 期

40. 陈纯仁:"当代法理学及法哲学之天职",刊于《中兴法学》1972 年第 2 卷第 2 期

41. 陈纯仁:"自然法学之复兴与人权保障",刊于《法律学刊》1972 年第 6 期

42. 林文雄:"赖特布鲁的自然法学",刊于《台大法学论丛》1972 年第 1 卷第 2 期

43. 林文雄:"英国历史法学派对分析法学派之批判",刊于《台大法学论丛》1971 年第 1 卷第 1 期

44. 林文雄:"凯尔生的纯粹法学",刊于《思与言》1971 年第 9 卷第 1 期

45. 林文雄："赖特布鲁的政治哲学"（上、下），刊于《台大法学论丛》1973 年第 2 卷第 2 期，第 3 卷第 1 期

46. 林文雄："德国历史法学派——萨维尼"，刊于《法学论丛》1980 年第 9 卷第 1—2 期

47. 谢瑞智："论实证法学与综合法学"，刊于《军法专刊》1972 年第 18 卷第 10 期

48. Gustav Radbuch 著，谢瑞智译："五分钟之法哲学"，刊于《警察学术季刊》1966 年第 9 卷第 2 期

49. 戴东雄："从法实证主义之观点论中国法家思想"（1—8），刊于《中华文化复兴月刊》1971 年第 4 卷第 3—10 期

50. 戴东雄："霍布斯之法律概念"，刊于《法学丛刊》1970 年第 58 期

51. 查良鉴："美国一位司法改革家（Arthur T. Vanderbilt）的中心思想"，刊于《法令月刊》1971 年第 22 卷第 12 期

52. 张瑞楠："英德中世纪之法律思想"，刊于《法律学刊》1972 年第 6 期

53. 曾仰如："多玛斯论法律"，刊于《文艺复兴》1970 年第 12 期

54. 史尚宽："我国法律之理念与综合法学"，刊于《中华文化复兴月刊》1968 年第 1 卷第 9 期

55. 史尚宽："我国法律之理念与经验主义法学之综合"（上、下），刊于《中国宪政》1969 年第 4 卷第 6—7 期

56. Giorgia Del Vecchio 著，唐生译："希腊罗马及中古法律哲学思想"，刊于《人生》1964 年第 337 期

57. Paul Woelfl 著，程建人译："法律的性质制裁和自然法"，刊于《宪政思潮》1969 年第 8 期

58. 张文伯："法律哲学在美国"，刊于《中国一周》1963 年第 5 期

59. 张文伯："法律的实证主义"，刊于《铭传学报》1974 年第 2 期

60. 张文伯："实证主义法学"，刊于《法令月刊》（一、二）1974 年第 25 卷第 6—7 期

61. 张文伯："龚氏论法理学"，刊于《法令月刊》1977 年第 28 卷第 5 期

62. 张文伯："密尔论社会正义"，刊于《法令月刊》1978 年第 29 卷第 2 期

63. 肖云萍："社会法与社会法学"，刊于《法学丛刊》1970 年第 57 期

64. Harold J. Berman 著，桂公仁译："美国法律之哲学思想"，刊于《法学丛刊》1964 年第 9 卷第 2 期

65. Harold J. Berman 著，高文俊译："美国法律哲学的概观"，刊于《东吴季刊》1964 年第 6 卷第 3 期

66. Harold J. Berman 著，赵默雅译："美国法律哲学的思想"，刊于《警察学术季刊》1964 年第 7 卷第 4 期

67. 杨日然："现代分析哲学对于法理学之影响"，刊于《社会科学论丛》1968 年第

18 期

68. 曾习贤："现代法学与记号逻辑",刊于《文化复兴》1959 年第 11 期

69. 苏俊雄："新康德学派价值论哲学对于近代犯罪理论之影响",刊于《刑事法杂志》1966 年第 10 卷第 4 期

70. 詹文雄："柏拉图《法律篇》之精义",刊于《政治评论》1967 年第 19 卷第 1 期

71. 刘世民："柏拉图与亚里士多德之法律思想比较",刊于《法学丛刊》1968 年第 13 卷第 1 期

72. 梁开天："简介分析实证主义的法律思想"(上、下),刊于《中国宪政》1968 年第 3 卷第 8—9 期

73. 刘得宽："自然法理论的沿革",刊于《军法专刊》1974 年第 20 卷第 2 期

74. 陈庆章："美国法律唯实主义之研究",刊于《东吴法律学报》1978 年第 2 卷第 2 期

75. 陈庆章："美国法律唯实主义浅析",刊于《华岗法粹》1974 年第 6 期

76. 杨日然："美国实用主义法学的哲学基础及其检讨"(上),刊于《台大法学论丛》1974 年第 3 卷第 2 期

77. 碧海纯一著,丘聪智译："现代法学体系"(上),刊于《法学丛刊》1973 年第 18 卷第 3 期

78. F. S. C. Northrop,徐怀莹译："现代法学中的文化价值观",刊于《宪政思潮》1974 年第 28 期

79. 胡开诚："现代法学与分析方法",刊于《军法专刊》1973 年第 19 卷第 3 期

80. 王和雄："略论自然法思想之发展与演变",刊于《法令月刊》1973 年第 24 卷第 7 期

81. 何任清："论法理学上之学派"(上、中、下),刊于《法令月刊》1956—1957 年第 7 卷第 12 期,第 8 卷第 1—2 期

82. 何任清："谈德儒凯尔生之法理思想",刊于《法声》1973 年第 8 期

83. 管欧："当代法律思潮问题",刊于《法令月刊》1975 年第 26 卷第 10 期

84. 高思谦："圣多马斯的法律哲学",刊于《中山学术文化集刊》1976 年第 18 期

85. 耿云卿："分析法学派",刊于《司法通讯》1976 年第 781 期

86. 耿云卿："自然法学派"(一、二、三、四、五),刊于《司法通讯》1976 年第 767—769 期、第 771—772 期

87. 耿云卿："社会法学派",刊于《司法通讯》1976 年第 786 期

88. 耿云卿："历史法学派",刊于《司法通讯》1976 年第 775 期

89. 耿云卿："自然法之要义及其与实证法之冲突与调和",刊于《法学丛刊》1970 年第 60 期

90. 耿云卿："西洋法律思想介绍之五——耶林的目的法学",刊于《司法通讯》1977

年第 789 期

91. 耿云卿："西洋法律思想介绍之六——凯尔森的纯粹法学",刊于《司法通讯》1977 年第 792 期

92. 耿云卿："西洋法律思想介绍之七——康特罗维兹的自由法运动",刊于《司法通讯》1977 年第 795 期

93. 耿云卿："西洋法律思想介绍之八——史丹穆勒的批判法学",刊于《司法通讯》1977 年第 797 期

94. 耿云卿："西洋法律思想介绍之九——黑格尔与康德的唯心论法律思想",刊于《司法通讯》1977 年第 798 期

95. 耿云卿："西洋法律思想介绍之十——马克思与列宁的法律思想",刊于《司法通讯》1977 年第 799 期

96. 耿云卿："西洋法律思想介绍之十一——达尔文与斯宾塞的进化论法律思想",刊于《司法通讯》1977 年第 801 期

97. 耿云卿："西洋法律思想介绍之十二——达尔文与斯宾塞的进化论法律思想",刊于《司法通讯》1977 年第 802 期

98. 耿云卿："西洋法律思想介绍之十三——霍姆士的法律唯实主义",刊于《司法通讯》1977 年第 803 期

99. 耿云卿："西洋法律思想介绍之十四——罗德布的价值法学",刊于《司法通讯》1977 年第 804 期

100. 耿云卿："谈比较法学派及其发展趋势",刊于《华岗法粹》1980 年第 3 期

101. 罗成典："纯粹法学与分析法学概说"(上、中、下),刊于《国会》1976 年第 7 卷第 1—3 期

102. 赵雅博："自然法与人权",刊于《新时代》1977 年第 17 卷第 5 期

103. 苏俊雄："文化法理学基础理论之探讨",刊于《社会科学论丛》1977 年第 26 期

104. 邓衍森："法律哲学上司法造法的若干问题",刊于《东吴法律学报》1977 年第 1 卷第 2 期

105. 柯亨、林作舟："康德的法律哲学"(一、二、三),刊于《法律评论》1977 年第 43 卷 8、9、11—12 期

106. 柯亨、林作舟："意大利的法律哲学"(一、二),刊于《法律评论》1978 年第 44 卷第 5、6 期

107. 梁筠立："庞德教授与国际法学",刊于《东吴法律学报》1978 年第 2 卷第 2 期

108. 张东亮："庞德对中国法律发展的建议",刊于《华岗法粹》1978 年第 10 期

109. 马汉宝："牛津哲学对法学之影响",刊于《社会科学论丛》1958 年第 10 期

110. 马汉宝："自然法之现代的意义",刊于《社会科学论丛》1976 年第 17 期

111. 马汉宝:"庞德论中华民国法律之发展",刊于《华岗法学报》1978 年第 1 期

112. 马汉宝:"庞德论中华民国宪法之发展",刊于《宪政时代》1978 年第 3 卷第 3 期

113. 马汉宝:"博闻强记的大法学家——罗斯寇庞德",刊于《大学杂志》1979 年第 130 期

114. 马汉宝:"当代法学俊彦庞德先生",刊于《大学杂志》1979 年第 130 期

115. 马汉宝:"西洋法律思想近三十年之发展趋势",刊于给《法令月刊》1980 年第 31 卷第 10 期

116. 马汉宝:"二十世纪的美国法律思想",刊于《美国研究》1975 年第 5 卷第 2 期

117. 许宜华:"Kelsen 的纯粹法学",刊于《法律学刊》1978 年第 10 期

118. 刘清波:"分析法学的法理思想",刊于《法律评论》1979 年第 45 卷第 6 期

从上面的目录中可以看出,在这一时期里我国台湾的许多学者在西方法律思想史方面的研究成果是丰富的。突出的如马汉宝、耿云卿、张文伯、林文雄、徐怀莹、梅仲协等。他们对西方法律思想史作了广泛的研究,有些研究成果水平是很高的。如马汉宝的"自然法之现代的意义"一文对西方自然法观念的核心思想、历史发展作了比较全面和比较深刻的分析。再如耿云卿对西方法律思想史发展的各个时期和各种学派都有研究。另外他们还翻译了西方法学著作,如张文伯翻译的庞德的《法律、道德和正义》,雷崧生翻译的凯尔逊的《法律与国家》,还出版了像陈水逢编的洋洋五卷本的《西洋政治思想史》著作。① 不过,西方法律思想史作为一个独立的学科并没有真正完成,我国台湾地区的大学里也没有正式开设以"西方法律思想史"为名的课程。②

---

① 此书共五卷,2108 页。第一卷:古希腊、罗马暨中古时代的政治思想;第二卷:民族国家时代政治思想的萌芽;第三卷:契约论与美国革命时代的政治思想;第四卷:产业革命与政治思想;第五卷:现代政治思想。

② 1999 年 10 月在清华大学召开的学术会议上,笔者就此曾请教于台湾学者张伟仁先生。

第十八章　改革开放以来我国西方法律思想史研究的迅猛发展

中国共产党十一届三中全会是新中国成立后历史发展的一大转折点,会上所确定的党的解放思想和改革开放政策,不仅引动了经济的迅速起飞,而且也迎来了科学发展的春天。作为社会科学一支的法学,在这个大环境里也显示出从来没有过的新气象,它越来越注重自己的科学性,越来越追求学科体系的完整性。加上改革开放所面对和借鉴的主要是西方,从法学上说,这不仅包括西方的法律制度,而且包括作为其内在精神的法律观念,因此,西方法律思想史也借此得到迅速发展并获得彻底独立。

第一节　西方的法学著作大量翻译出版

这一时期西方法学著作的出版不仅量大、速度快,而且渠道多,有的还是以丛书的形式成批出版。除商务印书馆的"汉译世界名著"外,还有中国政法大学出版社的"当代法学名著译丛",中国大百科全书出版社出版的"外国法学文库",生活·读书·新知三联书店出版的"宪政译丛",中国社会科学出版社出版的"西方现代思想丛书"等。据不完全统计,从1979—1999年,我国共翻译出版了近80种西方法学著作,其中大部分是新译的。其目录如下:

1.《理想国》,〔古希腊〕柏拉图著,郭斌和、张竹明译,商务印书馆1986年

2.《政治家篇》,〔古希腊〕柏拉图著,北京广播语言学院出版社1994年

3.《政治学》,〔古希腊〕亚里士多德著,吴寿彭译,商务印书馆1981年

4.《尼可马科伦理学》,〔古希腊〕亚里士多德著,苗力田译,中国社会科学出版社1990年

5.《修辞学》,〔古希腊〕亚里士多德著,罗念生译,生活·读书·新知三联书店1991年

6.《论共和国、论法律》,〔古罗马〕西塞罗著,王焕生译,中国政法大学出版社1997年

7.《法学阶梯》,〔古罗马〕盖尤斯著,黄风译,中国政法大学出版社1996年

8.《法学总论》,〔古罗马〕查士丁尼著,张企泰译,商务印书馆1993年

9.《君主论》,〔古罗马〕马基雅维里著,潘汉典译,商务印书馆1985年(有多种译

本,如湖南人民出版社 1987 年出版的有惠泉译的本子)

10.《利维坦》,〔英〕霍布斯著,黎思复等译,商务印书馆 1985 年

11.《伦理学》,〔荷〕斯宾诺莎著,贺麟译,商务印书馆 1983 年

12.《罗马盛衰原因论》,〔法〕孟德斯鸠著,婉玲译,商务印书馆 1984 年

13.《社会契约论》,〔法〕卢梭著,何兆武译,商务印书馆 1980 年

14.《革命法制与审判》,〔美〕罗伯斯庇尔著,赵涵奥译,商务印书馆 1979 年

15.《潘恩文集》,〔美〕潘恩著,马清槐、沈叔平译,商务印书馆 1981 年

16.《联邦党人文集》,〔美〕汉密尔顿等著,程逢如等译,商务印书馆 1980 年

17.《法的形而上学原理》,〔德〕康德著,沈叔平译,商务印书馆 1991 年

18.《历史理性批判文集》,〔德〕康德著,何兆武译,商务印书馆 1996 年

19.《黑格尔政治著作选》,薛华译,商务印书馆 1981 年

20.《政府片论》,〔英〕边沁著,沈叔平等译,商务印书馆 1995 年

21.《立法理论——刑法典原理》,〔英〕边沁著,孙力等译,中国人民公安大学出版社 1993 年

22.《代议制政府》,〔英〕约翰·密尔著,汪宣译,商务印书馆 1982 年

23.《法律进化论》,〔日〕穗积重远著,黄尊三等译,上海商务印书馆 1929、1930、1934 年分三册译出并合为一本。中国政法大学出版社 1997 年作为《20 世纪中华法学文库》之一再版

24.《法和国家的一般理论》,〔奥〕凯尔森著,沈宗灵译,中国大百科全书出版社 1996 年

25.《宪法学教程》,〔法〕狄骥著,王文利等译,辽海出版社、春风文艺出版社 1999 年

26.《公法的变迁、法律与国家》,〔法〕狄骥著,郑戈、冷静译,辽海出版社、春风文艺出版社 1999 年

27.《国际法原理》,〔奥〕凯尔森著,王铁崖译,华夏出版社 1989 年

28.《通过法律的社会控制、法律的任务》,〔美〕庞德著,沈宗灵等译,商务印书馆 1984 年

29.《法律史解释》,〔美〕庞德著,曹玉堂、杨知译,华夏出版社 1987 年

30.《法学导论》,〔德〕拉德布鲁赫著,米健、朱林译,中国大百科全书出版社 1997 年

31.《当代主要法律体系》,〔法〕达维德著,漆竹生译,上海译文出版社 1984 年

32.《法律的训诫》,〔英〕丹宁著,杨百揆等译,群众出版社 1985 年

33.《原始人的法》,〔美〕霍贝尔著,严存生等译,贵州人民出版社 1992 年(周勇译为《初民社会的法律》,中国社会科学出版社 1993 年)

34.《正义论》,〔美〕罗尔斯著,何怀宏等译,中国社会科学出版社 1988 年

35.《刑罚与责任》,〔英〕哈特著,王勇等译,华夏出版社1989年

36.《法律的概念》,〔英〕哈特著,张文显等译,中国大百科全书出版社1996年

37.《认真对待权利》,〔英〕罗纳德·德沃金著,信春鹰、吴玉章译,中国大百科全书出版社1998年

38.《法律帝国》,〔英〕罗纳德·德沃金著,李常青译,中国大百科全书出版社1996年

39.《企业、市场与法律》,〔美〕科斯著,盛洪等译,生活·读书·新知书店上海分店1990年

40.《法律的经济分析》,〔美〕波斯纳著,蒋兆康译,中国大百科全书出版社1997年(台湾商务印书馆1987年另有译本)

41.《法律与革命》,〔美〕伯尔曼著,贺卫方等译,中国大百科全书出版社1993年

42.《法律与宗教》,〔美〕伯尔曼著,梁治平译,生活·读书·新知三联书店1991年

43.《自然法——法哲学导论》,〔意〕登特列夫著,李日章译,(香港)联经出版社事业公司1984年

44.《无政府、国家与乌托邦》,〔美〕诺齐克著,何怀宏等译,中国社会科学出版社1991年

45.《法理学——法哲学及其方法》,〔美〕博登海默著,邓正来等译,华夏出版社1989年

46.《成文宪法的比较研究》,〔荷〕亨利·范·马尔赛文等著,陈云生译,华夏出版社1987年

47.《西方社会的法律价值》,〔英〕彼得·斯坦、约翰·香德著,王献平译,中国人民公安大学出版社1989年

48.《现代社会的法律》,〔美〕昂格尔著,吴玉章等译,中国政法大学出版社1994年

49.《法理学问题》,〔美〕波斯纳著,苏力译,中国政法大学出版社1994年

50.《转变中的法律与社会》,〔美〕诺内特、塞尔兹尼克著,张志铭译,中国政法大学出版社1994年

51.《制度法论》,〔英〕麦考密克、〔奥〕魏因贝格尔著,周叶谦译,中国政法大学出版社1994年

52.《法律制度》,〔美〕弗里德曼著,李琼英译,中国政法大学出版社1994年

53.《法律的运作行为》,〔美〕布莱克著,唐越、苏力译,中国政法大学出版社1994年

54.《法律的原则——一个规范的分析》,〔美〕贝勒斯著,张文显等译,中国大百科全书出版社1996年

55.《美国法律思想模式》,〔美〕怀特著,李力等译,西南政法学院法制史教研室1986年编印

56.《自然法》,〔奥〕菲尔德罗斯著,黎晓译,西南政法学院法制史教研室1986年编印

57.《美国宪法的"高级法"背景》,〔美〕爱德华·S.考文著,强世功译,生活·读书·新知三联书店1996年

58.《宪政与分权》,〔英〕M.J.C.维尔著,苏力译,生活·读书·新知三联书店1997年

59.《法与宪法》,〔英〕W.詹宁斯著,龚祥瑞等译,生活·读书·新知三联书店1997年

60.《超验正义——宪政的宗教之维》,〔美〕卡尔·J.弗里德里希著,周勇等译,生活·读书·新知三联书店1997年

61.《欧洲法学史导论》,〔葡〕叶士朋著,吕平义等译,中国政法大学出版社1998年

62.《自由秩序原理》,〔英〕哈耶克著,邓正来译,生活·读书·新知三联书店1997年(中国社会科学出版社1998年,出版社还有杨玉生等译的本子,书名为《自由宪章》)

63.《通往奴役之路》,〔英〕哈耶克著,王明毅等译,中国社会科学出版社1997年

64.《自由主义政治哲学——哈耶克的政治哲学》,〔英〕霍伊著,刘锋译,生活·读书·新知三联书店1992年

65.《法律哲学》,〔美〕戈尔丁著,齐海滨译,生活·读书·新知三联书店1987年

66.《比较法律文化》,〔美〕埃尔曼著,贺卫方、高鸿钧译,生活·读书·新知三联书店1987年

67.《经济与社会》,〔德〕马克斯·韦伯著,林荣远译,商务印书馆1997年

68.《论经济与社会中的法律》,〔德〕马克斯·韦伯著,张乃根译,中国大百科全书出版社1998年

69.《人权哲学》,〔英〕米尔恩著,王先恒等译,东北出版社1991年

70.《法律社会学导论》,〔英〕罗杰·科特威尔著,潘大松等译,华夏出版社1989年

71.《法律社会学》,〔法〕亨利·莱维·布律尔著,上海人民出版社1987年

72.《法律和法律推理导论》,〔美〕史蒂文·J.伯顿著,张志铭、解兴权译,中国政法大学出版社1999年

73.《美国民事诉讼法导读》,〔美〕杰弗里·C.哈泽德等著,张茂译,中国政法大学出版社1999年

74.《原始社会的犯罪与习惯》,〔英〕马利诺夫斯基著,夏建中译,(台湾)桂冠图书股份有限公司1991年

75.〔英〕《读本:美国与德国的司法制度及司法程序》,宋冰编,中国政法大学出版社1999年

76.〔英〕《程序、正义与现代——外国法学家在华讲演录》,宋冰编,中国政法大学出版社1999年

从以上书目中可以看出,这一时期所出版的西方法学著作是非常广泛的,归纳起来有三类:其一,西方历史上法学名著的再版或新译本,如柏拉图的《理想国》、亚里士多德的《政治学》;其二,第一次翻译成中文的西方法学名著,如西塞罗的《论共和国、论法律》、盖尤斯的《法学阶梯》、边沁的《政府片论》等;其三,近现代的西方法学名著,如哈特的《法律的概念》、罗纳德·德沃金的《认真对待权利》等。很明显,在这三类中,第三类,即近现代的西方法学名著数量最大,约占3/5。这些译著的作用是很大的,一方面弥补了以往中译本西方法学名著的不足,使历史上的西方法学名著基本上都有了中译本;另一方面,把当代西方公认的主要法学著作译成中文,给我们带来了最新的西方各种法观念。这就为我国全面的研究西方法律思想及其历史准备了丰富的资料。更重要的是,翻译本身就是一种研究,要以研究为前提,因为它要把西方的观念与中国文化联结起来,要用中国人所能理解的词汇表达西方人的观念。而且,要翻译任何一本著作都必须研究作者的其他著作和整个思想体系,以及它所产生的社会背景。所以,翻译者绝对不仅仅是一个介绍人或中间人。好的翻译者需要具备许多素质,其中之一就是他必须具备相应的西方法律思想史的专业知识,也就是说他应该同时是研究者,或者说他需要在研究中翻译,翻译也使他成为研究者。我国许多西方法律思想史的专家,原本并没有从事西方法律思想史的教学和研究工作,正是在翻译中,起码可以说主要是因为翻译才使其逐渐对西方法律思想史产生兴趣并进而进行研究的。另一方面,翻译中往往产生出好的研究成果,译者序就是研究成果的一种表现形式。因为译者序必须对著作的作者的学术思想进行系统的介绍。而这不仅使他所要掌握的资料大大地超出所译著作的范围,而且要对著作者的思想进行全面的研究和准确的理解。所以一本书的译者序往往就是一篇很好的研究论文。例如,季卫东所组织翻译的《当代法学名著译丛》及其为每本所写的序,就是这类性质系列性的研究成果。

第二节　西方法律思想史的课程设置和教材出版

西方法律思想史课程在法学院校普遍开设,而且已出版了十多种专门教材。在"文化大革命"前,我国法律院校的课程中一般没有西方法律思想史或西方政治思想史。这一情况在十一届三中全会后很快发生变化,首先恢复法律专业招生的北京大学、中国人民大学等院校开设了这一方面的课程。不过名称叫"西方政治思想史"或"西方政治法律思想史"。如中国人民大学叫西方政治法律思想史,北京大学叫西方政治思想史,并在1980年和1981年编写和出版了相应的教材:人民大学吕世伦、谷春德合编的《西方政治法律思想史》上、下卷(中国人民大学出版社1980年);1981年谷春德、吕世伦又出版了《西方政治法律思想史》(辽宁人民出版社1981年);北京大学集中编写了《西方政治思想简史》(北京大学出版社1982年)。继人民大学、北京大学之后,恢复和开始招生的几个政法院校也陆续开设了这一方面的课程。但在开始阶段,除北京大学、中国人民大学外，都没有正式教材，只是编写一个临时性的教学大纲和选编一些有关文章汇集成册内部出版作为辅助教材。显然，在这种情况下，汇集全国的力量编写一个统一的教材就甚为必要。正是基于这种需求，1983年，法学教材编辑部组织了部分院校从事这一教学的教师，以张宏生为主编，章若龙为副主编，联合编写了《西方法律思想史》，并由北京大学出版社出版。同时还针对此教材编辑出版了一本《西方法律思想史资料选编》，节选了西方历史上主要法学家的有关著作的片段以供教学时参考。这一套西方法律思想史教材的编辑和出版，在我国西方法律思想史学科的历史进程中具有重要的意义，它标志着西方法律思想史这一学科在我国已正式产生和与政治思想史完全分离。虽然在这一教材中还包含着许多政治思想史的内容和保留有较多"左"的色彩，往往从批判的角度介绍西方法律思想史，但这是我国在大学法学本科生中开设西方法律思想史课程的正式开始，也是西方法律思想史学科在我国正式产生的一个重要标志。它使我国开始有一批人在高校中专门从事西方法律思想史的教学和研究工作，尽管当时人数很少，全国开始只有几个人，后来发展到十来个不到二十个人，而且有的还身兼几职。这些人最初有北京大学的王哲、杨锡娟、沈叔平；中国人民大学的吕世伦、谷春德；中国政法大学的周树显、刘全德；吉林大学的刘富启、吴湘文；西南政法大学的孙守煌、榭凤钊；西北政法学院的严存生；华东政法学院的张寿民、王群；中南政法学院的章若龙、吴新耀；武汉大学的张学仁；复旦大学的张乃根；苏州大学的周永坤；云南大学的林喆等。

　　法学教材编辑部组织相关人员编写的《西方法律思想史》在使用了大约五六年后，其缺陷日益显现，大家纷纷要求重新编写一些更好的教材。于是，在我国西方法律思想史的教材发展中出现了第二次编写教材的小高潮。那些实力雄厚者开始编写自己的教材或新教材。于是，1986年至1987年吕世伦、谷春德编写了《西方政治法律思想史》(全书的增订版上、下卷，辽宁人民出版社1986—1987年)，70万字，迄今为止仍是国内字数最多的一本有关专著。1988年北京大学出版社出版了王哲的《西方政治法律思想史》，1989年吉林人民出版社出版了吴湘文、刘富启主编的《西方法思想史》。其他学校则走联合的道路。1988年五所政法院校(中国政法大学、西南政法大学、西北政法学院、华东政法学院、中南政法学院)和几个大学法律系(复旦大学、苏州大学、云南大学、广州大学)中从事西方政治法律思想史教学的教师，在西北政法学院的支持下，由严存生为主编，孙守煌、周树显为副主编，编写了《新编西方法律思想史》，1989年由陕西人民教育出版社出版。此教材克服了我国早期同类教材的一些缺点，有了比较大的进步。如，注意客观地介绍西方法律思想并把法律思想与政治思想相对分开；扩大了西方法律思想史的研究范围，把近现代的西方法律思想也包容其中；注意学派和专题的介绍等。此教材1997年修订时又增加了一些对新学派的介绍。此后我国学者还陆续编写了一些适用于大学法律本科生的西方法律思想史教材，如，张宏生、谷春德主编，北京大学出版社1990年出版的《西方法律思想史》(自学考试用教材)，1993年复旦大学出版社出版的张乃根著的《西方法哲学史纲》等。

第三节　我国学者的高质量的成果大量问世

这一时期虽然是我国西方法律思想史学科正式产生的初期,却也是这一学科发展的春天。在这一时期里,我国的学者在西方法律思想史研究上取得了丰硕成果。据不完全统计,从1979—1999年的二十年里,我国学者共发表论文二百余篇,出版这一方面的专著、教材五十多部。详细目录如下:

(一)专著、教材目录

1.《西方政治法律思想史》二册(校内用书),吕世伦、谷春德著,中国人民大学出版社1980年

2.《西方政治法律思想史》,谷春德、吕世伦编写,辽宁人民出版社1981年

3.《法学流派与法学家》,上海社会科学院法学研究所编译,知识出版社1981年(书中内容是从各种百科全书的辞条中选译后编辑而成的)

4.《现代资产阶级法理学》(讲义),吕世伦著,中国政法大学1985年

5.《各派法理学评介文集》(内部使用),西南政法学院图书馆编,1981年

6.《西方法理学评介参考资料》四集,分上、下卷(内部使用),西南政法学院国家与法教研室编,1983年

7.《世界政治法律思想史参考资料》(内部使用),西南政法学院法律史教研室编,1981年

8.《西方政治法律思想史参考资料》(一、二)(内部使用),中国政法大学法律思想史教研室一舟、刘全德编,1985年

9.《西方政治法律思想史资料选编》(内部使用),西北政法学院法理教研室严存生编,1982年

10.《现代西方法哲学资料选编》五册(内部使用),北京大学法律系法学理论教研室编,1979—1981年(内有弗兰克的《法律和现代精神》、富勒的《法律与道德》和罗曼的《自然法》等译文)

11.《现代资产阶级法学流派资料选编》(内部使用),北京大学法律系法学理论教研室编,1979—1981年

12.《西方法律思想史》,张宏生主编,北京大学出版社1983年

13.《西方法律思想史资料选编》,西方政治法律思想史编写组,北京大学出版社1983年

15.《现代西方法律哲学》,沈宗灵著,法律出版社1983年

16.《西方政治法律思想史》,王哲著,北京大学出版社1988年

17.《中外法学原著选读》二卷,于浩成、段秋关、倪健民编,群众出版社1986年

18.《西方法学名著评介》,周旺生等著,辽宁人民出版社1986年

19.《西方法学名著提要》,李龙主编,江西人民出版社1998年

20.《西方政治法律思想史》二卷(增订本),吕世伦、谷春德合著,辽宁人民出版社1986—1987年

21.《贝卡利亚及其刑法思想》,黄岗著,中国政法大学出版社1987年

22.《当代西方法哲学》,张文显著,吉林大学出版社1987年

23.《当代西方法学思潮》,张文显著,辽宁人民出版社1988年

24.《西方法思想史》,吴湘文主编,吉林人民出版社1989年

25.《新编西方法律思想史》,严存生主编,陕西人民教育出版社1989年初版,1997年修订版

26.《西方法哲学史纲》,张乃根著,复旦大学出版社1993年,后由中国政法大学出版社再版

27.《当代西方法哲学主要流派》,张乃根著,复旦大学出版社1993年

28.《西方法律思潮源流论》,吕世伦主编,中国人民公安大学出版社1993年

29.《当代西方理论法学研究》,吕世伦主编,中国人民大学出版社1997年

30.《西方法律思想史》,刘全德主编,中国政法大学出版社1996年

31.《西方政治法律思想史纲》,王楷模著,陕西人民教育出版社1997年

32.《经济分析法学》,张乃根著,生活·读书·新知三联书店1995年

33.《现代西方法理学》,沈宗灵著,北京大学出版社1992年

34.《二十世纪西方法哲学思潮研究》,张文显著,法律出版社1996年

35.《法律是什么?——二十世纪英美法理学批判阅读》,刘星著,广东旅游出版社1997年

36.《西方法学初步》,刘星著,广东人民出版社1998年

37.《西方法学史》,何勤华著,中国政法大学出版社1996年

38.《现代西方法社会学》,朱景文著,法律出版社1994年

39.《对西方法律传统的挑战——美国批判法律研究运动》,朱景文主编,中国检察出版社1996年

40.《近代西方刑法学说史论》,马克昌主编,中国检察出版社1996年

41.《国际法学史新论》,李家善著,法律出版社1987年

42.《美国现代国际私法流派》,邓正来著,法律出版社1987年

43.《自由与秩序——哈耶克社会理论研究》,邓正来著,江西教育出版社1999年

44.《以权力制约权力》,朱光磊著,四川人民出版社1987年

45.《契约伦理与社会正义——罗尔斯〈正义论〉中的历史与理性》,何怀宏著,中国人民大学出版社1993年

46.《西方政治思想史上的政体思想》,蔡拓著,中国城市出版社1991年

47.《黑格尔法律思想研究》，吕世伦著，中国人民公安大学出版社1989年

48.《黑格尔法哲学：法与主体性原则的理论》，武步云著，法律出版社1995年

49.《权利的法哲学——黑格尔法权哲学研究》，林喆著，山东人民出版社1999年

50.《法律与自由》，严存生著，南开大学出版社1987年

51.《论法与正义》，严存生著，陕西人民出版社1997年

52.《西方法学家生平与学说评介》，蒋恩慈、储有德著，广西人民出版社1983年

53.《中西法律文化比较研究》，张中秋著，南京大学出版社1991年

54.《中国与西方的法律观念》，金勇义著，陈国平等译，辽宁人民出版社1989年

55.《法律社会学》(论文集)，北京大学法律系法理教研室编，山西人民出版社1988年

56.《法实证主义》，林文雄著，台湾书局1982年第3版

57.《威严与尊严——中西法律文化宏观比较》，史彤彪著，河北人民出版社1998年

58.《中国法律文化对西方法律文化的影响》，史彤彪著，河北人民出版社1999年

（二）论文目录

1.周新铭："略论自然法学的历史演变"，刊于《西南政法学院学报》1980年第3期

2.倪建民："略论亚里士多德的法律思想"，刊于《浙江学刊》1983年第1期

3.赵子平、谭玉琛："自然法"，刊于《百科知识》1982年第12期

4.谷春德："略论'天赋人权'说"，刊于《红旗》1982年第7期

5.李家善："格老秀斯——近代国际法的奠基人"，刊于《法学研究》1983年第5期

6.杨锡娟："托马斯·霍布斯的法律思想"，刊于中国法律史学会编《法律史论丛》第2期

7.杨锡娟："柏拉图的法律思想初探"，刊于《国外法学》1984年第3期

8.王哲："论霍布斯在西方法律思想史上的贡献"，刊于《国外法学》1983年第4期

9.王哲："论阿奎那的法律思想"，刊于《国外法学》1984年第3期

10.王哲："论西方法治理论的历史发展"，刊于《中外法学》1997年第2期

11.青人："评霍布斯和洛克的国家学说"，刊于《青海社会科学》1980年第2期

12.江宗植："欧洲资产阶级自然法学派两大思想家——洛克与卢梭"，刊于《南充师范学院学报》1981年第2期

13.孙丙珠："资产阶级法学的百科全书——简介孟德斯鸠的《论法的精神》"，刊于《北京政法学院学报》1982年第4期

14.张观发："略论孟德斯鸠的政治法律思想"，刊于中国法律史学会编《法律史论丛》第1期

15.刘富启："黑格尔'法的客观现实性'"，刊于《吉林大学社会科学学报》1980年第4期

16. 刘富启："略论孟德斯鸠的法律思想"，刊于《吉林大学社会科学学报》1982 年第 6 期

17. 刘富启："论黑格尔'法的客观现实性'"，刊于《吉林大学社会科学学报》1982 年第 6 期

18. 李秀兰："法国法学家莱昂·狄骥"，刊于《国外法学》1982 年第 5 期

19. 黄子鸿："卢梭的法律思想"，刊于《法学》1982 年第 12 期

20. 郝丽雅："卢梭的法律思想研究"，刊于《吉林大学社会科学学报》1982 年第 5 期

21. 王荣正："论罗伯斯庇尔的法律思想"，刊于《法学季刊》1982 年第 4 期

22. 沈叔平："康德的《法律哲学》"，刊于《国外法学》1983 年第 5 期

23. 贺麟："黑格尔的《法哲学原理》"，刊于《福建论坛》1983 年第 1 期

24. 周子亚："评纯粹法学说及其创始人凯尔逊"，刊于《法学论丛》第 1 辑，上海社会科学院法学研究所 1981 年

25. 王威："规范法学派理论浅析"，刊于《西南政法学院学报》1981 年第 1 期

26. 王威："庞德法律思想简评"，刊于《国外法学》1983 年第 1 期

27. 王威："分析实证主义法学评介"，刊于《外国法学研究》1987 年第 1—4 期

28. 张宏生："资产阶级革命时期的法律思想"，刊于《国外法学》1983 年第 3 期

29. 张宏生："简评约翰·奥斯丁的分析法学"，刊于《国外法学》1983 年第 6 期

30. 张宏生："概述美国联邦党人的法律思想"，刊于《国外法学》1984 年第 4 期

31. 张宏生："评历史法学的反动实质"，刊于《国外法学》1984 年第 5 期

32. 张宏生、汪静姗："略论美国现实主义法学"，刊于《国外法学》1983 年第 1 期

33. 张宏生："罗马法律思想剖析"，刊于《国外法学》1984 年第 1 期

34. 史彤彪："韩非与马基雅维里"，刊于《法律教学与研究》1990 年第 5 期

35. 〔苏〕凯契克扬："现代资产阶级自然法学的本质"，贾保廉、潘同龙译自《莫斯科大学学报》1986 年第 4 期

36. 〔美〕大伟·贝尔韦斯、马歇尔·柯亨："德沃金其人及其思想"，潘汉典译，刊于《法学译丛》1983 年第 1 期

37. 〔美〕德沃金："认真地看待权利"，潘汉典译，刊于《法学译丛》1980 年第 2 期

38. 〔美〕德沃金："论规则的模式"，潘汉典译，刊于《法学译丛》1983 年第 1—2 期

39. 〔美〕罗伯特·萨默斯："富勒教授的法理学和在美国占统治地位的法哲学"，潘汉典译，刊于《法学译丛》1980 第 1 期

40. 〔苏〕哈尔斐娜："现代资产阶级法的观念"，郭明瑞译，刊于《国外法学》1980 年第 6 期

41. 周新铭、陈为典："亚里士多德法律思想初探"，刊于《河南师范大学学报》1982 年第 1 期

42. 梁治平："'自然法'与'法自然'"，刊于《中国社会科学》1989 年第 2 期

43. 梁治平："自然法今昔：法律中的价值追求"，刊于《学习与探索》1988 年第 1 期

44. 范进："康德道德哲学的拱心石"，刊于《中国社会科学》1988 年第 3 期

45. 万斌："'社会契约论'新论"，刊于《政治学研究》1989 年第 1 期

46. 沈宗灵："论哈特的新分析法学"，刊于《法学研究》1981 年第 6 期

47. 沈宗灵："略论历史法学派"，刊于《法学研究》1980 年第 3 期

48. 沈宗灵："佩雷尔曼的'新修辞学'法律思想"，刊于《法学研究》1983 年第 5 期

49. 沈宗灵："批判法学在美国的兴起"，刊于《比较法研究》1989 年第 2 期

50. 沈宗灵："卢埃林的现实主义法学"，刊于《法学研究》1990 年第 5 期

51. 沈宗灵："对霍菲尔德法律概念学说的比较研究"，刊于《中国社会科学》1990 年第 1 期

52. 沈宗灵："论波斯纳的经济分析法学"，刊于《中国法学》1990 年第 3 期

53. 沈宗灵："评介哈特《法律的概念》一书'附录'——哈特与德沃金在法学理论上的主要分歧"，刊于《法学》1998 年第 10 期

54. 沈宗灵："拉德布鲁赫的相对主义法哲学及其后期转变"，刊于《社会科学战线》1990 年第 4 期

55. 林欣："反对封建君主专制的强大思想武器——读孟德斯鸠的《论法的精神》"，刊于《读书》1980 年第 5 期

56. 张尚鹭："资产阶级分权学说的理论和实践"，刊于《人民日报》1980 年 10 月 7 日

57. 李元明："卢梭的民主主义思想"，刊于《世界历史》1980 年第 1 期

58. 刘承学："卢梭的法律说"，刊于《辽宁师范学院学报》1980 年第 5 期

59. 刘柞昌："略论托马斯·杰佛逊的民主思想"，刊于《历史研究》1980 年第 4 期

60. 李步云："资产阶级启蒙思想家怎样看待法律与自由的相互关系"，刊于《国外法学》1982 年第 1 期

61. 谷春德："略论'天赋人权'说"，刊于《红旗》1982 年第 7 期

62. 史彤彪："中西方法律思想家法律价值观的比较思考"，刊于《比较法研究》1991 年第 1 期

63. 王沪宁："马基雅维里及其《君主论》"，刊于《读书》1983 年第 3 期

64. 严家其："政治权术的鉴赏家——马基雅维里"，刊于《百科知识》1982 年第 3 期

65. 潘华仿："简评社会法学派"，刊于《政法论坛》1985 年第 3 期

66. 王献平："西方社会法学初识"，刊于《中国社会科学院研究生院学报》1985 年第 3 期

67. 周伟："西方社会法学的发展与现状"，刊于《江海学刊》1988 年

68. 周伟："国外社会学两大流派法律研究动向"，刊于《外国法学研究》1987 年第 1 期

69. 陈明华："苏联法社会学派发展简评"，刊于《法律科学》1989 年第 2 期

70. 傅再明："迪尔凯姆法律社会学评述"，刊于《国外社会科学》1999 年第 1 期

71. 傅再明："马克斯·韦伯的法律社会学评介"，刊于《社会学研究》1988 年第 3 期

72. 王志勇："韦伯的法社会学思想初探"，刊于《法学评论》1988 年第 4 期

73. 朱景文："论布莱克的纯粹法社会学"，刊于《当代法学》1993 年第 3—4 期

74. 孔小红："庞德法律效果说初探"，刊于《社会科学》(上海)1987 年第 10 期

75. 吕景胜："分析实证主义法学的两点再认识"，刊于《外国法学研究》1987 年第 1—4 期

76. 张文显："战后西方法哲学的发展和一般特征"，刊于《法学研究》1987 年第 3 期

77. 张文显："法律社会学的法概念"，刊于《社科信息》1989 年第 2 期

78. 张文显："西方法社会学的发展、基调、范围和方法"，刊于《社会学研究》1988 年第 3 期

79. 张文显："统一法学的产生及其发展趋势"，刊于《外国法学研究》1987 年第 4 期

80. 张文显："存在主义法学概述"，刊于《政法丛刊》1987 年第 5 期

81. 夏锦文："社会连带主义法学派"，刊于《社科信息》1989 年第 5 期

82. 刘旺洪："弗洛伊德主义法律思想"，刊于《社科信息》1989 年第 5 期

83. 王宏林："弗兰克的现实主义法学"，刊于《社科信息》1989 年第 5 期

84. 王宏林："哈特的新分析法学"，刊于《社科信息》1989 年第 7 期

85. 李力："经济分析法学"，刊于《社科信息》1989 年第 7 期

86. 徐爱国："欧洲结构主义符号法学的几个侧面"，刊于《中外法学》1998 年第 4 期

87. 徐爱国："霍姆斯《法律的道路》诠释"，刊于《中外法学》1997 年第 4 期

88. 宏纪："行为主义法学简介"，刊于《理论信息》1989 年第 10 期

89. 吕世伦、徐爱国："西方符号学法律理论评述"，刊于《江苏社会科学》1991 年第 5 期

90. 吕世伦："略论黑格尔的刑罚学说"，刊于《法学研究》1983 年第 5 期

91. 吕世伦："论社会学法学"，刊于《学习与探索》1981 年第 4 期

92. 吕世伦、杜钢建："综合法学述评"，刊于《学习与探索》1981 年第 5 期

93. 吕世伦、杜钢建："行为主义法学评介"，刊于《法学杂志》1984 年第 4 期

94. 吕世伦、杜钢建："存在主义法学简介"，刊于《法学杂志》1984 年第 1 期

95. 吕世伦、杜钢建:"行为主义法学述评",刊于《理论研究资料》1982 年第 7 期总第 98 期

96. 吕世伦、王卫平:"现代西方法学三大流派'合流'倾向初探",刊于《南京大学学报》(社科版)1986 年第 3 期

97. 吕世伦:"菲希特政治法律思想研究",刊于《法律科学》1990 年第 5 期

98. 吕世伦、范季海:"美国女权主义法学述论",刊于《法律科学》1998 年第 1 期

99. 吕世伦、周世中:"杜尔克姆法社会学探析",刊于《法律与社会发展》1999 年第 1 期

100. 吕世伦、邹列强:"唐·布莱克的纯粹法社会学",刊于《法律科学》1992 年第 4 期

101. 吕世伦、杜钢建:"行为主义法学评介",刊于《法学杂志》1982 年第 4 期

102. 吕世伦、杜钢建:"'综合法学'——战后西方法学发展一种新趋向",刊于《理论研究资料》第 102 期

103. 吕世伦:"黑格尔刑法思想研究",刊于北京法学会《法学论集》1983 年

104. 吕世伦、杜钢建:"综合法学评介",刊于《法学杂志》1984 年第 2 期

105. 吕世伦、杜钢建:"马克思主义与卢梭社会政治思想",刊于《马克思主义来源研究论丛》第 5 期

106. 吕世伦、谷春德:"康德的政治哲学",刊于《外国哲学》第 7 辑

107. 吕世伦:"黑格尔民法思想研究",刊于《法史研究文集》下卷

108. 吕世伦、鄂振辉:"亚当·斯密政治法律思想述评",刊于《马克思主义来源研究论丛》第 10 期

109. 吕世伦:"卢梭的《社会契约论》",刊于《法律学习与研究》1986 年第 2 期

110. 吕世伦:"黑格尔《法哲学原理》评介",刊于《法律学习与研究》1986 年第 3 期

111. 吕世伦:"孟德斯鸠《论法的精神》览要",刊于《法律学习与研究》1983 年第 4 期

112. 吕世伦:"黑格尔的法哲学",刊于《法制心理科学通讯》1987 年第 10 期

113. 吕世伦:"略论分析规范主义法学",刊于《法学论文集》,中国政法大学出版社 1987 年

114. 吕世伦、吴兴怀:"历史法学的历史进程"(一),刊于《法律学习与研究》1988 年第 4 期

115. 吕世伦、吴兴怀:"历史法学的历史进程"(二),刊于《法律学习与研究》1988 年第 5 期

116. 吕世伦、叶传星:"现代人类学对法起源的解释",刊于《中国法学》1993 年第 4 期

117. 吕世伦:"中国与西方法律思想比较研究",刊于《架起法系之间的桥梁》,苏州

大学出版社 1995 年

118. 吕世伦："'从身份到契约'的法律思考"，刊于《中外法学》1996 年第 4 期

119. 吕世伦、曹茂君、陈欣新："现代自然科学方法论的启迪"，刊于《外国法学研究》1997 年第 3 期

120. 吕世伦、徐爱国："马里旦人权理论研究"，刊于《法制现代化研究》第 3 卷

121. 吕世伦、孙文凯："美国反种族歧视法学译评"，刊于《中国社会科学》1999 年第 2 期

122. 吕世伦："趋利避害，加强现代西方法律思想文化研究"，刊于《法学家》1999 年第 3 期

123. 严存生："西方资产阶级思想家论法律与自由"，刊于《外国法学研究》1985 年第 3—4 期

124. 严存生："西方法学家论法与正义的关系"，刊于《外国法学研究》1987 年第 1 期

125. 严存生："自然法学家关于法律评价的思想"，刊于《外国法学研究》1989 年第 2 期

126. 严存生："现代西方关于法的类型思想的比较研究"，刊于《外国法学研究》1995 年第 4 期

127. 严存生："西方法治观念的变迁"，刊于《外国法学研究》1997 年第 1 期

128. 严存生："西方三大法学派法律评价思想比较研究"，刊于《外国法学研究》1997 年第 4 期

129. 严存生："马克思对历史法学派的批判"，刊于《西北政法学院学报》1983 年第 1 期

130. 严存生："智者的政治法律思想及其在古希腊的地位"，刊于《西北政法学院学报》1998 年第 1 期

131. 严存生、郭军明："自然法、规则法、活的法"，刊于《法律科学》1997 年第 5 期

132. 严存生："法的合理性：韦伯与魏因贝格尔比较"，刊于《法律科学》1995 年第 4 期

133. 严存生："霍贝尔的法人类学"，刊于《法律科学》1991 年第 4 期

134. 严存生："自然法学研究的基本问题"，刊于《法史论丛》1983 年第 1 期

135. 严存生："黑格尔论法律与自由的关系"，刊于《法史论丛》1983 年

136. 刘庸安："丹宁和他的法学思想"，刊于《浙江学刊》1986 年第 5 期

137. 张桂琳："卢梭自然法论新探"，刊于《政法论坛》1987 年第 1 期

138. 张云秋："马西留政治思想初探"，刊于《世界历史潮流》1987 年第 4 期

139. 舒扬："法律精神的过渡期：西方中世纪的理性法思潮"，刊于《现代法学》1997 年第 6 期

140. 舒扬:"略论黑格尔的理性法思想",刊于《外国法学研究》1987 年第 2 期

141. 张乃根:"试评战后的法—经济学",刊于《外国法学研究》1993 年第 1 期

142. 张乃根:"菲尼斯的新自然法思想",刊于《法学》1989 年第 9 期

143. 张乃根:"当代人类法哲学评述",刊于《法律科学》1989 年第 2 期

144. 杜万华:"马克斯·韦伯的法律社会学思想",刊于《外国法学研究》1993 年第 1 期

145. 李常青:"罗纳德·德沃金论基于良知的违法及处罚",刊于《外国法学研究》1993 年第 1 期

146. 李常青:"罗纳德·德沃金法律思想述要",刊于《外国法学研究》1994 年第 1 期

147. 王人博:"论西方法学的二元对立",刊于《外国法学研究》1987 年第 3 期

148. 王人博:"近现代西方权利观念的演变",刊于《外国法学研究》1993 年第 2 期

149. 贺新耀:"试论黑格尔法哲学与古典自然法学的差异",刊于《外国法学研究》1993 年第 2 期

150. 武晓岚:"法人类学初探",刊于《外国法学研究》1994 年第 2 期

151. 武晓岚:"亚里士多德法治观的主要论据",刊于《外国法学研究》1997 年第 4 期

152. 陈金钊:"德沃金法官的法律解释",刊于《南京大学法学评论》1998 年秋

153. 陈金钊:"规则的失落与升起:兼论哈特的《法律的概念》",刊于《南京大学法学评论》1997 年春

154. 罗文波:"富勒的法律道德论",刊于《高校自学考试》1998 年第 9 期

155. 任强:"西方法律传统的类型及其局限:韦伯法律思想述评",刊于《中山大学学报》(社科版)1998 年第 5 期

156. 李桂林:"拉兹的法律制度分析理论",刊于《武汉大学学报》(社科版)1998 年第 4 期

157. 李桂林:"凯尔逊的法律制度结构分析理论",刊于《法学》1998 年第 3 期

158. 王涌:"寻找法律概念分析的最小公分母:霍菲尔德法律概念分析思想研究",刊于《比较法研究》1998 年第 2 期

159. 苏力:"反思法学的特点",刊于《读书》1998 年第 1 期

160. 汤春来:"法律价值结构的二重性:兼评西方经济分析法学'效益至上论'",刊于《政治与法律》1998 年第 1 期

161. 王焕生:"西塞罗和他的《论共和国·论法律》",刊于《比较法研究》1998 年第 2 期

162. 李进一:"洛克的法律思想",刊于《中山大学学报》(社科版)1998 年第 4 期

163. 朱景文等:"关于比较法社会学的对话",刊于《比较法研究》1998 年第 1 期

164. 杨三正："试析《法哲学原理》中法哲学思想"，刊于《湛江师范学院学报》(社科版)1998 年第 3 期

165. 李光林："'经济分析法学思潮'的内涵及现实意义"，刊于《法学杂志》1998 年第 3 期

166. 尹志学："分权制衡与现代法治(孟德斯鸠三权分立学说的历史反思与现实启示)"，刊于《法理论科学》1998 年第 4 期

167. 唐震熙："西方现代法学界对法律观念的新诠释"，刊于《上海大学学报》(社科版)1998 年第 2 期

168. 张飞舟："论自然法学的'合理内核'"，刊于《法商研究》1998 年第 1 期

169. 李继华、周建民："法的精神与法的规则：孟德斯鸠立法思想初探"，刊于《长沙电力学院学报》(社科版)1998 年第 1 期

170. 张彩凤："论西方法治传统的思想渊源和观念基础"，刊于《公安大学学报》1997 年第 6 期

171. 胡大平、杨春福："程序正义和形式法治：读罗尔斯的《正义论》"，刊于《南京大学法学评论》1997 年秋

172. 何勤华："布莱克斯通与英国法律文化近代化"，刊于《法律科学》1996 年第 6 期

173. 何勤华："中世纪欧洲评论法学派述评"，刊于《中外法学》1996 年第 5 期

174. 何勤华："法国人文主义法学述评"，刊于《中外法学》1996 年第 4 期

175. 何勤华："埃利希和现代法社会学的诞生"，刊于《现代法学》1996 年第 3 期

176. 何勤华："古罗马五大法学家小传"，刊于《中央政法管理学院学报》1996 年第 5 期

177. 何勤华："十九世纪法国注释法学派评述"，刊于《南京大学法学评论》1995 年秋

178. 何勤华："近代德国私法学家祁克述评"，刊于《法商研究》1995 年第 6 期

179. 何勤华："历史法学派述评"，刊于《法制与社会发展》1996 年第 2 期

180. 何勤华："马尔佩与法国实证主义宪法学"，刊于《中央政法管理学院学报》1995 年第 4 期

181. 郝铁川："中国近代法学留学生与法制近代化"，刊于《法学研究》1997 年第 6 期

182. 李辉古："罗马大法官制度研究"，刊于《中央政法管理学院学报》1997 年第 3 期

183. 刘星："德沃金的'理论争论'说"，刊于《外国法译评》1987 年第 3 期

184. 刘星："法官没有自由裁量权——评析德沃金的司法理论"，刊于《法学文集》(中山大学学报编辑部 1991 年)

185.曹义孙、郑鹏程:"柏拉图人治论和法治论矛盾之根源",刊于《山西大学学报》(社科版)1997年第3期

186.郑强:"制衡的法理学:谈D.列依斯特的《三种法律思想》",刊于《中外法学》1997年第3期

187.郑强:"关于哈特法律思想的比较研究",刊于《中外法学》1997年第1期

188.雷德才:"论贝卡利亚的刑法思想",刊于《云南学术探索》1997年第4期

189.苗有水:"论贝卡利亚的刑法思想的正义和功利根基",刊于《烟台大学学报》(社科版)1997年第1期

190.马克昌、宋建立:"论贝卡利亚的刑法思想",刊于《武汉大学学报》(社科版)1997年第1期

191.莫宏宪:"论龙布罗梭的刑法思想",刊于《中国监狱学刊》1997年第3期

192.黄俊平:"龙布罗梭及其刑法思想述评",刊于《法律科学》1997年第3期

193.杨云彪:"法的分裂与嬗变:自然法与实在法二元结构的渊源及其演变",刊于《淮阴师院学报》1997年第1期

194.孙理波:"传统法律在现代社会中的危机:昂格尔的社会批判理论",刊于《政法论坛》1997年第1期

195.史光宇:"古希腊法律观念的形成与影响",刊于《辽宁教育学院学报》1996年第6期

196.向泽选、李伟:"从《立法理论——刑法典原理》看边沁的法律思想",刊于《法律科学》1997年第1期

197.廖克林:"资产阶级自然法学派介评",刊于《当代法学》1997年第1期

198.伍达德、张志铭译:"威廉·布莱克斯通与英美法理学",刊于《南京大学法律评论》1996年秋

199.李大光:"亚里士多德法律思想述评",刊于《辽宁大学学报》(社科版)1996年第5期

200.张锐智:"潘恩法律思想研究",刊于《辽宁大学学报》(社科版)1996年第6期

201.钱林森:"严复与《法意》",刊于《江苏社会科学》1996年第4期

202.刘敬鲁:"自然为人立法与人为自然立法:海德格尔与康德的一个对比",刊于《社会科学战线》1996年第4期

203.邓安庆:"康德法哲学初探",刊于《湖南师大学报》(社科版)1996年第5期

204.贾宇:"边沁刑法思想述评",刊于《甘肃政法学院学报》1996年第2—3期

205.蒋新苗:"法兰克福派法律观点评析",刊于《湖南师大学报》(社科版)1995年第6期

206.戈而丁著、顾速译:"二十世纪美国法理学与法哲学",刊于《南京大学法学评论》1995年春、秋

207. 高鸿钧:"伊斯兰法学及主要流派",刊于《外国法译评》1996 年第 1 期

208. 公丕祥:"韦伯的法律现代化思想探微",刊于《学习与探索》1995 年第 5 期

209. 公丕祥:"新康德主义法学派",刊于《社科信息》1989 年第 5 期

210. 信春鹰:"异军突起的美国批判法学派",刊于《法学研究》1987 年第 1 期

211. 信春鹰:"美国经济法学派",刊于《法学研究》1987 年第 1 期

212. 信春鹰:"美国程序法学派",刊于《法学研究》1987 年第 6 期

213. 信春鹰:"20 世纪西方法哲学基本问题",刊于《法学研究》1993 年第 4 期

214. 信春鹰:"德沃金和法律与政治学的聚合:评《法律帝国》",刊于《法学译丛》1989 年第 4 期

215. 信春鹰:"罗纳德·德沃金与美国当代法理学",刊于《法学研究》1988 年第 6 期

216. 吴玉章:"评德沃金的权利思想",刊于《法学研究》1993 年第 5 期

217. 吴玉章:"批判法学评析",刊于《中国社会科学》1993 年第 2 期

218. 王启民:"略论自然法思想的历史发展",刊于《福建师大学报》(社科版)1989 年第 4 期

219. 李虎:"实用主义法理学的含糊性:波斯纳的《法理学问题》与分析哲学",刊于《祁连学刊》1996 年第 1 期

220. 刘同苏:"英国人眼中的美国法理学",刊于《法学译丛》1989 年第 4 期

221. 刘同苏:"制度法理学述说",刊于《法学研究》1991 年第 2 期

222. 杨少南:"对美国批判法学研究运动的评述",刊于《法律学习与研究》1989 年第 1 期

223. 胥波:"梅因——历史法学集大成者",刊于《辽宁大学学报》(社科版)1990 年第 5 期

224. 史彤彪:"试论斯蒂格·乔根森的'多元主义法学'",刊于《中国法学》1990 年第 3 期

225. 江启绪:"哈特法律思想体系论纲",刊于《政法学刊》(广州)1991 年第 2 期

226. 林喆:"评富勒的法律道德论",刊于《云南社会科学》1991 年第 1 期

227. 王常松:"社会法理学的理论大纲:读庞德《通过法律的社会控制、法律的任务》",刊于《政治学研究》1988 年第 6 期

228. 要建春:"斯堪的纳维亚法学派述评",刊于《政法丛刊》1988 年第 5 期

229. 陈世荣:"法律社会学的法概念",刊于《法学译丛》1988 年第 4 期

230. 陈世荣:"洛克立法思想评价",刊于《学习与思考》1982 年第 3 期

231. 郭华成、胡卫星:"论社会法学研究方法",刊于《法律学习与研究》1989 年第 3 期

232. 侯健:"法治、良法与民主——兼论拉兹的法治观",刊于《中外法学》1999 年

第 4 期

233. 易显荣:"法律经济学的当前发展与主要问题",刊于《法制与社会发展》1997年第 3 期

第四节　简　析

从上面的目录中可以看出,虽然大部分论著属于介绍性的、浅层次的研究成果,但也有相当数量的高层次的研究成果。这些年我国西方法律思想史研究的成果主要有:

(1)学派研究。近些年里我国学者对西方各种法学流派都进行了研究,包括新产生的流派,如经济分析法学、批判法学、后批判法学,有些已有专著出版。在老的学派中研究得比较多的有自然法学(这一方面的研究论文有十余篇);社会学法学(这一方面的研究论文有近十篇,专著一部:《现代西方法社会学》,朱景文著,法律出版社 1994年);分析法学(这一方面的研究论文有若干篇)。

新产生的流派研究比较多的主要有经济学分析法学(这一方面的研究论文有若干篇,专著一部:张乃根的《经济学分析法学》);批判法学(这一方面的研究论文有五篇,专著一部:《对西方法律传统的挑战——美国批判法律研究运动》,朱景文著,中国检察出版社 1996年)。

(2)个人研究。比较多的并已有专著出版的如黑格尔,先后已有三本专著出版。它们是中国人民公安大学出版社 1989年出版的吕世伦著的《黑格尔法律思想研究》;法律出版社 1995年出版的武步云著的《法与主体性原则的理论》(黑格尔《法哲学原理》一书讲评);山东人民出版社 1999年出版的林喆著的《权利的法哲学——黑格尔法权哲学研究》。这三本书都对黑格尔的法律思想作了全面深刻的论述,但并不互相重复,而是各有侧重和特色。吕世伦著的《黑格尔法律思想研究》一书侧重于对黑格尔法律思想的几个专门问题,如所使用的几个基本概念(法、抽象法、伦理、家庭、市民社会、国家、国家关系、世界历史)和各部门法(民法、刑法、诉讼法、警察法、家庭法、国家法、国际法)思想进行了论述;武步云著的《法与主体性原则的理论》一书是关于黑格尔的《法哲学原理》的注释性的著作,主要围绕《法哲学原理》并遵循其体系讲述黑格尔的法律思想;林喆的《权利的法哲学——黑格尔法权哲学研究》一书,则从黑格尔整个哲学的高度来揭示其法律思想的精神和构架。

对其他个人研究比较多的有德沃金(有论文十一篇)、罗尔斯、哈耶克等。如,对罗尔斯除了有多篇论文外,还有专著《契约理论与社会——罗尔斯正义论中的历史与理性》(何怀宏著,中国人民大学出版社 1993年);哈耶克的论述更多,除了有多篇论文外还有几本介绍其思想的著作,出版的有霍伊著、刘锋译的《自由主义政治哲学——哈耶克的政治思想》(三联书店 1992年),邓正来著的《自由与秩序——哈耶克社会理论研究》(江西教育出版社 1999年)等。

（3）用历史比较和史论结合进行研究。这方面的专著有严存生的《法律与自由》（南开大学出版社 1987 年）和《论法与正义》（陕西人民出版社 1997 年）。这两本书首先对西方从古至今关于法与自由、法与正义关系的论述进行比较式的系统介绍和归纳，然后用马克思主义的观点和方法进行论述。

（4）这时期的研究多集中于当代，已有近十部著作问世。具体如下所列

①《现代西方法律哲学》，沈宗灵著，法律出版社 1983 年

②《现代西方法理学》，沈宗灵著，北京大学出版社 1992 年

③《当代西方法哲学主要流派》，张乃根著，复旦大学出版社 1993 年

④《当代西方法哲学》，张文显著，吉林大学出版社 1987 年

⑤《当代西方法学思潮》，张文显著，辽宁人民出版社 1988 年

⑥《二十世纪西方法哲学思潮研究》，张文显著，法律出版社 1996 年

⑦《西方法律思潮源流论》，吕世伦主编，中国人民大学出版社 1993 年

⑧《当代西方理论法学研究》，吕世伦主编，中国人民大学出版社 1997 年

⑨《法律是什么？——二十世纪英美法理学批判阅读》，刘星著，广东旅游出版社 1997 年

⑩《现代西方法学流派》（上、下卷），吕世伦主编，中国大百科全书出版社 2000 年

以上著作中可以分为两类：一类是对学派、人物的综合介绍，如沈宗灵的《现代西方法律哲学》和《现代西方法理学》、张乃根的《当代西方法哲学主要流派》等；另一类是对几个或一个问题的专门介绍，如张文显的《二十世纪西方法哲学思潮研究》、吕世伦的《当代西方理论法学研究》、刘星的《法律是什么？——二十世纪英美法理学批判阅读》等。

沈宗灵所著《现代西方法律哲学》和《现代西方法理学》是在我国出版最早和影响最大的系统介绍和评论当代西方法律思想的专著。它在改革开放之后第一个向长期闭塞的国人比较全面地介绍了西方的新的法律观念、学派和人物。后一本书得到了大家的普遍好评。

张文显的《二十世纪西方法哲学思潮研究》是一部洋洋近 60 万字的著作，分上、下两篇。上篇是学派研究，逐一介绍了西方当代的各种流派，如新自然法学、新分析法学、社会法学、社会哲学法学、新马克思主义法学、经济分析法学、新自由主义法学、制度法理学等；下篇是重大理论热点研究，分十章，逐一介绍了西方关于法的模式（要素），法律与道德，法的效力，受法与违法，责任与惩罚，权利与人权，自由、平等与法律，表达自由，正义，法治等问题上的新思想。

吕世伦的《西方法律思潮源流论》和《当代西方理论法学研究》是相辅相成的两部著作。前一部是流派研究，分三部分。第一部分介绍三大法学流派：自然法学、分析实证主义法学和社会学法学；第二部分介绍近代以来的法律思潮，包括历史法学、功利主义法学、新旧哲理法学；第三部分介绍新产生的流派，如存在主义法学、现象学法学、行

为主义法学、多元价值判断逻辑法学、布莱克的纯粹法社会学、综合法学、符号学法学、多元论法学、经济分析法学、批判法学、西方马克思主义法学。后一部著作是理论问题研究,分八章,分别就法的形成和演进、法的概念和本质、法律制度、法律政策、法律程序、法律意识、法律行为、法律秩序等问题上的新观点逐一进行介绍和评论,颇具新颖性和学术价值。

刘星的《法律是什么?——二十世纪英美法理学批判阅读》是一部理论层次较高和思辨色彩很浓的著作。此书对当代西方各流派主要代表人物的法律观进行了详细的比较性介绍,指出了每一种理论和其他理论之间的关系,其产生的背景,批判针对的主要对象,主要的论点和论据及其逻辑上的漏洞等。该书出版后反响很好,很快收入《中青年法学文库》并由中国政法大学出版社再版。刘星新出版的另本专著《西方法学初步》,也是一本很有特色的著作,它把问题和学派结合起来,以问题为主,抓住一些典型案例研究西方从古代到今天对同一问题研究的不同思路和角度,叙述通俗生动,可读性强。

应该认为,这一部分专著的质量普遍比较高,再加上所涉及的大都是大家所不熟悉的新问题,因而引起普遍关注,造成了比较大的影响,有的在较高层次的全国图书评比中获奖。

(5)值得一提的是,有的研究还深入到部门法学领域和已开始出版部门法学史的著作。如,1996 年中国检察出版社出版了马克昌主编的《近代西方刑法学说史论》;1987 年中国政法大学出版社出版了黄岗著的《贝卡利亚及其刑法思想》;1987 年法律出版社出版的李家善著的《国际法学史新论》;法律出版社 1987 年出版邓正来著的《美国现代国际私法流派》等。

从以上看出,这一时期我国的西方法律思想史的研究不仅开始了,而且发展很快并取得了可喜的成果。

第十九章　对我国西方法律思想史
研究现状的几点认识

第一节　我国西方法律思想史研究的总体评估

从上章可以看出,西方法律思想史作为一个学科在我国的建立和发展非一日之功,它经过了几十年甚至上百年时间。这是个长期的积累过程,而这个过程,作为一个三级学科来说,并不是与整个法学的发展同步的。但可以看出,它在整个法学的发展中所起的作用是很特殊的,具有领头羊的角色。即能带动整个法学的发展,因为它能为我国法学引进新的观念和方法。经过近百年的发展,我国的西方法律思想史学科无疑已经产生并取得了很大的成绩。但它与西方对法律思想史的研究水平相比较,甚至于我国法学中的其他三级学科的发展水平相比较明显是落后的。这突出表现在以下几个方面:

一、西方法学名著大部分虽然已译成中文,但仍有一些重要的有遗漏,而且译文质量普遍不高,存在重复翻译和出版的现象

我们应该承认,经过近百年的许多人辛勤的努力,我国的西方法学名著的翻译工作取得了很大的成绩,西方历史上和当代的主要的法学名著大都有了中译本,有的还有多种译本。如解放前翻译的文言文本解放后大都有白话文新译本;近些年翻译的如博登海默的《法理学——法哲学及其方法》和霍贝尔的《原始人的法》就有两种译本;马基雅维里的《君主论》甚至有三种译本。据不完全统计,我国已翻译的西方法学名著有近一百种,其中20世纪以前的有近五十种。译著的数量和质量无疑是衡量西方法律思想史学科发展水平的一个重要方面,因为它不仅能为研究工作准备材料基础,而且翻译工作也是一种研究。但是,从高水平衡量,这些译著还存在许多问题:其一,仍有一些重要的西方法学家的著作没有中译本。如柏拉图的《法律篇》,奥古斯丁的《论上帝之城》,格劳秀斯的《战争与和平法》,布莱克斯通的《英国法释义》,奥斯丁的《法理学研究范围的限定》,以及其他早期分析法学主要代表人物的著作;另外,庞德的《法理学》(五卷本)、富勒的《法律的道德性》等都还没有中译本,早期历史法学派的萨维尼、社会学法学创始人之一的埃利希、新康德主义法学的创始人斯达姆勒、综合法学的创

始人霍尔和主要代表朱里叶斯·斯通等许多法学家及其他流派（如自由法学、北欧法学、现实主义法学、批判法学、新自然法学中的神学派的主要代表人物）的主要法学著作也都没有中译本。至于西方法学家著名的单篇论文翻译得则更少（据说法律出版社正在组织和准备出版一个西方法学百篇文集，希望它能早日完成）。其二，译文质量普遍还不太高。这表现在译文不够通顺，译名不太统一，排版不够漂亮，特别是有些关键的概念翻译不太准确等。之所以出现这些情况，原因很多，如翻译工作缺乏必要的资金和统一的组织，译者态度不够认真等，但主要的还是因为翻译者的素质不理想，外语水平不高，也缺少必要的专业知识和翻译经验。当然，更根本的是因为我国西方法律思想史的研究水平不高，缺少学贯中西的法学家。

二、研究人员虽然逐渐壮大，但数量、质量都不够，更重要的是缺乏统一的组织

我国从事西方法律思想史研究的人员基本上是由两部分人组成的。一部分是专业人员，他们主要是由在高校中从事西方法律思想史教学的教师组成。这一部分人不多，全国只有几十个。另一部分是兼职人员。他们是由从事其他法学研究但对西方法律思想史有兴趣并有研究的人构成的，主要是与西方法律思想史学科密切相关的法理学、法史学专业中的一部分人组成的。这一部分人数量比较多，大都是国外留学人员。这两部分人作为我国西方法律思想史研究队伍的两个必不可少的构成部分，是互相补充，相辅相成的。大量初级研究成果虽然是由第二部分人完成的，但进一步提高和使之系统化主要依赖于第一部分人。这两部分人合在一起虽然已有一定的数量，但与我国西方法律思想史的研究需要很不相适应，而且缺乏统一的组织和领导，也没有专门的研究机构和刊物。第一部分人，即专职的研究人员，虽然名义上有一个从属于法律史学会的自发性的研究会，但参加的人员很少，而且活动不多。这样一来，我国西方法律思想史的研究工作基本上处于一种自发分散的状态，没有统一的组织和领导，也缺乏研究资金，所以很难开展大型的高质量的研究活动，研究处于初期状态，效率不高，低水平重复劳动现象时有发生。也正因为如此，我国西方法律思想史的研究人员，从总体上说素质还不高，缺少能与国际同行一流学者直接交流和协同研究的人才。

三、研究成果虽然已经不少，但高质量的研究成果还不多，而且发展很不平衡

据不完全统计（缺少1937—1949年的论文资料，以及台湾20世纪80年代以后的论文和专著的资料），自清末以来我国已发表西方法律思想史的研究论文约四百篇，出版专著、教材约六十多种（不包括政治思想史方面的）。从数量上看似乎还不错，但从质量上看则不理想，存在的问题很多。其一，研究成果高质量的不多，论文中有不少文章属于一般介绍性的，研究的深度不够，而且重复率很高。六十多本书中大都属于资

料性的或教材性的,专著较少,只有十来本。专题性或比较性研究成果更少。其二,不平衡,研究存在着一窝蜂现象,一个时期往往集中于某一方面,被遗漏的方面还不少。这表现在:第一,从人物看,虽然各个时期的主要人物均已涉及,但仍有被遗漏的;第二,从学派看,三大流派中自然法学、社会学法学较多,分析法学较少;第三,从历史时期看,古希腊、自由资本主义时期的成果较多,其他时期较少等。详见下表:

个人、学派问题和地区	译著情况	研究论文篇名	研究专著名
自然法学	1. 登特列夫:《自然法——法哲学导论》,李日章译,(香港)联经出版事业公司 1984 年出版 2. 菲尔德罗斯:《自然法》,黎晓译,西南政法学院法制史教研室 1986 年编印	1. 张奚若:"自然法观念之演进",《武大社会科学季刊》1930 年第 1 卷 1 号 2. 黄少游:"自然法学之史的变迁与发展",《政治评论》1959 年第 16 卷 3. 陈纯仁:"自然法学之复兴与人权保障",《法律学刊》1972 年第 6 期 4. 刘德宽:"自然法理论的沿革",《军法专刊》1974 年第 20 卷第 8 期 5. 马汉宝:"自然法之现代的意义",《社会科学论丛》1967 年第 17 期 6. 耿云卿:"自然法学",《司法通讯》1976 年第 767—769,771—772 期 7. 耿云卿:"自然法之要义及其与实证之冲突与调和",《司法通讯》1970 年第 60 期 8. 王和雄:"略论自然法思想之发展与演变",《法令月刊》1973 年第 24 卷第 7 期 9. 吕世伦:"为帝国主义服务的现代自然法学",《人民日报》1963 年 6 月 29 日 10. 高树异:"为垄断资产阶级服务的现代'新自然法'学说",《政法研究》1963 年第 4 期 11. 赵子平等:"自然法",《百科知识》1982 年第 12 期 12. 周新铭:"略论自然法学的历史演变",《西南政法学院学报》1980 年第 3 期 13. 〔苏〕凯契克扬:"现代资产阶级自然法学的本质",贾保廉、潘同龙译自《莫斯科大学学报》1986 年第 4 期	

		14. 梁治平:"'自然法'与'法自然'",《中国社会科学》1989 年第 2 期 15. 梁治平:"自然法今昔:法律中的价值追求",《学习与探索》1988 年第 1 期 16. 严存生:"自然法学研究的基本问题",《法史论丛》1983 年第 1 期 17. 张飞舟:"论自然法学的'合理内核'",《法商研究》1998 年第 1 期 18. 廖克林:"资产阶级自然法学派介评",《当代法学》1997 年第 1 期 19. 王启民:"略论自然法思想的历史发展",《福建师大学报》(社科版)1989 年第 4 期	
智者		严存生:"智者的政治法律思想及其在古希腊的地位",《西北政法学院学报》1988 年第 1 期	
柏拉图	1.《理想国》,郭斌和、张竹明译,商务印书馆 1986 年 2.《政治家》,原江译,云南人民出版社 2004 年	1. 吴恩裕:"论柏拉图与亚里士多德的政治思想",《哲学研究》1979 年第 3 期 2. 詹文虎:"柏拉图《法律篇》之精义",《政治评论》1967 年第 19 卷第 1 期 3. 刘世民:"柏拉图与亚里士多德的法律思想比较",《法学丛刊》1968 年第 13 卷第 1 期 4. 曹义孙、程鹏程:"柏拉图人治论和法治论矛盾之根源",《山西大学学报》1997 年第 3 期	有对其哲学的评著多本。如范明生:《柏拉图哲学述评》,上海人民出版社 1984 年
亚里士多德	1.《政治学》,吴寿彭译,商务印书馆 1981 年 2.《尼可马科伦理学》,廖申白译注,商务印书馆 2003 年 3.《修辞学》,罗志生译,生活·读书·新知书店 1991 年 4.《雅典政制》,日知、力野译,生活·读书·新知书店 1957 年	1. 倪健民:"略论亚里士多德的法律思想",《浙江学刊》1983 年第 1 期 2. 周新铭:"亚里士多德的法律思想初探",《湖南师范大学学报》1982 年第 1 期 3. 李大光:"亚里士多德法律思想述评",《辽宁大学学报》1996 年第 5 期 4. 武晓岚:"亚里士多德法治观的主要论据",《外国法学研究》1997 年第 4 期	有对其哲学的评著多本。如伯内斯:《亚里士多德》,余继元译,中国社会科学出版社 1989 年

西塞罗	《论共和国·论法律》，王焕生译，中国政法大学出版社1997年	王焕生："西塞罗和他的《论共和国·论法律》"，《比较法研究》1998年第2期	
奥古斯丁		唐逸："希波的奥古斯丁"，《哲学研究》1999年第2—3期	
托马斯·阿奎那	《阿奎那政治著作选》，马清槐译，商务印书馆1963年	1. 曾仰如："多马斯论法律"，《文艺复兴》1970年第12期 2. 高思谦："圣多马斯的法律哲学"，《中山学术文集》1976年第18期 3. 王哲："论阿奎那的法律思想"，《国外法学》1984年第3期	肯尼、安东尼：《阿奎那》，黄勇译，中国社会科学出版社1987年
注释法学		1. 刘抱愿："注释法学界应唾弃之耶"，《法律评论》1934年第12卷第7—10期 2. 何勤华："中世纪欧洲评论法学派述评"，《中外法学》1996年第5期 3. 何勤华："19世纪法国注释法学派评述"，《南京大学法律评论》1995年秋	
人文主义法学		1. 张彩凤："论西方法治传统的思想渊源和观念基础"，《公安大学学报》1997年第6期 2. 何勤华："中世纪欧洲评论法学派述评"，《中外法学》1996年第5期 3. 何勤华："法国人文主义法学述评"，《中外法学》1996年第4期	
马西留		张云秋："马西留政治思想初探"，《世界历史潮流》1987年第4期	
马基雅维里	《君主论》，潘汉典译，商务印书馆1985年	1. 王沪宁："马基雅维里及其《君主论》"，《读书》1983年第3期 2. 严家其："政治权术的鉴赏家——马基雅维里"，《百科知识》1982年第3期 3. 史彤彪："韩非与马基雅维里"，《法律学习与研究》1990年第5期	斯金那：《马基雅维里》，王锐生等译，工人出版社1985年

格老秀斯		李家善:"格老秀斯——近代国际法的奠基人",《法学研究》1983年第5期	
霍布斯	《利维坦》,黎思复、黎廷弼译,商务印书馆1985年	1. 戴东雄:"霍布斯之法律概念",《法学丛刊》1970年第58期 2. 王哲:"论霍布斯在西方法律思想史上的贡献",《国外法学》1983年第4期 3. 杨锡娟:"托马斯·霍布斯的法律思想",中国法律史学会编《法律史论丛》第2期,中国社会科学出版社1982年 4. 青人:"评霍布斯和洛克的国家学说",《青海社会科学》1980年第2期	
洛克	《政府论》,叶启芳、瞿菊农译,商务印书馆1964年	1. 吕大吉:"洛克的政治思想简论",《哲学研究》1976年第7期 2. 陈世荣:"洛克立法思想评价",《学习与思考》1988年第2期 3. 李进一:"洛克的法律思想",《中山大学学报》1998年第4期 4. 江宗植:"欧洲资产阶级自然法学派两大思想家——洛克与卢梭",《南充师范学院学报》1981年第2期	
斯宾诺莎	《神学政治论》,温锡增译,商务印书馆1963年		
普芬道夫			
孟德斯鸠	1.《论法的精神》,张雁深译,商务印书馆1961年 2.《波斯人信札》,罗大纲译,人民文学出版社1958年 3.《罗马盛衰原因论》,婉玲译,商务印书馆1984、1962年	1. 原出钢:"论孟德斯鸠的'法意'",陈鼎正译,《政治评论》1969年第1卷第12期 2. 吴大英、高恒:"孟德斯鸠关于国家与法的学说",《光明日报》1962年7月9日 3. 周新民:"对研究孟德斯鸠学说的几点意见",《政法研究》1962年第2期	

		4. 孙丙珠："资产阶级法学的百科全书——简介孟德斯鸠的《论法的精神》",《北京政法学院学报》1982年第4期	
		5. 张观发："略论孟德斯鸠的政治法律思想",中国法律史学会编《法律史论丛》第1期,中国社会科学出版社1981年	
		6. 刘富启："略论孟德斯鸠的法律思想",《吉林大学社会科学学报》1982年第6期	
		7. 林欣："反对封建君主专制的强大思想武器——读孟德斯鸠的《论法的精神》",《读书》1980年第5期	路易·戴格拉夫:《孟德斯鸠传》,许明龙等译,商务印书馆1997年
		8. 尹志学："分权制衡与现代法治(孟德斯鸠三权分立学说的历史反思与现实启示)",《法律科学》1998年第4期	
		9. 李继华、周建民："法的精神与法的规则:孟德斯鸠立法思想初探",《长沙电力学院学报》(社科版)1998年第1期	
		10. 钱林森："严复与《法意》",《江苏社会科学》1996年第4期	
		11. 吕世伦:"孟德斯鸠《论法的精神》览要",《法律学习与研究》1987年第4期	
罗伯斯庇尔	《革命法制和审判》,赵涵舆译,商务印书馆1965、1979年	王荣正："论罗伯斯庇尔的法律思想",《法学季刊》1982年第4期	
杰斐逊	《杰斐逊文选》,王华译,商务印书馆1963年	刘祚昌："略论托马斯·杰斐逊的民主思想",《历史研究》1980年第4期	
潘恩	《潘恩选集》,马清槐译,商务印书馆1981年	张锐智:"潘恩法律思想研究",《辽宁大学学报》(社科版)1996年第6期	

汉密尔顿	《联邦党人文集》，程逢如译，商务印书馆1980、1989年	张宏生："概述美国联邦党人的法律思想"，《国外法学》1984年第4期	
布莱克斯通		1. 何勤华："布莱克斯通与英美法律文化近代化"，《法律科学》1996年第6期 2. 伍达德："威廉·布莱克斯通与英美法理学"，张志铭译，《南京大学法学评论》1996年秋	
富勒		1. 〔美〕罗伯特·萨默斯："富勒教授的法理学和在美国占统治地位的法哲学"，潘汉典译，《法学译丛》1980年第1期 2. 罗文波："富勒的法律道德论"，《高校自学考试》(济南)1998年第9期 3. 林喆："评富勒的法律道德论"，《云南社会科学》1991年第1期	
德沃金	1.《认真看待权利》，信春鹰、吴玉章译，中国大百科全书出版社1998年 2.《法律帝国》，李常青译，中国大百科全书出版社1996年	1. 〔美〕大伟·贝尔韦斯、马歇尔·柯亨："德沃金其人及其思想"，潘汉典译，《法学译丛》1983年第1期 2. 〔美〕德沃金："认真地看待权利"，潘汉典译，《法学译丛》1980年第2期 3. 〔美〕德沃金："论规则的模式"，潘汉典译，《法学译丛》1983年第1—2期 4. 〔美〕德沃金：《法律理论与观念问题》，刘同苏译，《法学译丛》1989年第6期 5. 李常青："罗纳德·德沃金论基于良知的违法及处罚"，《外国法学研究》1993年第1期 6. 李常青："罗纳德·德沃金法律思想述要"，《外国法学研究》1994年第1期 7. 陈金钊："德沃金法官的法律解释"，《南京大学法学评论》1998年秋 8. 刘星："德沃金的'理论争论'说"，《外国法译评》1987年第3期	

		9. 刘星："法官没有自由裁量权——评析德沃金的司法理论"，《法学文集》（中山大学学报编辑部1991年） 10. 信春鹰："德沃金和法律与政治学的聚合：评《法律帝国》"，《法学译丛》1989年第4期 11. 信春鹰："罗纳德·德沃金与美国当代法理学"，《法学研究》1988年第6期 12. 吴玉章："评德沃金的权利思想"，《法学研究》1992年第5期	
丹宁	1.《法律的训诫》，杨百揆等译，群众出版社1985、1999年 2.《法律的正当程序》，李克强等译，法律出版社1999年	刘庸安："丹宁和他的法学思想"，《浙江学刊》1986年第5期	
罗尔斯	《正义论》，何怀宏等译，中国社会科学出版社1988年	胡大平、杨春福："程序正义和形式法治：读罗尔斯的《正义论》"，《南京大学法学评论》1997年秋	何怀宏：《契约伦理与社会正义》，中国人民大学出版社1993年
菲尼斯		张乃根："菲尼斯的新自然法思想"，《法学》1989年第9期	
哈耶克	1.《通往奴役之路》，王明毅等译，中国社会科学出版社1997年 2.《自由秩序原理》，邓正来译，三联书店1997年	盛洪："怎样用自由保卫自由"，《读书》1997年第7期	邓正来：《自由与秩序——哈耶克社会理论研究》，江西教育出版社1998年

诺齐克	《无政府、国家与乌托邦》，何怀宏等译，中国社会科学出版社1991年	（有多篇论文）	
康德	1.《法的形而上学原理》，沈叔平译，商务印书馆1991年 2.《道德形而上学探本》，唐钺译，商务印书馆1959年 3.《历史理性批判文集》，何兆武译，商务印书馆1990、1991年	1. 耿云卿："西洋法律思想介绍之十——黑格尔与康德的唯心论法律思想"，《司法通讯》1977年第799期 2. 柯亨、林作舟："康德的法律哲学"（一、二、三），《法律评论》1977年第43卷8、9、11、12期 3. 沈叔平："康德的《法律哲学》"，《国外法学》1983年第5期 4. 范进："康德道德哲学的拱心石"，《中国社会科学》1988年第3期 5. 邓安庆："康德法哲学初探"，《湖南师大学报》（社科版）1996年第5期 6. 吕世伦、谷春德："康德的政治哲学"，《外国哲学》1986年第7期	有对其哲学的多种评著，如：李泽厚：《批判哲学的批判》，人民出版社1979、1984年，天津社会科学院出版社2003年
谢林、费希特		吕世伦："菲希特政治法律思想研究"，《法律科学》1990年第5期	
黑格尔	1.《法哲学原理》，范扬、张企泰译，商务印书馆1961年 2.《历史哲学》，王造时译，生活·读书·新知书店1956、1963年 3.《黑格尔政治著作选》，薛华译，商务印书馆1981年	1. 薛威霆："黑格尔与黑格尔派"，《法律评论》1932年第13—14期 2. 贺麟："黑格尔的《法哲学原理》"，《福建论坛》1983年第1期 3. 刘富启："黑格尔'法的客观现实性'"，《吉林大学社会科学学报》1980年第4期 4. 刘富启："论黑格尔的'法的客观现实性'"，《吉林大学社会科学学报》1982年第6期 5. 吕世伦："略论黑格尔的刑罚学说"，《法学研究》1983年第5期 6. 杨三正："试析《法哲学原理》中法哲学思想"，《湛江师范学院学报》（社科版）1998年第3期	除多种对其哲学的评著外，还有吕世伦：《黑格尔法律思想研究》，中国人民公安大学出版社1989年；武步云：《黑格尔法哲学：法与主体性原则的理论》，法律出版社1995年；

		7. 吕世伦:"黑格尔民法思想研究",《法史研究文集》下卷,西北政法学院1985年 8. 吕世伦:"黑格尔《法哲学原理》评介",《法律学习与研究》1986年第3期 9. 吕世伦:"黑格尔的法哲学",《法制心理科学通讯》1987年第10期	林喆:《权利的法哲学——黑格尔法权哲学研究》,山东人民出版社1999年
新康德主义法学		1. 苏俊雄:"新康德学派价值论哲学对于近代犯罪理论之影响",《刑事法杂志》1966年第10卷第4期 2. 公丕祥:"新康德主义法学派",《社科信息》1989年第5期	
斯达姆勒	《现代法学之根本趋势》,张季忻译,中国政法大学出版社2003年	1. 吴经熊:"斯丹木拉之法律哲学及其批评者",《法学季刊》1926年第2卷第8期 2. 张正学:"舒丹木拉正义法中之四原则",《法学季刊》1927年第3卷第6期 3. 丘汉平:"舒丹木拉法律哲学",《法学季刊》1926年第3卷第2期 4. 耿云卿:"西洋法律思想介绍之九——史丹穆勒的批判法学",《司法通讯》1977年第798期	
拉德布鲁赫	1.《法哲学》,王朴译,法律出版社2005年 2.《法学导论》,米健、朱林译,中国大百科全书出版社1997年	1. Gustav Radbruch:"法律学三论",张瑞南译,《法律评论》1972年第38卷第11—12期 2. 林文雄:"赖特布鲁的自然法学",《台大法学论丛》1972年第1卷第2期 3. 林文雄:"赖特布鲁的政治法学",《台大法学论丛》1973年第2卷第2期、第3卷第1期 4. Gustav Radbruch:"五分钟之法哲学",谢瑞智译,《警察学术月刊》1966年第9卷第2期 5. 沈宗灵:"拉德布鲁赫的相对主义法哲学及其后期转变",《社会科学战线》1990年第4期	

萨维尼及其早期历史法学		1. 林文雄："德国历史法学派——萨维尼",《法学论丛》1980 年第 9 卷第 1—2 期 2. 耿云卿："历史法学派",《司法通讯》1976 年第 775 期 3. 张宏生："评历史法学的反动实质",《国外法学》1984 年第 5 期 4. 沈宗灵："略论历史法学派",《法学研究》1980 年第 3 期 5. 严存生："马克思对历史法学派的批判",《西北政法学院学报》1983 年第 1 期 6. 何勤华："历史法学派述评",《法制与社会发展》1996 年第 2 期 7. 吕世伦、吴兴怀："历史法学的历史进程",《法律学习与研究》1988 年第 4—5 期	
梅因及其晚期历史法学	《古代法》,沈景一译,商务印书馆 1984 年	1. 胥波："梅因——历史法学集大成者",《辽宁大学学报》(社科版)1990 年第 5 期 2. 林文雄："英国历史法学派对分析法学派之批判",《台大法学论丛》1971 年第 1 卷第 1 期 3. 吕世伦："'从身份到契约'引发的法律思考",《中外法学》1996 年第 4 期	
边沁及其功利主义法学	1.《政府片论》,沈叔平等译,商务印馆 1995 年 2.《立法理论——刑法典原理》,孙力等译,中国人民公安大学出版社 1993 年	1. 李述贤："边沁的法律思想",《东吴法声》1934 年第 8 期 2. 向泽选、李伟："从《立法理论——刑法典原理》看边沁的法律思想",《法律科学》1997 年第 1 期 3. 贾宇："边沁刑法思想述评",《甘肃政法学院学报》1996 年第 2—3 期	

密尔	1.《论自由》，程崇华译，商务印书馆1959、1979年 2.《代议制政府》，汪宣译，商务印书馆1982年	张文伯："密尔论社会正义"，《法令月刊》1978年第29卷第2期	
分析法学派		1. 端木恺："中国新分析法学简述"，《东吴法学季刊》第4卷第5期 2. 孙渠："续中国新分析法学简述"，《东吴法学季刊》第4卷第6期 3. 刘清波："分析法学的法律思想"，《法律评论》1979年第45卷第6期 4. 耿云卿："分析法学派"，《司法通讯》1976年第781期 5. 胡开诚："现代法学与分析方法"，《军法专刊》1973年第19卷第3期 6. 梁开天："简介分析实证主义的法律思想"，《军法专刊》1968年第3卷第8—9期 7. 杨日新："现代分析哲学对法理学之影响"，《社会科学论丛》1968年第18期 8. 张文伯："实证主义法学"，《法令月刊》1974年第25卷第6—7期 9. 张文伯："法律的实证主义"，《铭传学报》1974年第2期 10. 戴东雄："从法律实证主义观点论中国法律思想"，出处佚失 11. 王威："分析实证主义法学评介"，《外国法学研究》1987年第1—4期 12. 吕景胜："分析实证主义法学的两点再认识"，《外国法学研究》1987年第1—4期 13. 杨日然："现代分析哲学对于法理学之影响"，《社会科学论丛》1968年第18期 14. 吕世伦："略论分析—规范主义法学"，《法学论文集》中国政法大学出版社1987年	林文雄：《法实证主义》，台湾书局1982年10月第3版

奥斯丁	《法理学的范围》,刘星译,中国法制出版社2002年	1. 刘季涵等译:"奥斯丁氏法律与主权学说",《东吴法学院法学杂志》1933年第6卷第6期 2. 张宏生:"简评约翰·奥斯丁的分析法学",《国外法学》1983年第6期	
霍菲尔德		1. 沈宗灵:"对霍菲尔德法律概念学说的比较研究",《中国社会科学》1990年第1期 2. 王涌:"寻找法律概念分析的最小公分母:霍菲尔德法律概念分析思想研究",《比较法研究》1998年第2期	
凯尔逊及其纯粹法学	1.《纯粹法学》,刘燕谷译,上海中国文化服务社1943、1946年 2.《国际法原理》,王铁崖译,华夏出版社1989年 3.《法和国家的一般理论》,沈宗灵译,中国大百科全书出版社1996年 4.《共产主义的法律理论》,王名扬译,中国法制出版社2004年	1. 胡开诚:"克尔逊的纯粹法学",《军法专刊》,1957年第6卷第3—4期 2. 林文雄:"凯尔生的纯粹法学",《思与言》1971年第9卷第1期 3. 何任清:"德儒凯尔生之法理思想",《法声》1973年第8期 4. 耿云卿:"凯尔森的纯粹法学",《司法通讯》1977年第792期 5. 罗成典:"纯粹法学与分析法学概说",《国会》1976年第7卷第1—3期 6. 许宣华:"Kelsen的纯粹法学",《法律学刊》1978年第10期 7. 周子亚:"评纯粹法学说及其创始人凯尔逊",《法学论丛》第1辑,上海社会科学院法学研究所1981年 8. 王威:"规范法学派理论浅析",《西南政法学院学报》1981年第1期 9. 李桂林:"凯尔逊的法律制度结构分析理论",《法学》1988年第3期	

哈特	1.《法律的概念》,张文显等译,中国大百科全书出版社1996年 2.《刑罚与责任》,王勇等译,华夏出版社1989年	1. 沈宗灵:"论哈特的新分析法学",《法学研究》1981年第6期 2. 沈宗灵:"评介哈特《法律的概念》一书的'附录'(哈特与德沃金在法学理论上的主要分歧)",《法学》1998年第10期 3. 王宏林:"哈特的新分析法学",《社科信息》1989年第7期 4. 陈金钊:"规则的失落与升起:兼论哈特的《法律的概念》",《南京大学法律评论》1997年春 5. 郑强:"关于哈特法律思想的比较研究",《中外法学》1997年第1期 6. 江启绪:"哈特法律思想体系论纲",《政法学刊》(广州)1991年第2期 7. 哈特:"英国人眼中的美国法理学",刘同苏译,《法学译丛》1989年第4期	
拉兹		1. 李桂林:"拉兹的法律制度分析理论",《武汉大学学报》(社科版)1998年第4期 2. 侯健:"法治、良法与民主——兼论拉兹的法治观",《中外法学》1999年第4期	
制度法学	麦考密克、魏因贝格尔:《制度法论》,周叶谦译,中国政法大学出版社1994年	刘同苏:"制度法理学述评",《法学研究》1991年第2期	
社会法学		1. 赵震江、周新铭:"美国社会法学是垄断资产阶级专政的反动理论工具",《光明日报》1962年1月19日 2. 赵震江、周新铭:"美国社会法学的反动本质",《新建设》1962年第10期 3. 徐怀莹:"美国法律社会学的发展及展望",《东方杂志》1970年第4卷第4期 4. 肖云萍:"社会与社会法学",《法学丛刊》1970年第57期	

社会法学		5. 耿云卿："社会法学派"，《司法通讯》1976 年第 786 期 6. 吕世伦："论社会学法学"，《学习与探索》1981 年第 4 期 7. 朱景文等："关于比较法社会学的对话"，《比较法研究》1998 年第 1 期 8. 陈世荣："法律社会学的法概念"，《法学译丛》1988 年第 4 期 9. 郭华成、胡卫星："论社会法研究方法"，《法律学习与研究》1989 年第 3 期 10. 潘华仿："简评社会法学派"，《政法论坛》1985 年第 3 期 11. 王献平："西方社会法学初识"，《中国社会科学院研究生院学报》1985 年第 3 期 12. 周伟："西方社会法学的发展与现状"，《江海学刊》1988 年第 1 期 13. 周伟："国外社会学两大流派法律研究动向"，《外国法学研究》1987 年第 1 期 14. 陈明华："苏联法社会学派发展简评"，《法律科学》1989 年第 2 期	朱景文：《现代西方法社会学》，法律出版社 1994 年
耶林	《为权利而斗争》，胡宝海译，中国法制出版社 2004 年	耿云卿："西洋法律思想介绍之五——耶林的目的法学"，《司法通讯》1977 年第 789 期	
埃利希和自由法学		1. 王凤瀛："自由法运动"，《法律评论》1924 年第 48 期 2. 季某："自由法学"，《法律评论》1930 年第 203 期 3. 张宏生、王林："艾尔力许的社会学法学、自由法学的反动实质"，《政法研究》1963 年第 4 期 4. 何勤华："埃利希和现代法社会学的诞生"，《现代法学》1996 年第 3 期	

康特罗维兹		耿云卿:"康特罗维兹自由法运动",《司法通讯》1977 年第 795 期	
马克斯·韦伯	1.《经济与社会》,林荣远译,商务印书馆 1997 年 2.《经济与社会中的法律》,张乃根译,中国大百科全书出版社 1988 年	1. 严存生:"法的合理性:韦伯与魏因贝格尔比较",《法律科学》1995 年第 4 期 2. 杜万华:"马克斯·韦伯的法律社会学思想",《外国法学研究》1993 年第 1 期 3. 任强:"西方法律传统的类型及其局限:韦伯法律思想述评",《中山大学学报》(社科版)1998 年第 5 期 4. 公丕祥:"韦伯的法律现代化思想探微",《学习与探索》1995 年第 5 期 5. 傅再明:"马克斯·韦伯的法律社会学评介",《社会学研究》1988 年第 3 期 6. 王志勇:"韦伯的法社会学思想初探",《法学评论》1988 年第 4 期	
杜尔克姆	《社会分工论》,王力译,商务印书馆 1934 年	1. 吕世伦、周世中:"杜尔克姆法社会学探析",《法律与社会发展》1999 年第 1 期 2. 傅再明:"迪尔凯姆法律社会学评述",《国外社会科学》1999 年第 1 期	
狄骥及其社会连带主义法学	1.《宪法论》,钱克新译,商务印书馆 1959 年 2.《公法的变迁、法律与国家》,郑戈、冷静译,商务印书馆 1984 年 3.《公法的变迁》,徐砥平译,商务印书馆 1933 年 4.《宪法学教程》,王文利等译,辽海出版社、春风文艺出版社 1999 年	1. 陈应机:"社会连带原理与其他诸原理比较",《法律评论》1924 年第 161 期 2. 凌其翰译述:"狄骥的著作及其学说",《东吴法学院法学杂志》1932 年第 6 卷第 1 期 3. 姜实俭:"法儒杜基之法律哲学",《法律月刊》1924 年第 45—46 期 4. 薛汜光:"Leon Duguit 的法律思想",《社会科学论丛月刊》第 6 期 5. 梅仲协:"狄骥教授论国家之要素",《军法专刊》1954 年第 3 卷第 8—10 期 6. 王伯奇:"狄骥的实证主义",《法学丛刊》1956 年第 2 期	

		7. 王绎亭、顾维雄:"狄骥的社会连带主义反动国家观",《政法研究》1965 年第 4 期	
		8. 赵震江:"社会连带主义法学的反动本质",《人民日报》1962 年 12 月 20 日	
		9. 李秀兰:"法国法学家莱昂·狄骥",《国外法学》1982 年第 5 期	
		10. 夏锦文:"社会联带主义法学派",《社科信息》1989 年第 5 期	
霍尔姆斯		1. 耿云卿:"西洋法律思想介绍之十三——霍姆士的法律唯实主义",《司法通讯》1977 年第 803 期	
		2. 徐爱国:"霍姆斯《法律的道路》诠释",《中外法学》1997 年第 4 期	
庞德	1.《通过法律的社会控制、法律的任务》,沈宗灵等译,商务印书馆 1984 年 2.《法律史解释》,曹玉堂、杨知译,华夏出版社 1987 年 3.《社会法理学论略》,陆鼎揆译,商务印书馆 1933 年 4.《法学肆言》,雷沛鸿译,商务书馆 1934 年	1. 梁筠立:"庞德教授与国际法学",《东吴法律学报》1978 年第 2 卷第 2 期 2. 张东亮:"庞德对中国法律发展的建议",《华冈法粹》1978 年第 10 期 3. 马汉宝:"庞德论中华民国法律之发展",《华风法学报》1978 年第 1 期 4. 马汉宝:"庞德论中华民国宪法之发展",《宪政时代》1978 年第 3 卷第 3 期 5. 马汉宝:"博闻强记的大法学家——罗斯庞德",《大学杂志》1979 年第 130 期 6. 马汉宝:"当代法学家俊彦庞德先生",《大学杂志》1979 年第 130 期 7. 王威:"庞德法律思想简评",《国外法学》1983 年第 1 期 8. 孔小红:"庞德法律效果说初探",《社会科学》(上海)1987 年第 10 期 9. 王常松:"社会法理学的理论大纲:读庞德《通过法律的社会控制、法律的任务》",《政治学研究》1988 年第 6 期 10.〔美〕德沃金:"法律的概念和观念",信春鹰译,《法学译丛》1991 年第 3 期	

唯实或现实主义法学		1. 徐怀莹："略论美国所谓'新唯实法学派'的理论",《法学丛刊》1962 年第 27 期 2. 陈庆章："美国法律唯实主义研究",《东吴法律学报》1978 年第 2 卷第 2 期 3. 陈庆章："美国法律唯实主义浅析",《华冈法粹》1974 年第 6 期 4. 张宏生、汪静姗："略论美国现实主义法学",《国外法学》1983 年第 1 期 5. 张宏生、王林："美国'现实主义'法学剖视",《政法研究》1963 年第 3 期 6. 沈宗灵："卢埃林的现实主义法学",《法学研究》1990 年第 5 期 7. 王宏林："弗兰克的现实主义法学",《社科信息》1989 年第 5 期 8. 哈利斯："美国法律的现实主义",孙秀珍译,《中南政法学院学报》1993 年第 1 期 9. 卢埃林："美国判例法制度",黄列译,《法学译丛》1989 年第 5 期	
斯堪的纳维亚法学派		要建春："斯堪的纳维亚法学派述评",《政法丛刊》1988 年第 5 期	
纯粹法社会学	1.〔美〕诺内特、塞尔兹尼克:《转变中的法律与社会》,张志铭译,中国政法大学出版社 2002 年 2.〔美〕布莱克:《法律的运作行为》,中国政法大学出版社 2002 年	1. 朱景文："论布莱克的纯粹法社会学",《政法丛刊》1993 年第 3—4 期 2. 吕世伦、邹列强："唐·布莱克的纯粹法社会学",《法律科学》1992 年第 4 期	

行为主义法学		1.宏纪:"行为主义法学简介",《理论信息》1989年第10期 2.吕世伦、杜钢建:"行为主义法学评介",《法学杂志》1982年第1期 3.吕世伦、杜钢建:"行为主义法学述评",《理论研究资料》1982年第98期	
法人类学（霍贝尔、马利诺夫斯基）	1.马利诺夫斯基:《原始社会的犯罪与习惯》,夏建中译,(台湾)桂冠图书股份有限公司1991年 2.霍贝尔:《原始人的法》,严存生等译,贵州人民出版社1992年	1.严存生:"霍贝尔的法人类学",《法律科学》1991年第4期 2.张乃根:"当代人类法哲学评述",《法律科学》1989年第2期 3.武晓岚:"法人类学初探",《外国法学研究》1994年第2期 4.吕世伦、叶传星:"现代人类学对法起源的解释",《中国法学》1993年第4期	
经济分析法学(科斯、波斯纳)	1.科斯:《企业、市场与法律》,盛洪等译,上海生活·读书·新知书店1990年 2.《法律的经济分析》,蒋兆康译,林毅夫校,中国大百科全书出版社1997年 3.《法理学问题》,苏力译,中国政法大学出版社2002年	1.沈宗灵:"论波斯纳的经济分析法学",《中国法学》1990年第3期 2.李力:"经济分析法学",《社科信息》1989年第7期 3.张乃根:"试评战后的法—经济学",《外国法学研究》1993年第1期 4.汤春来:"法律价值结构的二重性:兼评西方经济分析法学'效益至上论'",《政治与法律》1998年第1期 5.李光林:"'经济分析法学思潮'的内涵及现实意义",《法学杂志》1998年第3期 6.信春鹰:"美国经济法学派",《法学研究》1987年第1期 7.李虎:"实用主义法理学含糊性:波斯纳的《法理学问题》与分析哲学",《祁连学刊》1996年第1期 8.易显荣:"法律经济学的当前发展与主要问题",《法律与社会发展》1997年第3期	张乃根:《经济学分析法学》,生活·读书·新知书店1995年

批判法学与后批判法学	罗贝多·温格:《现代社会的法律》,王佳煌译,台北商业周刊出版公司 2000 年	1. 沈宗灵:"批判法学在美国的兴起",《比较法研究》1989 年第 2 期 2. 信春鹰:"异军突起的美国批判法学派",《法学研究》1987 年第 1 期 3. 吴玉章:"批判法学评析",《中国社会科学》1992 年第 2 期 4. 杨少南:"对美国批判法学研究运动的评述",《法律学习与研究》1989 年第 1 期 5. 昂格尔:"对法律思想的批判",吕鸣译,《法学译丛》1989 年 6. 亨特:"法学的批判",吴玉章等译,《法学译丛》1989 年第 6 期 7. 吕世伦、范季海:"美国世权主义法学述评",《法律科学》1998 年第 1 期 8. 吕世伦、孙文凯:"美国种族批判法学述论",《中国社会科学》1998 年第 4 期	朱景文主编:《对西方法律传统的挑战——美国批判法律研究运动》,中国检察出版社 1996 年
美国法学		1. 伯尔曼:"美国法律之哲学思想",桂公仁译,《法学丛刊》1964 年第 9 卷第 2 期 2. 伯尔曼:"美国法律哲学的概观",高文俊译,《东吴季刊》1964 年第 6 卷第 3 期 3. 伯尔曼:"美国法律哲学的思想",赵默雅译,《警察学术季刊》1964 年第 7 卷第 3 期 4. 佳里:"美国之法理",《法令月刊》1955 年第 6 卷第 6 期 5. T. A. Ccowau:"美国哲学派法理学导论",何佐治译,《法学丛刊》1959 年第 14 期 6. 张文伯:"法律哲学在美国",《中国一周》1963 年第 5 期,8—9 页 7. 马汉宝:"二十世纪的美国法律思想",《美国研究》1975 年第 5 卷第 2 期	

戈尔丁	《法律哲学》,齐海滨译,生活·读书·新知书店 1987 年	戈尔丁:"二十世纪美国法理学与法哲学",顾速译,《南京大学法学评论》1995 年春、秋	
伯尔曼	1.《法律与宗教》,梁治平译,生活·读书·新知书店 1991 年 2.《法律与革命》,贺卫方等译,中国大百科全书出版社 1993 年	伯尔曼:"论实证法、自然法及历史法三个法理学派的一体化趋势",刘慈忠译,《法学译丛》1989 年第 5 期	
综合法学（博登海默）	〔美〕博登海默:《法理学——法哲学及其方法》,邓正来、姬敬武译,中国政法大学出版社 1999 年;邓正来等译,华夏出版社 1987 年	1. 徐怀莹:"霍尔教授的整体法学述略",《法律评论》1962 年第 28 卷第 7—8 期 2. 徐怀莹:"世界法学理论的最新趋势——美国的整体法学",《国立政治大学学报》1962 年第 6 期 3. 徐怀莹:"'中国综合法学'的'基本原理'及其'应用举例'",《法声》1973 年第 9 期 4. 徐怀莹:"中国传统的综合法学要义",《铭传学报》1971 年第 8 期 5. 徐怀莹:"中国综合法学及其对美国政策导向法学的看法",《东海学报》1988 年第 9 卷第 1 期 6. M. T. Sethna 著,徐怀莹译:"印度综合法学要义",《法学丛刊》1967 年第 7 卷第 6 期 7. 徐怀莹:"'印度综合法学'的刑法理论与法人类学",《法学丛刊》1967 年第 33 卷第 10 期 8. 徐怀莹:"美国霍尔教授的'整体法学'与中国的'整体法学'",《东方杂志》1968 年第 2 卷第 5 期	

		9. 徐怀莹:"整体法学的方法论",《法学评论》1970 年第 26 卷第 9—10 期 10. 谢瑞智:"论实证法学与综合法学",《军法专刊》1972 年第 18 卷第 10 期 11. 史尚宽:"我国法律之理念与综合法学",《中华文化复兴月刊》1968 年第 1 卷第 9 期 12. 张文显:"统一法学的产生及其发展趋势",《外国法学研究》1987 年第 4 期 13. 吕世伦:"综合法学述评",《学习与探索》1981 年第 5 期 14. 吕世伦、杜钢建:"'综合法学'——战后西方法学发展的一种新趋向",《理论研究资料》第 102 期 15. 吕世伦、杜钢建:"综合法学评介",《法学杂志》1994 年第 2 期 16. 吕世伦、王卫平:"现代西方法学三大主流派'合流'倾向初探",《南京大学学报》(社科版)1986 年第 3 期	
龙布罗梭		1. 莫宏宪:"论龙布罗梭的刑法思想",《中国监狱学刊》1997 年第 3 期 2. 黄俊平:"龙布罗梭及其刑法思想述评",《法律科学》1997 年第 3 期	
伊斯兰法学		高鸿钧:"伊斯兰法学及主要流派",《外国法译评》1996 年第 1 期	
存在主义法学		1. 耿云卿:"西洋法律思想介绍之八——贾士柏的存在主义法律观",《司法通讯》1977 年第 797 期 2. 张文显:"存在主义法学概述",《政法丛刊》1987 年第 5 期 3. 吕世伦、杜钢建:"存在主义法学简介",《法学杂志》1984 年第 1 期	

祁克		何勤华："近代法国私法学家祁克述评"，《法商研究》1995 年第 6 期	
法兰克福派		蒋新苗："法兰克福法律观点评述"，《湖南师大学报》(社科版)1995 年第 6 期	
D.列依斯特		郑强："制衡的法理学：谈 D. 列依斯特的《三种法律思想》"，《中外法学》1997 年第 3 期	
马尔佩		何勤华："马尔佩与法国实证主义宪法学"，《中央政法管理学院学报》1995 年第 4 期	
罗德布		耿云卿："西洋法律思想介绍之十四——罗德布的价值法学"，《司法通讯》1977 年第 804 期	
符号法学		1. 徐爱国："欧洲结构主义符号法学的几个侧面"，《中外法学》1998 年第 4 期 2. 吕世伦、徐爱国："西方符号学法律理论评述"，《江苏社会科学》1991 年第 5 期 3. 曾习贤："现代法学与记号逻辑"，《文化复兴》1959 年第 11 期	
佩雷尔曼		沈宗灵："佩雷尔曼的'新修辞学'法律思想"，《法学研究》1983 年第 5 期	
程序法学派		信春鹰："美国程序法学派"，《法学研究》1987 年第 6 期	
多元主义法学	千叶正士：《法律多元》，强世功译，中国政法大学出版社 1997 年	史彤彪："试论斯蒂格·乔根森的'多元主义法学'"，《中国法学》1990 年第 3 期	

西方法学发展趋势研究		1. 梅汝璈:"现代法学之趋",《法律评论》1932 年第 19—20 期;《新月月刊》1932 年第 2 期	
		2. 刘明泉:"现代法学之动向",《南大半月刊》1953 年第 19—20 期	
		3. 吴经熊:"六十年来西洋法学的花花絮絮",《申报月刊》1933 年第 1 期	
		4. 吴经熊:"关于现今法学的几个观察",商务印书馆《东方杂志》第 31 卷第 1 号;后收入吴经熊等主编的《法学文选》(1935)	
		5. 丘汉平:"现代法律哲学之三大派别",《法学季刊》(东吴法学院)1932 年第 2 卷第 8 期;后收入吴经熊等主编的《法学文选》(1935)	
		6. 何世桢:"近代法律哲学之派别和趋势",商务印书馆《东方杂志》第 26 卷第 1 号;后收入吴经熊等主编的《法学文选》(1935 年)	
		7. 梅仲协:"现代法律思潮"(上、中、下),《法学杂志》1952 年第 3 卷第 3—5 期	
		8. 梅仲协:"现代法学思潮",《复兴岗学报》1963 年第 3 期	
		9. 梅仲协:"现代欧洲法学思潮概述",《铭传学报》1968 年第 7 期	
		10. 马汉宝:"西洋法律思想近三十年之发展",《大学杂志》1979 年第 130 期	
		11. 严存生:"西方三大法学派法律评价思想比较研究",《外国法学研究》1997 年第 4 期	
		12. 张彩凤:"论西方法治传统的思想渊源和观念基础",《公安大学学报》1997 年第 6 期	
		13. 信春鹰:"20 世纪西方法哲学基本问题",《法学研究》1993 年第 4 期	

		14. 张文显:"战后西方法哲学的发展和一般特征",《法学研究》1987 年第 3 期 15. 王人博:"论西方法学的二元对立",《外国法学研究》1987 年第 3 期 16. 王人博:"近现代西方权利观念演变",《外国法学研究》1993 年第 2 期 17. 唐震熙:"西方现代法学界对法律观念的新诠释",《上海大学学报》(社科版)1998 年第 2 期	
法治		1. 严存生:"西方法治观念的变迁",《外国法学研究》1997 年第 1 期 2. 张彩凤:"论西方法治传统的思想渊源和观念基础",《公安大学学报》1997 年第 6 期 3. 王哲:"论西方法治理论的历史发展",《中外法学》1997 年第 2 期 4. 吕世伦:"趋利避害,加强现代西方法律思想文化的研究",《法学家》1999 年第 2 期	
法律评价		1. 严存生:"自然法学家关于法律评价的思想",《外国法学研究》1989 年第 2 期 2. 严存生:"西方三大法学派法律评价思想比较研究",《外国法学研究》1997 年第 4 期 3. 吕世伦:"西方与中国法律思想比较研究",《架起法系间的桥梁》,苏州大学出版社 1995 年	
法的类型		严存生:"现代西方关于法的类型思想的比较研究",《外国法学研究》1995 年第 4 期	

第二节　我国西方法律思想史研究中值得注意的几个问题

我国西方法律思想史研究作为一个学科,经历了曲折的发展过程,有许多经验教训值得总结,撇开政治因素,就法学本身来说存在问题很多。主要的问题是,大家对西方法律思想史的重要性认识不足。这表现在从事西方法律思想史教学和科研的人员很少,全国专职的教学和研究人员不到十人,许多学者只是出于本专业进一步发展的需要才兼而作一些研究(如有些研究法理学的人感到不研究西方法律思想史就难于深入下去,所以就所研究的问题的历史作一些研究。一些研究部门法学的学者,特别是那些造诣较深者也进行一些部门法观念的西方历史研究,并从中深深受益)。许多法学院校尚未开设有关课程,或只作为选修课安排的学时也不多;全国没有统一的教材,没有专门的研究机构(只有一个"西方法律思想史研究会",活动不多)和刊物。这使它在整个法学中地位很低,处于一个无足轻重、可有可无的地位。显然,这一状况使它难以承担艰巨任务。要进一步快速发展,必须迅速改变现状,当前特别要注意以下几个问题:

一、要确立西方法律思想史的独立地位,明确其研究对象

目前我国的西方法律思想史,作为法学的一个三级学科,仍处于独立性不够和对象不明的阶段。这突出表现在一些主要的大学仍把它与西方政治思想史放在一起,作为一门课教学。有些学校则打算把它与外国法制史合在一起。我们认为这一状况和认识不符合科学发展的规律,即一门学科只有从其他学科中分化出来,取得足够的独立性和有自己独立的研究对象之后才有可能真正地发展。我们认为,西方法律思想史的研究对象是西方的法律观念,而不是政治观念、伦理观念,更不是法律制度。当然,它们之间有内在的关系,因而研究时必须联系起来思考。所以一定要把西方法律思想史与西方政治思想史、西方伦理思想史、西方法制史分开。另外,应迅速建立和健全西方法律思想史的全国性的研究机构、学会和创办专门的刊物,加大资金投入,培养专门的人才,使西方法律思想史的研究有一支高素质的专门人才和充足的资金保障,能够进行不间断的研究,能够持续地出产高质量的研究成果,像日本、美国的"中国通"对我国的研究一样。由于作为西方法律史的研究对象的西方法律观念主要体现于西方法学家的著作中,所以西方法律思想史的直接研究对象是西方的法学著作,因此要把研究的重点和着力点放在西方的法学著作的翻译和研究上。又由于一种法律观念往往由许多思想家共同阐述,是许多人连续工作的结果,而一种新观念的提出又往往与提出者的思考的角度、思路密切相关,所以,在研究中要注意学派的研究,注意对

与之相关的研究方法和提出者的思路的研究,进而还应研究每一法律观念所产生的社会历史背景,包括所产生的经济、政治环境和在其指导下所产生的法律制度及其社会效果等。

二、加强理论指导,改进研究方法

西方法律思想史的研究像任何其他学科一样,也需要马克思主义的理论和方法的正确指导,否则就会误入歧途或成果很少。马克思主义认为,任何一种思想都不是凭空产生的,都有其产生和存在的社会历史环境及其适用范围,都有其合理的方面和局限性。因此,我们应历史地认识和全面地评价各种法律观念和法律思潮,防止一概肯定和不加分析地盲目引进,或一概否定和全然拒绝。要根据我国的实际需要有计划地介绍对我们有益的观念,而且在介绍时要结合我国情况予以改造,使之与我国的观念有机地结合起来。在研究上要注意处理好以下几个关系:其一,翻译著作、介绍思想和评价、选择的关系。要积极介绍西方的法律思想和翻译主要的法学著作,而且在介绍中力求客观、真实、全面,但并不是不加选择地全盘照搬。因为西方的法律观念和著作太多,不可能都一一介绍,更主要的是因为有些法律观念对我们不但无用,而且有害,因此必须进行选择、分析、评价和改造,要使它变成中国人能够接受和有用的东西。其二,翻译中的质和量的关系,以及对不同地区的思想家同时加以重视的问题。我国至今已翻译出版了不少的西方法学名著,历史上的主要法学著作大部分已有中文译本,有的还有几种译本,近些年的翻译侧重于现代。但是从总的情况看,这一工作尚缺乏统一的组织和足够的资金支持。从事这一工作的大都不是专职人才,因而出现有些著作重复翻译,有些著作译文质量不高,一些难度大的著作无人问津,翻译的著作也主要集中于英国等国,而欧洲大陆国家和日本的法学著作还翻译得较少。总之,无论是数量还是质量、速度都远远满足不了我国法学发展的需要。因此应继续组织翻译西方的法学名著,特别是历史上各个时期的有代表性的名著。对那些难度大的依靠个别人无力完成的,如布丹的《国家论》六卷、格劳秀斯的《战争与和平法》,要组织起来进行翻译。为了保障译文的质量,可组织那些专业知识和外语水平都比较高的老学者进行这一工作。其三,要把翻译、介绍和研究有机地结合起来,要加强研究工作,特别是要加强对各种法学流派、法律思潮、各种问题和一些影响很大的思想家的专门研究。要处理好一般研究与专题研究的关系,要注意一般研究,更要注意专题研究。我国历史上虽然翻译了一些西方的专题著作,但自己的研究成果还很少,特别是用马克思主义为指导的研究成果。近年来这一研究虽有所加强,也出了一批成果,但其数量和质量都远远不够,应着力抓好。其四,是专职与兼职的关系。我国的西方法律史研究没有专职人员显然是不行的,而且需要一支高素质的专职人员。只有这样,才能进行持续不断地和对重大课题的研究。但是从我国的实际情况看,也从法学发展的实际需要看,西方法律思想史不可能也没有必要有一支庞大的教学和科研队伍。一些人从本学科的需要进行兼职研究,不仅必不可少,而且能弥补专职人员的不足,他们能对与其专业相关的问题进行更深入的研究。所以,要把两者结合起来,使二者互相补充。专职人员所研究的应是西方法律思想史中的宏观问题和重大问题。另外,他们应及时地吸取兼职人员在法学各学科中取得的研究成果,并进行概括和提高。

第六编

21 世纪西方法律思想史研究展望

第二十章　当代西方法律思想的发展状况

　　研究 21 世纪西方法律思想史的发展趋势应从两个方面进行。首先应研究当代西方法律思想自身的发展状况和走向，因为任何一个事物的未来是以现在为起点的，实际上是现在的延续和发展，所以只有在充分了解其现状的基础上才可能准确地预测其未来。但是由于西方法律思想的发展不是在封闭状态下进行的，它要受其他事物，特别是整个史学发展的影响，所以还必须研究其他事物，特别是整个史学的发展。这样我们才可能对西方法律思想史研究的发展趋势作出较科学的预测。那么，当代西方法律思想的发展有哪些特点呢？通过观察，我们认为有下面几点。

第一节　一体化和多元化的同步进行、同时并存

　　西方法学在 20 世纪之前先是自然法学一枝独秀，19 世纪中叶分析法学逐渐取代其地位。进入 20 世纪以后，西方法学改变了过去那种一种法学派独霸天下的局面，产生了许多学派。大的有自然法学、分析法学和社会法学三支，形成三足鼎立的局面。而每个大的学派里又有许多小的分支。如自然法学有神学的和世俗的，神学的还有天主教神学的新托马斯主义法学和新教神学；分析法学有凯尔森的纯粹法学和哈特的现代分析法学以及新产生的制度法学；社会法学的分支更多，有狄骥的社会连带主义法学、埃利希的自由法学、赫克的利益法学、海格斯特勒姆的北欧斯堪的纳维亚法学、庞德的实用主义法学、弗兰克等的唯实主义法学，以及法人类学、行为主义法学等。另外还新产生了许多学派，如综合法学、经济分析法学、批判法学、存在主义法学、女权主义法学、种族批判法学等。这使西方法学出现了百家争鸣的多元化格局。这种多元化格局出现的原因，一方面是因为法学自身的迅猛发展和不断地从其他学科中引进许多新的观念、新的研究方法。如新制度经济学的引入产生了经济分析法学，文化人类学的引入产生法人类学，吸收语言学新成果所产生的新修辞学法学等。另一方面则是因为各个学派，特别是三大流派之间的论战。因为在论战中彼此的缺陷被对方揭露，要弥补它往往互相吸取对方的某些观点和方法，因而使他们之间的分歧日益缩小，并出现了一些企图综合三大流派优点而建立一体化的法理学的新的学派。而这也同时导致了三大学派内部的分化。如从社会学法学中分化出综合法学，从哈特的分析法学中分化出制度法学。当然，西方法学思潮的多元化，从更深层次来说，是因为彼此价值取向的不同和研究方法的多样化，如，价值取向上有以个人为本位和以社会为本位，有理想

主义和实用主义(功利主义);研究方法上大的有经验(实证)主义和理性主义等。

当代西方法学流派的繁多,以及由此所反映的法律思潮的多元,并不排斥它们之间的互相接受以及由此导致的进一步走向统一。西方学者称之谓"一体化"(英语为integraty)趋势。对这个问题,国内外已有许多学者著文论述。如哈罗德·J.伯尔曼1988年在《加利福尼亚法律评论》第4期上发表的"法哲学的一体化趋势:政治、道德、历史的融合"一文(中文译文刊登在《法学译丛》1989年第5期,由刘慈忠译,改名为"论实证法、自然法及历史法三个法理学派的一体化趋势")。"一体化"趋势表现在一些最基本问题的看法上各派已非常接近。如,对法的构成要素的认识上,过去分析法学认为只是规则,对此,社会学法学和自然法学予以批判,认为法的构成很复杂,除了规则外还有原则、政策等。现在分析法学也不再坚持自己的看法,也承认法律规则背后存在原则、政策和价值观这些因素。再如,在法与道德的关系上,分析法学家也不再把二者看成是绝不相容的东西,不再完全否认法律中有道德的因素。哈特在谈到这一点时说:"不容认真争辩的是,法律在任何时代和任何地方的发展,事实上既受特定社会集团的传统道德、理想的深刻影响,也受到一些个别人所提出的开明的道德批评的影响,这些个别人的道德水平超出流行的道德。"①他又说:"每一个现代国家的法律工作者处处表明公认的社会道德和广泛的道德理想二者的影响。这些影响或者是通过立法突然地和公开地进入法律,或者是通过司法程序悄悄地进入法律。在有些制度中,如美国,法律效力的最后准则中明确地包括了正义原则或重要的道德价值;在其他制度中,如英国,对最高立法机关的权限没有形式上的限制,可是它的立法还是毫不含糊地符合正义或道德。法律反响道德的其他方式是数不胜数的,但对它们仍未充分研究。法规可能仅是一个法律外壳,因其明确的术语要由道德原则加以填充……任何'实证主义者'都无法否认这些是事实,亦不能否认法律之稳定性部分地有赖于与道德的一致性。如果这就是法律和道德的必然联系的含义,它的存在是应予承认的。"②

西方法学发展的"一体化"趋势最明显地表现在一些学者企图建立"一体化"新法学的努力上。"综合法学"(Integrative Jurisprdence)和制度法学(Institutional Theory of Law)就是这种努力中分别从社会法学和分析法学产生的两个新学派。

"综合法学"的创始人为美国的法学家杰罗姆·霍尔(Jerom Hall),他在1947年发表了"综合法学"(Integrative Jurisprudence)一文,认为法包含着价值(value)、形式(form)和事实(fact)三个方面。自然法学、分析法学和社会学法学这三大法学流派其研究实际上各侧重于一个方面,并且各侧重于使用一种研究方法。如,自然法学侧重于理性思维,分析法学和社会法学侧重于实证分析和社会调查。因此三派各有其合理性和片面性,故他们要创立一种能兼容三派合理性于一体和克服其片面性的"综合法

---

① 〔英〕哈特:《法律的概念》,张文显等译,中国大百科全书出版社1996年版,第181页。

② 〔英〕哈特:《法律的概念》,张文显等译,中国大百科全书出版社1996年版,第199页。

学"。他们对法的定义充分显示了这一企图。其代表之一伯尔曼在表达这一点时说:
"实际运作的法律包括法律制度和诉讼程序、法律的价值、法律概念与思想方式和法律
规范。它包括有时称作'法律过程'(the legal process)或德语中所谓法律'实现'
(rechtsverwirklichung)的东西。"因此,"法律不是作为一个规则体,而是作为一个过程
和一种事业,在这种过程和事业中,规则只有在制度、程序、价值和思想方式的具体关
系中才具有意义。"①显然,这一表述包容了自然法学、分析法学和社会学法学三派对法
的全部理解。

　　制度法学是最近从分析法学中产生的一个带有"综合性"的分支。所不同的是,它
是站在分析法学的立场上进行综合的。其创始人是英国的麦考密克和奥地利的魏因
贝格尔。他们认为法律是一种制度事实。作为制度,虽然其主要构成因素是规则或规
范,但不限于规则或规范,起码不是孤立于社会的规则或规范。因而,他们不否认法律
中存在着价值等因素。他们说:"我们并不否认法律是依据和体现价值和价值标准的;
不否认只能用作为其背景的公正原则加以理解;不否认法律总是在某种程度上属于一
种目的论活动,因而也不否认必须根据法律的目的论方面来看待法律。"②因此他们从
两种意义上界定法律:"在社会学的意义上,说它是制度现象是因为它是由一套互相作
用的社会制度以各种方式制定、保持、加强和改善的。的确,在一个普通的用法上,'法
律'被用来指法院、法律专业和警察。当然,在另一种意义上,一种在法学界比较流行
的意义上,'法律'意味着一套规则和其他规范,这些规则和规范被认为调整这些社会
制度并被认为是由这些社会制度付诸实施的。"③很清楚,这一对"法律"一词的解释明
显地吸收了社会法学的观点。

　　由此看来,多元化和一体化在表面上似乎是完全相反的和互不相容的两种趋势,
实际并非如此,它们的对立只是表面的、形式的,而它们的作用上却互相补充。

第二节　传统法学与现代法学的对立和斗争日益尖锐

　　西方法学的表面繁荣并不能掩盖所存在的危机,最典型的是批判法学的出现。批
判法学是"批判法律研究运动"(The Critical Legal Studies Movement)的简称。它兴起于
20世纪70年代,是在60年代西方社会危机的背景下,从美国的唯实主义法学中分化
出来的,以青年学者为主体的、具有叛逆性情的、全面否定和批判西方法律制度和传统
法学理论的新学派或一种法学的新思潮。其代表有哈佛大学的邓肯·肯尼迪(Duncan
Kennedy)和罗伯特·昂格尔(Robert M. Unger)。这个学派对传统的西方法学,包括新
产生的波斯纳的经济分析法学和德沃金的权利法学都予以否定和批判,认为他们犯了

① 〔美〕伯尔曼:《法律与革命》,贺卫方等译,中国大百科全书出版社1993年版,第5、13页。
② 〔美〕麦考密克、〔奥〕魏因贝格尔:《制度法论》,周叶谦译,中国政法大学出版社1994年版,第12页。
③ 〔美〕麦考密克、〔奥〕魏因贝格尔:《制度法论》,周叶谦译,中国政法大学出版社1994年版,第69页。

"客观主义"和"形式主义"的错误。这集中地体现为这些法学有三个基本观点：①法具有客观中立性；②法反映社会共识；③法是一定社会结构的客观必然。他们逐个批判了这些观点，并且认为：其一，法不反映社会共识，也不具有客观中立性，相反，法从属于政治，反映统治阶级的意志，是其实现统治的工具。美国传统的自由主义法学认为，美国社会虽然是多元的，存在着不同集团和有着不同的利益和需要，也有不同的道德价值观念，但由于存在着共同的利益，不同的价值观念之间通过交流是会达到某些共识的，形成共同的价值观念和道德观念，以作为法律的基础。因此，法律能超脱政治和具有中立性。批判法学认为此观点难以成立。因为社会中存在着千差万别的人及其需要，他们之间很难说有什么共同的需要和认识，以及共同的道德和价值观念。所以，法没有什么共同的客观基础，而是社会各集团利益冲突和由此产生的政治斗争的产物，它体现的是占统治地位的集团的特殊利益和意志。如美国法律所确保的是少数富翁能够"通过作出重大投资决定来控制社会的发展方向"，使资本家在生产和流通领域有决策权和管辖权，而劳动者则沦为木偶。可见，法的目的是使统治者占有财富、权力、知识、地位、威力和组织能力，进而实现其统治。其二，法不是一定社会结构的客观必然。美国传统的自由主义法学认为，法与所在社会的经济和政治结构相适应，是这种经济和政治结构的必然产物。批判法学反对这一观点，认为法与社会之间不存在决定与被决定的关系。理由有二：第一，比较研究表明，相同的社会条件往往产生不同的法律；第二，一个法律规范的社会效果是不能以规范本身来测量的，因为不同的法官对它有不同的态度和理解，从而导致了不同的适用结果。总之，法律是政治斗争的偶然产物，完全取决于政治斗争的发展，而不是什么社会发展的历史必然。可以看出，批判法学企图彻底推翻西方传统法学的全部理论体系，遗憾的是他们尚没有拿出可以替代的理论。但通过这事件已经看出，西方传统法学的地位已经受到挑战，批判法学对传统法学的批判已超出内部争论的范围。这意味着，西方法律思潮正在酝酿着一场新的变革。

第三节　不断地从其他学科中、特别是哲学中吸收新的观念和方法

　　法律的发展最终根源于社会生活的现实需要，马克思说："法的关系正像国家的形式一样，既不能从它们本身来理解，也不能从所谓人类精神的一般发展来理解，相反，它们根源于物质的生活关系"。[①] 而法学[②]的发展，或者说法律思想的形成，与实证法律的发展有所不同，它一方面来源于法律现实的需要，另一方面则是借鉴、吸收其他学

---

　　① 《马克思恩格斯全集》第13卷，人民出版社1962年，第8页。
　　② 这里的法学泛指一切以法律现象为研究对象的学科，包括法哲学、法社会学、法史学等，而不仅指法律规范为研究对象的法学（法理学）。

科观念、方法的结果。法学以法律现象为自己的研究对象，不等于法学仅仅拘囿于研究法律规范，不等于法学只能就规范论规范。"功夫在诗外"，"他山之石可以攻玉"，法学作为社会科学的一个分支，离不开其他学科如哲学、伦理学、社会学、心理学、政治学、经济学等的滋养和补给。那种所谓"纯粹法学"其实并不能真正做到"纯粹"。因为，仅规范的解释就必然渗入解释者的主观认知因素；法律的适用也不是一个简单的查找法条的过程，它不能排除法官的"个人创造"。法学离不开法律现实生活这块土壤，法学更离不开其他学科的阳光和雨露，否则，必将使法学之花枯萎而死。庞德是西方最早倡导法学应与其他社会科学联合的学者。根据庞德的说法，法学的科学研究方法主要有以下几种：第一，历史的方法（也称穷原竟委的方法）。它注重法律的起源、制度的变迁以及原理的演进。第二，哲理的方法。它不仅探讨法律制度的伦理基础，而且探讨法律制度的哲学基础。第三，分析的方法。解剖法律所有结构、内容和原理，又用比较方法求此法律制度与其他法律制度的异同优劣。第四，社会学的方法。将法律当做社会工具研究，法律自身为社会而存在，并以此衡量个别法律制度及原则的标准。第五，批评的方法，也是综合的方法。以历史、哲理、分析的学理及社会的实际需要为根据，不但求知法律的当然，而且进一步寻求其所以然。我国著名学者杨仁寿也认为："法学之所以具有'科学'，乃因近世法学发展之趋向，已注意及邻接科学，并以其研究成果导入法学领域内。亦唯其如此，法学始成为一门科学法学。"①

在法学之外的其他一切学科中，哲学又具有特殊性。哲学与其他科学是一般与特殊的关系。哲学的理论、观点和方法对其他学科包括法学都具有指导作用。一个时代的法学一定离不开一个时代的哲学思潮与成果，法学与哲学的融合是必然的。法学也只有在与一个时代的哲学相结合的过程中，才会使自己更深刻，更有生命力。

当代西方法律思想的发展状况很好地证明了上述论断。如"几乎是当今美国唯一的法学流派"②的经济分析法学，就是运用经济学（主要指微观经济学）的方法和理论来分析和研究法律的形成、结构、过程、效果、效率和发展状况的一个法学流派或法学分支学科，旨在通过对法律的经济分析，以实现法律效率的最大化，进而达到改革和完善法律制度的目的。再如目前颇有争议的后现代主义法学，也是后现代主义哲学的立场、观点和方法渗透到法学领域的结果。后现代主义否定各种对于真理的迷信、绝对主义、基础主义、宏大话语和宏大叙事，强调否定性、非中心化、破碎性、反正统性、不确定性、非连续性以及多元性。后现代主义法学则以法的相对性、地方性、非合法性、选择性、非形式性和差异性来对抗现代法学传统理论的普遍性、全球性、合法性、正式性、形式性和一致性。它反对主客体二分法，否认理性个人作为法律主体之存在；反对法律本质主义，否定法律的确定性和普适性；反对法律基础主义，否定法律的客观性和自

---

① 杨仁寿：《法学方法论》，中国政法大学出版社1999年版，第84页。
② 参见〔美〕波斯纳：《正义/司法的经济学》，苏力译，中国政法大学出版社2002年版，"译序"，第3页。

主性;反对历史进步观,认为现代社会的进步是虚幻的。① 其他学派如"法律政策"学是法学与政治学、政策科学互相渗透的产物,"法律与文学"是法学与文学结合所产生的一个交叉学科,"存在主义法学"是在存在主义哲学的基础上产生的一个法学流派;"现象学法学"是现象学哲学与法学相融合的结果……

在哲学对法学的影响中,特别应指出的是解释哲学和语言哲学。它们对法学的影响已不是某一学派或某一方面,而是全方位的和深层次的。如西方的法律解释理论和法律推理理论已受到解释哲学的巨大影响,正在发生彻底的变革。大家熟知的德沃金的法学理论也在很大程度上接受了解释哲学和语言哲学的某些观念。

法学的本质就是用不同的方法、视角对法律现象进行解说、研究,与时俱进,不断地拓宽、加深和丰富人们对法律现象的认识,以完善法的品格,满足人们对正义和秩序的需求。博登海默说:"法律是一个带有许多大厅、房间、凹角、拐角的大厦,在同一时间里想用一盏探照灯照亮每间房间、凹角和拐角是极为困难的……我们不用像逻辑实证主义者所主张的那样,认为从科学的观点看,历史上的大多数法律哲学都应当被打上'胡说'的印记,相反,我们似乎可以更为恰当地指出,这些学说最为重要的意义乃在于它们组成了整个法理学大厦的极为珍贵的建筑之石,尽管这些理论中的每一种理论只具有部分和有限的真理。"②法学的发展就是要用不同的探照灯来照亮法学大厦的不同的房间、凹角和拐角,其他学科的观念和方法也许就是一个个不同的探照灯,尽管每个探照灯也许只能照亮一个房间、凹角和拐角,然而它毕竟为我们照亮了新的房间、凹角和拐角,它扩大了我们的视野,使法学这座大厦更加灿烂光明。21 世纪的法学的发展趋势必然也是这样一个过程。

① 参见陈金全、王薇:"后现代法学的批判价值与局限",载《现代法学》2005 年第 2 期。
② 〔美〕博登海默:《法理学——法律哲学与法律方法》,邓正来译,中国政法大学出版社 1999 年版,第198 页。

第二十一章　西方法律思想史研究方法的发展走向

第一节　世界历史理论的发展趋势

西方法律思想史属于史学的一部分,其发展必然受到整个史学的影响,因此在研究西方法律思想史理论和方法之前,有必要先研究一下近现代史学发展的趋势。对此已有许多著作论及。如,杰弗里·巴勒克拉夫的《当代史学主要趋势》(杨豫译,上海译文出版社1987年),徐浩、侯建新的《当代西方史学流派》(中国人民大学出版社1996年)。据有关专家介绍,近两个世纪史学的发展大体可分为两个阶段:传统史学和新史学。

传统史学以德国兰克(Leopold Von RanKe,1785—1886)的史学和后来的实证主义史学为代表。这种史学以实证主义理论和方法为指导,认为研究历史主要的任务就是搜集、辨别和整理史料,"只要搜集到大量的史料,并经过严格的考订、辨别真伪,就可以恢复历史事实的真相,做到'如实直书'。因而他们建立了一整套考订与辨别史料的被称为'外证'和'内证'的科学方法"①。他们认为"史料本身会说话",不需要史学家去解释。史学家应站在纯客观的立场,以"科学"的态度和方法对待史料,绝对不能有任何自己的狡猾和臆断。他们的"名言"是:"在史料沉默的地方,历史也沉默;在史料简单化的地方,历史也简单化;在史料歪曲的地方,历史科学也歪曲。在任何情况下——而这看来是主要的——历史学即臆造。"②

20世纪以后,自然科学的一系列新发展,特别是物理学中相对论、不确定性和互补原理的提出,引发了人们对认识过程及其本性的深刻思考。它告诉人们,认识过程绝不是简单的映象过程,而是认识主体与被认识对象(认识客体)之间的交互作用过程,而且由于历史事实的不可重复性以及史料的复杂性(难以搜集到有关事实的全部史料和有些史料中所记述的往往是被歪曲了的"事实"),因而有些哲学家侧重研究主体在认识中的作用,并提出一种观点,认为认识的结果实际上是认识者对被认识对象的一种解释、一种理解、一种建构。由此进而产生了如解释哲学之类的许多新哲学,并导致了史学上的革命,产生了新的史学家和著名的历史著作。如:施本格勒的《西方的没

---

① 徐浩、侯建新:《当代西方史学流派》,中国人民大学出版社1996年版,陈启能序,第8页。
② 徐浩、侯建新:《当代西方史学流派》,中国人民大学出版社1996年版,陈启能序,第8页。

落》、汤因比的《历史研究》、狄尔泰的《精神科学引论》、克罗齐的《历史学的理论和实际》、柯林武德的《历史的观念》、波普尔《历史决定论的贫困》,以及后来的年鉴学派。这种史学认为:"历史学家不可能像自然科学家那样直接观察自己的研究对象,他们只能通过史料的中介来间接地了解过去……他们不可能直接同过去打交道,不可能直接描绘过去,他们的工作实际上是对过去的认识。""新史学是把历史看做是历史学家对过去的理解,并在此基础上的建构。或用常用的说法,是现在与过去的对话。但这还不够确切。新史学的另一个重要的建树是更明确了历史研究对象的特别点。这个对象就是人,多数的人,社会的人……因此,确切地说,在新史学看来,历史认识所体现的现在与过去的对话,可以更确切地表述现在的人(历史学家)与过去人的对话。历史学家的研究对象是处于不同时间和空间的人……处于任何时代的人都是活生生的人,他们都是有思想、有感情的人,都有自己的价值观念,自己对世界的看法。而这些思想、感情、观念、看法又不是凭空产生的,都受各自所处的社会环境、时代氛围、普遍观念、风俗习惯等的制约。因此,当代的研究者与过去时代的人实际上是处于不同文明的人,前者对后者的研究只能是理解,是'对话',并且必须借助于文化科学。"①新史学有以下特点。

一、大大地拓宽了研究的领域

新史学不再局限于政治史,特别是其中的政治事件史、战争史,而是强调要研究人类生活的一切领域。新史学关心的是人类的全部活动,是"属于人类,取决于人类,服务于人类的一切,是表达人类,说明人类的存在、活动、爱好和方式的一切"②。因而开辟了许多新的研究领域,如经济史、宗教史、文化史、家庭史、两性关系史、心理史等,甚至像气候、地理环境等自然条件的变化史。在研究对象上也不再局限于英雄人物(包括反面人物)的传记,而是强调面向普通人。在研究侧重点上不再猎取奇闻异事,而是注意普遍性的东西,如人口、物价、风俗习惯等。在研究层面上也不再停留于表层,而是深入事件背后的制度、人物行为的内在起因等。他们强调要从整体上研究历史,要对历史作全方位的研究。传统史学由于只是研究广义上的政治史,即历史上重大的政治、军事、宗教事件和英雄人物,而且孤立地进行研究,因而他们实际上所抓住的只是历史的细枝末节和表层。新史学与此相反,要求对历史进行百科全书式的总体研究,研究的重点也不再是微观的事件和人物,而是直观、宏观的制度,是普通老百姓。由于制度需要理性思维才能把握和认识,因而,他们不再像传统史学那样蔑视和拒绝理论思维或哲学,认为历史研究离不开哲学和理论的帮助。所以,他们重视非实证主义的

---

① 徐浩、侯建新:《当代西方史学流派》,中国人民大学出版社 1996 年版,陈启能序,第 15—16 页。
② 参见〔英〕巴勒克拉夫:《当代史学主要趋势》,杨豫译,上海译文出版社 1987 年版,第 55 页。

认识手段,如灵感、直觉和理论思维。正因为如此,新史学家在对历史事实的论述中也不再追求单纯的叙述,而是注意分析和综合。

二、对"史料"的认识上也发生了根本的变化

这表现在两个方面:其一,它大大扩展了"史料"的范围。传统史学认为只有文献,即官方的档案、史官的历史记载等,才是"史料",也才是最可靠的。新史学家认为不限于此。一切人类的创造物,一切历史上留下来的东西,包括遗留的器物、文艺作品、制度记载等,特别是民间的考古发现,都具有"史料"的性质。其二,它对"史料"持批判态度。因后来的研究发现,许多"史料",特别是被认为最可靠的神圣不可侵犯的政府的文件,有些竟然是有意歪曲事实,甚至是伪造的。有些历史著作是历史教授在将军、独裁者的监视下写的。他们曲笔逢迎,"为尊者隐",编造或歪曲历史事实。这使新史学家认识到,"史料"并不等于历史事实本身,只是历史事实留下来的"见证",而且已被记载者剪裁取舍和加工处理。因此它带有历史人物的主观印记,受其政治倾向、道德观念的影响很大。所以不能仅凭它"如实直书",必须对其批判地加以认识和使用,用他们的话来说,对"史料"要重新"解释"或"理解",即设身处地地深入到历史人物的精神世界想其所想。也就是说,要进行"解读"。其三,它不再迷信"史料",即不再把"史料"看成是唯一和至上的东西,而强调了认识主体即史学家的作用。认为史学家在认识历史中绝不是处于消极被动的地位,他们作为认识的主体,应该也能够发挥其主观能动性,在历史这个客体面前,他们处于主导的地位。他们能够通过其活动,让历史这个"死人说话"。这是因为,"史料"要人去挖掘,去识别,去整理,去解释,甚至于要人去"创造"。这还因为,史学家的素质,特别是其世界观和研究的指导思想、所使用的方法,以及他个人的知识结构和社会经历,对研究起很大的作用。不同的文化背景和价值观念,往往对"史料"有不同的兴趣,因而会得出不同的结论。他们形象地把历史研究比喻为现在与过去的一种"对话"。而过去的人和现代的人实际上存在文化差异,这意味着两种文化的人之间的一种交流,即使是对同一文化传统的史学家来说也是如此。所不同的是一种是活人,另一种是死人。而死人不会开口,他需要活人单方面地去工作。所以,史学家在研究历史时,实际上不可能做到纯粹的"客观"和中立。他的世界观、理论水平、兴趣和经验,以及所使用的工作方法等都影响着最后的结果。"史料"对于他们来说只是原料,并不等于产品。产品的种类和质量主要取决于工厂的设备和加工者的目的和能力。同样的原料由不同的工厂会产生不同的产品。历史学家通过自己的研究所得出的结论,作为对历史的一种解释,就不可能是唯一的,只能是其中之一。因此他不排除其他研究者作出新的解释。而任何一种解释对历史真相来说都是相对的,都不可能恢复历史的真面目。波普尔说:"总之,不可能有一部'真正如实表现过去'的历史,只能有对历史的解释,而且没有一种解释是最后的解释,因此,每一

代都有权作出自己的解释。"①他们认为,真正有价值的历史认识来源于作为研究主体和作为客体的"史料"之间的积极的、反复的对话过程,其中史学家起积极主动作用,制约着历史认识的科学性和真理性。

三、认为历史和现实是不可分割的,今天是昨天的延续

克罗齐说:"一切真历史都是当代史。"史学研究的目的,不是为史而史,不是只为了弄清历史的真相,而是史为今用,服务于现在,从历史中发现对现在有用的经验教训。实际上,不仅历史研究的选题是来源于现实的需要和史学家的个人兴趣,因而具有选择性;而且历史学家是站在现在的角度,带着自己的理论观点和假设去从事史料或史实的搜集与考证的。正因为如此,历史研究不是从"史料"出发,而是从现实生活中碰到的问题出发。他研究历史从根本上说,不是为了弄清历史的真面目,而是要从历史中寻找对现在有教益的东西。现实生活中的问题是史学家探索同类问题的重要的推动力。因此对一个优秀的历史学家来说,既要有历史感,又要有现实感,只有古今参照,才能相得益彰。

四、认为历史以人为主体,而人是有思想的,因此一切历史都是思想史

柯林武德说,"历史是过去思想的重演","历史思想的过程和历史本身是同一个东西"。因此历史认识就是重演过去的思想。而要做到这一点,唯一的办法"那就是在他自己的心灵中重新思想它们","只有在历史学家以他自己的心灵的全部能力和他全部的哲学和政治的知识都用之于……这个问题时,这种重演才告完成……历史学家不仅重演过去取得思想,而且是在他自己的知识结构之中重演它;因此在重演时,也就批判了它们,并形成了他自己对它的价值的判断,纠正了他在其中所能识别的任何错误"。这样一来,古人的思想就被重新"加工"过了,也就打上了历史学家认识的烙印。在这个意义上,"每一个时代都在重写历史:每一个人都是把自己的心灵注入历史研究,并从自己本人的和时代的特征观点去研究历史。前人的思想就被囊缩在自己的思想之中,现在之中就包含有过去"。因此,"过去的一切都活在史家的心灵之中,正如牛顿是活在爱因斯坦之中"②。

---

① 参见徐浩、侯建新:《当代西方史学流派》,中国人民大学出版社 1996 年版,第 97 页。
② 参见徐浩、侯建新:《当代西方史学流派》,中国人民大学出版社 1996 年版,第 90—91 页。

五、在研究方法上的独到之处

重视非实证的认识方法，如理论思维、直觉、灵感；强调对历史进行整体的和全方位的研究，侧重点也从英雄人物转向普通老百姓，从表层的事件深入制度。

由此看来，新史学克服了传统史学的片面性，提出了许多深刻的见解，在方法上也大大改进了。虽然在某些方面走向另一极端，如过分夸大了历史学家的主观能动性，把历史说成是任人打扮的少女，也过分强调了历史为现在服务等，但是还是比较正确地揭示了历史研究中认识主体与客体、研究目的中弄清历史真相和服务于现在的关系，从而大大拓宽了史学研究的领域，调动了史学家的积极性和主动性。新史学的这一特点和发展趋势在西方法律思想史研究中也有反映。庞德的《法律史解释》一书就是一例。至于某些观点和方法更是被加以吸收。如现代西方法律解释理论中已经吸收了解释哲学的观点，认为法律解释已不再是对法条含义的清楚揭示，而是解释者对它的一种新的理解。再如，综合法学和德沃金的"整体性"观点，也明显受新史学的总体性观念和方法的影响。

第二节　西方法律思想史研究的发展趋势

根据西方当代法律思想的现状和新史学的发展趋势，我们认为西方法律思想史研究今后应注意从以下几个方面努力。

一、应该尽快地从政治思想史中分离出来

西方法律思想史学科从世界范围来说，还没有完全从政治思想史中分离出来，而我们知道，一门学科的真正发展必须以其取得独立为前提。只有独立了，才能明确自己的研究对象，也才能有自己的研究方法，因而才能进行深入地研究。正因为如此，科学的发展必然伴随着学科的不断分化。虽然它也离不开从其他学科中不断地吸取新的观点和方法，以克服自己的片面性。所以，分化与综合是交替进行的。往往是分化的基础上综合，综合的基础上再分化。而综合不是把已独立的各学科再合起来，只是学科分化互相借鉴而已。学科的分化是其发展的前提，这是科学发展的规律，是符合分工规律的。既然如此，法律思想史当然不能长期寄宿在政治思想史中。更何况，法律思想史属于法学，政治思想史属于政治学，两个都是社会科学的大门类。这意味着，西方法律思想史应尽快地从西方政治思想史中分离出来。这当然需要一个过程，但这个过程应该加快和缩短。我国的西方法律思想史已基本从西方政治思想史中分化出来，但还不是很彻底，离真正独立仍有一段距离，因此也应加快进行这一工作。

二、应开展各种专题研究,包括各个学派、各个时期及其代表人物的专题研究

这是在上一个认识的基础上,从西方法律思想史研究内部分工的需要上提出来的。它要求西方法律思想史研究不停留在通史的水平上,而要求百尺竿头,更上一层,使研究深入下去,在对西方法律思想发展的宏观的一般了解的基础上,在微观层面上进一步研究。从而做到各方面都心中有数,不断开辟研究的新领域和提出新问题。只有这样,才能使它更好地为现实服务。因为人对事物的认识,如果对局部或某些方面还不甚了解,是不可能从总体上真正把握的。这就像人从远处看某种东西,虽然能看到其外部的总轮廓,但在未弄清其内部结构之前是不敢妄言已经达到对它的认识的。恩格斯指出,人对事物总画面的真正把握,依赖于对各个细节的真切了解,而要真切地了解各个细节,我们就不得不把它从事物中抽取出来,从其特性、特殊的原因和结果等方面逐个地进行研究。只有在这个研究的基础上,只有在对事物的每一部分或主要部分都进行了这一研究之后,人们才能从总体上更深刻地认识事物。①

无论是从我国,还是从世界范围看,西方法律思想史研究从总体上还处于第一个阶段,因为专题的研究成果还很少,特别是有质量的专题研究成果。所以今后要加强这方面的研究,这包含对重点人物、学派和时期的法律思想研究,西方法律思想发展中大家所关注的和有争议的问题的比较研究等。从我国的情况看,这几年许多学者已经意识到这一研究的重要,并已着手进行这一研究,也已有一批研究成果问世。如黑格尔的研究已有三本专著出版,社会学法学、经济分析法学、批判法学等也都有专著问世。这是个好征兆。今后的工作是加大研究的力度和注意研究的方法,并且要注意吸收国外的有关方面的研究成果。西方对历史上的甚至于现代的重要法学家的法律思想,如格劳秀斯、边沁、富勒、哈特、德沃金等都已有评传问世,应组织人力翻译出版。

三、应把相关的法律制度、经济制度、哲学和各种文化思潮结合起来进行研究

也就是说要把法律思想放到特定的社会背景和文化环境中去研究。任何一种思想或理论都是一定时代的产物,所以,要真正地理解它,就必须研究产生它的各种社会环境,特别是提出者所处的社会法律制度和文化背景,而不能孤立地只研究理论本身。在研究一个思想家的某个概念、某个观点时,也不能只是抓住某一著作的某一段话,而必须联系他的其他著作中的相关论述、他的整个法律思想,乃至于他的哲学思想、政治

---

① 参见《马克思恩格斯选集》第 3 卷,人民出版社 1972 年版,第 60 页。

思想、伦理思想等来思考。因此,在今后的研究中,要把西方的法律思想的发展与西方的法律制度、哲学、政治学、伦理学等联系起来综合研究。但这不意味着要把西方法律思想史重新合并到哲学史、政治学史或法制史中去。综合只能理解为方法上的多样和立足点的全面,而不能理解为学科分工和学科界限的取消。在这一方面的研究中,特别要注意对西方各种新哲学思潮的研究,因为西方法律思想史的发展更直接地受其影响。所以只有对西方的新哲学有一个全面的认识,我们才能对西方法律思想史的今后发展走向作出预测和作出准确评价。

四、要贯彻史为今用和洋为中用的原则

不能满足于只是真实地介绍和客观地评价西方的法律思想,而要为我国马克思主义法学的发展和社会主义法制建设的需要去研究它。特别是要把西方法律思想史的研究与法理学结合起来,促进我国法理学的繁荣和发展。要结合我国法律建设的实际需要进行研究,从中寻找研究的课题,从而使研究成果不仅能使我们了解西方的法律观念,而且能用来指导我国的法律建设的实践,防止研究的唯史主义倾向。

参考文献

一、马列著作类

[1]《马克思恩格斯全集》第1、3、4、6、7、13卷。

[2]《马克思恩格斯选集》第2、3卷。

[3]《列宁全集》第18、23卷。

二、外国著作类

[1]〔古希腊〕柏拉图:《理想国》,郭斌和、张竹明译,商务印书馆1986年版。

[2]〔古希腊〕亚里士多德:《政治学》,吴寿彭译,商务印书馆1981年版。

[3]〔古希腊〕亚里士多德:《亚里士多德伦理学》,向达译,商务印书馆1933年版。

[4]〔古希腊〕色诺芬:《回忆苏格拉底》,蔡拓译,商务印书馆1991年版。

[5]〔古罗马〕西塞罗:《论共和国 论法律》,王焕生译,中国政法大学出版社1997年版。

[6]〔意〕阿奎那:《阿奎那政治著作选》,马清槐译,商务印书馆1963年版。

[7]〔荷〕斯宾诺莎:《神学政治论》,温锡增译,商务印书馆1958年版。

[8]〔英〕霍布斯:《利维坦》,黎思复、黎廷弼译,商务印书馆1985年版。

[9]〔英〕洛克:《政府论》(下篇),叶启芳、瞿菊农译,商务印书馆1964年版。

[10]〔英〕梅因:《古代法》,沈景一译,商务印书馆1984年版。

[11]〔法〕孟德斯鸠:《论法的精神》(上、下),张雁深译,商务印书馆1961年版。

[12]〔法〕卢梭:《论人类不平等的起源和基础》,李常山译,法律出版社1958年版。

[13]〔法〕卢梭:《社会契约论》,何兆武译,商务印书馆1986年版。

[14]〔德〕康德:《法的形而上学原理——权利的科学》,沈叔平译,商务印书馆1991年。

[15]〔德〕黑格尔:《法哲学原理》,范扬、张企泰译,商务印书馆1961年版。

[16]〔美〕汉密尔顿:《联邦党人文集》,程逢如译,商务印书馆1980、1989年版。

[17]〔英〕奥斯丁:《法理学的范围》,刘星译,中国法制出版社2002年版。

[18]〔英〕哈特:《法律的概念》,张文显等译,中国大百科全书出版社1996年版。

[19]〔奥〕凯尔森:《法与国家的一般理论》,沈宗灵译,中国大百科全书出版社1996年版。

[20]〔美〕庞德:《通过法律的社会控制、法律的任务》,沈宗灵、董世忠译,商务印书馆1984年版。

[21]〔美〕庞德:《法律史解释》,邓正来译,中国法制出版社2002年版。

[22]〔美〕德沃金:《认真看待权利》,信春鹰、吴玉章译,中国大百科全书出版社1998年版。

[23]〔美〕德沃金:《法律帝国》,李常青译,中国大百科全书出版社1996年版。

[24]〔美〕罗尔斯:《正义论》,何怀宏等译,中国社会科学出版社1988年版。

[25]〔英〕罗杰·科特威尔:《法律社会学导论》,潘大松等译,华夏出版社1989年版。

[26]〔英〕麦考密克、〔奥〕魏因贝格尔:《制度法论》,周叶谦译,中国政法大学出版社1994年版。

[27]〔美〕乔治·霍兰·萨拜因:《政治学说史》(上、下),盛葵阳、崔妙因译,商务印书馆1986年版。

[28]〔美〕吉达尔:《政治思想史》(上、下),戴克光译,神州国光社1932年版。

[29]〔美〕博登海默:《法理学——法律哲学与法律方法》,邓正来译,中国政法大学出版社1999年版。

[30]〔美〕昂格尔:《现代社会中的法律》,吴玉章、周汉华译,中国政法大学出版社1994年版。

[31]〔美〕波斯纳:《法律经济分析》,蒋兆康译,林毅夫校,中国大百科全书出版社1997年版。

[32]〔法〕迪尔凯姆:《社会学研究方法论》,胡伟译,华夏出版社1988年版。

[33]〔德〕马克斯·韦伯:《论经济与社会中的法律》,张乃根译,中国大百科全书出版社1998年版。

[34]〔德〕维特根斯坦:《逻辑哲学论》,郭英译,商务印书馆1962年版。

[35]〔德〕阿图尔·考夫曼、温弗里德·哈斯默尔主编:《当代法哲学和法律理论导论》,郑永流译,法律出版社2002年版。

[36]〔德〕拉伦茨:《法学方法论》,陈爱娥译,商务印书馆2003年版。

[37]〔丹麦〕乔根森:《理性与现实》,奥胡斯大学出版社1986年版。

[38]〔苏〕凯切江、费季金:《政治学说史》,巩安译,法律出版社1961年版。

[39]〔苏〕涅尔谢相茨:《古希腊政治学说》,蔡拓译,商务印书馆1991年版。

[40]〔葡〕叶士朋:《欧洲法学史导论》,吕平义、苏健译,中国政法大学出版社1998年版。

三、中国著作类

[1]北京大学哲学系编译:《古希腊罗马哲学》,商务印书馆1961年版。

[2]法学教材编辑部西方法律思想史编写组:《西方法律思想史资料选编》,北京大学出版社1983年版。

[3]蒲薛凤:《西洋近代政治思潮》(上、下),商务印书馆1944年版。

［4］吕世伦：《西方法律思潮源流论》，中国人民公安大学出版社1991年版。

［5］严存生主编：《西方法律思想史》，法律出版社2004年版。

［6］张文显：《二十世纪西方法哲学思潮研究》，法律出版社1996年版。

［7］何勤华：《西方法学史》，中国政法大学出版社1996年版。

［8］朱景文：《现代西方法社会学》，法律出版社1994年版。

［9］张中秋：《中西法律文化比较研究》，南京大学出版社1999年版。

［10］杨仁寿：《法学方法论》，中国政法大学出版社1999年版。

［11］徐浩、侯建新：《当代西方史学流派》，中国人民大学出版社1996年。

［12］陈修斋、杨祖陶：《欧洲哲学史稿》，湖北人民出版社1986年版。

［13］汤能松等：《探索的轨迹——中国法学教育发展史略》，法律出版社1995年版。

后 记

奉献给读者的这部《西方法律思想史论》与二十年来国内已出版的西方法律思想史著作(包括我们自己撰写的一批西方法律思想史著作)有很大的不同。其差别主要在于,后者一般地属于叙述性的通史作品和教材,而本书的基本宗旨是对于作为一门学科的西方法律思想史进行整体的分析、考察和总结,纯属研究性的。我们的目的是,使读者能够比较全面地把握西方法律思想史这门学科的有关情况,并大略地预测本门学科在新世纪和新千年的发展远景。除此之外,本书还具有浓厚的史料性。这对于西方法律思想史的研究者和爱好者肯定是不无裨益的。

本书的撰稿人都是长期从事于西方法律思想史的教学和研究人员,而且多半是有影响的资深的西方法律思想史的专家。以姓氏笔画为序,他们是:西南政法大学教授、博士生导师文正邦——第一、二、三章;中国人民大学教授、博士生导师、法学博士史彤彪——第四、十四章;中国人民大学教授、博士生导师吕世伦——第五、六、七、八、十三章;中国人民大学法学博士生任岳鹏——第二十章第三节;西北政法学院资深教授严存生——第十五、十六、十七、十八、十九、二十(第一、二节)、二十一章;华中科技大学法学院副院长、副教授、法学博士曹茂君——第九、十、十一、十二章。

本书由吕世伦审阅并最后定稿。

书中欠妥之处,祈望读者不吝指教。

吕世伦
2005 年于中国人民大学